石窟寺研究

CAVE TEMPLES STUDIES

中国古迹遗址保护协会石窟石刻专业委员会 ◎ 龙门石窟研究院 编

第十七辑　NO.17

科学出版社
北京

内 容 简 介

《石窟寺研究》是我国在石窟寺考古、寺院遗址考古、佛教艺术及石窟保护科技领域的第一本全国性专业出版物，由中国古迹遗址保护协会石窟石刻专业委员会和龙门石窟研究院合办。2010年至2020年，每年发行一辑，共出版十辑；自2021年起，改为每年发行两辑。我们本着"百花齐放、百家争鸣"方针，以出版研究石窟石刻领域的最新学术成果为己任，为全国石窟石刻单位、相关科研院所和高等院校、国内外专家学者的全面沟通与交流搭建良好平台，以期推动石窟石刻学术研究工作，促进全国石质文物保护事业的繁荣和发展。

图书在版编目（CIP）数据

石窟寺研究 . 第 17 辑 / 龙门石窟研究院，中国古迹遗址保护协会石窟石刻专业委员会编 . -- 北京：科学出版社，2025.6 . -- ISBN 978-7-03-080626-0

I . K879.204-53

中国国家版本馆CIP数据核字第202434CH57号

责任编辑：张睿洋 / 责任校对：王晓茜
责任印制：张 伟 / 封面摄影：何小要
装帧设计：北京美光设计制版有限公司

科 学 出 版 社 出版
北京东黄城根北街16号
邮政编码：100717
http://www.sciencep.com

北京中科印刷有限公司印刷
科学出版社发行 各地新华书店经销

*

2025年6月第 一 版　开本：889×1194 1/16
2025年6月第一次印刷　印张：16 1/2　插页：1
字数：480 000

定价：188.00元
（如有印装质量问题，我社负责调换）

《石窟寺研究》编辑委员会

主　　任：王旭东

执行主任：李　黎

副 主 任：（按姓氏笔画为序）

　　　　　苏伯民　李崇峰　李裕群　余　杰
　　　　　杭　侃　罗　炤　黄克忠

委　　员：（按姓氏笔画为序）

　　　　　王旭东　王金华　孙英民　严绍军
　　　　　苏伯民　李　黎　李天铭　李志荣
　　　　　李崇峰　李裕群　何利群　余　杰
　　　　　陈建平　邵明申　苗利辉　杭　侃
　　　　　罗　炤　赵林毅　黄　一　黄克忠
　　　　　黄继忠　谌文武　彭明浩　蒋思维
　　　　　谢振斌

考古新发现

太原阳曲县新见北朝造像碑考释
.... 刘 勇（1）

四川平昌何家湾摩崖造像调查简报
.... 四川省文物考古研究院
石窟寺保护与传承四川省文化和旅游厅重点实验室
巴中石窟研究中心 平昌县文物保护研究中心（19）

四川泸县玉蟾山摩崖造像内容总录
.... 符永利 钦 楚（38）

普陀山佛教摩崖造像的调查与发现
.... 周 兴 刘 娟（84）

研究与探索

河北邯郸南响堂第七窟"怪异的人面"图像考
.... 李笑笑（101）

河北邯郸鼓山竹林寺的考释
.... 马怀如（113）

彬州大佛寺石窟题刻中的边防
.... 陈 磊（126）

莫高窟第23窟"良医喻"图所见唐代敦煌病坊生活
.... 乔梓桐（137）

杭州慈云岭第1号五代地藏龛造像的再调查
.... 赖天兵（151）

合川涞滩二佛寺大佛形象与补塑手印分析
——兼论川渝宋代石窟与陕北宋金石窟的关系
.... 童瑞雪 蔡诗雨（162）

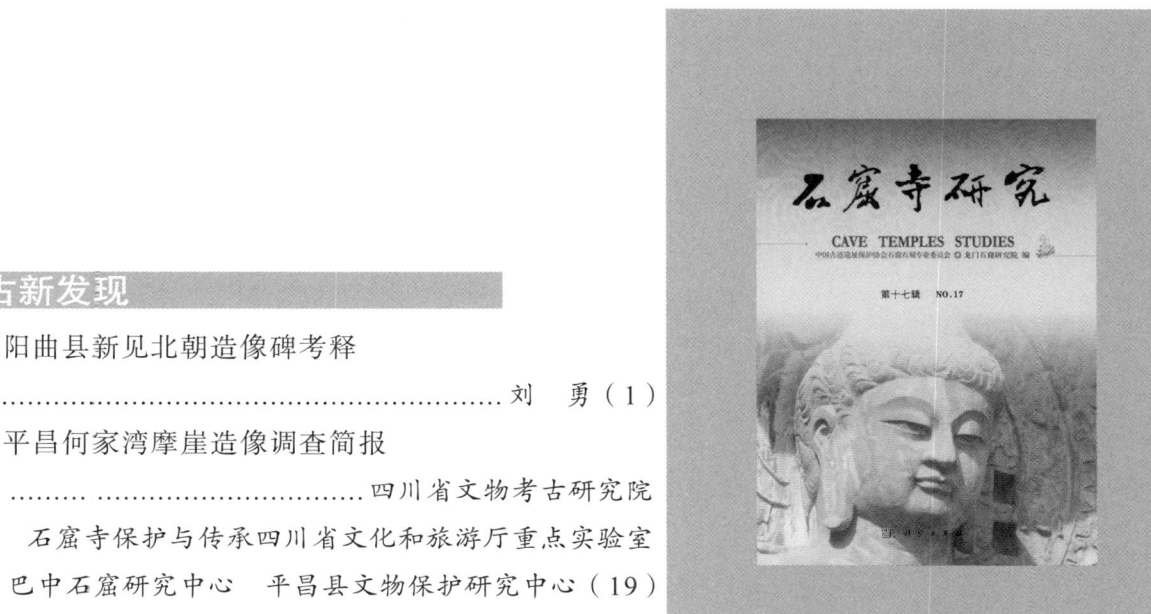

早期佛教艺术与无偶像论
.... 〔美〕苏珊·L·亨廷顿 著
何志国 岳书棋 译（173）

学术顾问：孙英民

主　　编：李 黎

执行主编：余 杰

编　　辑：高俊苹 张元红

新疆壁画中的佛树组合图像研究
....史浩成（187）

中古中国单层方塔形象的考古学研究
....戴　恬（200）

科技与保护

炳灵寺石窟上寺第4窟壁画制作材料与工艺研究
..........................王通文　王　辉　郭　宏（232）

石窟造像重妆现象研究
..............................韩　明　郭建波（244）

征稿启事 ....（257）

New Archaeological Discoveries

An Examination and Interpretation on the Newly Discovered Northern Dynasties Imagery Steles in Yangqu County, Taiyuan
.... Liu Yong (1)

A Preliminary Report of Hejiawan Cliff Images in Pingchang County, Sichuan Province
........................Sichuan Provincial Institute of Cultural Relics and Archaeology　Key Laboratory of Conservation and Inheritance of Grottoes ,Sichuan Provincial Department of Culture and Tourism　Bazhong Grottoes Research Center　Pingchang Cultural Relics Protection and Research Center (19)

The Content Summary of Yuchan Mountain Cliff Images in Lu County, Sichuan Province
.... Fu Yongli　Qin Chu (38)

Investigation and Discoveries of Buddhist Cliff Carvings in Putuo Mountain
.... Zhou Xing　Liu Juan (84)

Research and Exploration

A Study on the "Weird Human-Face" Image in the Cave No. 7 of Southern Xiangtang Grottoes in Handan, Hebei
....Li Xiaoxiao (101)

A Textual Research on Bamboo Grove Temple at Gushan Mountain, Handan of Hebei
.... Ma Huairu (113)

Border Defense in the Inscriptions of Dafosi Grottoes in Binzhou
.... Chen Lei (126)

On the Hospital of Tang Dynasty Dunhuang Seen in the

Mural on "Good Doctor's Metaphor" in Cave No. 23 of Mogao Grottoes

.... *Qiao Zitong*（137）

A Re-examination of the High Relief Carvings in the Kṣitigarbha Niche No.1 at Ciyunling, Hangzhou from the Five Dynasties Period

....*Lai Tianbing*（151）

An Analysis on the Image of the Giant Buddha and the Reproduced Right Hand with a Mudra in the Erfo Temple in Laitan, Hechuan:

With a Discussion on the relationship Between the Song Dynasty Grottoes in Sichuan-Chongqing and the Song-Jin Period Grottoes in Northern Shaanxi

.... *Tong Ruixue   Cai Shiyu*（162）

Early Buddhist Art and the Theory of Aniconism

.... *Susan L. Huntington,*
Translated by He Zhiguo   Yue Shuqi（173）

A Study on the Combination of Buddha and a Tree Images in Xinjiang Murals

....*Shi Haocheng*（187）

An Archaeological Study on Single-story Square Stūpa in Medieval China

.... *Dai Tian*（200）

Technology and Conservation

Research on the Materials and Technology of Mural Paintings in Cave No. 4 of the Upper Temple of Binglingsi Grottoes

.... *Wang Tongwen   Wang Hui   Guo Hong*（232）

An Analysis on the Issues of Repainted Sculptures in Grottoes

.... *Han Ming   Guo Jianbo*（244）

Call for Papers...（257）

太原阳曲县新见北朝造像碑考释

刘 勇

内容摘要：晋阳是中古时期北方的大都市，重要的政治、军事中心之一，北朝后期尔朱氏集团以晋阳为霸府遥控洛阳，东魏北齐高氏以晋阳为霸府、别都。晋阳亦是十六国北朝时期山西民族融合的重要舞台。今晋阳以北、忻州以南的阳曲县境是中古时期多民族聚居地，也是晋阳北大门，南北大道必经之地。佛教发展客观上促进了胡汉互信和文化交流，助力民族大融合进程。2022年阳曲县发现北魏造像碑、北齐造像碑各一通，是山西境内最新发现的北朝石刻，具有很高的历史和文物价值。本文梳理辨析此次新见造像碑题记，叙述其体现的北朝后期佛教发展、文化交融、民族融合等方面波澜壮阔的社会面貌。

关键词：太原阳曲县　北朝造像碑　南匈奴—稽胡　北朝民族融合　胡族分布与胡汉杂居

An Examination and Interpretation on the Newly Discovered Northern Dynasties Imagery Steles in Yangqu County, Taiyuan

Liu Yong

Abstract: Jinyang was a major metropolis in the north during the medieval period and one of the important political and military centers. In the late Northern Dynasties, the Erzhu family used Jinyang as their *bafu* (a term referring to a powerful feudal lord's headquarters) to remotely control Luoyang, while the Gao family of the Eastern Wei and Northern Qi Dynasties used Jinyang as their *bafu* and secondary capital. Jinyang was also an important stage for ethnic fusion in Shanxi during the period of the Sixteen Kingdoms and the Northern Dynasties. In today's Yangqu County, located north of Jinyang and south of Xinzhou, was a multi-ethnic settlement during the medieval period and served as the northern gateway to Jinyang, a necessary passage on the north-south road. The development of Buddhism objectively promoted mutual trust and cultural exchanges between the

---

作者：刘勇，山西太原，030006，山西大学历史文化学院。

* 本文为2021年度国家社会科学基金特别委托项目"大同地区碑铭所见民族融合历史研究"（21@ZH030）阶段性成果。

minorities and Han people, facilitating the process of great ethnic fusion. In 2022, two stone imagery steles were discovered in Yangqu County, one from the Northern Wei Dynasty and one from the Northern Qi Dynasty, which are the newest discoveries of Northern Dynasties Buddhist images in Shanxi and possess high historical and cultural value. This paper analyzes the inscriptions on these newly discovered two steles representing the magnificent social issues of the late Northern Dynasties reflected in them, including the development of Buddhism, cultural and ethnic fusion.

Key words: Yangqu County of Taiyuan, Northern Dynasties imagery steles, Southern Xiongnu-Ji Hu, ethnic fusion in the Northern Dynasties, distribution of minorities and mixed settlement of minorities and Han people

一、石家庄造像碑（北魏孝昌二年，526年）

太原市阳曲县西部有古道至静乐县，再北上沿汾河、恢河谷地可达吕梁山北部、朔州，继而北上漠南草原。此道是古代太原与西北地区通道之一。石家庄村在此道东侧约5公里的黄土丘陵山区。村中有古寺名净居寺，20世纪曾为村里小学，近年废弃。2021年水灾后成为危房，2022年修缮时人们发现殿前地面一倒地石碑为早期碑刻。

1. 基本情况

此碑碑首和碑身合计长117厘米、宽64厘米、厚25厘米，未见底座。碑表面磨损和磕碰处较多，碑阳的左上和右下角（碑阳视角的左、右、下同）均有缺损。碑阳和碑左侧面有铭文，碑右侧斑驳无铭文，碑阴素面。

碑首两侧各雕三龙螭首，碑阳碑首中部雕一龛，圆拱尖楣，内雕菩萨像，龛内深度约5厘米，面部被毁，高冠，宝缯折角下垂。身材颀长，披璎珞，双手合十于胸前，交脚。悬裳覆盖至龛下沿外，龛下又雕莲花。龛左右各雕莲座之上的半结跏趺坐菩萨像，有头光，侧身面向龛内，似在听法、思考。此龛内造像为北魏后期石刻中多见的交脚弥勒，做菩萨相，龛外造像应为思惟菩萨像（图1、2）。

2. 录文

碑阳和碑左侧碑文内容为发愿文和供养人题名。

经实地原物考察，比对照片、拓片，录文如下。

碑阳铭文第1排，右起：

……供养佛
……岁在丙午五
……比丘僧因僧成等
合寺造石三劫浮图一区
去地八尺大像一区举高

图1 阳曲县石家庄造像碑碑阳面拓片图

图2 阳曲县石家庄造像碑碑左侧面拓片图

四尺悲实通趺五尺并钟
一口愿今天下太平国安
人丰兵□不起历劫师僧
七世父母门徒眷属上至
顶下至阿鼻含生之类一时
成佛高坐法师惠昆

思圣寺道人
上坐僧因
上坐僧成
上坐僧政
寺主僧光
比丘僧贵
比丘僧□
比丘僧□
比丘僧□
比丘僧□
比丘僧受
比丘僧庆
比丘僧定
比丘法义
比丘僧韩
比丘僧□
比丘僧信
比丘僧□
比丘僧要
比丘僧集
比丘僧安

第2排：

比丘朗□侍佛
比丘惠昆侍佛
比丘惠兴侍佛
比丘智明侍佛
比丘昙玉侍佛
比丘智莲侍佛
比丘僧光侍佛
比丘惠曜侍佛
比丘昙静侍佛
比丘昙解侍佛
比丘昙智侍佛

比丘僧和

　　比丘僧达

　　比丘僧兴

　　比丘僧静

　　比丘僧阴

　　呼延□奴

　　呼延达兴

　　呼延阿盖仁

　　冯□仁

　　冯益奴

　　呼延阿□

以下另起 1 排：

　　比丘僧显侍佛

　　比丘昙因

　　比丘□□

　　刘阿自何

　　乔示奴王道郎

　　刘肆卢

　　呼延苦□

　　呼延□奴

　　冯丑奴冯铁□

　　刘惠□

　　……

第 3 排，右起：

　　比丘惠□侍佛

　　檀越主尹□干侍佛

　　浮图主兰跃大寒□□

　　大像主兰□仁郭□□

　　□舍得供养佛

　　冯延成供养佛

　　冯回得供养佛

刘市得供养佛

冯买□供养佛

冯康得供养佛

张武仁供养佛

刘□生供养佛

冯莫干呼延伊提利

冯阿各仁卜洛生

刘朱元斤刘马生

呼延鲁庐

冯阿多寒冯先仁

呼延漂仁□

第4排，右起：

……

……

郭……

呼延康成供养

兰阿□供养

呼延□仁供养

冯□生供养

呼延□□供养

刘□□供养

□□奴供养

刘买□供养

□□奴供养

刘□□

呼延芪□

呼延道成

呼延康得

冯和市

……

碑左侧面题名。

第1排：

崇林寺尼

坐主尼法□

比丘尼□□

比丘尼□□

比丘尼□□

比丘尼法□

比丘尼法□

第2排：

比丘尼法了

比丘尼法进

比丘尼法□

比丘尼法□

比丘尼□□

比丘尼法□

比丘尼法□

比丘尼法□

第3排：

比丘尼法珍侍佛

比丘尼法□侍佛

比丘尼法□侍佛

比丘尼法□侍佛

比丘尼□□侍佛

比丘尼□□侍佛

比丘尼明仙侍佛

比丘尼智□侍佛

第4排：

比丘尼超明侍佛

比丘尼永□侍佛

比丘尼永珍侍佛

刘大亮供养侍佛
　　刘□女供养侍佛
　　韩黄女供养侍佛
　　郭尹都供养侍佛
　　兰□□供养侍佛

第5排：

　　王□□
　　冯□□
　　呼延小女
　　刘□女
　　高□华
　　张尚主
　　刘丑女
　　孙□女

3. 释读

碑阳碑文前一部分为发愿文，后一部分为供养人题名。

发愿文前面数句因碑身残损不存，后面铭文中幸存"岁在丙午"一句。核干支，北朝时期的丙午年有466、526、586年。结合造像形制和书体，笔者认为此处的"岁在丙午"为北魏末年的孝昌二年（526年）。

发愿文记载当时的思圣寺僧人和信众联合"造石三劫"，包括浮图一区去地八尺、大像一区举高四尺、悲实通跌五尺，另造钟一口。

北魏后期一尺约合今29.59厘米[1]。发愿文载"悲实通跌五尺"，即包括龟趺在内的碑身高五尺，通高约为1.5米。现此碑无底座，碑首和碑身残高1.17米，或即发愿文记所雕石碑。

当时雕凿的石塔、大石像、钟均已不在，唯此碑幸存。据村民说旧时寺内有佛头，体量很大，或是北魏石像佛首。

碑阳题名中有僧人40人。可见本地僧团规模较大，其中或有来自其他地方的僧人。

其中寺主为僧光。《水经注》载北魏时在今文水隐泉山顶上曾有僧人"僧光表建二刹"，山腰隐堂洞外隋石窟题记载"僧光旧迹"尚在。此碑文中的僧光与《水经注》记载的僧人僧光，生活

---

[1] 李海、吕仕儒：《北魏孝文帝改革对度量衡的改革及其影响》，《山西大同大学学报（自然科学版）》2013年第4期。

时代均在北魏后期，有可能是同一僧人[2]。

碑左侧面题名有崇林寺尼25人，此尼寺应在思圣寺不远处。北魏末年佛教深入民间，男女信众颇多，此次造像等法事活动亦得到僧尼联合发起推动。

碑阳题名可识别供养人51人，碑左侧题名可见女性供养人13人，其中可见姓氏有呼延、刘、乔、卜、兰、王、冯、尹、张、郭等，以呼延氏为多。修建浮图和塔的功德主则均为兰氏。

东汉末年以来，忻州与太原之间是南匈奴及以其后裔为主体形成的稽胡人群活动范围。

东汉末年，忻州始为南匈奴五部中的北部驻地。其时南匈奴中已出现刘氏。西晋末年，左贤王刘豹之子刘渊建立匈奴汉国，是北方第一个以胡族为首的政权。刘氏之外，南匈奴贵族姓氏还有呼延、乔、兰、卜四大姓。此碑供养人中以刘氏和四大贵族姓氏为主，以呼延氏为多。北魏前期为安置胡人，曾在阳曲设护军，高欢的发小和亲家刘懿即忻州人。《刘懿墓志》载其葬于肆卢乡。《魏书》卷106上《地形志》载肆州下秀容郡领肆卢县。此碑题名中有刘肆卢者，可能即来自肆州的肆卢乡或肆卢县[3]。

由题名可见，北魏后期时此地主体居民仍是南匈奴—稽胡系后裔。

题名中出现的王、冯、郭等姓氏，可能为汉人，也可能是混血人种。

部分供养人的名字明显来自胡语音译。如呼延阿盖仁、刘阿自何、冯莫干、呼延伊提利、冯阿各仁、冯阿多寒、刘朱元斤等。稽胡（山胡）中有冯氏[4]。本造像碑供养人中的冯氏多人有胡语音译名，可见其为稽胡人群。

如今，忻府区西南石佛湾摩崖有孝昌二年呼延氏题记，定襄七岩山中北魏、东魏摩崖造像题名中多见刘氏，太原北部仍有呼延村、上兰村等地名，均是中古以来南匈奴的文化遗存。

阳曲境内是太原通向晋北、晋西北古道所在，是中古胡族往来忻州、吕梁、太原的必经之地。在古道附近发现的石家庄造像碑是北魏后期南匈奴—稽胡族群活动实证。可见，自东汉末年至北魏末年300多年间，南匈奴—稽胡族群一直在本地区生产、生活。他们的生产方式应已是农牧兼作，并广泛接受佛教。南匈奴—稽胡族群的代表姓氏和胡语名字一直保持下来，仍是族群的标志。

北魏末年的重大历史转折是起自正光五年（524年）的六镇之乱。虽然次年六镇起事军人在柔然和北魏军队的夹击下失败，但北魏将其余众散于河北，不久在孝昌元年（525年）这部分六镇军人又在河北起事，引起更大规模的社会动荡和冲突。在这个时期，北魏社会危机日益严重，各地方军事力量坐大，尤以晋北尔朱荣集团为最，山西地区形势也愈发严峻。在此背景下，当时这里的思圣寺、崇林寺僧尼和以刘氏、呼延氏、兰氏等为代表的稽胡族群居民联合发起法事活动，很

---

[2] 刘勇：《文水隐泉山隋石窟题记考》，《石窟寺研究（第14辑）》，北京：科学出版社，2022年，第180～191页。

[3] 刘勇：《刘懿——从高欢的发小到亲家》，《金石证史——三晋碑志中的历史细节》，太原：三晋出版社，2018年，第18～25页。

[4]《魏书》卷69《裴延儁传附良传》载："时有五城郡山胡冯宜都、贺悦回成等以妖妄惑众，假称帝号，服素衣，持白伞白幡。"五城为北魏时南汾州属郡，其地在吉县东北。吉县贞观元年（627年）冯天勾等三十人造像碑供养人题名有冯可罗停、冯开过臣等。

可能这些僧尼中的部分就来自这些稽胡人群。这次活动造塔、像、钟，目的十分明确，即发愿文中所言"愿今天下太平、国安人丰、兵□不起。历劫师僧、七世父母、门徒眷属、上至顶下至阿鼻含生之类，一时成佛"，这是当时各族人民对安定生活的向往和心声。

二、大盂出土造像碑（北齐天统五年，569年）

2022年此碑出土于太忻大道阳曲县大盂村附近施工工地，现存不二寺内。此地正处于连接太原、忻州、大同之间的晋北大道沿途。

1. 基本情况

此碑碑身高148厘米、宽60厘米、厚30厘米。碑首、底座无存，碑身局部残损，整体保存较好。

碑阳上部居中雕一佛龛，内雕一坐佛二胁侍立像。圆拱上线刻尖楣，楣尖处刻莲花。坐佛结跏趺坐，内着僧祇支，外着袈裟。胁侍菩萨戴冠，宝缯下垂。龛两侧有题名。下雕3排小佛龛，每排5小龛，内均雕一坐佛。龛侧有题名。碑阳下部为发愿文和题名，有界格。碑阴和碑两侧均有造像和供养人题名（图3～5）。

梳理录文如下。

碑阳，上部佛龛两侧题名。

左侧题名（佛龛视野的左、右次序）：

都□主镡清显妻□□□阿张息□那息叔尚息子尚
清净主刘仙奴息□□□洛孙女□罗孙息安洛
左箱菩萨主刘兰昌妻呼延息石洛息集洛
刘郎干妻斋主王贵妃息回周息仲和女回斤
光明主高大男

右侧题名：

大像主龙门太守贾长保妻阿□息永贵息永安
息永遵孙定国孙智远孙□□孙子达孙子□
右箱菩萨主□留山□□□□山妻阿□息女婴妃
香火主刘□□息阿奴□□□孙库提孙息兴富

3排小龛侧题名。
第1排：

……像主刘写提 像主王阿族 像主王元和 像主王阿华

图3　大盂出土北齐造像碑碑阳拓片　　　　　图4　大盂出土北齐造像碑碑阴拓片

第2排：

……像主尹阿文　像主刘□保　像主郭老山　像主单苟子

图 5　大盂出土北齐造像碑侧面拓片

第 3 排：

像主先……刘…… 像主荡逆将军刘郎干 像主先职林虑太守刘虎子 像主前祭酒贾永贵 像主先职新兴太守张虎仁

碑阳下部刊刻发愿文和题名。

大齐天统五年岁次乙丑四月庚申朔
廿五日甲申恶都遊激村平寇县人刘
屯子等邑义十四人敬造释迦铭像一
区上为　皇帝　陛下臣僚百官□□
七世师僧父母现存眷属法界众生俱
登正觉
门师比丘僧颐　廿七日建
邑主刘屯子　邑子张虎□
邑子刘温拔　邑子刘虎子
邑子贾永贵　邑子王阿□
邑子刘大思　邑子单苟子
邑子刘郎干　邑子刘写提
邑子尹阿文　邑子郭先山
邑子巩善和　邑子王元和
维那郭老山亡母王宜女息女定锥

碑阴，与碑阳布局类似，碑阴上部居中亦雕一龛，内一坐佛二胁侍立像。坐佛结跏趺坐，内着僧祇支，外着袈裟。胁侍菩萨戴冠，宝缯下垂。龛两侧有题名。下雕 3 排小龛，每排 5 小龛，内均雕一坐佛。龛侧有题名。

上部佛龛两侧题名。

左侧题名：

阿难主高丘地迦引后母高阿竹息燕周息元光
北面大像主刘郁若妻阿高息妻阿阴

右侧题名：

若孙山富孙菩萨而孙爱女而孙爱妃孙上妃

迦叶主郭老山妻刘燕锥息男法洛

下部3排。每排5龛,内雕坐佛,龛侧题名。
第1排:

像主□郭双男 像主张苦女 像主党刘山胡 像主王惠洛 像主王洪迁

第2排:

像主□普香 像主郭洛山 像主邢□□ 像主王尊和 像主刘初真

第3排:

像主□□制胜□□巩善和 像主郭□□ 像主南征宜阳军主刘劫提息温豆拔 像主来现姬 像主巩成奴

碑右(西)侧面,分为上下两部分。上部开一龛,内雕坐佛,龛两侧题名。下部为4排佛龛,每排3小龛,内雕坐佛。龛侧题名。
上部居中佛龛两侧题名。
左侧题名两列:

刘屯子孙女西面像主刘神徽妹尼龙徽
子息老显息延富息业奴息海富

右侧题名两列:

子亡妻王阿华现存妻张苦女
子亡息多德亡息伯年没阵

下部雕4排小佛龛。每排3小龛,内均雕一坐佛,龛侧题名。
第1排:

像主刘多德 像主刘伯年 像主刘□光

第 2 排：

像主刘□□ 像主刘老显 像主霍春好

第 3 排：

像主刘道显 像主刘业奴 像主窦春姬

第 4 排：

像主田韩次胜女 像主李吴女 像主王贵女

碑东（左）侧面与碑西侧面上的布局类似，也是分上下两部分造像和题名。

上部开一龛，内雕垂足坐佛，应是弥勒佛，龛两侧题名。下部为3排佛龛，每排3小龛，内雕坐佛。龛侧题名。

上部龛侧题名。

左侧题名两列：

东面大像主刘劫其提妻来现姬
息温豆拔息阿和妻高洪徽

右侧题名两列：

拔息阿光妻王白姬息承安
拔息惠年妻霍迎男息耶利

下部雕3排小佛龛。每排3小龛，内均雕一坐佛，龛侧题名。

第 1 排：

像主张黄□ 像主呼延□□ 像主高阿斤

第 2 排：

……像主王贵妃 像主高大男

第 3 排：

像主□州刺史王□　像主雁门郡承南赵郡太守王令凤　像主棚主贾永安

2. 释读

由发愿文可知此造像碑建于北齐天统五年（569年），发愿文记述刘屯子等14人结成邑义，在僧人主持下共建释迦佛像事。后列刘屯子等14人题名。

四面开龛和题名情况如下：在碑阳上部开凿一大龛，下雕3排佛龛，共15小龛，大龛两侧和小龛侧均有题名。碑阴的造像和题名格局与碑阳类似。碑两侧面上的造像、题名规制大体相同，上部雕一较大佛龛，下部雕3或4排小龛，每排雕3龛。佛龛侧均刊刻供养人题名，这些小龛的供养人部分来自造释迦像发愿文中的14人，此外或是这些人的亲友。

此造像碑由比丘僧颐建。记录刘屯子等人通过社邑组织建造释迦石像事。像和碑当时可能即立于寺院。组织造像活动的核心人物邑主刘屯子为平寇县人，居恶都遊激村。平寇县，北魏末年属永安郡（原新兴郡），在今忻州市忻府区，武成帝高湛时迁至今定襄县[5]。此碑刊刻于天统五年（569年），在天统四年太上皇武成帝高湛去世后。今忻府区东南董村镇有游邀村，在忻府区城区和定襄县城之间，距出土地大盂约30公里。村内的千佛寺为最大寺庙群，现建筑群为复建，大殿前有一元代经幢。在游邀村以南几公里山前地带有刘家山村。此游邀村应即造像碑中的遊激村。今阳曲县大盂中学内有慈仁寺，寺门外存残损的唐尊胜陀罗尼经幢。造像碑较重，或是历史上某些原因后人将其由游邀村迎至大盂村佛寺。

碑阳发愿文14人题名中刘氏占6人，碑阴、碑侧题名中也多有刘氏。刘屯子家族的情况在碑西（右）侧面上部佛龛题名中有较全面的展现。其子刘伯年"没阵"，即在战斗中阵亡。刘屯子一孙女刘龙徽为尼出家，另一孙女刘神徽是碑西侧佛龛功德主。

题名中出现的其他刘氏家族梳理如下。

碑阳上部佛龛侧题名中有四支刘氏，包括清净主刘仙奴家族、左箱菩萨主刘兰昌家族、刘郎干家族（其妻王贵妃为斋主）、香火主刘氏家族；碑阴上部佛龛侧题名中的大像主刘郁若家族；碑东侧面上部佛龛大像主刘劫其提家族。

可见此四面造像碑主要功德主为刘氏族人。这7支刘氏或为亲族，或关系密切，同为佛教信徒。

碑东侧上部佛龛侧面题名中的刘劫其提之子温豆拔，再次出现在碑阴下部佛龛题名中，劫其提并有南征宜阳军主名号。史载569～570年，北齐、北周双方在河南宜阳地区爆发战争。刘劫其提即是北齐征发参加南征军中的基层军官。此碑建立前后，刘劫其提所属部队或已南下作战。当时的宜阳战事胶着，互有攻防，双方均派出著名将领领军出战。这支稽胡族群军人很可能在战

---

[5] 参王仲荦：《北周地理志》卷9《肆州平寇县条》，北京：中华书局，1980年，第881页。

事中有很大伤亡[6]。

北魏统治者最初并不信任来自稽胡等族群的士兵，作战时多以他族为先行冲锋[7]。征发稽胡民众为兵在北朝军事活动中常见，如僧人刘萨诃是稽胡人，北魏时曾从军征战。此碑西侧题名中记载本造像活动发起人刘屯子之子刘伯年"没阵"，也是在战场去世的军人。

造像碑中的刘屯子是游邀村人，应已编入村落户籍，其生产方式亦应以半农半牧为主。在政府行政管辖下的民众，服兵役和徭役是对国家的义务。东魏北齐军事力量的主力是六镇鲜卑，但由于频繁的军事活动，由此题名可见，东魏北齐仍会征发政府管辖下的稽胡从军作为补充。

太原—忻州地区是十六国北朝时南匈奴—稽胡族群的活动范围。

汉魏以来，南匈奴单于后裔改姓刘氏，南匈奴—稽胡族系中的刘氏豪酋常见于史册。汉魏时期的忻州是南匈奴五部中北部驻地，刘渊曾为北部都尉。北魏在阳曲县境设护军安置胡人。高欢朋友、亲家刘懿即忻州人，其墓志出土于忻府区九原岗。在定襄七岩山北朝摩崖造像题记和上条石家庄北魏孝昌二年（526年）造像题名中，均多见刘氏。值得注意的是，忻府区游邀村与定襄七岩山均在系舟山北麓，距离15～17公里。这一山前地带可能曾是南匈奴—稽胡族群的驻地。

碑阳上部佛龛侧题名"左箱菩萨主刘兰昌妻呼延"。呼延为东汉以来南匈奴四大贵族姓氏之一，此刘氏与呼延氏的婚姻属稽胡（山胡）族系人群内部婚姻。

刘屯子有一定声望，又是虔诚信众，故成为此次造像活动的邑主。参与社邑活动的功德主名号有大像主、菩萨主、光明主、清净主、斋主等。

题名中的刘氏名字多有胡语音译，14人题名中有温拔、郎干、写提；刘劫其提之子名温豆拔，拔孙名耶利等。"beg"本为胡族中的常见官号，后因长期担任此职的酋长发展壮大起来，此官号逐渐成为这一部族之名，汉译为拓跋、乙弗等。此名美誉度很高，在北族胡人名字中十分常见[8]，温拔、温豆拔即如此。

一些刘氏则使用日常俗名，如屯子、虎子等，其他姓氏人名中的苟子、阿文等，亦非华夏雅驯用名。

题名中出现的其他单字姓，或为汉人，也可能有民族混血成分。这些题名者是刘屯子的亲友或邻居的可能性较大。

带职官号题名有龙门太守贾长保、荡逆将军刘郎干、先职林虑太守刘虎子、前祭酒贾永贵、先职新兴太守张虎仁、雁门郡承南赵郡太守王令凤等。荡逆将军，北魏时为从七品上阶，北齐官志未载。

供养人中多人已有军政职位，应是地方势力的代表人物。

---

[6] 双方在宜阳地区的鏖战参见《资治通鉴》卷170陈宣帝太建元年（569年）～太建二年（570年）诸条、《北齐书》卷11《斛律金附光传》、《北齐书》卷41《独孤永业传》、《周书》卷12《齐殇王宪传》等有关记载。

[7]《宋书》卷74《臧质传》载北魏太武帝拓跋焘给刘宋将领臧信："吾今所遣斗兵，尽非我国人，城东北是丁零与胡，南是三秦氐、羌。设使丁零死者，正可减常山、赵郡贼；胡死，正减并州贼；氐、羌死，正减关中贼。卿若杀丁零、胡，无不利。"（梁）沈约撰：《宋书》，北京：中华书局，1974年，第1912页。

[8] 罗新：《论拓跋鲜卑之得名》，《内亚渊源——中古北族名号研究》，北京：社会科学文献出版社，2023年，第69页。

三、本区的稽胡族群与民族融合

在阳曲县新发现的北朝造像碑为北魏末年孝昌二年（526年）和北齐天统五年（569年）镌刻。出土地一在阳曲南北大道沿途，一在太原—阳曲—静乐古道东侧不远处，正处在太原和晋北、晋西北地区的交通要道。时隔40余年，两碑功德主群体以南匈奴—稽胡系胡人后裔为主，他们结成社邑，在僧人主持下开展建造佛像、佛塔等宗教活动。

稽胡（山胡）人是北朝肆州地区居民中的基本族群。石家庄北魏造像碑供养人中的刘肆卢可能来自肆州秀容郡肆卢县，北齐造像碑题记中的邑主刘屯子为肆州永安郡平寇县人。北齐造像碑供养人题名中亦有直名为刘山胡者。实际上，自东汉末年为南匈奴北部驻地，经十六国、北朝，南匈奴—稽胡族群一直是本区重要原住居民，至北朝后期其中大部应已成为国家管理下的编户。

两通造像碑题名中，以稽胡系首姓刘氏为代表，呼延、兰、卜等姓氏均有出现。同时有多个单字姓，题名中多人名字为胡语音译，说明胡语在民间仍在日常使用，胡汉杂居共处，胡汉人群之间已出现通婚。

忻州是十六国北朝时期山西民族融合的重要区域。东汉末年以来是稽胡族群分布区，北朝末年六镇鲜卑和河北汉人进入，民族构成颇为复杂，本地的稽胡族群在鲜卑化、华夏化的发展道路上加速前行。佛教社邑活动客观促进了各族群之间的互信和交流，有助于民族融合进程的深入发展。在北朝后期肆州地区佛教窟龛题记中，多族群信众共同参与造像活动已是较为多见的社会现象[9]，其中涉及南匈奴—稽胡族群、六镇鲜卑族群、河北西迁汉人社群、本地汉人社群等。

由此可以看出，经历魏晋十六国北朝300余年历史，南匈奴—稽胡族群仍是当时晋北太原—忻州地区的重要居民，他们多数可能已经成为半农半牧生产生活方式下的国家编户村民，承担相应的各类征发、徭役，他们已与汉人通婚。胡语在民间仍广泛使用。北朝后期的佛教传播已深刻影响南匈奴—稽胡族群后裔。他们的小聚居社会仍保存下一些原有民族特质，但在更大的地域范围内，则是多民族杂居混居的情况，这种大杂居、小聚居的族群分布模式，构成了山西中古后期民族融合的基本背景。

两通新见北朝造像碑是了解北朝后期太原—忻州地区佛教文化传播、胡汉族群分布和交流，丰富多彩的中古社会的最新实物史料，识读辨析，幸甚。

---

[9] 段彬《高欢侍佛图与北朝晚期的肆州地域社会》一文附录20通北朝后期肆州造像记录文，其中可见不同族群、社群信息。段彬：《高欢侍佛图与北朝晚期的肆州地域社会》，《中国中古史研究（第十卷）》，上海：中西书局，2023年，第51～101页。

四川平昌何家湾摩崖造像调查简报

四川省文物考古研究院　石窟寺保护与传承四川省文化和旅游厅重点实验室　巴中石窟研究中心　平昌县文物保护研究中心

内容摘要：何家湾摩崖造像位于四川巴中平昌县，现存造像7龛，保存较好，开凿于盛唐时期或稍晚，曰佛教造像和道教造像组成，造像题材有西方净土变、天尊像等，佛教造像的风格、题材、布局等与巴中地区唐代佛教造像高度一致，与米仓道上的巴中石窟属于同一体系。道教造像高度模仿佛教造像，不仅因袭了佛龛的布局、风格，还直接袭用天龙八部、力士等佛教护法神祇，为探讨唐代道教造像与佛教造像的关系以及唐代川北地区的佛道关系增添了新材料。

关键词：平昌县　何家湾　摩崖造像　唐朝

A Preliminary Report of Hejiawan Cliff Images in Pingchang County, Sichuan Province

Sichuan Provincial Institute of Cultural Relics and Archaeology

Key Laboratory of Conservation and Inheritance of Grottoes, Sichuan Provincial Department of Culture and Tourism

Bazhong Grottoes Research Center　Pingchang Cultural Relics Protection and Research Center

Abstract: The Hejiawan Cliff Images are located in Pingchang County, Bazhong City, Sichuan Province, and consist of seven niches that are relatively well-preserved. These carvings encompass both Buddhist and Daoist themes, including representation of Western Pure Land and Daoist Tianzun statues, primarily dating from high Tang period or later. The Buddhist statues in terms of style, subject matter, and composition are highly consistent with the Buddhist carvings of Tang Dynasty in Bazhong area, and they belong to the same system of Bazhong Grottoes along the Micang Road. The Daoist carvings closely imitate Buddhist statues, not only adopting the composition and style of Buddhist niches but also directly adopting Buddhist guardian figures such as The Eight Legions and the guardians or stronge men. The author provides new material for exploring the relationship between Daoist and Buddhist carvings of Tang Dynasty as well as their believes in northern Sichuan during the Tang period.

Key words: Pingchang County, Hejiawan, cliff images, Tang Dynasty

一、概　　况

何家湾摩崖造像位于四川省巴中市平昌县望京镇金龙石社区四社，西南距平昌县城约 42 公里，北侧约 70 米有东西向村道通向望京镇，海拔 805 米。造像所处区域地处四县交界之处，毗邻通江县、万源市、宣汉县，位于渠江水系巴河左岸二级支流澌滩河流域内，魏家河、张家河分别从其南、北约 3 公里处流过（图 1）。造像于 2019 年由平昌县文物保护研究中心发现，2021 年全国石窟寺专项调查进行了登记，2023 年公布为平昌县第五批县级文物保护单位。2024 年 3 月，四川省文物考古研究院联合当地文物部门对何家湾摩崖造像进行了全面调查，现将调查情况简报如下。

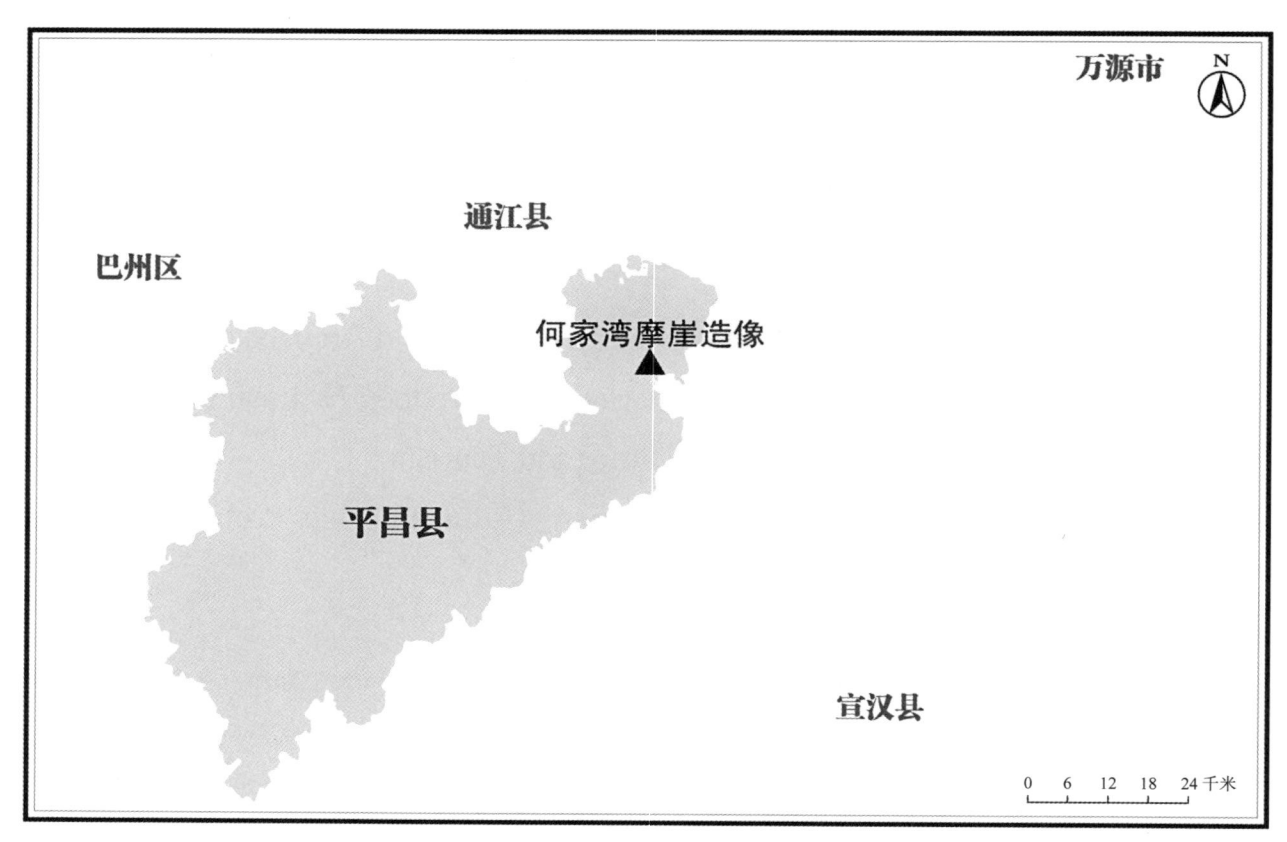

图 1　何家湾摩崖造像位置示意图

二、龛　　像

造像开凿于山下台地的一块石包上，石质为黄色砂岩，石包平面整体呈不规则的正方形，除西壁外其余壁面较为平整，北壁方向 9°（图 2）。石包整体东西长约 8.1 米、南北宽约 6.8 米、最高处高约4.1米。石包南侧紧邻耕地和小道，土石堆积至岩壁上部，南壁大部分造像曾被土掩埋，本次调查对其进行初步清理工作[1]。该处计有7龛造像，开凿于石包南壁、东壁、北壁和西壁，自南壁始逆时针方向编号为HJW-1～HJW-7（图3），HJW分别为"何家湾"三字汉语拼音的首字母。其中，HJW-1、HJW-2开凿于石包南壁，HJW-3开凿于石包东壁，HJW-4～HJW-6开凿于石包北壁，HJW-7开凿于石包西壁。此外，HJW-1外龛两侧壁各凿有二附龛，编号为HJW-1-1～HJW-1-4；HJW-2外龛两侧壁各凿有一附龛，编号为HJW-2-1、HJW-2-2。虽然其造像龛数较少，但因曾被掩埋，龛形和尊像保存完整，造像细节大部分得到保留。

图2　何家湾摩崖造像航拍图（东北→西南）

HJW-1

位于石包南壁右侧。双层方形龛。外龛宽159厘米、高172厘米、进深62厘米，内龛宽109厘米、高117厘米、进深96厘米。

内龛龛楣雕单重檐，檐顶饰圆形瓦当、鸱尾等。檐面中心雕一侈口溜肩圜底罐，腹部有一圈凸弦纹上有三圆形饰。罐口向两侧各伸出一卷草，呈左右对称分布。檐下上部雕十界格，每一界

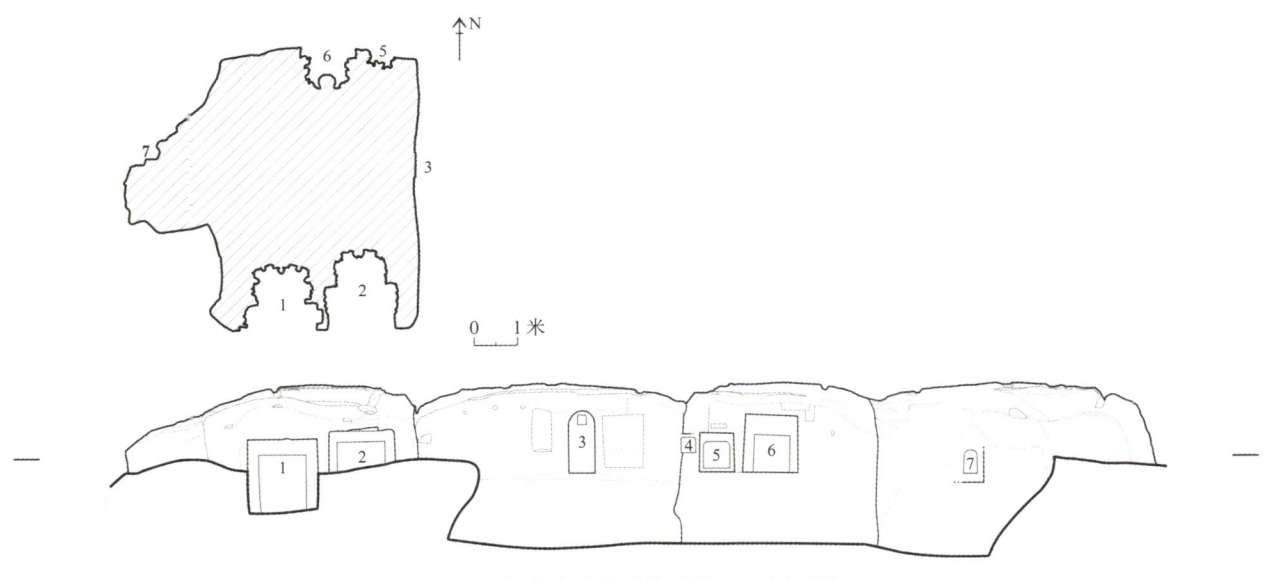

图3　何家湾摩崖造像连续立、剖面图

---

[1] 因南壁前紧邻道路和建有保护性设施，本次调查主要对HJW-1龛内区域进行了清理。HJW-2因龛内造像基本曝露，龛前有石砌挡土墙，未做清理工作。

格内有一双层瓣团花。下部浅刻帷帐，帐前垂饰珠链、流苏、风铃等。龛柱亦雕界格，内有一双层瓣团花。

内龛底后部及两侧起佛台，平面呈"凹"字形，后部佛台高16厘米，两侧佛台高7厘米。佛台上雕凿一佛二弟子二菩萨二天王像。内龛壁上部雕有天龙八部像。佛台前左右各凿一近圆形凹窝，直径21～30厘米、深3厘米。龛口底部中央有一圆台，两侧对称雕一对朝龛外趴卧的狮子，右侧卧狮尾部翘起。龛柱前各雕凿一力士像（图4、5）。

图4　HJW-1（南→北）

主尊佛内椭圆外尖桃形双重头光。磨光肉髻，中央有圆形髻珠，宽耳廓，颈部刻三道纹。佛衣自身后通覆双肩，右衣领绕腰前，上搭左肩折向身后。双手均屈肘横置身前，手部残缺。结跏趺坐于束腰莲座上，佛衣下摆覆于莲座上。莲座上部为三层仰莲瓣，束腰部位雕七圆球状物，下部为单层覆莲瓣。像高64厘米、肩宽30厘米、座高38厘米。

主尊左侧弟子椭圆形头光。额高突，脸刻皱纹，耳垂及肩，颈部青筋凸起。内衣交于胸前，

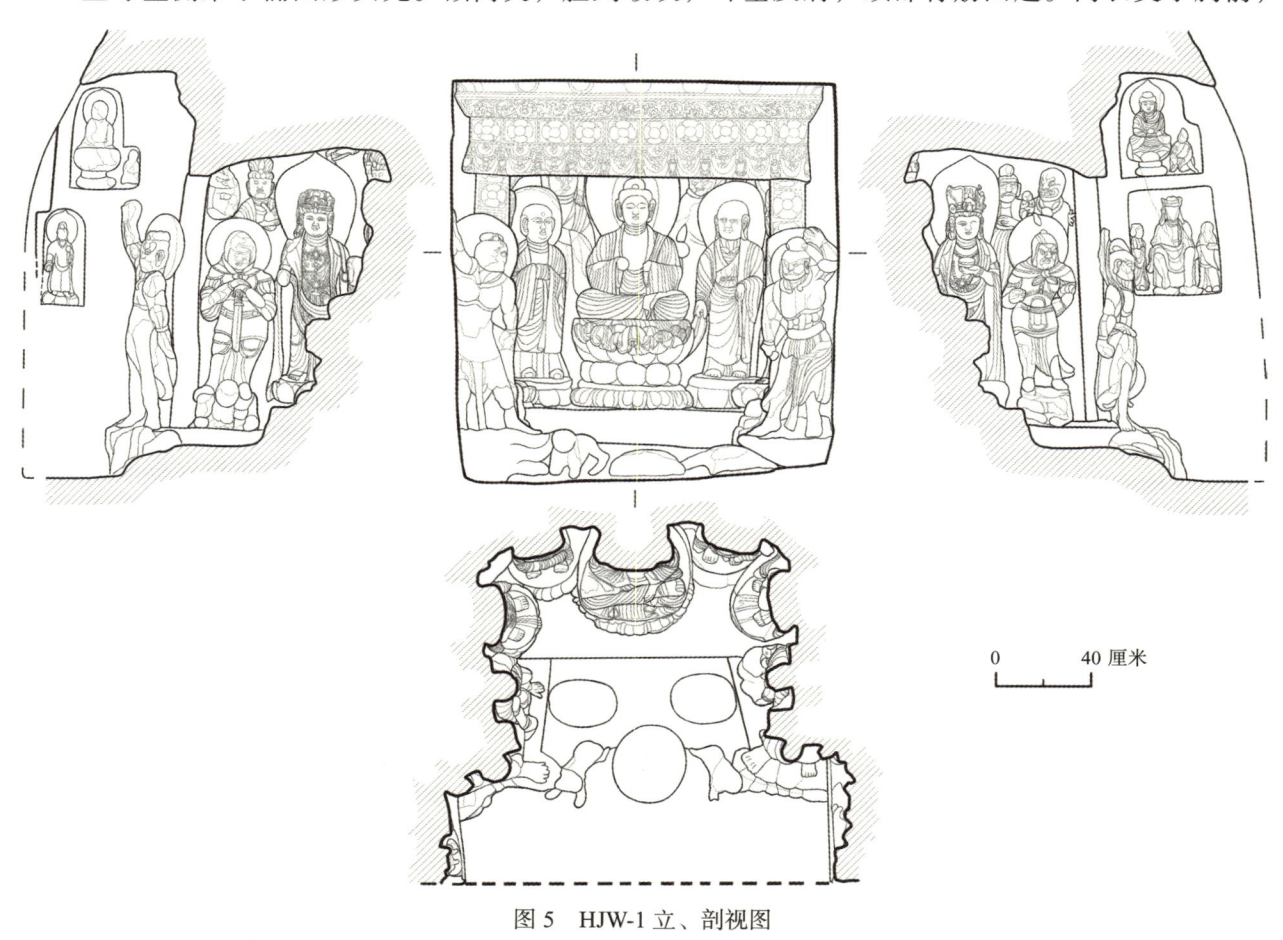

图5　HJW-1立、剖视图

腰间系带；中衣自身后通覆双肩，垂于身前；外衣覆左肩垂于身前，右衣角自身后绕右上臂，垂臂后外侧衣角经右腰绕向身前搭于左臂。左手屈肘横置左腹前，似掌心向右，手指下垂提一串珠；右手肘部微屈置于身侧，手握衣角。跣足立于单层覆莲座上。像高76厘米、肩宽23厘米、座高13厘米。

主尊右侧弟子圆形头光。脸圆润，颈部刻三道纹。内衣自身后通覆双肩垂于身前；外衣覆左肩垂于身前，半覆右肩绕右上臂，自腋下经腹前搭于左臂。双手拢袖拱于胸前。足穿云头履，立于单层覆莲座上。像高74厘米、肩宽22厘米、座高12厘米。

主尊左侧菩萨尖桃形头光。头戴高花蔓冠，缯带自耳后垂搭两肩，耳下有一发束绕过。面部丰润，颈部刻三道纹。戴由圆环和联珠组成的项圈，下有三条璎珞垂下，相交于腹前饰联珠纹圆环后亦分三股垂下。帔帛自双肩垂下，绕腹、膝两道，后绕臂垂于身侧。双手均戴臂钏和双圆环腕钏。左手屈肘置于胸前，掌心向上托椭圆形盒状物；右手垂于身侧，肘部微屈，掌心向内，手指轻挽帛带。下着长裙，裙腰外翻，裙摆覆脚背。腰束带，带自腿间垂至座前。跣足立于双层仰莲座上。像高84厘米、肩宽25厘米、座高11厘米。

主尊右侧菩萨头光、座式等基本与左侧菩萨相同，但装束更为繁复。冠后侧垂联珠纹饰。项圈正中为饰联珠纹菱形饰，垂挂珠饰，三条璎珞交于腹前圆环后亦分三股垂下。着袒右式内衣，腰间系带。双手均戴臂钏。左手垂于身侧，肘部微屈，戴双圆环腕钏，手部残；右手屈肘于身侧，肘部以下残缺。腰束带，带自腿间垂至座前。像高84厘米、肩宽25厘米、座高11厘米。

左侧天王圆形头光。头戴兜鍪，怒目，阔鼻厚唇。身着明光铠，肩系披巾，内着膝裙。左手屈指置腰部，右手握拳于胸侧作持物状。足着长靴，踏于小鬼上。右侧天王双手挂长剑于胸前，掌心与剑均朝下，其余装束、座式基本与左侧天王相同。像高71厘米、肩宽23厘米、小鬼高21厘米。

龛柱前力士圆形头光，束发戴冠。袒裸上身。一手上举于头侧，一手置于腰侧。下着及膝裙，腰束带，带自腿间垂及座。跣足立于山形座上。左侧力士可辨帛带绕臂，飘于头后及身侧。像高85厘米、肩宽20厘米、座高18厘米。

内龛后壁雕天龙八部，主尊左右两侧各4身。主尊左侧从内至外，第一身头戴兜鍪，顶踞一龙，身似着甲，左手握戟于头左侧，右手置于腰侧；第二身束发髻，耳廓宽大，耳垂及胸前，着垂领广袖衣，左手似托物于胸前；第三身束发戴冠，身着垂领衣，左手置胸前，可辨屈二指、伸二指；第四身光头，龇牙，颈戴圆形项圈，右肩处有一小儿，左手五指伸开于肩侧。主尊右侧从内至外，第一身头戴兽头帽，兽爪搭于肩上，身着垂领广袖衣；第二身三头六臂，均戴腕钏，两双手上举托物，所持之物由内而外分别为圆形物、带纽方形物、"L"形物、月牙形物，一双手十指相交置于胸前。帛带绕身前一道后搭臂垂下，腰部束带，似下着长裙；第三身头戴高冠，戴圆形项圈，着垂领衣，双手托物于胸前；第四身侧身向龛内，头踞一蛇。

外龛两侧壁上部各凿二附龛，编号为HJW-1-1～HJW-1-4（图6、7）。

HJW-1-1

位于HJW-1外龛左侧壁上部。单层拱形龛，宽34厘米、高43厘米、进深8厘米。龛内雕凿一主尊一供养人。主尊尖桃形头光，磨光肉髻，耳垂及肩，颈部刻三道纹。外衣自身后通覆双肩，

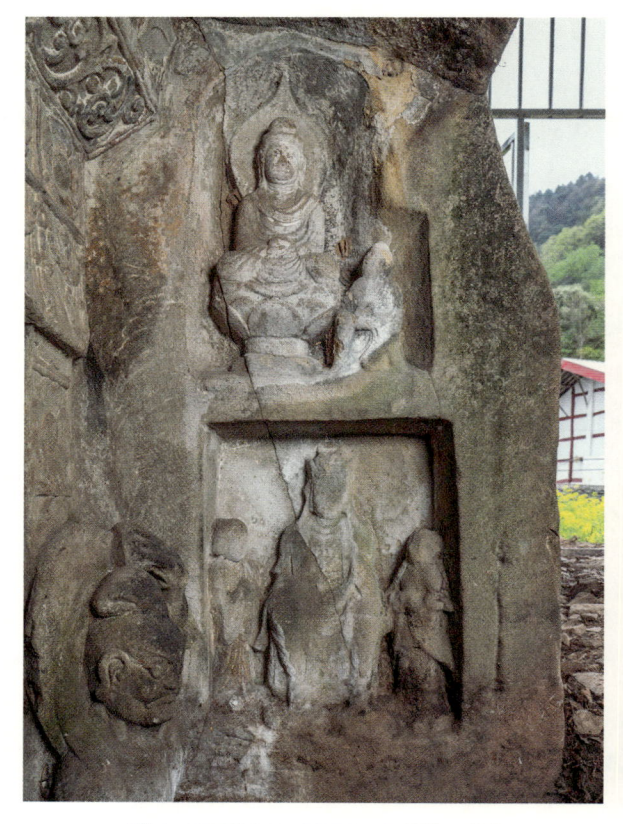

图 6　HJW-1-1、HJW-1-2（西→东） 　　　　　图 7　HJW-1-3、HJW-1-4（东→西）

右衣角绕颈上搭左肩。双手掌心向上相叠于腹前，右手在上托一圆形物。结跏趺坐于束腰莲座上，佛衣下摆覆座上沿。像高 23 厘米、座高 13 厘米、肩宽 11 厘米。主尊左下方凿一供养人，侧身朝向主尊胡跪于龛底。像高 19 厘米。

HJW-1-2

位于 HJW-1-1 下方。单层方形龛，宽 36 厘米、高 47 厘米、进深 12 厘米。龛内雕一主尊二胁侍。主尊戴冠，耳后缯带飘垂至肩。戴项圈，垂有一璎珞。肩披帔帛，帛带绕身前二道后搭臂垂下。倚坐于方台上，双足各踏于一圆台上。像高 39 厘米、肩宽 12 厘米、座高 15 厘米。左侧胁侍立像上身风化严重，似双手置于腹前，下着长裙，立于龛底。右侧立像头两侧各扎一垂髻，上着交领广袖衣，双手置于胸前。下着曳地长裙，着履立于龛底。像高 30 厘米、肩宽 6 厘米。

HJW-1-3

位于 HJW-1 外龛右侧壁上部。单层拱形龛，宽 29 厘米、高 44 厘米、进深 10 厘米。龛内雕一主尊一供养人，风化严重。主尊尖桃形头光，双手似置腹前，结跏趺坐于束腰座上。像高 23 厘米、肩宽 8 厘米、座高 17 厘米。主尊左下方凿一供养人，侧身朝向主尊跪于龛底。像高 14 厘米。

HJW-1-4

位于 HJW-1-3 右下方。单层拱形龛，宽 17 厘米、高 42 厘米、进深 4 厘米。龛内雕一立像，风化严重。尖桃形头光，束高发髻。左手似屈肘举于肩前，右手垂于身侧。下身两侧垂有帛带。跣足立于座上，似为覆莲座。像高 33 厘米、肩宽 8 厘米、座高 6 厘米。

HJW-2

位于 HJW-1 左侧。内外龛底被掩埋，但内龛造像基本全部暴露。双层方形龛，外龛顶部中段残损（图8、9）。外龛宽155厘米、进深105厘米，内龛宽120厘米、进深65厘米。

图8 HJW-2（南→北）

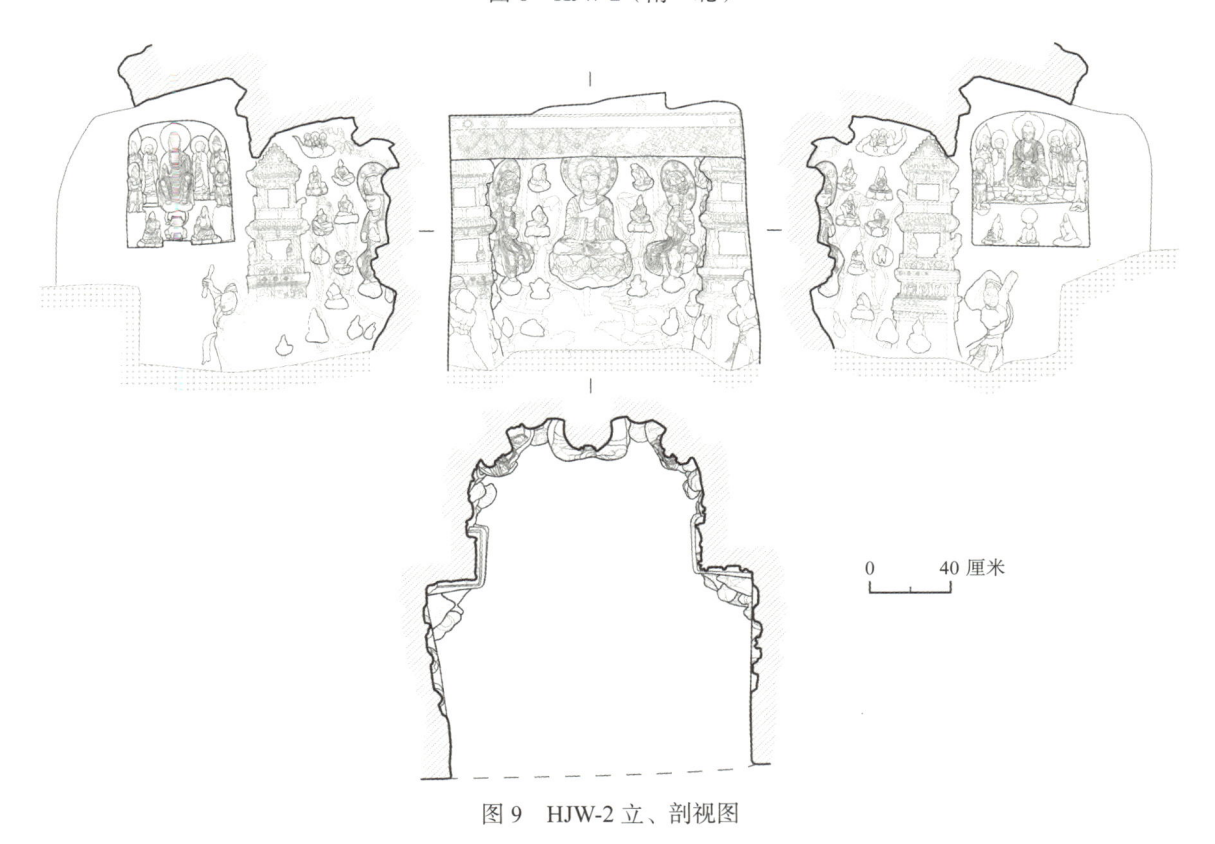

图9 HJW-2 立、剖视图

内龛龛楣雕双重檐，檐顶饰鸱尾等，檐面雕卷草纹。檐下上部雕菱形、圆形及联珠纹组合纹饰，下部镂空雕菱形格，垂饰珠链、流苏、风铃等。

龛柱表现为镂空雕出的双层楼阁形式，高85厘米。楼阁为歇山顶，三角形山墙饰三卷云，檐上雕出瓦垄，檐下雕斗拱、横梁等。每一层楼阁均有一方形台基，外立面浅浮雕角柱、间柱。下层楼阁台基朝龛口一侧角柱与间柱之间雕有壸门，内有伎乐一身。楼阁下有束腰基座，束腰上、下各有三层叠涩，雕饰联珠纹、团花、菱形饰等。束腰部位朝龛口一侧雕有三圆拱形单层龛，朝龛外一侧雕一圆拱形单层龛，龛内均为一主尊四胁侍立像，主尊结跏趺坐于方台上。

两侧两层楼阁内均镂空，内部现空无一物。上层楼阁朝龛外一侧和下层楼阁内朝龛口一侧的两侧角柱及旁侧小像前有栏杆残迹，原应镂空雕有矮栏杆。两层外侧三角柱旁均雕有姿态各异的小像。由内而外，左侧上层楼阁第一身和第二身残不可辨，第三身歪头侧肩，似左手撑头；下层楼阁第一身为立像，颈部刻纹，双手腕部交叉置于胸前，腰束带，第二身和第三身残不可辨，第四身为坐像，双腿屈膝竖于胸前，双手随意搭于膝上。右侧上层楼阁三身像残不可辨；下层楼阁第一身为立像，颈部刻三道纹，戴项圈，斜披络腋，左手置腹前，第二身残不可辨，第三身颈部刻纹，戴项圈，双手置胸前，第四身为坐像，颈部刻纹，腰束带，双腿屈膝竖于胸前，双手随意搭于膝上。

内龛平面呈半圆形，正壁中部雕凿一佛二菩萨。龛柱前各雕一力士。

主尊佛顶悬八角形华盖，角间雕一宝珠，盖周悬帐，垂饰珠链、流苏等。主尊椭圆形三重头光，每一重外均有联珠纹、圆环纹相隔，三重头光由内至外分别为莲瓣纹、锯齿纹、菱形或圆形的联珠纹。低肉髻，脸方圆。颈部刻三道纹。着袒右式内衣；外衣自身后通覆双肩，右衣领绕胸前，上搭左肩折向身后。双手屈肘横置身前，手部均残缺。结跏趺坐于出茎仰莲座上。佛衣下摆覆于座前，衣纹呈四道"V"形垂于座前。像高45厘米、肩宽20厘米、座高17厘米。

主尊左侧菩萨椭圆形双重头光，每一重外均饰有联珠纹、圆环纹，第二重雕七朵团花纹。头戴高花蔓冠，冠正前似雕莲花与坐像，耳后缯带飘垂两肩。眉、眼细长，颈部刻三道纹，戴圆形项圈。帔帛自双肩垂下，绕身前两道，身前披"X"形璎珞，斜披络腋。左手屈肘置于胸前，掌心向下，似有一条形物于掌心内；右手屈肘置于腰前，手部残，双手均戴双圆环腕钏。下着长裙，腰束带，裙摆、帛带、璎珞覆座，随身体起伏，呈波浪形。坐于出茎仰莲座上，左腿垂于座前，足踏于出茎莲台上；右腿屈膝横置莲座上，足尖朝前。右侧菩萨头光、装束、坐姿等基本与左侧菩萨相同，仅姿势相反。冠正前似雕莲花与宝瓶。左手屈肘置于腰前，掌心向上托物；右手屈肘置于身侧，手部残。像高55厘米、肩宽14厘米、莲座高20厘米。

主尊两侧各雕一菩提树，树顶各雕一面朝主尊的飞天，戴项圈，一手托物于头侧，帛带飘于身后，下着长裙。飞天外各雕一祥云，上有三身坐像，均有椭圆形头光，着垂领衣。主尊莲座下莲茎向两侧分叉出若干莲枝，莲枝上接莲蕾、荷叶或单层莲台，莲台上皆承托一坐像。据其分布位置，这些小像可大致分为三个区域，分别是主尊两侧、内龛左侧壁及右侧壁。

主尊两侧各雕三身坐像，并对称雕二莲蕾、荷叶。左上菩萨面朝主尊，歪头脸轻贴右手，右手置于右膝上，左手撑于左足上，戴腕钏，胡跪于仰莲上；左中颈部刻三道纹，戴项圈，左手似呈"V"形置于身前，右手绕膝抚右小腿，双足交叉坐于覆莲上；左下残不可辨。右上似与左上同姿势，仅姿势相反；右中左手肘部撑于左膝上，双足交叉坐于莲上；右下残不可辨。

内龛左侧壁小像自上而下可分为五层。第一层由内而外第一身着袒右衣，右手托物于腹前，戴腕钏，双足踝部交叉坐于仰莲上，左腿屈膝竖于胸前，右腿屈膝横置座上；第二身戴项圈，斜披络腋，双手抚腿，结跏趺坐于覆莲上。第二层第一身颈部刻纹，戴项圈，左手抚左腿，右手肘部置右膝上，双足踝部交叉坐于覆莲上，右腿屈膝竖于胸前，左腿屈膝横置座上；第二身颈部刻三道纹，斜披络腋，双足踝部交叉坐于仰莲上，左腿屈膝竖于胸前，右腿屈膝横置座上。第三层第一身戴项圈，帛带绕身前一道，右手屈肘，坐于仰莲上，左腿屈膝竖于胸前，右腿屈膝横置座上；第二身立于荷叶上。第四层仅存一身，残不可辨。第五层存三身，残不可辨。

内龛右侧壁的小像自上而下可分为五层。第一层由内而外第一身斜披络腋，左手肘部置左膝上，双足踝部交叉坐于仰莲上，左腿屈膝横置座上，右腿屈膝竖于胸前；第二身戴项圈，斜披络腋，双手抚腿，结跏趺坐于覆莲上。第二层第一身戴项圈，斜披络腋，右腿屈膝横置座上；第二身斜披络腋，双足踝部交叉坐于仰莲上，左腿屈膝横置座上，右腿屈膝竖于胸前。第三层第一身颈部刻纹，戴项圈，肩披帔帛，右手屈肘置身前，双足踝部交叉坐于仰莲上，左腿屈膝竖于胸前，右腿屈膝横置座上；第二身立于荷叶上。第四层仅一身，似坐于覆莲上，左腿屈膝横置座上，右腿屈膝竖于胸前。第五层存四身，残不可辨。

龛柱前二力士均风化、残损较严重，腿部以下被掩埋。可辨圆形头光，一手上举，帛带绕臂，飘于头后及身侧。右侧力士右手握金刚杵上举。肩宽14厘米。

外龛两侧壁中上部各凿有一附龛，编号为 HJW-2-1 和 HJW-2-2。

HJW-2-1

位于 HJW-2 外龛左侧壁上部。拱形单层龛，宽60厘米、高89厘米、进深12厘米。龛内起高坛，雕一佛二弟子二菩萨二天王（图10）。

主尊佛尖桃形头光。颈部刻三道纹。着袒右式内衣；中衣自身后通覆双肩，垂于身前；外着袒右式佛衣。双手托物于腹前。结跏趺坐于束腰仰覆莲座上，佛衣覆座，衣纹呈三道"U"形垂于座前。束腰部位呈瓜棱形。像高28厘米、肩宽12厘米、座高13厘米。

主尊左侧弟子圆形头光。额高突，耳垂及肩。外衣自身后通覆双肩，垂于身前。双手持物于腹前，左手掌心向下，右手掌心向上。跣足立于覆莲座上。主尊右侧弟子圆形头光，双手持条形物于胸前。跣足立于覆莲座上。像高26厘米、肩宽6厘米、座高6.5厘米。

图10　HJW-2-1（西→东）

主尊左侧菩萨尖桃形头光。戴尖桃形项圈，颈部刻三道纹，缯带垂肩。斜披络腋，末端由内侧翻出。左手似屈肘举于肩前，右手垂于身侧，手部残。下着长裙，裙腰外翻。跣足立于座上。主尊右侧菩萨风化严重，可辨头光、装束等与左侧菩萨一致。左手屈肘置于腹前，右手屈肘置于胸前。像高28厘米、肩宽6厘米、座高8厘米。

天王立于龛口两侧，左侧天王风化严重。右侧天王圆形头光，上着铠甲，下着战裙，有帛带垂于下身两侧。双手持物于胸前，足踏小鬼。像高22厘米、肩宽6厘米。

佛坛高21厘米。坛前正中雕一小像，面朝外，双手抚膝跪于台上，头顶香炉。其左右侧各雕一相向小像，头部、手部残，胡跪于台上。像高14厘米。

图11　HJW-2-2（东→西）

HJW-2-2

位于HJW-2外龛右侧壁上部。单层拱形龛，宽54厘米、高67厘米、进深10厘米。龛内起高坛，雕一佛二弟子二菩萨二天王（图11）。

主尊佛尖桃形头光，头部残。颈部刻三道纹。着袒右式内衣，腰间系带；中衣自身后通覆双肩；外衣自身后覆左肩，右衣角自右腰绕向身前，上搭左肩。左手抚左膝，右手屈肘上举，手部残。倚坐于方台上，双足各踏于一出茎莲台上。像高39厘米、肩宽12厘米、座高11厘米。

主尊左侧弟子圆形头光，颈部青筋凸起。外衣自身后通覆双肩，垂于身前。双手合十于胸前。跣足立于覆莲座上。右侧弟子头光、外衣、座式同左侧弟子。颈部刻纹，着袒右式内衣。双手持物于腹前，左手掌心向下，右手掌心向上。像高27厘米、肩宽5厘米、座高3.5厘米。

主尊左侧菩萨尖桃形头光，高冠。颈部刻三道纹，戴项圈，肩披帔帛。左手似屈肘举于肩前，右手垂于身侧，手部残。立于座上。右侧菩萨双手置于胸前，其余同左侧菩萨。像高30厘米、肩宽6厘米、座高4厘米。

天王立于龛口两侧，左侧天王圆形头光，上着铠甲，下着战裙，双手屈肘挂长剑于身前，足蹬靴。右侧天王残损较严重，可辨特征基本与左侧天王相同。像高23厘米、肩宽6厘米。

佛坛高23厘米。坛前正中雕一面朝龛外的蹲狮，蹲狮口衔莲茎。莲茎向上延伸，与主尊佛足所踏莲台相连。其左右侧各雕一相向小像，头部、手部残。右侧小像保存较好，发覆肩，戴项圈，斜披络腋，胡跪于覆莲台上。像高17厘米。

HJW-3

位于石包东壁中上部。为浅浮雕圆首碑，风化严重，几不可辨。宽70厘米、高145厘米。

图12　HJW-3（东→西）　　　　　　　　　　　图13　HJW-4（北→南）

碑首凿有一方形小龛，宽22厘米、高25厘米、进深6厘米。龛内有一倚坐像，似戴冠，双手各持一物于头侧，左侧似为塔状物，右侧为长条状物，倚坐于方台上（图12）。像高20厘米、肩宽5厘米、座高6厘米。碑身呈竖长方形，文字痕迹已完全消失。

HJW-4

位于石包北壁最右侧上部。双层龛，似为外方内拱形。内龛残宽36厘米、高32厘米、进深9厘米。龛内雕一主尊二胁侍，风化严重（图13）。

主尊为坐像，头光上部残，似有身光。像高30厘米、肩宽10厘米。

主尊两侧胁侍有头光，似为尖桃形，均为立像。右侧胁侍双手置于胸前，帛带垂于身侧。像高26厘米、肩宽7厘米。

HJW-5

位于石包北壁右侧上部，HJW-4左侧。双层龛，外方内拱形。外龛宽80厘米、高90厘米、进深11厘米，内龛宽62厘米、高61厘米、进深30厘米。内龛雕饰尖桃形龛楣，素面。龛内雕凿一佛二弟子二菩萨二力士（图14、15）。

主尊尖桃形头光。磨光肉髻，耳廓宽厚，颈部刻三道纹。着袒右式内衣，腰间系带；中衣自身后通覆双肩，右衣角垂搭右臂，左衣领自腹前绕过折入右衣领内；外衣半覆右肩，一侧衣角下搭于左肩前。左手屈肘置膝上，右手屈肘上举，手部均残。结跏趺坐于束腰莲座上，佛衣覆座，束腰部位雕饰壸门。像高36厘米、肩宽16厘米、座高21厘米。

主尊左侧弟子椭圆形头光。额高，脸显老态，耳垂厚大。颈部青筋凸起。上衣自身后通覆双肩，右衣角绕颈上搭左肩。双手合十于胸

图14　HJW-5（北→南）

图 15　HJW-5 立、剖视图

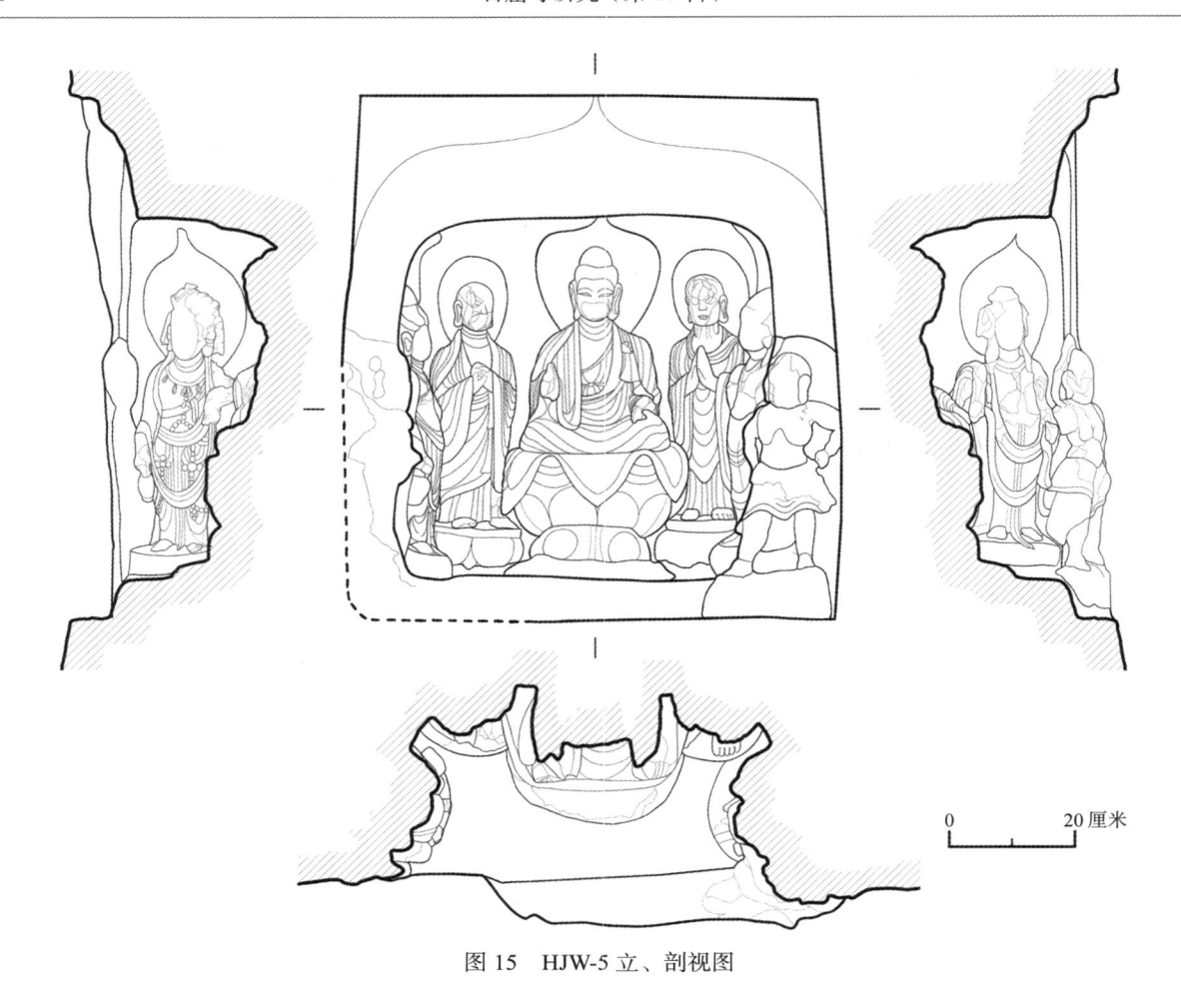

前。跣足立于座上。主尊右侧弟子头光与左侧弟子同。脸较圆润，颈部刻三道纹。内衣自身后通覆双肩，垂于身前；外衣半覆右肩，右衣角自右腋下绕过，经腹前搭于左臂上。双手置于胸前。跣足立于覆莲座上。像高42厘米、肩宽11厘米、座高5厘米。

主尊左侧菩萨尖桃形头光。戴项圈，有璎珞残迹。帛带绕大腿、小腿两道，搭臂后垂于身侧。左手垂于身侧，右手屈肘持物举于肩前。跣足立于座上。右侧菩萨保存稍好，头光与左侧菩萨相同。缯带垂肩。颈部刻纹，戴圆形项圈，下有倒"Y"形璎珞。斜披络腋。帛带绕腹、膝两道，搭臂后垂于身侧。左手屈肘上举，手部残，右手提瓶垂于身侧。像高46厘米、肩宽10厘米、座高4厘米。

龛柱前各雕一力士，右侧力士残损严重，几不可辨。左侧力士圆形头光，下着及膝裙，左手置于腰侧。像高39厘米、肩宽10厘米、座高8厘米。

HJW-6

位于石包北壁中上部，HJW-5左侧。双层方形龛。外龛宽128厘米、残高135厘米、进深36厘米，内龛宽83厘米、高78厘米、进深54厘米。内龛龛楣雕双重檐，檐顶饰圆形瓦当、鸱尾等，檐面刻界格、团花纹，檐下雕流苏、风铃、华绳等。

内龛雕凿一天尊二女侍二女真，后壁雕天龙八部，龛柱前各凿一力士像。内龛佛坛前凿一圆台及二卧狮，二卧狮均前爪前伸，左侧卧狮尾部翘起，右侧卧狮趴卧地上，其余细节不识（图16、17）。

天尊内椭圆外尖桃形双重头光。头顶束发，宽耳廓，耳垂厚长，颈部刻三道纹。着垂领内衣，外披双领下垂式广袖长袍。下着高腰长裙，腰系带。左手托物于腹前，掌心向上；右手屈肘举于肩前，手部残。结跏趺坐于束腰座上，衣服下摆覆座。束腰座平面呈八边形，束腰部位上有二层台，下叠涩三层台。像高48厘米、肩宽24厘米、座高28厘米。

天尊左侧女侍头两侧各扎一垂髻，颈部刻纹。着圆领内衣，交领中衣，外披双领下垂式广袖衣，腰束带。下着曳地长裙。左手屈肘举于身侧，手部残；右手悬置身右前方，指尖朝下。足穿云头履，立于覆莲座上。天尊右侧女侍除手部姿势外，其余与左侧女侍基本相同。左手屈肘持物于胸前，右手悬置于身右下方，手部均残。像高50厘米、肩宽11厘米、座高9厘米。

图16　HJW-6（北→南）

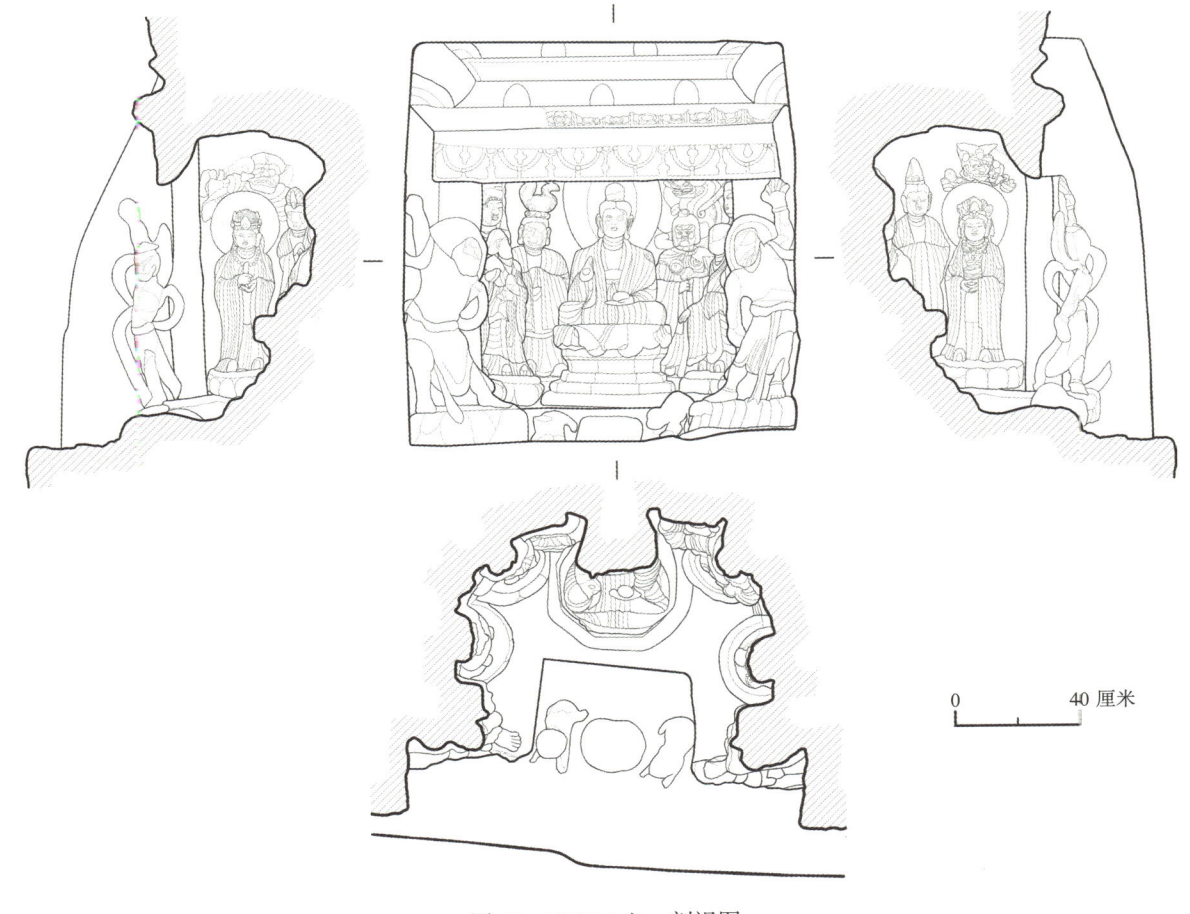

图17　HJW-6立、剖视图

天尊左侧女真圆形头光。头戴花冠，缯带垂肩，颈部刻三道纹。戴有双勾形饰项圈，垂有珠饰。着垂领内衣，外披双领下垂式大衣。下着高腰长裙。双手托圆匣于腹前。足穿云头履，立于仰莲座上。天尊右侧女真戴联珠纹项圈。右手握笏板于胸前，左手托笏板底部，立于仰莲座上。其余与左侧女真基本相同。像高56厘米、肩宽15厘米、座高7厘米。

左侧龛柱前力士圆形头光。帛带飘于身后。下着裙，腰束带。左手戴腕钏，五指张开上举；右手置于身侧，手部残。双足戴踝钏，跣足立于山形座上。右侧力士左手残，除右手握拳上举外，其余可辨特征基本与左侧力士同。像高57厘米、肩宽14厘米、座高9厘米。

后壁雕天龙八部，主尊两侧各4身，立像，上、下两层错落排列。主尊左侧从内至外第一身头戴兜鍪，头后上方盘踞一龙，愤怒相，颈部青筋凸起，肩系披巾，身前披甲，着广袖衣，双手持剑于身前；第二身束发髻，大耳垂至胸前，着垂领广袖衣；第三身束髻戴高冠，颈部刻纹，着垂领广袖衣，双手拢袖内置胸前；第四身头戴冠，左肩处有一小儿，右手似持物于肩侧。主尊右侧从内至外第一身头顶有一金翅鸟，颈部刻三道纹，着垂领广袖衣，双手置胸前；第二身头戴兽头帽，兽爪搭于肩上；第三身束发戴高冠，颈部刻三道纹，双手屈指置胸前；第四身额高突，大口张开，一蛇缠绕于头侧，张口咬其右脸颊。

HJW-7

位于石包西壁中上部偏右。双层龛，外龛上部和右侧残损严重。内龛为圆拱形，宽31厘米、高55厘米、进深23厘米。龛内无造像。

三、其他遗存

在本次调查中，对该块石包的顶部进行了初步清理，并对石包周边进行了初步的考古调查。现对初步勘察的发现进行介绍。

（一）崖面其他人工遗迹

除造像龛外，本次在石包崖面上发现诸多建筑遗迹等人工遗迹，集中于石包顶部及东、北壁上部，尤其在石包顶部发现了规律分布的建筑遗迹（图18、19）。在石包顶部，除了零散分布、不成规律者，按其位置分布、形态大小、相互关系，可将其分为三组。第一组位于石包顶部南侧边缘，HJW-1、HJW-2上方。为三个东西向排列的凹槽，平面呈方形，自西而东第一个位于HJW-1龛外右上方，长17厘米、宽8厘米、深6厘米；第二个位于HJW-1龛外上方中部，长25厘米、宽12厘米、深5厘米；第三个位于HJW-2龛外上方偏右，长17厘米、宽10厘米、深4厘米。第二组位于顶部东侧边缘南部。为三个南北向排列的凹槽，平面呈圆形，自北而南直径分别为12、12、10厘米。第三组分布于顶部四周，有分布于四角的柱洞，以及连接柱洞的长条形凹槽。西北角柱洞已不存，其余三个柱洞平面呈双层圆形。东北角柱洞外层残损严重，内层直径31厘米、深22厘米；东南角外层直径45厘米、深7厘米，内层直径31厘米、深20厘米；西南角上部残损，外层直径35厘米，内层直径15厘米、深12厘米。北侧凹槽残长200厘米、宽15厘米、深7厘米，东侧凹槽长400厘

图18　石包顶部航拍图

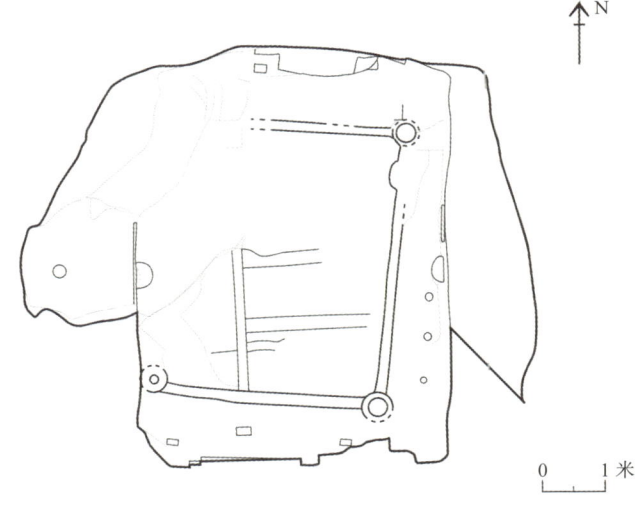

图19　石包俯视线图

米、宽15厘米、深20厘米，南侧凹槽长340厘米、宽20厘米、深30厘米。

在石包四壁亦可见诸多人工修整凿痕等遗迹，主要分布于造像龛四周和东壁上部。造像龛主要开凿于石包北壁上部和南壁，由于被土掩埋和苔藓遍布，目前仅在龛外局部区域见有凿痕、凹槽，其形态大小不一，无明显分布规律。石包东壁上部经人为修整，修整面贯通整壁，凹入岩壁内。HJW-3即位于修整面中部偏北，其南侧有一圆弧形竖槽，直径43厘米、深100厘米；北侧有方形凿框，现无文字，有凿痕，宽94厘米、高146厘米。修整面上遍布人工凿痕，按其凿刻方向、形态大小等，可划分为三种类型。第一类凿痕位于修整面北部、HJW-4右侧，对HJW-4右侧壁造成了破坏，呈斜向排列，间距较宽，相互间有叠压打破关系，分布区域左右长约60厘米、上下高约150厘米。第二类主要位于修整面下部，分布于HJW-4碑身两侧，呈"V"形排列，较为细密，分布区域左右总长约480厘米、上下高约80厘米。第三类位于修整面南侧上部、圆弧形竖槽右侧，呈纵向排列，间距稍宽，与圆弧形竖槽内凿痕相似。分布区域左右长约210厘米、上下高约70厘米。

石包东壁第一类凿痕形成的修整面打破了HJW-4右侧壁，其应在HJW-4的开凿之后形成。此外，东壁第一类和第三类凿痕均较第二类凿痕所形成修整面内凹入岩壁内，HJW-3凿刻面基本与第二类凿痕所形成修整面平齐，第二类凿痕或为开凿HJW-3前修整崖面所形成。

（二）周边遗存

在石包西南侧约100米处，现有一僧人塔墓基座（图20）。塔基应是利用原立于此的石包凿刻而成，残长295厘米、宽260厘米、高110

图20　僧人塔墓基座（东北→西南）

厘米。20 世纪上半叶该塔保存尚好，据称有七层，周边散落多个石构件，应为其塔身部件。

石包顶部第三组建筑遗迹显示，原石包顶上应有一建筑，平面呈方形。根据僧人塔墓残存构件，以及附近村民提供的此地原有寺庙（20 世纪已毁）的信息，其或为晚期寺院内建筑的遗迹。此外，在石包西南部，西部南侧内凹的修整面上布满斜向、较细密的凿痕，底部似有一圆形柱洞，其周边被掩埋崖面仍有人工凿刻遗迹。该处修整面打破了石包顶部第三组建筑遗迹，年代应较晚。

四、崖面遗迹的开凿次序

何家湾摩崖造像并无发现题记，造像龛间也无叠压打破关系。上文根据崖面上的人工凿痕，初步推断在开凿 HJW-3 之前，在石包东壁上部进行了较大范围的修整。而其余 6 龛造像龛外多为自然崖面，仅局部见有人工凿痕且稍显杂乱，年代不详。何家湾摩崖造像开凿之初应主要在自然崖面上向内凿进，其所在崖面上其他的人工凿痕，尤其顶部的建筑遗迹，应大多是在造像开凿完成之后形成。

至于附龛，HJW-2-1 和 HJW-2-2 在位置、龛像大小、组合布局等方面均较为一致，且尊像特征、雕刻手法等与 HJW-2 内龛造像较为一致，体现出了整体设计、统一布局的特点[2]。HJW-2 与 HJW-2-1、HJW-2-2 应为统一设计开凿。HJW-1 外龛两侧壁附龛亦呈现一定的对称性，尤其 HJW-1-1 与 HJW-1-3 在造像组合、特征、开凿位置上高度相似，HJW-1 外龛两侧壁附龛开凿时间应与 HJW-1 相当或稍晚。

摩崖造像选址往往优先选取崖面较为平整或视野较好的位置。观察崖面布局，HJW-1、HJW-2 所处南壁崖面较为平整，二者高度相当，龛形与规模相近。HJW-5、HJW-6 处于石包北壁优选位置，二者外龛底部位于同一平整面上，HJW-5 外龛顶部与 HJW-6 龛楣底部位于同一水平高度上，这说明南、北壁造像极有可能是经过系统规划的。同时，根据石包剖面图（图 3），HJW-6 中轴线恰好经过 HJW-1、HJW-2 之间，三者以南北为中轴，略呈东西对称分布。HJW-2 整体造像后移，尤其 HJW-2 外龛右侧壁的 HJW-2-2 与 HJW-1 外龛左侧壁的 HJW-1-1、HJW-1-2 相互避让。结合崖面布局及打破关系，加之上述造像龛在龛窟形制、规模、造像特征相近，何家湾摩崖造像，尤其 HJW-1、HJW-2、HJW-6，应是经过整体规划的，在某一时期内统一开凿完成。

五、摩崖造像的内容与年代

何家湾摩崖造像题材较为丰富，佛、道兼具。除常见的一铺五尊式、一铺七尊式等组合外，西方净土变题材、佛教造像龛和道教造像龛均有的人形化天龙八部等是其突出特点。

HJW-1 主尊右侧弟子着履，但综合龛内所有尊像特征，应为佛教造像。其所着为云头履，样式与 HJW-6 天尊两侧胁侍所着一致，常见于巴中地区道教造像和佛道合龛中的胁侍，或佛教造像

---

[2] 对比其他地方发现的同题材造像龛，亦多见在外龛两侧壁开凿附龛的情况，如九品梁第 1 龛。

中的供养人，年代集中于初唐和盛唐时期。以往判定主尊为佛或道，一般以主尊旁侧胁侍的衣着和是否着履作为重要判断依据。实则佛教弟子着履的情况并不少见，据笔者初步统计，隋唐时期在川北地区此种主尊一侧或两侧弟子着履的例子有近20例。虽然目前尚无法否认个别例子的出现可能仅仅是某些因素导致工匠凿刻时未将其跣足的特征表现出来，但发现的数量也足以证明此非偶然出现的个例，况且诸多例子是明确将所着之履刻为云头履，其雕刻难度比跣足高。至于佛教弟子着履是否与道教造像存在某种关联，涉及佛教胁侍着履自身演变、佛道关系等问题，有待进一步研究。

HJW-2为西方净土信仰相关题材。以较为典型的一佛五十菩萨布局形式呈现的该类题材表现出明显的区域特征，目前仅见于巴河流域及附近地区，集中于巴河干流及支流通江河、澌滩河流域，如九品梁第1龛[3]、白乳溪第1龛[4]、张爷庙第2龛等。HJW-2尤其与前二者在规模、布局、组合等方面极为相似，三者均为双层方形龛，内壁满刻闻法菩萨像，龛柱表现为双层楼阁。其中，九品梁第1龛开凿年代为盛唐后期，与HJW-2的尊像姿态、闻法菩萨布局、双层楼阁表现、附龛形制等高度相似，二者同位于澌滩河流域，直线距离约12公里，其粉本极有可能为同一来源。根据有关学者对该题材的类型学研究和巴蜀地区材料的梳理[5]，这与盛唐时期，尤其8世纪上中叶的尊像布局与表现形式最为接近，其年代应大体相当。

HJW-6属于纯道教造像，造像组合为一天尊二女侍二女真二力士，造像丰满粗壮，整体偏胖，但仍有曲线。HJW-6造像特征明显不同于巴中初唐时期的道教造像[6]，与巴中盛唐时期常见的佛道合龛也有所不同，但与巴中盛唐后期至中唐前期佛教造像龛在龛窟形制、造像组合、尊像表现等方面较为相似。例如，HJW-6天尊两侧胁侍与HJW-1-2主尊两侧胁侍头发中分，头两侧各扎一垂髻，脸丰满肥大，颈短，该种形象最为典型者为水宁寺第2龛左侧天王身后所立妇女像，其年代为8世纪中叶或稍后[7]，亦见于南龛和永宁寺部分盛唐时期造像龛中的女供养人。

HJW-1、HJW-6后壁均凿有人形化天龙八部，且二者可辨有夜叉、龙众、天众、阿修罗、乾达婆、迦楼罗、摩睺罗迦等，多着广袖长袍或铠甲。巴中地区天龙八部常见于佛教造像龛中，偶见于佛道合龛中。何家湾这两龛内人形化的天龙八部造像均体现了较为成熟固定的造像组合与表现手法，这正是

---

[3] 巴中市文物局、四川大学考古文博学院：《四川省巴中市平昌县九品梁唐代摩崖造像调查简报》，《南方民族考古（第二十六辑）》，北京：科学出版社，2023年，第48～63页。

[4] 四川大学考古学系、成都文物考古研究所、通江县文物局：《四川巴中通江白乳溪摩崖造像调查简报》，《石窟寺研究（第7辑）》，北京：科学出版社，2017年，第1～19页。

[5] 雷玉华：《四川摩崖石刻中的阿弥陀佛与五十二菩萨》，《考古与文物》2005年第2期；黄夏：《阿弥陀仏五十二菩薩像の研究》，早稻田大学博士学位論文，2019年。

[6] 发现地点有水宁寺、佛尔岩塂等，参见四川大学考古学系、成都文物考古研究所、通江县文物局：《四川通江佛尔岩塂、野猪窝及佛爷田坝摩崖造像调查报告》，《石窟寺研究（第7辑）》，北京：科学出版社，2017年，第20～35页。

[7] 雷玉华：《巴中石窟研究》，北京：民族出版社，2011年，第126、128页。

盛唐时期四川地区所独有和常见的[8],如巴中南龛第53龛、两路口佛尔岩(亦称麻石佛尔崖)开凿于唐开元二十八年(740年)的第4龛。此外,HJW-1与HJW-6主尊胁侍所着履样式一致,内龛龛底前均凿有一圆台及二卧狮,一侧卧狮尾部翘起,另一侧趴卧。二者在造像组合、特征等方面表现出了较大的相似性。HJW-1与HJW-6为统一开凿而成,其开凿所用粉本可能互有影响。

HJW-1、HJW-2和HJW-6开凿规模较大,内外龛较深,内龛龛楣雕单重檐或双重檐,在巴中地区流行于7世纪中叶至9世纪后半叶[9]。尤其是HJW-1在龛形大小、龛楣装饰、造像组合与特征等方面,与巴中有纪年的8世纪上半叶佛教龛像几乎一致,如南龛开凿于唐开元二十八年的第69、71龛。HJW-5内外龛较浅,其尖桃形素面龛楣流行于7世纪上半叶至8世纪中叶[10],如通江千佛岩崖开凿于唐开元七年(719年)的第35龛。

综上所述,除HJW-3、HJW-4、HJW-7保存较差,难以推断年代外,何家湾摩崖造像其余造像龛开凿年代较为集中,大体为盛唐时期或稍晚。值得注意的是,HJW-1与HJW-6在尊像特征上呈现了较多的一致性,这些应非偶然,二者为统一开凿所成,在开凿过程中可能粉本或工匠互有影响。

六、结　　语

何家湾摩崖造像虽龛窟数量不多,但个别龛像体量较大,雕刻精细。因曾经被掩埋,龛像细节保存完好,其尊像头部更是得到较为完整的保存。造像内容以佛教为主,也有道教造像,其中HJW-1主尊佛右侧弟子着常见于道教胁侍的云头履。无论保存的完好程度,或是造像内容,其对于佛教、道教造像研究以及区域内宗教信仰活动有着重要的研究价值。

何家湾地界隋代属通川郡东乡县[11]域内,与清化郡归仁县[12]相邻。唐代属山南西道通州宣汉

---

[8] 陈悦新:《川北石窟中的天龙八部群像》,《华夏考古》2007年第4期;刘成:《四川唐代天龙八部造像图像研究》,四川大学硕士学位论文,2004年,第6、33、34页;雷萌:《巴蜀地区隋唐时期天众造像图像研究》,南京大学硕士学位论文,2016年,第51页。

[9] 雷玉华:《巴中石窟研究》,北京:民族出版社,2011年,第171、184〜186页。

[10] 雷玉华:《巴中石窟研究》,北京:民族出版社,2011年,第170、184、185页。

[11] 隋大业三年(607年),改通州为通川郡,领宣汉、东乡等。唐武德元年(618年),改通川郡为通州;武德三年(620年),分东乡置下蒲、昌乐二县,属南石州;武德八年(625年),废南石州入通州,省昌乐入石鼓,下蒲入东乡;天宝元年(742年),改通州为通川郡;乾元元年(758年),复为通州。北宋乾德二年(964年),改为达州。参见(唐)魏征等撰:《隋书》卷二九《地理志上》,北京:中华书局,2019年,第912页;(宋)乐史撰,王文楚等点校:《太平寰宇记》卷一三七,北京:中华书局,2007年,第2674、2675、2679页;(后晋)刘昫等撰:《旧唐书》卷三九《地理志二》,北京:中华书局,2013年,第1531、1532页。

[12] 隋开皇九年(589年),改同昌为归仁,属巴州;大业三年(607年)改巴州为清化郡。唐武德元年(618年),改清化郡为巴州,领归仁;武德二年(619年),割归仁、永穆置万州;贞观元年(627年),废万州,归仁属巴州;天宝元年(742年),改巴州为清化郡;乾元元年(758年),复为巴州。北宋乾德四年(966年),并入曾口。参见(唐)魏征等撰:《隋书》卷二九《地理志上》,北京:中华书局,2019年,第912页;(宋)乐史撰,王文楚等点校:《太平寰宇记》卷一三九,北京:中华书局,2007年,第2703、2704、2706页;(后晋)刘昫等撰:《旧唐书》卷三九《地理志二》,北京:中华书局,2013年,第1535、1536页。

县[13]域内，与壁州广纳县[14]和巴州归仁县相邻。归仁县即今平昌县，此地历来便是巴中平昌、通江与达州宣汉交界之地。巴河源于南江县流经巴州，源于陕西省汉中市流经通江县的通江河为其最大支流，在平昌县内二者汇合。至达州域内，巴河与州河相汇成渠江。巴河流经之地与米仓道基本重合，为唐代沟通两京与川渝的重要古道。由此，通过陆路、水路，该地可便利沟通关中平原、成都平原、重庆等地，水陆交通便利，地理位置重要。

平昌县境内造像数量较多，题材丰富，保存较好，具有较高的艺术与研究价值。何家湾摩崖造像开凿于盛唐时期或稍晚，由佛教造像和道教造像组成。造像题材有西方净土变、天尊像等，佛教造像的风格、题材、布局等与巴中地区唐代佛教造像高度一致，与米仓道上的巴中石窟属于同一体系。道教造像高度模仿佛教造像，不仅因袭了佛龛的布局、风格，还直接袭用天龙八部、力士等佛教护法神祇，为探讨唐代道教造像与佛教造像的关系以及唐代川北地区的佛道关系增添了新材料。但以往学界对巴中石窟的关注点多集中于巴州区和通江县，对于平昌县的重视程度严重不足。希望本次对于何家湾摩崖造像资料的刊布，能引起学界对于该区域造像的关注与重视，同时为将来该区域石窟寺保护与利用提供更加丰富的资料。

调查：刘睿、杨雪莹、谭林怀、李子娇、刘南方、杨希彬、杜强、杨勇

摄影：杨雪莹、谭林怀、李子娇

绘图：邓宜彬、刘汭迪、张茵绮、熊淑梅

执笔：杨雪莹、熊淑梅、杨姗、苟学海、黄映

---

[13] 唐武德元年（618年），置南并州，领宣汉。贞观元年（627年），废南并州，宣汉县县治迁新安废城，属通州。参见（宋）乐史撰，王文楚等点校：《太平寰宇记》卷一三九，北京：中华书局，2007年，第2674、2680页；（后晋）刘昫等撰：《旧唐书》卷三九《地理志二》，北京：中华书局，2013年，第1531、1532页。

[14] 唐武德三年（620年），割始宁、归仁二县地置广纳县，以广纳溪为名，属万州。武德八年（625年），置壁州。贞观元年（627年），废万州，广纳县改属壁州。天宝元年（742年），改壁州为始宁郡。乾元元年（758年），复为壁州。宝历元年（825年），山南西道节度使裴度奏废广纳县为六乡，并入白石、诺水二县。大中初复置广纳县。北宋乾德四年（966年），并入通江县。参见（宋）乐史撰，王文楚等点校：《太平寰宇记》卷一四〇，北京：中华书局，2007年，第2721～2723页；（后晋）刘昫等撰：《旧唐书》卷三九《地理志二》，北京：中华书局，2013年，第1532、1537、1538页。

四川泸县玉蟾山摩崖造像内容总录*

符永利　钦　楚

内容摘要：玉蟾山摩崖造像位于四川泸县建设街玉蟾山风景区金鳌峰一带，现存造像55龛243尊，题刻67则（发现有永乐、宣德、正德、嘉靖、天启等年号），主要为明代遗存。形制以中小型龛为主，多圆拱形、圆形龛，题材主要有千手观音、释迦佛、九龙浴太子、悟道图、观音、地藏、天王、供养人、建文帝等，是四川保存较好、规模较大的明代摩崖造像的典型代表，具有重要的学术研究价值。

关键词：泸县　玉蟾山　内容总录　明代

The Content Summary of Yuchan Mountain Cliff Images in Lu County, Sichuan Province

Fu Yongli　Qin Chu

Abstract: Yuchan Mountain Cliff Images are located in the area of Jin'ao Peak, Yuchan Mountain Scenic Area, Jianshe Street of Lu County. There are currently 243 statues in 55 niches with 67 inscriptions (including the reign titles of Yongle, Xuande, Zhengde, Jiajing and Tianqi of Ming Dynasty), which are mainly from the Ming Dynasty. The main forms are small and medium-sized niches, with more circular arches, and some of them are circular niches. The main themes include Thousand-armed Avalokitesvara, Sakyamuni Buddha, the crown prince in nine dragons' bath, statue of enlightenment, Guanyin, Dizang bodhisattva, Heavenly Kings, donor figures, and Emperor Jianwen of the Ming, etc. It is a representative of the relatively well preserved and large-scale cliff statues of the Ming Dynasty in Sichuan, and has important academic research value.

Key words: Lu County, Yuchan Mountain, content summary, Ming Dynasty

---

作者：符永利、钦楚，四川南充，637001，西华师范大学历史文化学院。

*基金项目：四川省哲学社科重点研究基地区域文化研究中心一般项目"泸县玉蟾山摩崖造像研究"（QYYJC2013）；西华师范大学科研创新团队"川渝石窟寺调查研究"（CXTD2020-7）；西华师范大学国家级课题培育人文社科类项目"巴蜀石窟纪年资料集成与编年研究"（22SA001）。

四川泸县玉蟾山摩崖造像内容总录

　　玉蟾山位于四川省泸州市泸县福集镇建设街，濑溪河东岸，紧邻县城，北距隆昌27公里，南距泸州市33公里，现已开发为风景区（图1）。玉蟾山摩崖造像呈带状分布于玉蟾山西北侧的岩石上，整体呈东西走向，分布范围从北纬29°8′16.69″至29°8′17.89″，东经105°23′00″至105°23′3.28″，海拔为475米至490米，岩壁整体朝向西北，方向为310°。现存造像55龛243尊[1]，题刻67则，造像以明代为主。1991年被列为省级文物保护单位，2013年即被列为全国重点文物保护单位。按分布情况可为三个区域，即千手观音区、穿山峡区和说法图区。龛窟按从东到西、从上到下的原则进行编号，其中K1～K37位于千手观音区，K38～K48位于穿山峡区，K49～K55位于说法图区（图2～7）。现将相关具体情况公布于下。

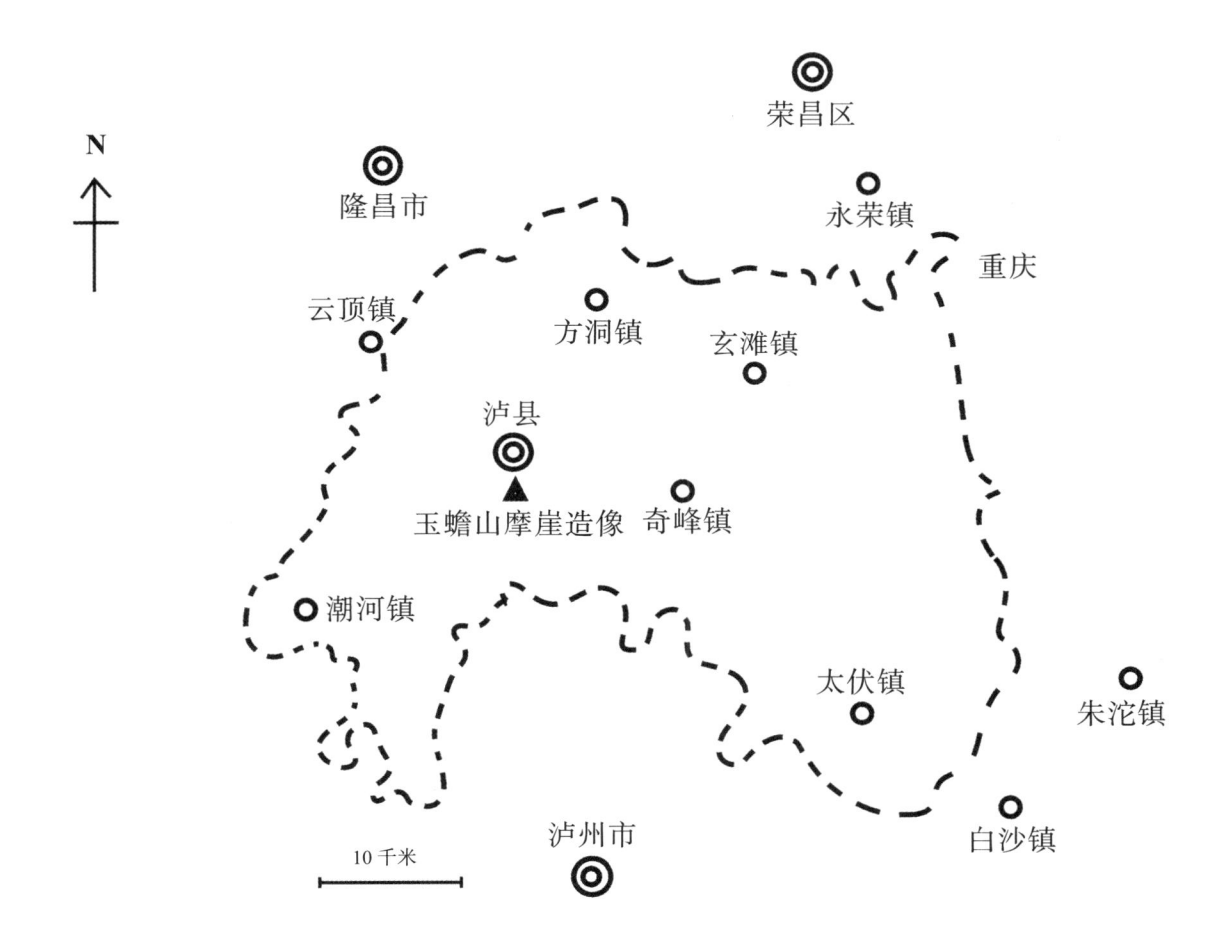

图1　玉蟾山摩崖造像地理位置示意图

---

[1] 据冯仁杰发表于20世纪80年代的论文，玉蟾山造像数量为411尊，但据我们本次调查，属于摩崖造像形式的造像数量并不能达到这个数据，可能还包括千手观音龛像所在崖壁下部、石雕长廊、罗汉堂等处的单体石刻造像。参见冯仁杰：《泸县玉蟾山摩岩造像》，《四川文物》1985年第2期。

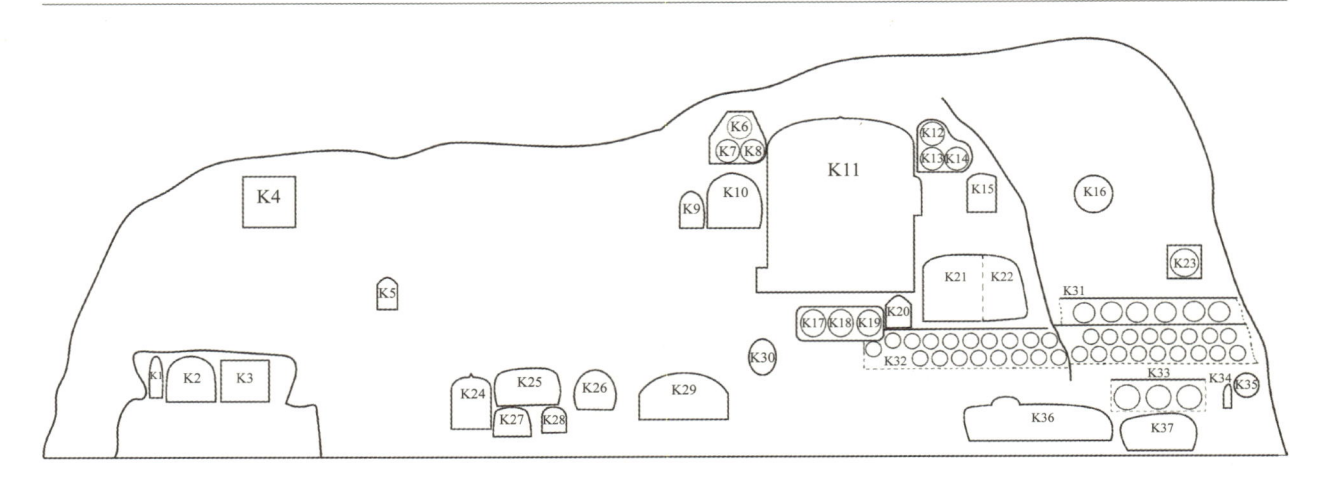

图 2　千手观音区立面龛窟分布示意图

图 3　千手观音区造像全景照

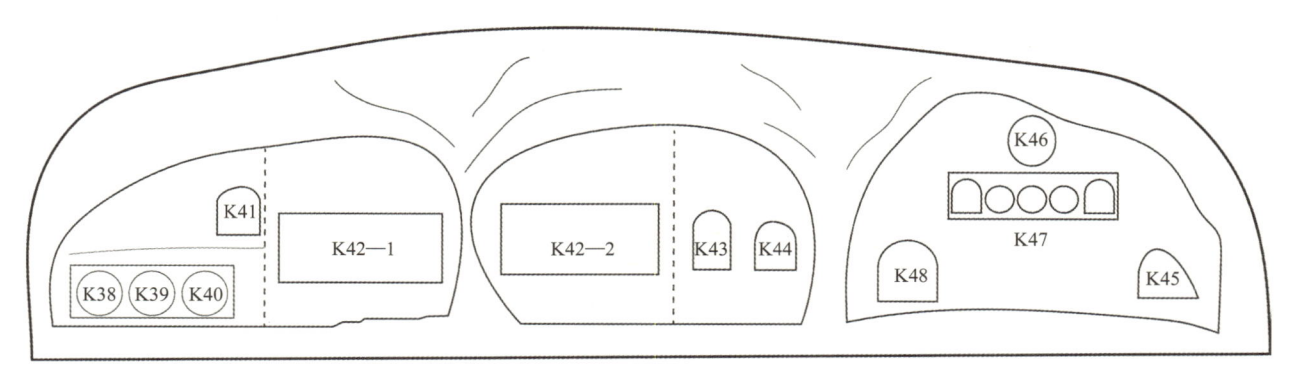

图 4　穿山峡区立面龛窟分布示意图

图 5　穿山峡区正面全景照

图 6　穿山峡区背面全景照

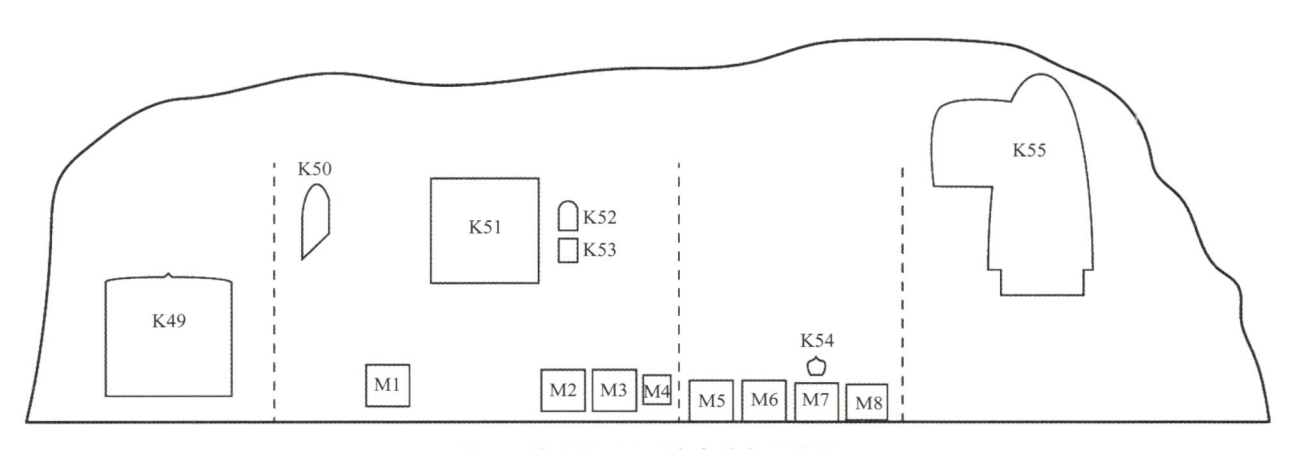

图 7　说法图区立面龛窟分布示意图

一、龛　像

（一）K1：六臂观音龛

位置：位于"千手观音"区东部第二块独立石包的东侧，朝向82°。

形制：圆拱形龛，龛高77厘米、宽71厘米、深3～18厘米。

内容：雕观音与善财、龙女共3尊像（图8）。

主尊为三面六臂观音，正面戴高花冠，面部方正宽圆，双目微闭，嘴角略含笑意，大耳垂肩，短颈饰三道。左右两面均怒发竖立，额头凸出，双目圆瞪，呈忿怒相[2]。左面凸额弯鼻，下颌方短，口微张，右面圆脸瞠目，口鼻残损。观音胸前戴项圈，下缀一条璎珞至裙口上端，斜挂络腋，外披覆肩帔帛。六臂皆饰臂钏、腕镯，正面左右双臂向下，双手捧钵于腹前，帛带绕腕经双膝垂挂于佛座两侧。身体左右又各生两臂，上两臂向上屈举，掌心朝上，各托一朵祥云，云上为圆形日

---

[2] 本文之"左""右"概念，依照龛像本身之方位而定，与对面观者之"左""右"方位相反。

图 8　K1：六臂观音龛　　　　　　　　　图 9　K2：观音善财龛

轮和月轮。左侧下臂向左伸出，手持羂索。右侧下臂向右伸出，手持宝剑，剑身缠绕火焰。观音结跏趺坐于束腰悬裳座上，悬裳呈弧形，座下龛底雕海水纹，有莲茎自水中向上生出，左右莲茎承托两朵盛开的莲花，中间莲茎向上承托观音座，一童子从水波中露出半身。

二胁侍位于主尊座之两侧，双足着履，侧身立于圆座上。左为善财童子，顶有矮髻，面部圆润，五官小巧，微含笑意，身着左衽交领大衣，下着长裙，左手拄杖，右手向右伸出。右为龙女，头梳双髻，面相丰圆，头右倾并上仰，宽袖长裙，束腰，右手置于胸前挽扭长袖，左手提裙。

（二）K2：观音善财龛

位置：位于 K1 右后方，相距约 5 厘米，朝向 131°。

形制：圆拱形龛，龛高 80 厘米、宽 98 厘米、深 21 厘米。

内容：雕一观音一善财共 2 尊立像（图 9）。

观音居左，体量较大，戴冠披风帽，面相长圆，五官风化，内着裙，外着宽袖长袍，左手置于胸前，右手向右伸出指向善财方向，外衣下摆呈"M"状垂至足部，跣足立于卷云台上。善财居右，体量较小，仅存下半身，似朝向观音而立，外衣垂至膝下，内着裤，跣足站立云端，身体两侧雕有帛带向外飘扬。

（三）K3：二佛并坐龛

位置：位于 K2 右侧，相距 10 厘米，朝向 131°。

形制：圆拱形龛，龛高 79 厘米、宽 97 厘米、深 16 厘米。

图 10　K3：二佛并坐龛　　　　　　　　　　　　　　图 11　K4：大肚弥勒龛

内容：雕二佛并坐共 2 尊像（图 10）。

二佛并排而坐，头顶磨光肉髻，髻珠较大，面相方圆，额头较宽，大耳垂肩，五官较为集中，身着双领下垂式佛衣，双手合置腹前，结跏趺坐于悬裳座上，悬裳在座前两侧各竖垂一道，中间则为横垂的弧形。其中右侧佛像眉目较为疏朗，前胸、右臂与左手残损。

（四）K4：大肚弥勒龛[3]

位置：位于K3所在石包南侧（后方）的崖壁上，两者相距5.57米，朝向307°。

形制：长方形龛，以独立石条嵌砌龛口，上部形成单层龛檐，檐角上翘，两侧为长方形龛门柱，龛底刻六边形壸门，内雕卷草纹。龛高126厘米、宽125厘米、深20～50厘米。

内容：龛内奉大肚弥勒像1尊（图11）。

弥勒肥头大耳，耳垂至肩，额间有白毫，眉骨微凸，张唇露齿，笑容可掬，下巴三层，袒胸露乳，腹大如鼓，右膝屈起，左腿平盘，游戏坐于须弥座上，右手搭于右膝，左手抚左膝，衣纹延伸至座下。

题刻：楹联1副，编号T6。

（五）K5：残像龛[4]

位置：位于K4左侧下方，相距约2米，朝向330°。

形制：尖拱形龛，龛高62厘米、宽44厘米、深18厘米。

内容：造像不存（图12）。

原像已毁，仅余一尖桃形背光和一佛座，风化严重。

---

[3] K4右侧第一块独立石包上有1龛观音造像（外以石条砌筑成塔形，内置观音游戏坐像），右侧同一方向壁面另有刘海戏蟾造像（原编45号），均似现代所造，故不列入本次编号调查中。

[4] K5右下侧地面置一孔子浮雕立像，以水泥固定，为现代人所造，不列入本次编号调查。

图 12　K5：残像龛　　　　　　　　　　　　图 13　K6～K8：坐佛龛

（六）K6～K8：坐佛龛

位置：位于K5左上方，千手观音区核心龛K11的右侧。

形制：三个龛均为圆形龛，形制、规格相同，呈"品"字形分布，共用一个不规则形外龛。其中K6位于"品"字顶部中心，K8位于左下部，K7位于右下部。

内容：三龛内各雕一跏趺坐佛，共3尊造像（图13）。

三像均风化严重，面部浑圆，顶有肉髻，身着袒右袈裟，结跏趺坐于仰莲座上。其中K6坐佛双手置于胸前，K7坐佛双手抚膝，K8坐佛似施禅定印。

（七）K9：菩萨龛

位置：位于K7与K8的右下方。

形制：圆拱形龛。

内容：雕一菩萨一弟子共2尊造像（图14左）。

主尊为菩萨，头戴冠，缯带垂至胸前，面部丰圆，身着双领下垂式长衣，外披帔帛，双手捧摩尼宝珠于腹前，结跏趺坐于长方形悬裳座上，衣襞中部呈"U"形，两侧竖垂，座基已风化；弟子侍立于菩萨左侧，向右侧身而立，风化严重。

（八）K10：一佛一弟子龛

位置：位于K7、K8下方，K9左侧，朝向305°。

形制：圆拱形龛，龛顶左高右低。

内容：雕一佛一弟子共2尊造像（图14右）。

佛陀居左，头饰螺发，面相丰圆，身着双领下垂式佛衣，双手拱于胸前，手不外露，衣袖宽大，自胸前下垂至膝，衣摆外撇，内裙下垂至脚踝，立于一不规则台座上，足部风化；弟子侍立于佛陀右侧，向左约45°侧身而立，头部残缺，身着宽袖长衣，双手拱于胸前，似捧一物。

图 14　K9 与 K10

图 15　K11：千手观音龛

（九）K11：千手观音龛

位置：位于 K10 左侧，朝向 316°。

形制：尖拱形龛，龛高 551 厘米、宽 389 厘米、深 100 厘米。另在龛之左右壁，开凿小龛 2 个，编为附龛 K11-1、K11-2。

内容：雕千手观音、胁侍二弟子、托座四力士、附龛 2 立像共 9 尊造像，现存 8 尊（图 15、16）。

十一面千手观音立像，以千手组成的巨大桃形大背光铺满龛壁，背光左右上方雕飞天两身，均面朝观音，双手捧物，背部有帛带缠绕，自大臂穿出，下身化作祥云，帛带和祥云向身后飞扬。

观音头部有五层，从下往上呈塔柱状排列，头高依次为 44、26、24、16、14 厘米。一至三层每层有左、中、右三面，四、五层每层一面，共十一面。一至三层正面相似，平髻，额头宽大，面部略方正，五官风化。左、右面均戴冠，

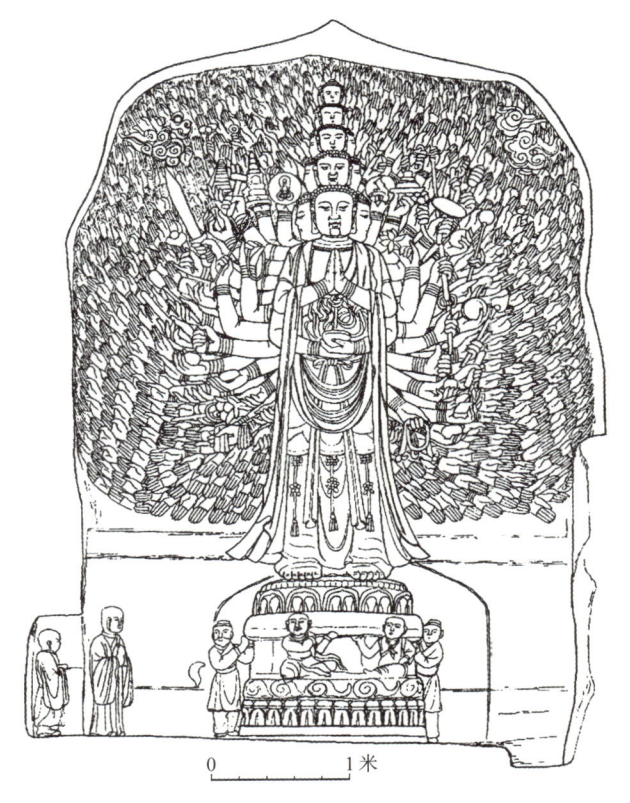

图 16　千手观音龛线图
（采自《四川文物》2016 年第 5 期）

风化严重，唯第三层左面较为清晰，其额头宽大，眉骨微凸，眼眶浅且圆润，鼻梁挺直，鼻尖内缩，鼻翼宽大，唇部已风化。观音窄肩，颈下戴项圈，斜披绶带，袒胸，饰璎珞，外披帔帛，帛带在腹下膝上呈两道"U"形悬挂，又绕胸前双臂肘部后沿身体两侧长垂至座，两端似燕尾。腰下系裙，腰带于腹前扎蝴蝶结，两端长垂至膝下。裙摆及踝，外垂饰联珠状璎珞，间缀以团花。胸前双手合十，腹前双手捧钵，均饰手镯、臂钏。跣足立于仰莲圆座上，莲瓣宝妆，基座为须弥座，

四力士位于座之四角，以肩和单手抬座，头部经过后补，仅雕出上半身，下半身掩于卷云中。观音像高418厘米，足宽27厘米、长19厘米，足间距26厘米，座高125厘米、宽156厘米。

观音身体左、右两侧各高浮雕19只正大手，均持法器，与其余浅浮雕手掌共同构成放射状。正大手有日精摩尼手、月精摩尼手、宝匣手、化佛手、莲华手、俱尸铁钩手、骷髅杖手、五色云手、宝镜手、锡杖手、斧钺手、宝铎手、跋折罗手、如意珠手、宝印手、宝钵手、绢索手、玉环手、宫殿手、不退金轮手、宝剑手、旁牌手、宝箭手、数珠手、金刚杵手、胡瓶手、白拂手等，加之身前的合掌手、总摄千臂手，共雕刻42只正大手。

二弟子像位于龛底左、右两侧。左侧弟子现已损毁，右侧弟子近圆雕，向左约45°侧身而立，头为后补，光头宽额，下颌圆润，身着宽袖袍服，双手拱于胸前。

附龛：2个，编号K11-1、K11-2。

K11-1：位于左壁中部，圆拱形龛，已残损，龛内雕立像1尊，似为善财，光头圆脸，身披帔帛，下着裙，双手合十于胸前，帛带绕双臂后飘垂蜿蜒于身体两侧，像高51厘米。

K11-2：位于右壁底部，龛形残损，形制不明显，龛内亦雕立像1尊，头部为后补，光头大耳，身着右衽交领宽袖大衣，双手置于胸前，侧身而立，面朝主尊，像高71厘米。

（十）K12～K14：坐佛龛

位置：位于K11左上侧。三龛呈"L"形分布，共用一不规则形外龛。其中K12位于顶部右侧，K13位于下方右侧，K14位于下方左侧，朝向316°。

形制：三龛形制、规格相同，均为圆形龛，龛直径66厘米、深13厘米。

内容：三龛各雕一坐佛，共3尊造像（图17左上）。

三尊坐佛均结跏趺坐于仰莲座上，头顶肉髻，面相丰圆，身着袒右佛衣，其中K12、K13二佛双手于腹前施禅定印，K14坐佛左手置于腹前，右手置于胸前施印。K12坐佛像高41厘米，头高11厘米、头宽7厘米、肩宽21厘米、双膝间宽24厘米，座高14厘米、座宽37厘米。

（十一）K15：坐佛龛

位置：位于K14左下侧，朝向318°。

形制：圆拱形龛，龛高95厘米、宽98厘米、深42厘米。

内容：雕坐佛1尊造像（图17右）。

坐佛头戴风帽，宽额方脸，丹凤眼，目光下视，高眉宽鼻，窄肩，着露胸通肩式佛衣，领口垂至胸下呈"U"形，双手合置于腹前，手不外露，结跏趺坐于长方形座上。

（十二）K16：树下悟道龛

位置：位于K15左侧，朝向318°。

形制：圆形龛，龛直径104厘米、深23厘米。

内容：雕释迦于树下悟道坐像1尊（图18）。

图 17　K12～K14 与 K15

龛左侧刻一棵菩提树，枝叶向右延伸，铺于龛顶。树下雕释迦像，螺发肉髻，饰有髻珠，鹅蛋脸，大耳垂肩，双目微闭，左膝屈起，右腿平盘，坐于通龛佛台上，双手相叠覆于左膝头，下颌轻抵于手背，作低首侧身沉思状，赤裸双足。龛右侧雕一案，上置一包袱。案与释迦之间升腾卷云，向上萦绕于周围。佛坛前侧饰有下垂的山花蕉叶纹。

（十三）K17～K19：坐佛龛

位置：位于 K11 下方，朝向 296°。

形制：三龛均为圆形小龛，"一"字形排

图 18　K16：树下悟道龛

列，共用一长方形外龛，外龛高 120 厘米、宽 250 厘米、深 27 厘米。三龛大小一致，龛高 88 厘米、宽 78 厘米、深 23 厘米。

内容：三龛雕三身佛共 3 尊造像（图 19）。

三尊坐佛均面相方圆，大耳垂肩，耳垂外展呈"八"字形，颈饰三道，窄肩，身穿双领下垂式大衣，胸前系带，双肩覆衫，结跏趺坐于坛上，弧形衣襞悬垂于龛外，宽袖从双膝间垂于龛外，撇向两侧。

图19　K17～K19　　　　　　　　　　　　　图20　K20：九龙浴太子龛

K18坐佛居中，头戴高花冠，眉骨微凸，眼窝较浅，眼睛狭长，眼尾上挑，鼻梁、鼻翼较宽，嘴唇小巧。左手抚左膝，右手半举胸前，手部残缺。像高62厘米，头高23厘米、头宽15厘米、肩宽27厘米、双膝间宽40厘米。

K17与K19两尊坐佛位于两侧，肉髻低缓，饰有螺发，髻珠较大，方脸宽额，双目微闭，双手于腹前施禅定印。K17坐佛像高58厘米，头高21厘米、头宽16厘米、肩宽26厘米、双膝间宽40厘米；K19坐佛像高57厘米，头高20厘米、头宽15厘米、肩宽27厘米、双膝间宽40厘米。

题刻：位于外龛正壁下方，共有四处题刻，总编号为T7，从右至左依次分别编为T7-1～T7-4。

（十四）K20：九龙浴太子龛

位置：位于K19左侧，朝向322°。

形制：尖顶龛，龛高98厘米、宽73厘米、深9厘米。

内容：雕九龙浴太子立像1尊[5]（图20）。

太子为小孩状，立于中心位置，饰有葫芦形背光，背光周围刻卷云纹，光头裸身，有胸线，仅穿犊鼻裈，左手上举指天，右手下垂指地，双足立于台几上，台几下为两身小力士作承托状，几侧雕刻四大天王，左右各两尊，天王均头戴宝冠，戎装打扮，下半身隐于祥云之中。太子头顶有一龙，左右各四龙，环绕对称分布，仅详刻龙头，龙身以镂空火焰云纹表示，九龙围聚于小孩周围，形成一近似圆拱形小龛的空间。

---

[5] 据冯仁杰论文，K20九龙浴太子龛为明代正德四年（1509年）作品，但未说明依据。此次调查在K20附近并未发现相关题刻遗迹。参见冯仁杰：《泸县玉蟾山摩岩造像》，《四川文物》1985年第2期。

（十五）K21：摩利支天龛

位置：位于 K20 左侧，朝向 322°。

形制：长方形龛，龛高 231 厘米、宽 161 厘米、深 61～70 厘米。

内容：雕摩利支天女造像 1 尊（图 21 左）。

摩利支天雕有三面，左右两面戴冠，面部风化，正面头戴花蔓冠，缯带垂于胸侧，宽额方脸，两颊圆润，胸饰璎珞，身着天衣，共有八臂，正大手左臂戴臂钏，持金刚杵于左胸前，右手持绢索置于右膝，其余六臂排列于身体两侧，皆戴手镯、臂钏，左臂从上至下依次托日轮、持宝弓、握宝剑。右臂从上至下依次托月轮、持宝戟、持金刚圈。结跏趺坐于佛坛上，衣襞下垂悬挂呈弧形，两侧帛带环绕两只正大臂，贴双膝外侧，垂于衣襞两侧。像高 88 厘米，头高 34 厘米、头宽 30 厘米、肩宽 50 厘米、双膝间宽 72 厘米。

图 21　K21 与 K22

佛坛下方、龛底右角雕一小猪，头朝外，尾巴微翘，龛底左侧雕一猪倌小立像，面朝猪的方向，头戴帽，上身赤裸，下着裙，右手持弯钩状长杖，左手叉于腰间。

（十六）K22：六臂观音龛

位置：位于 K21 左侧，相互紧邻，朝向 322°。

形制：原似为圆拱形龛，右侧被 K21 打破。龛高 203 厘米、宽 126 厘米、深 36 厘米。

内容：雕六臂观音与二胁侍共 3 尊造像（图 21 右）。

观音头戴卷云高宝冠，双目下视，鼻梁窄挺，两颊饱满，下颌后缩，颈部饰三道，胸饰璎珞，斜披天衣，双肩覆帔帛，结跏趺坐于长方座上，衣襞覆座，下缘及两侧衣纹呈尖状下垂。共有六臂，两只正大手捧摩尼宝珠于腹前，左侧双手分别托日轮、握宝剑，右侧双手托月轮、持绢索。座下为海浪纹，波浪中雕一小像，人身鸟翅，下身隐于波浪中，应为雷公。观音像高 100 厘米，头高 45 厘米、头宽 35 厘米、肩宽 47 厘米、双膝间宽 70 厘米。

二胁侍像侍立于观音两侧。左侧胁侍头顶螺髻，宽鼻大眼，高颧骨，大耳垂肩，身着交领宽袖长衣，左手持杖；右侧胁侍似束双髻，上身着宽袖衫，下着百褶长裙，双手相拱托住下巴，着履而立。

（十七）K23：坐佛龛

位置：位于 K22 左侧，朝向 322°。

形制：外方内圆形双层龛。外龛高 110 厘米、宽 90 厘米、深 15 厘米，内龛高 80 厘米、宽 82 厘米、深 30 厘米。

图 22　K23：坐佛龛　　　　　　　　　　　　图 23　K24：坐佛龛

内容：雕坐佛1尊造像（图22）。

龛顶雕华盖，下为坐佛，头顶肉髻，饰有髻珠，宽额方脸，面带微笑，颈饰三道，身着双领下垂式佛衣，领口下垂至腹部呈"U"形，两肩覆衫，腰系结，结跏趺坐于坛上，双手于腹前施弥陀定印，衣襞垂于龛外，衣纹呈弧形，衣角向内龛两侧飘扬，像高72厘米。

（十八）K24：坐佛龛

位置：位于K5左下方转角处，朝向290°。

形制：尖拱形龛，龛高110厘米、宽76厘米、深22厘米。

内容：雕坐佛像1尊（图23）。

坐佛头部为后补，戴风帽，大眼圆脸，双目下视，鼻翼宽大，面露微笑。内着右衽交领衣，外披双领下垂式袈裟，领口下垂至腹部呈"U"形，胸前系带，结跏趺坐于坛上（龛底部），双手合置腹前，手不外露。衣襞覆坛，垂于龛底外壁，中间衣襞呈弧形，两侧竖垂衣襟。

（十九）K25：西方三圣龛

位置：位于K24左侧，相距10厘米，朝向298°。

形制：圆拱形龛，龛高88厘米、宽116厘米、深13厘米。

内容：雕一佛二菩萨共3尊立像（图24）。

三尊像均头戴高冠，颈饰三道，外穿双领下垂式宽袖大衣，内着裙，双手合置胸前，直立于三簇祥云之上。主尊立佛头部似经过后补，原应为如来相，当是阿弥陀佛，面相稍瘦，胸前似有璎珞，腹下的上层衣摆饰三道斜线衣纹，两侧长袖直垂，双手拱于胸前，像高51厘米。

二菩萨头戴高花冠，缯带垂肩，面相方圆，胸前垂挂璎珞，腹下的上层衣摆均呈圆弧形，双

图 24　K25：西方三圣龛　　　　　　　　　　图 25　K26：一佛一弟子龛

袖长垂稍向外撇。左尊菩萨高冠前端似饰小化佛，面部似经后补，双目微闭，口鼻小巧，双手托宝珠于胸前，像高 48 厘米；右尊菩萨冠上披头巾，宽额方圆脸，舒眉朗目，小口高鼻，双手捧净瓶于胸前，像高 52 厘米。

（二十）K26：一佛一弟子龛

位置：位于 K25 左侧，相距 33 厘米，朝向 297°。

形制：圆形龛，龛高 88 厘米、宽 103 厘米、深 24 厘米。

内容：雕一佛一弟子共 2 尊造像（图 25）。

主尊肉髻平缓，饰有螺发，髻珠较大，面方耳长，面部似经过后补，目光下视，身着双领下垂式佛衣，领口下垂至腹部呈"U"形，右肩覆衫，双手施禅定印，结跏趺坐于悬裳座上，座前悬裳呈两层整齐划一的倒垂山花蕉叶状。像高 54 厘米，头高 17 厘米、头宽 13 厘米、肩宽 25 厘米、双膝间宽 40 厘米，座高 63 厘米、宽 70 厘米。

弟子头部似后补，光头方脸，身着右衽交领宽袖长袍，外罩钩纽式袈裟，双手合十于胸前，直立于束腰山形座上，像高 40 厘米。

（二十一）K27：道教三官龛

位置：位于 K25 下方，相距 14 厘米，朝向 307°。

形制：方形龛，龛顶左右两角有斜撑。龛高 70 厘米、宽 70 厘米、深 11 厘米。

内容：雕道教三官立像 3 尊（图 26）。

三官像头戴高方冠，方脸斜目，留有长须，身着宽袖长袍，双手持笏，左右下摆外撇，直立于卷云之上。左右立像面部风化严重，中间主尊立像高 32 厘米。

（二十二）K28：供养人龛

位置：位于 K27 左侧，相距 40 厘米，朝向 288°。

图 26　K27：道教三官龛　　　　　　　　　　　　　　图 27　K28：供养人龛

形制：圆拱形龛，龛高 53 厘米、宽 43 厘米、深 9 厘米。

内容：雕一主一侍立像 2 尊（图 27）。

主像头戴幞头，面相丰圆，身着圆领宽袖长袍，束腰鼓腹，脚蹬靴，左手置于腰侧，右手牵一狮，像高 46 厘米。左侧侍立一幼童，梳双螺髻，怀抱一物。另在龛左上方又开一长方形小浅龛，内雕一供养人像。

（二十三）K29：一佛二菩萨龛

位置：位于 K26 左侧，相距 74 厘米，朝向 308°。

形制：圆拱形龛。龛高 119 厘米、宽 164 厘米、深 19 厘米。

内容：雕一佛二菩萨共 3 尊造像（图 28）。

佛像居中，肉髻前侧饰有髻珠，原表现有螺发。方脸大耳，斜目下视，鼻梁挺直，鼻翼较宽，嘴唇小巧，五官紧凑。头部周围壁面浮雕环绕的卷云纹。颈饰三道，内着僧祇支，外着双领下垂式佛衣，左肩系襻，右肩覆衫，直立于云头，左手置于腹前，掌部损毁，右手施与愿印，像高 72 厘米。

二菩萨侍立于左右，头戴花蔓冠，面相方圆，五官稍显扁平，颈饰三道，戴项圈，饰璎珞，身着双领下垂式大衣，腰下系裙，双手置于腹前，直立于云头，身后环绕浮雕云纹。左菩萨冠上披有头巾，右肩覆衫，左手托钵状物，右手持一叶状物，像高 74 厘米；右菩萨冠侧缯带垂至胸前，双手持一物于腹前，像高 68 厘米。

（二十四）K30：菩萨龛

位置：位于 K29 左上方，相距 70 厘米。

图 28　K29：一佛二菩萨龛　　　　　　　　图 29　K30：菩萨龛

形制：圆形龛，直径 72 厘米。

内容：雕菩萨坐像 1 尊（图 29）。

菩萨头戴山形高花蔓冠，缯带垂至胸前，宽额方脸，大耳垂肩，颈饰三道，戴项圈，饰璎珞，着双领下垂式大衣，腰系带，双手施禅定印，结跏趺坐于双层仰莲座上，宽袖垂于莲座两侧并沿龛壁向上扬起，像高 66 厘米。

题刻：龛外右侧，与 K29 之间壁面，有题刻 3 则，编号为 T8 ～ T10。

（二十五）K31：六佛龛

位置：位于 K23 下方，朝向 306°。

形制：从顶部、左右侧壁可看出外龛的痕迹，为不太规则的长方形浅龛。内由 6 个大小相近的椭圆形龛"一"字形排列组成，从右至左依次编号 K31-1 ～ K31-6。龛高 77 ～ 79 厘米、宽 74 ～ 76 厘米、深 17 ～ 19 厘米。

内容：每个圆龛内各雕 1 尊跏趺坐佛，共 6 尊造像（图 30 上层）。

六佛均有肉髻，或饰髻珠，面相丰圆，身着双领下垂式佛衣，肩覆偏衫，腹下系裙，结跏趺坐于低坛上，衣襞悬垂于龛外，悬裳一般中间呈弧形（仅 1 例水波形）。K31-2、31-5、31-6 三佛双手置于腹前施禅定印，K31-1、31-4 两佛双手合十于胸前，K31-3 佛左手置于左膝，右手半举于胸前施印，手部已残。

（二十六）K32：三十五佛龛

位置：位于 K31 下方，朝向 306°。

形制：不规则长方形外龛，仅为开凿方便而采取的简单崖面处理结果。内由 35 个大小相近的椭圆形龛分两层排列组成，中间因崖壁裂缝而被隔成左右两部分。上排 18 个，从右至左依次编号为 K32-1 ～ K32-18；下排 17 个，从右至左依次编号为 K32-19 ～ K32-35。圆龛直径一般在 57 ～ 60 厘米、深 15 ～ 17 厘米。

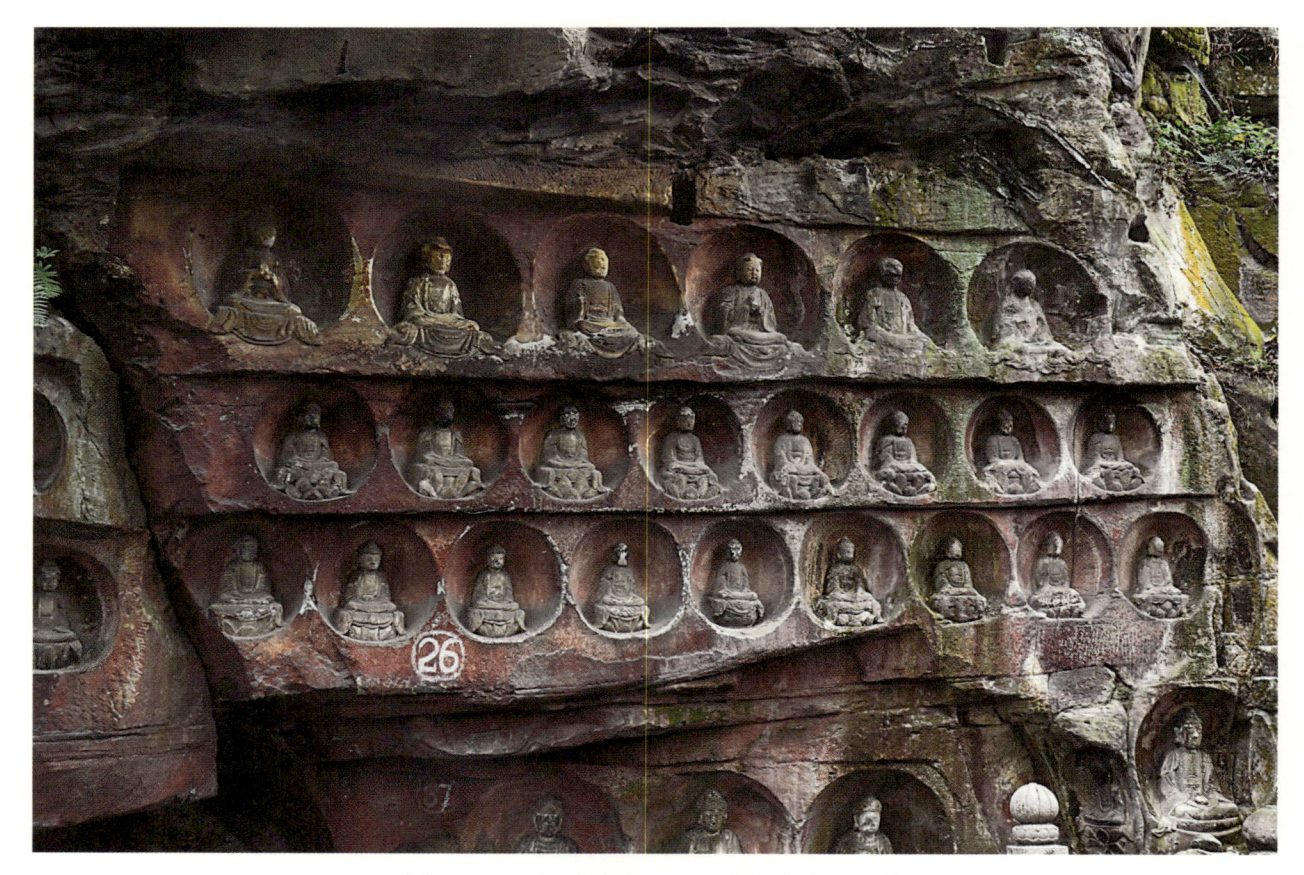

图30　K31（上层）与K32左半部分（下两层）

内容：每个圆形小龛内各雕跏趺坐佛一尊，共35尊造像（图30下两层、图31）。

三十五佛均为磨光肉髻，饰髻珠，面相方圆，身着双领下垂式佛衣，肩覆偏衫，腹下系裙，双手置于腹前施禅定印，结跏趺坐于仰莲座上，衣襞覆座。右半部分的18龛中仅一例悬裳呈类似"M"状，中间为圆弧形，两侧衣角下垂，其余均仅在座两侧悬垂衣角，略呈"八"字形外撇。左半部分17龛中上排8龛的悬裳中间部分被莲瓣所掩，可见两侧悬垂衣襟；下排9龛右侧5龛衣襞略呈"M"状，左侧四龛衣襞中间部位或呈波浪形，或呈"八"字形。三十五佛中，仅K32-17佛像双袖呈"八"字形外展。

题刻：龛内现存题记题刻4则，总编号为T11，分别编为T11-1～T11-4。

（二十七）K33：西方三圣龛

位置：位于K32左下方，朝向322°。

形制：长方形浅外龛，仅见龛顶及左侧部分轮廓。内凿3个圆形龛，从右至左依次编号K33-1至K33-3，其中K33-1龛高92厘米、宽84厘米、深25厘米，K33-2龛高80厘米、宽82厘米、深17厘米，K33-3龛高80厘米、宽84厘米、深22厘米。

内容：雕一佛二菩萨3尊坐像（图32）。

阿弥陀佛坐像位于中间圆龛K33-2内，头为后补，颈饰三道，有胸线，身着双领下垂式佛衣，

图 31　K32 右半部分（图中两排圆形龛）

腹前系带，左手抚膝，右手举于胸前，手掌残缺，结跏趺坐于仰莲座上，莲瓣宝妆，衣襟从双膝两侧飘垂向龛外。佛像高 61 厘米，头高 22 厘米、头宽 15 厘米、肩宽 25 厘米、双膝间宽 45 厘米，座高 9 厘米、宽 45 厘米。

二菩萨坐像位于两侧圆龛内，头戴高花冠，缯带垂肩，颈饰三道，戴项圈，胸前饰有璎珞，身着双领下垂式大衣，双肩覆衫，腰间系带，结跏趺坐于仰莲座上，帛带绕过双膝飘垂于龛外两侧。左侧 K33-3 为观音，面相长圆，双手捧一叶状物于腹前，像高 61 厘米，头高 21 厘米、头宽 15 厘米、肩宽 26 厘米、双膝间宽 40 厘米，座高 8 厘米、宽 41 厘米；右侧 K33-1 为大势至，面部残损，左手下托于腹前、右手上举持一枝莲花，龛底外侧饰卷云纹，像高 60 厘米，头高 23 厘米、头宽 18 厘米、肩宽 30 厘米、双膝间宽 40 厘米，座高 6.5 厘米、宽 31 厘米。

题刻：2 则，编号 T12、T13。

（二十八）K34：观音龛

位置：位于 K33 左下方，方向朝右，朝向 16°。
形制：圆拱形小龛，左壁残损。龛高 80 厘米、残宽 35 厘米、深 14 厘米。
内容：雕观音坐像 1 尊（图 33）。
菩萨头戴山形高冠，缯带长垂，面相宽圆，身着双领下垂式大衣，胸前饰璎珞，肩覆偏衫，

图 32　K33：西方三圣龛　　　　　　　　　　　　图 33　K34：观音龛

腰下系带，双手置于腹前施禅定印，结跏趺坐于仰莲座上，宽袖垂于座两侧，像高 38 厘米。龛底下方生出一枝盛开的莲花，向上托举菩萨莲座。

（二十九）K35：坐佛龛

位置：位于 K34 左后方，朝向 304°。

形制：圆形龛，龛直径 80 厘米、深 27 厘米。

内容：雕坐佛 1 尊像（图 34）。

佛像高髻螺发，饰髻珠，似有顶严，宽额方脸，双耳肥大，颈饰三道，头大肩窄，身着双领下垂式佛衣，右肩覆衫，胸前系带，双手捧摩尼宝珠于腹前，结跏趺坐于仰莲座上，莲瓣宝妆，宽袖绕膝飘垂于龛外两侧。像高 60 厘米，头高 23 厘米、头宽 15 厘米、肩宽 28 厘米、双膝间宽 38 厘米，座高 7 厘米、宽 52 厘米。

（三十）K36：地藏十王龛

位置：位于 K33 右下方，朝向 304°。

形制：略呈"凸"字形长方形龛，龛的中间位置凸起形成圆拱形，两侧为长方形，左右龛壁呈弧形。龛右侧龛壁及部分造像残缺。龛高 204 厘米、残宽 446 厘米、深 37 厘米。

内容：原雕一地藏二弟子十王六鬼吏四鬼卒共计 23 尊造像，残缺左侧五王三鬼吏二鬼卒，现存 13 尊造像（图 35、36）。

图 34　K35：坐佛龛

图 35　K36 中部（主尊地藏与二弟子）　　　　　图 36　K36 左侧（五王三鬼吏二鬼卒）

主尊地藏居中，头为后补，戴五叶冠，圆脸重颐，额间饰白毫，双目微启，唇角上扬，面带笑意。身着两层右衽交领衣，外罩袈裟，以钩纽形式系袈裟右襟于左肩，双手托宝珠于腹前，结跏趺坐于束腰须弥座上，衣襞覆座。座前雕束腰叠涩足踏，踏上横置双履。地藏头后浮雕卷云纹，身后凿有形似背光的排水沟渠，右侧竖立锡杖，与像同高，杖头有三环，呈塔婆形，底部大环另悬六小环。

二弟子侍立于地藏左右，均呈比丘相，头后浮雕卷云纹，光头圆脸，宽袖长衣，双手置于胸前捧物，双足着履，直立于方座上。左弟子呈青年相，目光下视，双唇微抿，内着右衽交领衣，外披钩纽式袈裟，双手捧一方形物（方印）于胸前；右弟子头为后补，双目平视，嘴角上扬，重颐，内着右衽交领衣，外着对襟式长衫，腹下相系，带穗长垂至近踝部，双手捧一扇形宝物于胸前。

十王现存左侧 5 尊，分两排而立，下排 3 尊，上排 2 尊，身后环绕团状云纹。五王均戴梁冠，胸前饰方心曲领，身着宽袖长袍，大带长垂于双腿之间，双手持笏于胸前，神态恭敬，个别阎王头部为后补。

鬼吏现存 3 尊，位于五王造像左侧，分两排而立，下排 1 尊，上排两尊。下排鬼吏头戴高梁冠，扬眉凸目，面目狰狞，身着圆领宽袖长袍，腰部束带，左手夹书册于左腋下，右手持长笔于胸前，蹬靴而立，应为判官；上排鬼吏头戴方冠，面部损坏，身着圆领窄袖长袍，腰部束带，双手捧方印于胸前。

鬼卒现存 2 尊，位于鬼吏造像左侧，上下排各 1 尊。鬼卒头戴冠，面部狰狞，凸目高颧，身着敞胸窄袖短襟上衣，上衣垂至大腿处，下身着裤，腰带垂于双腿间，臂套护膊，拱手于胸前，小腿扎缚绑腿。上排鬼卒颈下系披风，身体直立；下排鬼卒屈膝而立，双足赤裸。

（三十一）K37：阎王六道龛

位置：位于 K36 左侧，朝向 319°。
形制：近似于拱形浅龛。龛高 115 厘米、宽 225 厘米、深 30 厘米。
内容：雕阎王、鬼吏、鬼卒与亡灵等共 16 尊造像（图 37）。

图 37　K37：阎王六道龛

阎王与二鬼吏居于左侧，表现末日审判。阎王体量最大，头戴梁冠，方头圆脸，舒眉斜目，嘴角深陷，身着右衽交领宽袖长袍，鼓腹束腰，倚坐于方案之后，双手于案上展开一卷轴，头向右微倾，面带微笑，注视向右侧。二鬼吏侍立于案之左右，应为判官。左判官戴方顶硬壳幞头，高额深目，眼球突出，颔下留有长须，身着圆领宽袖长袍，腰束宽带，左手持一书册夹于左胁之下，右手持笔置于案侧，体态肥硕，右胯顶出，上身后仰，看向右侧；右判官头戴平式幞头，面部风化，身着宽袖长袍，鼓腹束腰，右手执书置于案上，向左侧身而立。

鬼卒、亡灵与六道轮回图表现在龛之右侧，表现地狱与轮回。四个凶神恶煞、面目狰狞的鬼卒正两两一组将接受审判后的四个亡灵投入象征地狱的热铁轮之中，铁轮外侧饰四瓣莲花，其中一瓣化作六道毫光上升扩展，呈现为扇贝状，每道毫光中雕有小造像，左侧五道内为人形（头经后补，前四道为成年人，后一道为婴孩状），右侧一道内为两只动物，上为奔马，下为飞鹰。

题刻：1则，编号T14。

（三十二）K38～K40：三佛龛

位置：位于"穿山峡"区最东侧，峡洞阶道右侧。三龛朝向350°。

形制：三个圆形龛，由右往左进行编号。K38、K39直径78厘米、深17厘米；K40直径81厘米、深15厘米。

内容：三龛内各雕1尊坐佛，共3尊造像（图38）。

三佛均为磨光的低缓肉髻，髻珠较大，宽额方脸，双目微闭，大耳垂肩，颈饰三道，身着双

图 38　K38～K40：三佛龛　　　　　　　　　　图 39　K41：单尊菩萨龛

领下垂式佛衣，腰下系裙，结跏趺坐于仰莲座上，衣角飘于龛外两侧。

K39 居中，嘴唇较厚，双肩覆衫，双手于腹前施禅定印。像高 57 厘米，头高 18 厘米、头宽 13 厘米、肩宽 27 厘米、双膝间宽 44 厘米，座高 11 厘米、宽 37 厘米。

K38 位于右侧，坐佛右肩覆衫，双手捧法轮于腹前。像高 58 厘米，头高 19 厘米、头宽 14 厘米、肩宽 28 厘米、双膝间宽 44 厘米，座高 11 厘米、宽 34 厘米。

K40 位于左侧，坐佛左肩袈裟外折，右肩覆衫，双手捧一桃形物（摩尼宝珠）于腹前。像高 58 厘米，头高 20 厘米、头宽 14 厘米、肩宽 28 厘米、双膝间宽 44 厘米，座高 12 厘米、宽 40 厘米。

题刻：4 则，编号 T16～T19。

（三十三）K41：单尊菩萨龛

位置：位于 K40 左上方，处于另一巨石上，"穿山峡"摩崖匾额左侧，峡洞口右侧上方，朝向 325°。

形制：圆拱形龛，顶部中央略尖。龛高 78 厘米、宽 96 厘米、深 16～26 厘米。

内容：雕菩萨坐像 1 尊（图 39）。

菩萨头戴高花冠，冠上又披头巾，面相方圆，低眉凤眼，颈下戴项圈，饰璎珞，窄溜肩，身着双领下垂式大衣，腰系带，双手拢袖中置于腹前，结跏趺坐于方形佛坛上。双袖宽大，呈"八"字形外撇，衣襞呈三道相叠的弧形覆于坛前侧。

题刻：1 则，编号 T20。

（三十四）K42：十八罗汉渡海龛

位置：位于穿山峡洞内两侧对立的石壁上。K42-1 朝向 244°，K42-2 朝向 60°。

形制：两个不规则长方形龛，东壁龛编号 K42-1，龛高 46～153 厘米、宽 493 厘米、深 9～40 厘米；西壁龛编号 K42-2，龛高 119～138 厘米、宽 297 厘米、深 15～24 厘米。

内容：雕十八罗汉渡海图，包括观音、善财、罗汉、龙王、龙女及夜叉，共计造像 23 尊（图 40～42）。

图40　K42-1 左侧部分

图41　K42-1 右侧部分

图42　K42-2 七尊罗汉

K42-1龛内画面分三部分。

左侧为第一部分，雕善财童子拜观音。观音披覆头巾，面相长圆，丹凤眼，嘴角含笑，颈下戴项圈，饰璎珞，外着双领下垂式宽袖大衣，腰下系裙，右手舒展下垂，持念珠于腹前，左手轻握右手腕，跣足立于一条浮于海面的叶形小舟之上，像高80厘米，头高18厘米、头宽10厘米。善财躬身于观音左侧，梳双髻，笑容憨厚，身绕帛带，双手合十当胸，跣足立于卷云上。观音左侧刻卷云托一净瓶，瓶内插杨柳枝，右上方刻一飞翔的白鹦鹉。

龛之中间为第二部分，雕两排渡海罗汉共11尊，皆着僧衣，大多为右衽交领式，在波涛汹涌的海水上，各显神通，姿态各异。上排罗汉4尊，从左至右第一尊扭腰立于杖上，跣足，右手高举葫芦，葫芦口部散出一缕云烟，上托一座宫殿；第二尊弯腰立于大虾上，赤双足，右手举托宝珠，左手抓右袖；第三尊游戏坐于叶形舟上，左手搭左膝，右手支撑，赤足；第四尊头戴风帽，粗眉虬髯，双手置于胸前，结跏趺坐于红色长方形布上，作沉思冥想状，身体右侧置一黄色包袱。下排罗汉7尊，从左至右第一尊驾虎而行，双手置于胸前，手不外露；第二尊斜侧身体，右手拄杖，左手叉腰，立于鱼身；第三尊身披蓑衣，手不外露，双足着履，立于蟹身；第四尊面朝右侧，双手托一宝塔，双足着履，立于蛙身；第五尊面朝右侧，双臂前伸，右手上举竖两指，着履立于长颈神兽上；第六尊昂首挺胸，左手握右腕置于腹下，右手持念珠，双足着履，立于树枝之上；第七尊肥头大耳，袒胸露乳，呈大肚形，右手持杖，跣足立于布袋之上。

在龛内右侧第三部分，雕龙王、龙女及看门夜叉相迎。龙王头戴梁冠，须发皆白，与身后龙女一道，立于云端，面朝罗汉方向作拱手施礼状。龙女身后雕被海水与云雾掩映的龙宫，门口立一夜叉作回首状。

K42-2龛内雕渡海罗汉一排7尊，从右向左第一尊粗眉虬髯，大眼张口，着袒右袈裟，着履，骑龙而行；第二尊身着右衽交领僧衣，双手拢于腹前，着履立于龟身；第三尊朝左侧身而立，身着交领衣，仰首合十，着履立于龟身；第四尊身着袒右袈裟，向左弯腰，双手挂杖，下巴置于手背，双足着履，立龟而行；第五尊身着右衽交领衣，拱手于胸前，手不外露，着履立于蟹身；第六尊身着右衽交领衣，左手置于胸前，右手下垂，跣足立于虾身，左手上端发出卷曲波浪图像，飘于龛顶端正中；第七尊凸额深目，头朝右侧，张口露齿，身着右衽交领衣，左手挂杖，右手置于胸前，跣足立于游动的夜叉后背。

题刻：21则，总编号T21，分别编为T21-1～T21-21。

（三十五）K43：鱼篮观音龛[6]

位置：位于K42-2左侧，峡洞口外侧左壁，朝向61°。
形制：圆拱形龛，龛高95厘米、宽66厘米、深30厘米。
内容：雕鱼篮观音立像1尊（图43）。

观音头挽高髻，面容恬静慈祥，内衣翻领，外穿右衽交领阔袖长袍，腰系蝴蝶结，左手提裙于左大腿处，右手下垂拎篮，跣足立于龛底。像高80厘米，头高16厘米、头宽10厘米、肩宽19厘米。

（三十六）K44：比丘龛

位置：位于K43左侧，与K41西侧相距2.17米，朝向87°。
形制：圆拱形龛，龛高73厘米、宽50厘米、深16厘米。
内容：雕比丘坐像1尊（图44）。

比丘光头方脸，双目平视，嘴角含笑，身着右衽交领衣，斜披钩纽式袈裟，双手持拂尘于腹前，结跏趺坐于束腰山石座上，座前悬裳呈弧形，宽袖绕膝垂挂于两侧，比丘像通高56厘米。

题刻：1则，编号T22。

图43　K43：鱼篮观音龛　　　　图44　K44：比丘龛（左侧为T22）

---

[6] 冯仁杰等认为此龛所雕为村妇。参见冯仁杰：《泸县玉蟾山摩岩造像》，《四川文物》1985年第2期。

(三十七) K45：数珠手观音龛

位置：位于 K42-2 右后方，垂直方向的另一面崖壁，朝向 166°。

形制：圆拱形龛，龛高 117 厘米、宽 123 厘米、深 23 厘米。

内容：雕观音及善财共 2 尊造像（图 45）。

观音头戴山形高花冠，低眉垂眼，戴项圈，饰璎珞，着双领下垂式大衣，右肩覆偏衫，右手执念珠举于胸前，左手置于腹前，掌部残损，结跏趺坐于山石座上。衣襞悬垂覆座，中间衣纹呈弧形，两侧垂衣角，座下盛开一朵莲花。观音像高 55 厘米，头高 21 厘米、头宽 16 厘米、肩宽 26 厘米、双膝间宽 36 厘米，座高 40 厘米、宽 83 厘米。

图 45　K45：数珠手观音龛

善财位于左壁，头顶留一撮桃形发，长眉笑眼，圆脸小口，肩臂缠绕帛带向身体两侧飘扬，下身着裙，双手合十当胸，跣足立于云头。善财头部右侧的佛坛上，雕一只白鹦鹉，作侧身回首状。

题刻：1 则，编号 T23。

(三十八) K46：坐佛龛

位置：位于 K45 右上方，此面岩壁的最高处，朝向 163°。

形制：圆形龛，直径 70 厘米。

内容：雕坐佛 1 尊（图 46 上排）。

佛像头部风化，有矮肉髻，大耳垂肩，身着双领下垂式佛衣，右肩覆偏衫，双手合十当胸，结跏趺坐于仰莲上，座已残。

(三十九) K47：五菩萨龛

位置：位于 K46 下方，朝向 163°。

形制：长方形外龛，龛高 78 厘米、宽 318 厘米。龛内凿五小龛，从右至左依次编号 K47-1～K47-5。K47-1 为圆拱形龛，龛高 68 厘米、宽 68 厘米；K47-2、K47-3、K47-4 为圆形龛，直径皆为 58 厘米；K47-5 为圆拱形龛，龛高 74 厘米、宽 66 厘米。

内容：五个小龛内各雕一尊菩萨共 5 尊造像（图 46 下排）。

K47-3、K47-2、K47-4 三尊菩萨居中，均头披长发，大耳垂肩，身着双领下垂式大衣，内着裙，腰系带，双手置于腹前，赤裸双足，半跏倚坐于呈卧姿回首状的神兽之上。K47-3 为骑牛菩萨，长发垂肩，头顶可见清晰密集的竖条发纹，宽额方脸，面容沉静，双手持一物于腹前，半跏倚坐于牛背上，左腿下垂，左足踩于牛腿上；K47-2 为普贤菩萨，头部残损，胸前可见项圈与璎珞，双

图 46　K46 与 K47

手持如意，半跏倚坐于白象上，菩萨左腿下垂，左足踩于象腿上，左膝下可见璎珞；K47-4 为文殊菩萨，头部与上身风化，双手于腹前施禅定印，半跏倚坐于青狮上，右腿下垂，右足踩于狮腿上。

K47-1、K47-5 二菩萨位于左右最外侧，造型基本一致。菩萨头戴花蔓冠，覆头巾，缯带垂至胸前，宽领圆脸，表情慈祥，戴项圈，胸饰方格状璎珞，身着双领下垂式大衣，双手拢袖中合置于腹前，结跏趺坐于通龛佛坛上，衣襞悬垂座前，中间呈弧形，两侧呈"八"字形外展。其中 K47-5 菩萨座左下侧雕一躬身参拜的小像，帛带向两侧飞扬，双手向菩萨施礼，头部残损，立于长方形座上。

题刻：1 则，编号 T24。

（四十）K48：六臂观音龛

位置：位于 K47 右下方，同方向的另一崖壁上，朝向 169°。

形制：圆拱形龛，龛高 80 厘米、宽 80 厘米、深 33 厘米。

内容：雕观音及善财、龙女共 3 尊造像（图 47）。

主尊观音为三面六臂形，左、右两面风化残损，主面头戴高花冠，面相方圆，双目微启，

图 47　K48：六臂观音龛

高鼻小嘴，表情沉静，颈饰三道，戴项圈，缀饰三串璎珞，斜挎络腋，肩覆帔帛，正面主臂戴臂钏、手镯，肘绕帛带，双手托摩尼宝珠于腹前。四条次臂皆戴镯，左侧上臂托月轮，下臂持羂索；右侧上臂托日轮，下臂持宝剑。观音结跏趺坐于束腰须弥座上，衣襞覆座呈弧形，帛带绕膝垂于座前两侧。座下雕海浪，水中露出一半身夜叉像。

善财胁侍于左侧，龙女胁侍于右侧。二像头部均残损，侧身而立，双手合十当胸。善财身着右衽交领宽袖长衣；龙女上穿短衫，下着裙。

题刻：1 则，编号 T25。

（四十一）K49：释迦说法龛

位置：位于 K48 右前方约 19.6 米处的崖壁，朝向 342°。

形制：尖拱形龛，龛高 460 厘米、宽 400 厘米、深 130 厘米。

内容：雕释迦佛、弟子、菩萨、天王、天龙八部、飞天、力士、听法神众等，共 56 尊造像（图 48）。

龛正壁中心位置为释迦佛，周围共刻 5 排造像，其中正壁 5 排，左右两壁 4 排。这 5 排造像中，除了底排十大弟子为全身像之外，其余各排均为半身像，下半身均为祥云所掩，营造出众神俯瞰的场景。

主尊释迦佛高髻螺发，饰有较大髻珠，宽额方脸，大耳垂肩，短弯眉，双目微闭，宽鼻小嘴，表情沉静，身着袒右半披式袈裟，腰下系裙，左手握右手于胸前，掌心向内（可能为智拳印的另

图 48 K49：释迦说法龛

一种表现形式），结跏趺坐于束腰仰覆莲座上，莲瓣饰有如意卷云头纹，主尊像高114厘米，头高30厘米，座高31厘米、座宽84厘米。

从下往上第一排，为十大弟子立像，正壁8尊，左右侧壁各1尊。皆为光头比丘相，面颊饱满，表现有不同的年龄特征，大多数身着右衽交领式僧衣（仅见一例袒右半披式），内着长裙，外披袈裟，袈裟右襟搭于左肘，个别可见系襟于左肩的圆环（四例），双手合十于胸前，双足着履，直立于窄佛坛上。

从下往上第二排，雕一弟子六菩萨六天人共13尊造像。正中为弟子半身像，位于主尊之莲座正下方，凸额睁目，高颧大耳，身着交领僧衣，腹部以下掩于祥云中；六菩萨立于弟子像左右两侧，每侧各三尊，均戴高花冠，缯带垂肩，面相丰圆，戴项圈，双手置于胸前。其中内侧两尊菩萨面相较瘦长，上身斜挂络腋，肩臂披帔帛，双手捧宝珠。外侧四尊菩萨则面相较方，身披宽袖大衣，双手捧物，或双手合十；六天人像位于菩萨两侧，每侧各三尊，其中两尊位于正壁左右两侧，四尊位于左右龛壁。天人像头戴梁冠，面相较方，身着交领宽袖大衣，胸前饰方心曲领，肩覆帔帛，双手合十于胸前[7]。

从下往上第三排，雕二弟子二菩萨四天王二天人共10尊造像。二弟子紧靠主尊左右两侧，左胁侍弟子为老年相的迦叶，身着袒右半披式袈裟，右胁侍弟子为青年相的阿难，身着右衽交领僧衣，外披钩纽式袈裟，二像均作双手合十状；二菩萨位于弟子外侧，头戴高花冠，缯带垂肩，面相丰圆，戴项圈，身着双领下垂式宽袖大衣，腰下系裙，双手合十于胸前；四天王位于菩萨两侧，每侧两尊，均戴高冠，大耳垂肩，穿甲胄的戎装打扮，腰束带，身披帔帛，手持法器。左内侧天王面相丰圆，浓眉大眼，鼻直口方，颈下系披风，内着甲外罩袍，套护臂，双手持琵琶，应为东方持国天王。左外侧天王面相较方，蹙眉斜目，高颧骨，嘴角下撇，系披风，套护臂，双手持剑，应为南方增长天王。右内侧天王面相英武，左手下垂持幢，右手置于胸前托宝塔，应为北方多闻天王。右外侧天王呈忿怒相，左手置于胸前，右手握蛇，应为西方广目天王；最外侧的二天人立于左右侧壁，每侧一尊，均着阔袖大衣，作双手合十状。其中左侧天人头戴梁冠，面目残损。右侧天人为女性，戴冠披巾，面相长圆，表情温婉，缯带垂肩，身着双领下垂式大衣。

从下往上第四排，雕帝释梵天、天龙八部及二力士共12尊造像。帝释梵天位于主尊左右两侧，身着交领宽袖长袍，肩披帔帛，双手合十于胸前。左侧为帝释天，头戴梁冠，长眉斜目，表情威严，胸前饰方心曲领。右侧为梵天，头戴高花冠，表情恬静，微含笑意，饰戴云肩；天龙八部每侧四尊，左侧由内向外第一尊为阿修罗，三头六臂，呈忿怒相，左右次面的头顶向前竖立如翅炎发，身披帔帛，腰下系裙，上两手托举日月，中两手拱于胸前，下两手下垂。左侧第二尊面相丰圆，浓眉大眼，颈下系披风，套护臂，双手拱于胸前。左侧第三尊，头束高髻，方脸大耳，身着交领宽袖大衣，左手托钵，右手捻指置于胸前。左侧第四尊头戴兜鍪，呈忿怒相，系披风，

---

[7] 有学者将第二排六菩萨六天人像认为是十二圆觉菩萨（参见刘显成、杨小晋：《梵相遗珍：巴蜀天龙八部造（图）像研究》，上海：上海古籍出版社，2021年，第245、246页）。除了内侧六菩萨符合菩萨造型特征之外，六天人像的形象与菩萨不符合，暂定为天众神像。

披帔帛，套护臂，双手拱于胸前，可能为夜叉。右侧由内向外第一尊，戴兽头帽，颈下系披风，肩披帔帛，套护臂，双手拱于胸前，为乾闼婆。右侧第二尊，头燃竖立的炎发，面目丑陋，双手拱于胸前，为摩睺罗伽。右侧第三尊束发戴冠，头巾向两侧外撇，面相方圆，双手抱持经书，为天部。右侧第四头戴兜鍪，深目圆瞪，高颧尖嘴，双手合十于胸前，为迦楼罗；最外侧两尊护法力士位于两侧壁，每侧一尊，均戴兜鍪，两角翘起，大耳垂肩，面目凶狠，身着长袍，腰部束带，套护臂，双手拱于胸前，左侧力士颈下系披风，肩覆帔帛，右侧力士竖眉瞪目，怒容更威严。

从下往上第五排，雕二飞天及八听法神众共 10 尊造像。两身飞天位于主尊头顶上方祥云中，皆披发，面相方圆，戴项圈、钏、镯、身披帔帛，帛带在身后形成环形飘扬，左侧飞天双手捧盘，盘内似置瓶等器物，右侧飞天左手半举托花盘，右手向下作散花状；八尊听法神众每侧四尊，左侧由内向外第一尊头戴幞头，头右倾，面相浑圆，双目半闭，颈下系结，套护臂，双手置于胸前，左手握物在下，右手作捻指状在上。左侧第二尊头戴梁冠，面相方圆，斜眉睁目，表情严厉，颈下系结，身着宽袖长袍，肩覆帔帛，双手合十于胸前。左侧第三尊束发戴莲花冠，面相较方，浓眉大眼，大耳垂肩，内着右衽交领衣，外罩对襟长衫，双手持笏于胸前。左侧第四尊头戴兜鍪，面相清秀，颈下系披风，肩覆帔帛，套护臂，双手拱于胸前。右侧由内向外第一尊为三头形象，主面头戴兜鍪，面相方圆，浓眉大眼，鼻直口方，左右次面呈忿怒相，内着甲外罩袍，套护臂，双手合十于胸前。右侧第二尊头束高髻，面相浑圆，双手竖持一长柄宝物倚于右肩。右侧第三尊束发戴冠，面相较方，五官风化，颈下系结，肩覆帔帛，双手合十于胸前。右侧第四尊束发戴冠，头两侧有翘起的如翅炎发，面相方圆，双目下视，内着右衽交领衣，外穿双领下垂式宽袖大衣，双手拱于胸前。

题刻：3 则，编号 T30-1～T30-3。

（四十二）K50：单尊菩萨龛

位置：位于 K49 左侧，相距约 3.52 米，方向相互垂直，朝向 269°。

形制：圆拱形龛，距现地表 6 米。

内容：雕半身菩萨像 1 尊（图 49）。

菩萨头戴高花冠，冠前侧正中饰有一小化佛，缯带垂肩，面相方圆，颈下戴项圈，身披帔帛，斜挂络腋，腰下系裙，下身隐于卷云之中，臂戴钏、镯，左手捧一物于腹前，右手上举，指尖升起一朵卷云，云上托一杖头。菩萨头顶上方尚留一半空白壁面，未发现遗迹。

图 49　K50：单尊菩萨龛

（四十三）K51：西方净土变龛

位置：位于 K50 左侧，相距 3.48 米，朝向 319°。

形制：方形龛，龛高368厘米、宽367厘米、深110厘米。

内容：龛内雕西方净土变，现存三圣、化生像、飞天、力士等共15尊造像（图50）。

西方三圣雕刻于正壁上方中心位置，均结跏趺坐于束腰须弥座上，衣襞覆座。阿弥陀佛高髻螺发，面相方圆，二菩萨戴冠垂缯，身体均风化严重，座下浮雕大量卷云纹。三圣头顶悬华盖，相互之间雕有楼阁等，已风化不清。阿弥陀佛通高105厘米。

正壁下方满饰卷云纹，中心为梯形七宝池，池内以水波纹表现八功德水，原有9尊莲花化生像，现存8尊，分上下两层排列。七宝池左右两侧各有两只妙音鸟，上侧两只各持一枝莲花。自池向两侧对称延伸出两道拱桥，桥有三洞，上置栏杆，通向左右两壁。

左壁上部雕刻一身飞天，露出上半身，右手上举托物，左手置于腹前，帔帛覆肩，帛带飘扬，下托祥云；下部雕刻一身侍者造像，残损严重，腰部束带，立于卷云上。

右壁上部雕刻一身飞天，与左壁上部飞天对称，束发圆脸，肩覆帔帛，下着裙，系腰带，双腕戴镯，左手持莲上举，右手轻握帛带于腹前，帛带飘向右侧，腹部以下隐于祥云之中；下部为一侍者立像，与左壁对称，头残缺，颈下系带，身着宽袖大衣，肩覆帔帛，内着裙，腰佩革带，立于卷云上，双手捧物于胸前，身后有帛带飘向右侧。

题刻：题刻4则，编号T32-1～T32-4。

（四十四）K52：高僧龛

位置：位于K51左侧40厘米处，朝向319°。

形制：圆拱形龛，龛高67厘米、宽50厘米、深19厘米。

内容：雕打坐僧人像1尊（图51上）。

僧人光头大耳，头部风化，身着交领大衣，外披袒右袈裟，右襟以钩纽形式系于左肩，双手置于腹前施禅定印，结跏趺坐于须弥座上，衣襞覆座，座上衣纹呈"U"形。

图50　K51：西方净土变龛

图51　K52（上）与K53（下）

（四十五）K53：瘗穴

位置：位于 K52 正下方，朝向 319°。

形制：方形龛，龛高 60 厘米、宽 49 厘米、深 60 厘米。

内容：此龛为瘗穴。与 K52 同时开凿，当是此高僧的舍利瘗葬之处（图 51 下）。

（四十六）K54：高僧龛

位置：位于 K53 左侧，四座横排崖墓左侧第二个崖墓（M7）的正上方，朝向 358°。

形制：尖拱形双层龛，凿痕整齐清晰，外龛高 46 厘米、宽 45 厘米、深 10 厘米，内龛高 36 厘米、宽 32 厘米、深 9 厘米。

内容：雕高僧像 1 尊（图 52）。

高僧仅雕出半身，应为下方瘗穴所安置的舍利拥有者的邈真像，头戴风帽，面目残损，身着右衽交领僧衣，外罩袒右袈裟，双手拢袖中置于腹前。身体周围雕有头光与身光。

（四十七）K55：建文皇帝龛

位置：位于 K52 左侧约 33.15 米处崖壁上，朝向 278°。

形制：不规则浅龛，由两个大小不一的圆拱形龛相连组成，距现地表约 450 厘米，高度最大数值为 507 厘米，占壁面宽约 300 厘米。

内容：雕一佛一童子共 2 尊造像（图 53）。

主尊佛像居左，螺发肉髻，脸型较方，面部扁平，大耳垂肩，内着僧祇支，腰部系带，身穿半披式袈裟，右肩覆衫，袈裟右襟以钩纽形式系于左肩，左手作捧物状，右手向下结印，跣足立于两个高圆仰莲足踏上。

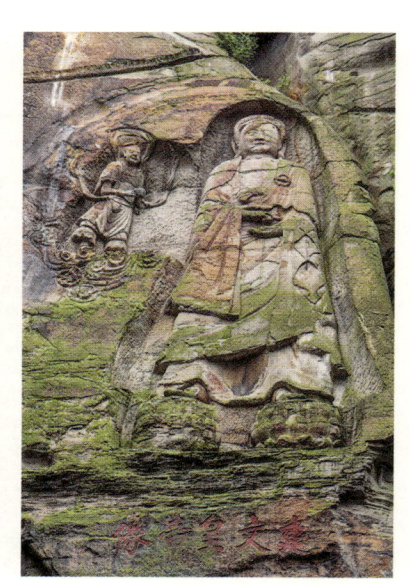

图 52　K54：高僧龛　　　　　　　　　　图 53　K54：建文皇帝龛

善财居右，向左侧身，光头圆脸，笑意盈然，戴项圈，披帔帛，下着裙，系腰带，双手捧碗，踏云而来，帛带在头后呈环形，在身体两侧外卷飘扬。

题刻：1则，编号T34。

二、摩崖碑刻题记

玉蟾山造像区内共有摩崖碑刻题记67则，编号T1～T34，其中T1～T14共22则分布于千手观音区，T15～T29共35则分布于穿山峡区，T30～T34共10则分布于说法图区。其中发现有"永乐二十二年（1424年）""宣德十年（1435年）""景泰六年（1455年）""弘治三年（1490年）""正德二年（1507年）""嘉靖己亥（嘉靖十八年，1539年）""天启乙丑（天启五年，1625年）"等年号[3]。

（一）千手观音区（22则）

1.T1：风化题刻

位于造像区东部第一块独立石包的北侧，近似方形，高54厘米、宽48厘米、深2厘米，文字已风化。

2.T2：风化题刻

位于T1左侧，竖式长方形，仅存方形凹槽，文字已风化（图54）。

3.T3："第一名山"题刻

位于T2左侧，横式长方形，高60厘米、宽153厘米（图55）。内容为"第一名山"，双钩楷

图54 题刻T1～T3

图55 T3："第一名山"题刻

---

[8] 据冯仁杰等先生论著，题刻中发现有"景泰六年""弘治三年"年号，但本次调查中未发现相关信息。参见冯仁杰：《泸县玉蟾山摩岩造像》，《四川文物》1985年第2期；徐朝纲、甘志新主编：《泸县玉蟾山摩崖造像抢救保护工程报告》，成都：巴蜀书社，2020年，第5页；郭品武、甘志新：《玉蟾山摩崖造像抢救保护研究报告》，成都：巴蜀书社，2021年，第5页。

书，内涂红漆。题款"□□五年□□□旦"。

4.T4："人天别境"题刻

位于造像区东部第二块独立石包的西侧，横式长方形，高65厘米、宽173厘米。内容为"人天别境"，字径24～23厘米，双钩楷书，内涂红漆。题款"天启乙丑仲春吉旦"，字径5厘米。"天启乙丑"即1625年。

5.T5："玉蟾"题刻

位于T4左侧，横长方形，边框已风化，高33厘米、宽60厘米，楷书，字径16～19厘米，内容为"玉蟾"两字（图56）。

图56　题刻T4与T5

6.T6：K4楹联

T6位于K4大肚弥勒龛的龛门上额与左右龛柱，为一副楹联，楷书，左联"吞天地之灵气"，右联"吐宇宙之虹霓"，上联"乐乐长乐"。

7.T7：施粧（妆）题刻（4则）

T7位于K17至K19所在外龛正壁下方，共有四处题刻，从右至左依次编号T7-1～T7-4，楷书。T7-1内容为"奉佛施粧普恭"；T7-2内容为"奉佛施粧真常"；T7-3内容为"彭法真施"；T7-4内容为"奉佛施粧普定"。

8.T8：重粧题刻

位于K30右侧，尖拱形，楷书4列，内容为"奉／佛舍财重粧／信女张氏五／孙善庆／"。

9.T9：施粧题刻

位于T8下方，K30右侧，竖长方形，楷体墨书3列，内容为"奉／□□刘舍乡（乡）同／□□□氏施粧／"。

10.T10：重粧题刻

位于T9右侧，K29左侧上方，竖长方形，楷书5列，内容为"奉／佛舍财重粧信士刘伯刚／□缘人张氏男刘尚拱男妇张氏孙男刘堂／□上侍严慈刘应原刘氏／正德二年六月吉日谨题／"。

11.T11：K32题刻（6则）

K32龛内原有多处题刻，现仅存一处墨书题记与五处题刻，位于各圆形龛之间或下方，分别编号T11-1～T11-6。内容主要有"南无……""……言□""……僧周亮师化寺□""南无那……""南无无忧……""宣德十年四月二十九／奉／佛舍财信士／李保施粧／"。

12.T12：K33题刻

T12位于K33-1龛内右壁，楷书一列，内容为"信女冷氏三幺姊施"。

13.T13：风化题刻

T13位于K33-1右下方，竖式长方形，文字已风化。

14. T14：K37题刻

T14位于K37龛内正壁、六道毫光左侧，楷书四列，内容为"信善/匡应相/同缘/信女王氏/"（图57）。

（二）穿山峡区（35则）

1. T15："穿山峡"题刻

位于穿山峡区最东侧岩石上、K38正上方，横式长方形，高52厘米、宽110厘米。凸雕楷书，字径28厘米，内容为"穿山峡"（图58）。

2. T16：雷应施财题刻

位于K38右龛壁，楷书两列，字径3厘米，内容为"奉/佛信士雷应施财/"（图59）。

3. T17：风化题刻

位于K38右侧，竖式长方形，高22厘米、宽11.5厘米，内容风化。

4. T18：罗氏施财题刻

位于K40左侧，原为竖长方形，被K40打破，楷书，字径3～4厘米，现存可辨内容为"奉佛信士罗立□施□□/……"。

图57　T14：K37题刻

图58　T15："穿山峡"题刻

图59　T16：雷应施财题刻

5. T19：莲叶盖顶题刻

位于 T18 左侧，竖长方形，顶饰莲叶盖，高 29 厘米、宽 18 厘米，楷书 5 列，可辨内容为"清信奉 / 王…… / □州道先…… / …… / ……/"。

6. T20：K41 题刻

T20 位于 K41 右龛壁，楷书一列，内容为"□□舍信士李□"。

7. T21：K42 题刻（21 则）

龛内发现题刻 20 处，编号为 T21-1～T21-20，其中 T21-1～T21-12 位于 K42-1 内，T21-13～T21-20 位于 K42-2 内。多刻于造像旁，楷书，为"某某施"字样。可辨内容主要有"□氏施""戴氏、张氏施""奉佛…… / …… / …… / …… / 杨氏三□ / 官（观）音像""养信士□敬""信女王氏七 / 施财粧""李恕施""伍氏""王氏""傅文先施""冯茂瑞施""刘必才""余仲则施""黄大邦施""李连施""沈氏妙真施""李氏妙性施""刘氏妙容施""妙圆施""无相施"等。

另在龛外发现一列题刻，编号 T21-21，使用另外石条镌刻后镶嵌在 K42-2 左侧石壁上。行书一列，内容为"十八罗汉飘海图"（现代）。

8. T22：风化题刻

位于 K44 比丘龛左侧，竖长方形，内容已风化。

9. T23：摩崖碑刻

位于 K45 右侧，莲叶顶，竖长方形碑身，仰莲座，文字已风化（现代墨书题写"严禁手摸"楷书四字）。

10. T24：刘某施财题刻

位于 K47-3（骑牛菩萨）与 K47-4（文殊）两圆之间的外龛壁面，一列楷书，内容为"□□□舍信士刘……丘……"。

11. T25：摩崖碑刻

位于 K48 右侧，竖长方形碑身，可辨有三角如意卷形碑首，文字已风化。

12. T26："飞来石"题刻

位于 K46 左上方一块中部悬空的岩石上，文字朝下，于十八罗汉渡海龛观音像前抬头可见，双钩草书，内涂红漆，内容为"飞来石"（图 60）。

13. T27：阿弥陀佛题刻

位于 T26"飞来石"题刻所在岩石左下方，高 38 厘米、宽 7 厘米，楷书一列，字径 5.5 厘米，内容为"南无阿弥陀佛"（图 61）。

14. T28：黄庭坚"玉蟾"题刻

位于"飞来石"题刻所在岩石左侧，楷书大字，内容为"玉蟾"二字，题款"黄山谷"。"玉"字将原应在第二、三横之间的一点写于第一、二横之间；"蟾"字中的"言"写作"吉"（图 62）。

15. T29：光时亨题刻

位于 K46 正对面崖壁上，草书四列，内容为"寻幽须有约，草 / 屋苦难潜。愿步 / 黄山谷，还思向 / 玉蟾 /"，题款为"光时亨"，下缀二章。光时亨，字羽圣，明崇祯七年（1634 年）进士，安

图60 T26："飞来石"题刻

图61 T27：阿弥陀佛题刻

图62 T28：黄庭坚"玉蟾"题刻

图63 T29：光时亨题刻

徽桐城人，有才善断，清正自守，曾任四川荣昌县知县，后历兵、刑二科给事中等（图63）。

（三）说法图区（10则）

1.T30：K49题刻（3则）

K49讲经说法龛，共发现题刻3则。其中龛内2则，龛外壁面1则（图64～66）。

龛内题刻位于左右龛壁下方内侧转角处，为竖长方形，楷书，左壁题刻编号T30-1，右壁题刻编号T30-2。

T30-1：竖刻13列，可辨内容如下"……清信奉／……头首／万琛万珍万琼陈让□□同／施财善士陈凯李元／熊卫荣□□淦樊致忠杨妙珍陈清海／陈碧海□□广熊思贤王茂德徐泰／蒲世才……刘福陈信／张琮……刘□礼刘芳／朱华□义熊思义熊思纪熊思鉴／熊思□□仲僷熊仲僼熊昭杨国珏／陈鼎陈浩陈升陈立陈昂／曾彦□□□赵应万曦张谦／曾元□人李原祥并尺随缘／"。

T30-2：竖刻11列，可辨内容如下"……／……八年夏氏妙清徐氏丘／……□氏三□氏五宋氏

图64 题刻T30-1

图65 题刻T30-2

图66 T30-3：讲经说法图

四赵氏二/……朱氏□张氏六张氏一/……七陈氏□郭氏三……/……妙相一堂永为供□□/……户户康宁福玉增□/……吉祥如意者/……谨题/……/"。

龛外题刻位于左下侧石壁，编号为T30-3，竖式长方形，行楷，内容为"讲经说法图"（现代）。

2. T31：曾玙"金鳌峰"题刻

位于K51正上方，横方形，内容为"金鳌峯"三个大字，双钩楷书，内涂红漆，字径70厘米。三字正下方壁面有约21列小字题刻，风化严重，可辨内容为"……五公……上/庙无任□□如同□□贡□上/之士□□□各……少岷/□公等……春二月四日□/□□人上海……如泷□光/亡□□□……西方□西□/□转蜀南□襄……流□空明□/四□□足□□漂海……谷人汨见/……生王因浪□□中突兀不/相使君……幸得□仙/□□九今人怏心意灵雨同登最上峰/□□为写金鳌峰曾少岷和□□/"。"金鳌峰"三个大

四川泸县玉蟾山摩崖造像内容总录　75

图 67　T31：曾玙"金鳌峰"题刻

字题刻，为曾少岷于明嘉靖十八年（1539 年）二月游金鳌峰时所题[9]（图 67）。

3.T32：K51 题刻（4 则）

位于 K51 西方净土变龛内外，共发现 4 则题刻，其中龛内 2 则，龛外 2 则。龛内题刻呈竖长方形，位于左、右壁侍者像下方，左侧编号为 T32-1，右侧编号为 T32-2（图 68、69）。

T32-1：高 39 厘米、宽 30 厘米，楷书十一列，可辨内容为"奉 / 佛信士张□林……张应先 /……□王天禄张□□张□□张仲德杨晨 /……方梁世英张□□梁世中王虎 /……张贵先傅应生傅文□傅文立傅……/ 罗宗　黄漆贵……/……谢文在周必有……应 / 罗……罗得宗 /……周……陈女义 /……□□蓝□ /……张□□闻志通 /"。

图 68　题刻 T32-1

T32-2：高 40 厘米、宽 30 厘米，楷书八列，可辨内容为"奉 / 佛信士□□王氏□□□张英苟□张仲其 / 苟禄张仲□□□□□□□苟□周□ / 苟□……张□谢□照谢养 / 信女林妙安□□张氏一谢氏二张氏九 /……杨氏二梁氏□谢氏二傅幺姑李氏二 / 张氏□罗氏二□氏三梁氏一张氏四杨氏三 / 永乐二十二年月 /"。

---

[9]"金鳌峰"题刻，据传为新都状元杨慎所书，历代方志均作此论。冯仁杰《泸县玉蟾山摩崖造像》一文亦认为是杨慎在嘉靖十八年游览玉蟾山时所题。今 T31 正下方地面所立现代石碑上有杨慎简介，亦持此观点。但据曾广溯考证，比则题刻实为泸州籍进士曾玙（号少岷山人）所书。嘉靖十八年，曾玙随泸叙兵备佥事薛甲（号畏斋）游览玉蟾山金鳌峰，作《游金鳌峰记》，收入万历刻本《少岷先生拾存稿》卷三。据此文所记，曾、薛二人游览之际，观看了宋黄庭坚所书"玉蟾"二字题刻，深觉"金鳌"更恰当，"金鳌之名不可易"。后在当地一位庞姓进士款待酒席上，薛赋《金鳌行》，曾则"和之，选贞石书金鳌峰三大字，系以二篇，俾后之人明物观象，各于其伦，不必索之诞幻云尔"。曾玙，字东玉，泸州人，为正德戊辰进士，官至建昌府知府。参见曾广溯：《泸县玉蟾山"金鳌峰"作者考辨》，《四川文物》2011 年第 3 期。

图 69　T32-2：永乐二十二年题刻

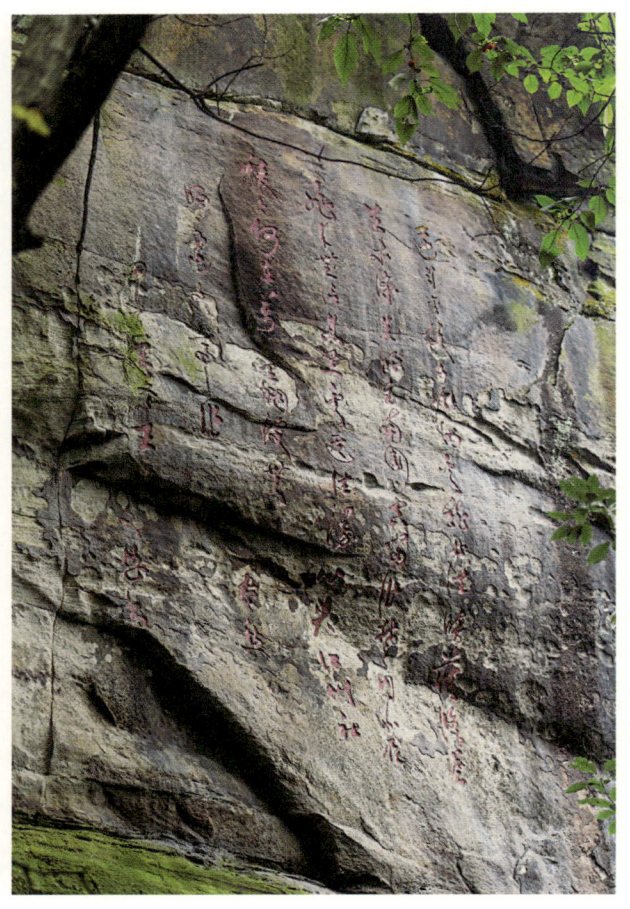

图 70　T33：草书题刻

图 71　T34："建文皇帝像"题刻

龛外题刻位于右侧，上方题刻编号为K32-3，下方题刻编号为K32-4。

T32-3：方形榜题，内容已风化。

T32-4：竖式长方形，阴刻行楷，内涂红漆，内容为"西方三圣"（现代）。

4.T33：建文帝诗刻

位于K54右上方崖壁，竖式长方形，壁面起伏不平整，内刻草书六列，内容为"远自金陵遍九州，云龙山住暗藏修。苍／生未逢真明主，南国空留作楚囚。北雁／飞来无信息，黑云遮处漫心头。江山社／稷今何在，万里烟波无尽愁。／明建文帝作。／甲子年冬王文忞书／"（图70）。

5.T34："建文皇帝像"题刻

位于K55正下方，横式一排，双钩楷书，内涂红漆，内容为"建文皇帝像"（图71）。

三、崖墓遗迹

共发现崖墓 8 座，分布在 K51 下方、K54 下方两处，墓内已无遗物。

（一）K51 下方崖墓

在 K51 下方左右、靠近路面有崖墓 4 座，从下往上、由右至左编号为 M1 至 M4，M1 单独处于右侧，M2 至 M4 处于左侧互邻。

M1：长方形双层龛门，内龛口略呈拱形，长方形平面。外龛门上方题刻两个横排楷书大字"□堂"（未列入题刻类统计与编号）。外龛高 117 厘米、宽 97 厘米、深 12 厘米，内龛高 104 厘米、宽 77 厘米、深 244 厘米（图 72）。

M2：外长方形内圆拱形双层龛门，内龛门左高右低，长方形平面。外龛高 114 厘米、宽 83 厘米、深 8 厘米，内龛高 102 厘米、宽 73 厘米、深 213 厘米。

M3：位于 M2 左侧，相邻，外长方形内尖拱形双层龛门，长方形平面。外龛高 106 厘米、宽 91 厘米、深 12 厘米，内龛高 95 厘米、宽 75 厘米、深 215 厘米。

M4：位于 M3 左侧，相邻，长方形双层龛门，规模较小，未完工。外龛高 67 厘米、宽 50 厘米、深 10 厘米，内龛高 50 厘米、宽 45 厘米、深 42 厘米。内有圆形凹槽，直径 30 厘米（图 73）。

（二）K54 下方崖墓

在 K54 下方崖壁开凿有 4 座互邻的崖墓，由右至左编号为 M5～M8。K54 位于 M7 正上方（图 74）。

M5：长方形双层龛门，顶部略呈拱形，长方形平面。外龛高 90 厘米、宽 93 厘米、深 18 厘

图 72　崖墓 M1　　　　　　　　　图 73　崖墓 M2～M4

米，内龛高75厘米、宽80厘米、深212厘米。

M6：长方形双层龛门，平顶，横式长方形平面。外龛高102厘米、宽80厘米、深20厘米，内龛高96厘米、宽77厘米、深70厘米。

M7：长方形双层龛门，平顶雕下凸圆形物（似藻井），左右后壁为弧形，半圆形平面。外龛高103厘米、宽97厘米、深17厘米，内龛高97厘米、宽83厘米、深83厘米。

M8：外长方形内圆拱形双层龛门，竖式长方形平面。外龛高95厘米、宽86厘米、深19厘米，内龛高80厘米、宽72厘米、深177厘米。

图74　崖墓M5～M8

四、单体造像

在千手观音龛像所在崖壁下方地面置放单体石造像54件，其中少量为崖壁上脱落的摩崖造像，大部分残缺不全，时代较晚。可辨题材有燃灯倚坐佛、跏趺坐佛、趺坐菩萨、趺坐比丘、地藏、牛王菩萨、武神、阎王、判官、二郎星君、侍童、雷公、灵官、牛头、马面、力士、道教立神等。

千手观音造像区右上方建有"石雕长廊"，内置造像11组，共29尊，其中既有佛教造像，又有道教造像，多为今人所造。

另在附近的"罗汉堂"内亦陈单体造像十八罗汉坐像，计18尊，亦多为今人所造。

因上述三处单体造像的年代较晚，多不属于摩崖龛像，故此处从略。

五、其他石刻

在千手观音区右前侧下方广场置有碑刻13通，属于古碑仅3通，即清乾隆二十八年"重修碑记"、道光三年碑（似为现代翻刻）、咸丰九年"万年灯"碑，其余均属于现代碑刻，大多为20世纪80年代所刻，多属功德捐助性质（"永世流芳""镌碑纪念"等）。

另在造像群下方20米处有一片区域为塔林，占地长约100米、宽约60米，现存有20余座石塔，均为舍利塔样式，见证了佛寺在玉蟾山的兴盛与世代绵延。

附记：先后参加玉蟾山田野调查工作的人员，主要有符永利、钦楚、钱学生、袁流洪、张婷、赵敏、王堂宽、高洁扬、王梦媛、袁娟、秦子怡、熊星宇等，调查得到了西华师范大学历史文化学院、泸县文物局、四川泸县宋代石刻博物馆、泸县文物保护中心等单位的大力支持，特此致谢！

附表一 玉蟾山摩崖造像简况表

龛号	旧编号	龛名	龛形	规模（高×宽-深）（单位：厘米）	造像内容	附龛或题刻	年代
K1	48	六臂观音龛	圆拱形龛	77×71-3～18	观音、善财、龙女3尊像	/	明
K2	47	观音善财龛	圆拱形龛	80×98-21	观音、善财2尊立像	/	明
K3	46	二佛并坐龛	圆拱形龛	79×97-16	二佛并坐2尊像	/	明
K4	44	大肚弥勒龛	长方形龛	126×125-20～50	大肚弥勒佛像1尊	T6：龛门额柱题刻楹联1副	明
K5	/	残像龛	尖拱形龛	62×44-18	造像不存，仅余背光、佛座	/	清
K6～K8	20	坐佛龛	3个圆形龛	-	跏趺坐佛3尊像	/	明
K9	22	菩萨龛	圆拱形龛	-	一菩萨一弟子2尊像	/	明
K10	21	一佛一弟子龛	圆拱形龛	-	一佛一弟子2尊立像	/	明
K11	19	千手观音龛	尖拱形龛	551×389-100	千手观音、弟子、力士及附龛立像共存8尊	附龛2个，编号K11-1、K11-2	明
K12～K14	17	坐佛龛	3个圆形龛	直径66、深13	跏趺坐佛3尊像	/	明
K15	18	坐佛龛	圆拱形龛	95×98-42	坐佛1尊像	/	明
K16	16	树下悟道龛	圆形龛	直径104、深23	释迦坐像1尊	/	明
K17～K19	25	坐佛龛	外长方形龛，内3个圆形龛	外：120×250-27 内：88×78-23	三身佛3尊像	4处题刻，编号T7-1～T7-4，为僧人普恭、真常、法真、普定施桩题名	明
K20	24	九龙浴太子龛	尖顶龛	98×73-9	太子立像1尊	/	明（正德四年？）
K21	23	摩利支天龛	长方形龛	231×161-61～70	摩利支天女像1尊	/	明
K22	23	六臂观音龛	圆拱形龛	203×126-36	六臂观音与二胁侍3尊像	/	明
K23	15	坐佛龛	外方内圆形双层龛	外：110×90-15 内：80×82-30	跏趺坐佛1尊像	/	明
K24	32	坐佛龛	尖拱形龛	110×76-22	跏趺坐佛1尊像	/	明
K25	31	西方三圣龛	圆拱形龛	88×116-13	一佛二菩萨3尊像	/	明
K26	30	一佛一弟子龛	圆形龛	88×103-24	一佛一弟子2尊像	/	明
K27	33	道教三官龛	长方形龛	70×70-11	三官立像3尊像	/	明
K28	34	供养人龛	圆拱形龛	53×43-9	一主一侍立像2尊	龛左上方开小龛，内雕小像	明

续表

龛号	旧编号	龛名	龛形	规模（高×宽-深）（单位：厘米）	造像内容	附龛或题刻	年代
K29	29	一佛二菩萨龛	圆拱形龛	119×164-19	一佛二菩萨立像3尊	/	明
K30	28	菩萨龛	圆形龛	直径72	菩萨坐像1尊	右侧与K29之间，有题刻3则，编号T8～T10	明
K31	26	六佛龛	不规则浅龛内6个椭圆形龛	77～79×74～76-17～19	跏趺坐佛像6尊	/	明
K32	26、27	三十五佛龛	35个圆形龛	直径57～60，深15～17	跏趺坐佛像35尊	6则题刻，编号T11-1～T11-6，内有宣德十年施桩题记	明
K33	37	西方三圣龛	长方形浅外龛，内雕3个圆形龛	K33-1：92×84-25；K33-2：80×82-17；K33-3：80×84-22	一佛二菩萨坐像3尊	K33-1右壁、右下方，题刻2则，编号T12、T13	明
K34	36	观音龛	圆拱形小龛	80×35-14	观音坐像1尊	/	明
K35	35	坐佛龛	圆形龛	直径80、深27	坐佛1尊像	/	明
K36	38	地藏十王龛	"凸"字形长方形龛	204×446-37	雕一地藏二弟子十王六鬼吏四鬼卒共23尊像，现存13尊	/	明
K37	40	阎王六道龛	近似拱形浅龛	115×225-30	阎王、鬼吏、鬼卒、亡灵共16尊像	题刻1则，编号T14	明
K38～K40	14	三佛龛	3个圆形龛	K38、K39：78-17 K40：81-15	跏趺坐佛3尊像	题刻4则，编号T16～T19	明
K41	13	单尊菩萨龛	圆拱形龛	78×96-16至26	菩萨坐像1尊	题刻1则，编号T20	明
K42	9、10	十八罗汉渡海龛	2个不规则长方形龛	K44-1：46至153×493-9至40 K44-2：119至138×297-15至24	观音、善财、罗汉、龙王、龙女、夜叉共23尊像	题刻21则，编号T21-1～T21-21，多为施主题名	清
K43	11	鱼篮观音龛	圆拱形龛	95×66-30	鱼篮观音立像1尊	/	明
K44	12	比丘龛	圆拱形龛	73×50-16	比丘坐像1尊	左侧1则题刻，编号T22	明
K45	8	数珠手观音龛	圆拱形龛	117×123-23	观音、善财2尊像	右侧1则题刻，编号T23	明
K46	7	坐佛龛	圆形龛	直径70	跏趺坐佛1尊像	/	明
K47	7	五菩萨龛	长方形外龛，内为5个小龛，2个圆拱形，3个圆形	外：78×318 K47-1：68×68；K47-2至K47-4：直径58；K47-5：74×66	菩萨坐像5尊	题刻1则，编号T24	明
K48	6	六臂观音龛	圆拱形龛	80×80-33	观音、善财、龙女3尊像	右侧题刻1则，编号T25	明

续表

龛号	旧编号	龛名	龛形	规模（高×宽-深）（单位：厘米）	造像内容	附龛或题刻	年代
K49	5	释迦说法龛	尖拱形龛	460×400-130	佛、弟子、菩萨、天王、天龙八部、飞天、力士、听法神众共56尊像	题刻3则，编号T30-1～T30-3	明
K50	4	单尊菩萨龛	圆拱形龛	-	半身菩萨像1尊	/	明
K51	3	西方净土变龛	方形龛	368×367-110	现存三圣、化生像、飞天、力士共15尊像	题刻4则，编号T32-1～T32-4，内有永乐二十二年题记	明
K52	2	高僧龛	圆拱形龛	67×50-19	跏趺坐僧人像1尊	/	明
K53		瘗穴	方形龛	60×49-60	瘗葬高僧舍利	/	明
K54	/	高僧龛	尖拱形双层龛	外：46×45-10 内：36×32-9	高僧半身像1尊	下方为4个崖墓（M5～M8）	清
K55	1	建文皇帝龛	不规则浅龛，2个圆拱形龛相连	507×300	一立佛一童子共2尊像	下方1则题刻，编号T34	明

附表二　玉蟾山碑刻题记简况表

编号	名称	规模（高×宽-深）（单位：厘米）	内容	年代
T1	风化题刻	54×48-2	已风化	不详
T2	风化题刻	-	已风化	不详
T3	"第一名山"题刻	60×153	第一名山	□□五年
T4	"人天别境"题刻	65×173	人天别境	明天启五年（1625年）
T5	"玉蟾"题刻	33×60	玉蟾	不详
T6	K4楹联	-	左右联"吞天地之灵气""吐宇宙之虹霓"，上联"乐乐长乐"	明
T7	施桩（妆）题刻（4则）	-	位于K17至K19所在外龛正壁下方，4则：T7-1内容为"奉佛施桩普恭"；T7-2内容为"奉佛施桩真常"；T7-3内容为"彭法真施"；T7-4内容为"奉佛施桩普定"	明
T8	重桩题刻	-	位于K30右侧，内容为"奉/佛舍财重桩/信女张氏五/孙善庆/"	明
T9	施桩题刻	-	位于T8下方，K30右侧，内容为"奉/□□刘舍乡（乡）同/□□□氏施桩/"	明
T10	重桩题刻	-	位于T9右侧，K29左侧上方，内容为"奉/佛捨财重桩信士刘伯刚/□缘人张氏男刘尚拱男张氏孙男刘堂/上侍严慈刘应原刘氏/正德二年六月吉日谨题/"	明
T11	K32题刻（6则）	-	K32龛内现存6则题记，位于各圆形龛之间或下方，分别编号T11-1～T11-6。内容主要有"南无……""……言□""……僧周亮师化寺□""南无那……""南无无忧……""宣德十年四月二十九/奉/佛捨财信士/李保施桩"	明

续表

编号	名称	规模（高 × 宽 - 深）（单位：厘米）	内容	年代
T12	K33 题刻	-	内容为"信女冷氏三幺姊施"	明
T13	风化题刻	-	位于 K33-1 右下方，文字已风化	明
T14	K37 题刻	-	内容为"信善 / 匡应相 / 同缘 / 信女王氏 /"	明
T15	"穿山峡"题刻	52 × 110	位于穿山峡区最东侧岩石上、K38 正上方，内容为"穿山峡"	现代
T16	雷应施财题刻	字径 3 × 3 字距 0.5	位于 K38 右龛壁，内容为"奉 / 佛信士雷应施财 /"	明
T17	风化题刻	22 × 11.5	位于 K38 右侧，内容风化	明
T18	罗氏施财题刻	字径 3 × 4 字距 0.5	位于 K40 左侧，原为竖长方形，被 K40 打破，现存可辨内容为"奉佛信士罗立□施□□ /……"	明
T19	莲叶盖顶题刻	29 × 18	位于 T18 左侧，可辨内容为"清信奉 / 王…… / □州道先…… /…… /……/"	明
T20	K41 题刻	-	内容为"□□捨（舍）信士李□"	明
T21	K42 题刻（21 则）	-	共发现 21 则题刻 龛内 20 处，编号为 T21-1 至 T21-20，其中 T21-1 至 T21-12 位于 K42-1 内，T21-13 至 T21-20 位于 K42-2 内。多刻于造像旁，为"某某施"字样。可辨内容主要有"□氏施""戴氏、张氏施""奉佛…… /…… /…… / 杨氏三□ / 官（观）音像""养信士□敬""信女王氏七 / 施财桩""李恕施""伍氏""王氏""傅文先施""冯茂瑞施""刘必才""余仲则施""黄大邦施""李连施""沈氏妙真施""李氏妙性施""刘氏妙容施""妙圆施""无相施"等 龛外 1 处，编号 T21-21，使用另外石条镌刻后镶嵌在 K42-2 左侧石壁上。行书一列，内容为"十八罗汉飘海图"（现代）	明
T22	风化题刻	-	位于 K44 比丘龛左侧，竖长方形，内容已风化	明
T23	摩崖碑刻	-	位于 K45 右侧，莲叶顶，竖长方形碑身，仰莲座，文字已风化（现代墨书题写"严禁手摸"楷书四字）	明
T24	刘某施财题刻	-	位于 K47-3（骑牛菩萨）与 K47-4（文殊）两圆之间的外龛壁面，内容为"□□□舍信士刘……丘……"	明
T25	摩崖碑刻	-	位于 K48 右侧，竖长方形碑身，文字已风化	明
T26	"飞来石"题刻	-	位于 K46 左上方一块中部悬空的岩石上，内容为"飞来石"	明
T27	阿弥陀佛题刻	38 × 7 字径 5.5 × 5.5 字距 2	位于 T26"飞来石"题刻所在岩石左下方，内容为"南无阿弥陀佛"	明
T28	黄庭坚"玉蟾"题刻	-	位于"飞来石"题刻所在岩石左侧，内容为"玉蟾"二字，题款"黄山谷"	明

续表

编号	名称	规模（高×宽-深）（单位：厘米）	内容	年代
T29	光时亨题刻	-	位于K46正对面崖壁上，草书4列，内容为"寻幽须有约，草/屋苦难潜。愿步/黄山谷，还思向/玉蟾/"，题款为"光时亨"，下缀二章	明
T30	K49题刻（3则）	-	共发现题刻3则 T30-1：竖刻13列，可辨内容为"……清信奉/……头首/万琛万珍万琼陈让□□同/施财善士陈凯李元/熊卫荣□□淦樊致忠杨妙珍陈清海/陈碧海□□广熊思贤王茂德徐泰/蒲世才……刘福陈信/张琮……刘□礼刘芳/朱华□义熊思义熊思纪熊思鉴/熊思□□仲儦熊仲僆熊□杨国珏/陈鼎陈浩陈升陈立陈昂/曾彦□□□赵应万曦张谦/曾元□人李原祥并尺随缘/" T30-2：竖刻11列，可辨内容为"……/……八年夏氏妙清徐氏丘/……□氏三□氏五宋氏四赵氏二/……朱氏□张氏六张氏一/……七陈氏□郭氏三/……妙相一堂永为供□□/……户户康宁福玉增□/……吉祥如意者/……谨题/……/" T30-3，内容为"讲经说法图"（现代）	明
T31	曾玙"金鳌峰"题刻	-	位于K51正上方，内容为"金鳌峰"三个大字，正下方壁面有约21列小字题刻，风化严重，可辨内容为"……五公上/庙无任□□如同□贡□上□/之士□□□各……少岷/□公等……春二月四日/□□人上海……如涨□光/亡□□□……西方□西□/□转蜀南/襄……流□空明/四□□□足□□漂海……谷人泪见……/生王因浪□□中突兀不/相使君……幸得□仙/□九今人伙心意灵雨同登最上峯/□□为写金鳌峰曾少岷和□□/"	明嘉靖十八年（1539年）
T32	K51题刻（4则）	T32-1：39×30 T32-2：40×30	共发现4则题刻 T32-1：楷书十一列，可辨内容为"奉/佛信士张□林……张应先/……□王天禄张□□张□□张仲德杨晨/……方梁世英张□□梁世中王虎/……张贵先傅应生傅文□傅文立傅/……罗宗……黄漆贵……谢之在周必有……应/罗……罗得宗/周……陈女义……□□蓝□……张□闻志通/" T32-2：楷书八列，可辨内容为"奉/佛信士□□王氏□□□张英苟/张仲其/苟禄张仲□□□□□□□苟□周□/苟□/张□谢□照谢养/信女林妙安□/张氏一谢氏二张氏九/……杨氏二梁氏□谢氏二傅幺姑李氏二/张氏□罗氏二□氏三梁氏一张氏四杨氏三/永乐二十二年月/" T32-3：内容已风化 T32-4：内容为"西方三圣"（现代）	明
T33	建文帝诗刻	-	位于K54右上方崖壁，草书六列，内容为"远自金陵遍九州，云龙山住暗藏修。苍/生未逢明主，南国空留作楚囚。北雁/飞来无信息，黑云遮处漫心头。江山社/稷今何在，万里烟波无尽愁。/明建文帝作。/甲子年冬王文忢书/"	明
T34	"建文皇帝像"题刻	-	位于K55正下方，内容为"建文皇帝像"	清

普陀山佛教摩崖造像的调查与发现

周 兴 刘 娟

内容摘要：根据首次全面的田野调查，普陀山佛教摩崖造像现存有 5 处共 12 龛；参考旧照片确定、已遭破坏或新发现等造像龛有 4 处共 14 龛，总计有 26 龛。造像以观音菩萨为主，另外尚有弥勒佛、西方三圣及地藏菩萨等，位于原进山朝拜的香道沿途或据传的观音示现地。判断造作佛龛的目的应该是作为祈求功德、顶礼还愿的膜拜对象，周围多数还伴有摩崖题刻。结合最新发现的纪年题刻表明，造像年代约为明万历中期（1573～1620 年）至清末，最早不会超过嘉靖中期（1522～1566 年）。这些像龛体现了造像者的宗教信仰，促进了佛教理念的传播，同时也是能够反映宋元时期以后中国佛教石窟造像走向衰弱的一个缩影。

关键词：普陀山 摩崖造像 调查 明清时期 万历

Investigation and Discoveries of Buddhist Cliff Carvings in Putuo Mountain

Zhou Xing Liu Juan

Abstract: Based on the first comprehensive field investigation as reported, there are currently 12 niches of Buddhist cliff carvings in Putuo Mountain, located in 5 different sites. Based on old photographs, there are additionally 14 niches in 4 sites that have been identified, damaged, or newly discovered, totaling 26 niches in the mountain. The carvings are predominantly of Avalokitesvara Bodhisattva, with others including Maitreya Buddha, the Three Saints of the Western Paradise, and Ksitigarbha Bodhisattva. They are located along the original mountain path for pilgrimage or at places where Avalokitesvara Bodhisattva is said to have appeared. The purpose of creating these niches was to serve as objects of worship for seeking merit and fulfilling vows, and most of them are accompanied by inscriptions. Based on the newly discovered dated inscriptions, The date of the carvings is approximately from the mid-Wanli period (1573-1620) of the Ming Dynasty to the late

---

作者：周兴，浙江舟山，316000，舟山市文物保护考古所；
　　　刘娟，江苏徐州，221000，徐州市文物保护和考古研究所。

Qing Dynasty, with the earliest not exceeding the mid-Jiajing period (1522-1566). These niches reflect the religious beliefs of the creators, promoted the dissemination of Buddhist teachings, and are also a sign reflecting the decline of Chinese Buddhist grotto carvings after the Song and Yuan dynasties.

Key words: Putuo Mountain, Cliff carvings, investigation, Ming and Qing Dynasties, Wanli Reign

浙江舟山普陀山为佛教信众心目中的观音菩萨道场，《宣和奉使高丽图经》认为宝陀院的创建时间早至南朝萧梁时期[1]，但历代山志通常以五代梁贞明二年（916年）日本僧人惠锷首创"观音院"为建寺开始，已被大多数学者接受。至明清两代在帝王、僧众和文人香客的共同参与下，这座海岛声名远播。除留下了众多的佛寺建筑、摩崖石刻及灵异传说之外，还保留有少量明清时期的窟龛造像。据笔者了解，相对于前三者，窟龛造像尚缺乏系统的梳理，也还没有做过全面、专题的调查测绘等工作。

根据2020年12月《浙江省石窟寺专项调查工作实施方案》中的《浙江省石窟寺（含摩崖造像）名录》，其中舟山仅罗列有三处相关石窟造像，即明清时期的仙人井佛龛造像、潮音洞观音造像和珠宝岭北摩崖石刻[2]。但通过笔者工作中的查勘寻访，除以上三处外，还有两处较小规模的佛龛造像，在早年照片中还能够发现已经被人为凿毁的造像的相关线索，为全面了解普陀山全山摩崖造像题材、像龛尺寸及数量情况提供了资料方面的佐证，同时也具有深入研究的必要。

一、现存造像龛

通过调查可知，普陀山上现存的造像窟龛多以小型龛为主，并且分布较散乱，不成规模和体系，远远达不到中国其他地区石窟寺研究的等级要求[3]。但它们又是反映当时佛教信仰不可或缺的物质载体，是普陀山在明清时期佛教兴盛的直接反映。因此本文以摩崖造像为名，抛砖引玉，希望引起更多学者的关注与重视。

（一）仙人井附近

造像龛所在位置为东经122°23′9.92″、北纬29°59′26.52″，位于珠宝岭狮象岩南侧崖面，雕刻有2龛佛像（图1）。西侧龛编号K1，为观音菩萨形象，龛近方形，朝南，方向190°。通高73厘米、

---

[1]（宋）徐兢撰：《宣和奉使高丽图经》卷三十四，《全宋笔记》第三编（八），郑州：大象出版社，2008年，第132页。

[2] 名录中珠宝岭北摩崖石刻年代被确定在民国七年（1918年），是根据同崖面"丁巳仲夏"题刻年代判断，并不能据此认定为窟龛造像的年代。

[3] 宿白：《中国石窟寺考古》，《中国石窟寺研究》，北京：文物出版社，1996年，第16页。

宽73厘米、进深34厘米；造像高60厘米、最宽30厘米、进深18厘米，菩萨头戴天冠、着天衣，结跏趺坐于仰莲之上，双手置于腹部，傅彩尚存。

K2位于其东侧，拱形龛，为弥勒佛形象，因位置偏高无法测量尺寸，较K1略大。大肚弥勒呈半跏游戏坐，袒胸露乳，面带微笑，左腿盘起，右腿支撑，左手置于左腿上、右手持数珠置于右膝，体有傅彩。动作造型与杭州烟霞洞中明代之后重塑的"庆友尊者像"造型类似。龛底部前方还凿出沟槽及两个竖向长方形孔洞，推测原设有供台。

以上两龛均依山体斜势略凿出龛形，两侧及顶部搭建侧板与龛顶，K2顶部还雕有侧脊和飞檐，为造像起到遮风挡雨的作用。

该处造像两侧还有多处摩崖题刻，即三普登录点"仙人井摩崖石刻"，但数量仅计3款，统计未全。此处题刻实为6处，自东向西依次为篆书"共泛慈航"，下款为"姑苏酒泉姚文荣题"，高380厘米、宽120厘米[4]；"敦本兴让"，为一长石嵌于山崖间，上方有"上谕"，下款为"张□□敬书"，长160厘米、宽75厘米；"大士垂恩"，上款为"秉诚进香官王世乾敬题"，下款为"崇祯八年三月之望"，高145厘米、宽85厘米；"山川具胜"，高170厘米、宽53厘米，下款仅能辨别"金吾使范"，其余漫漶不清；"天光云影"，高390厘米、宽120厘米，

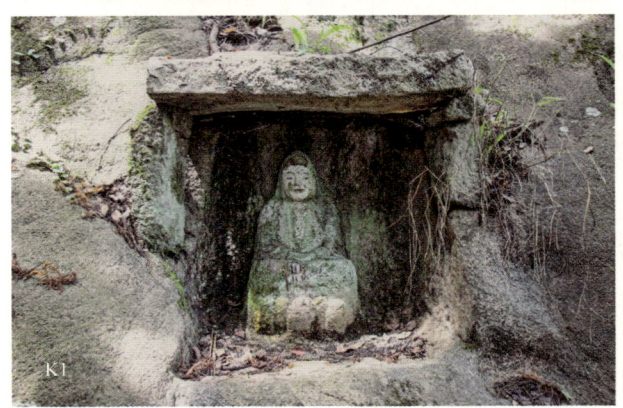

图1 仙人井佛龛造像（西→东）

下款为"琅邪王良相题"；"金绳觉路"，楷书，上款不清，下款为"九疑山人李文华题"，宽300厘米、高120厘米。其中年代最早的为崇祯八年（1635年）题写的"大士垂恩"。

（二）潮音洞

5铺造像均为拱形龛，笔者根据位置重新编号排列，除K1外，其余龛均朝向东北方向的大海（图2）。K1坐标东经122°23′24.37″、北纬29°58′48.66″，位于大士桥西侧巨石上，朝北，方

---

[4] 此处尺寸为前期所作摩崖石刻的拓片尺寸，下同。

图 2　潮音洞造像龛

向 13°。龛高 45 厘米、宽 40 厘米、进深 15 厘米，菩萨高 38 厘米、最宽 23 厘米，头部比例较大，高 15.5 厘米。菩萨头戴化佛冠，右臂屈伸，手持数珠，站立于雕花栏杆之后，栏杆雕出有两个壶门。

K2 与 K3 均位于潮音洞洞顶岩石上，旁边尚有下款风化严重的题刻"现身处"，长 92 厘米、宽 70 厘米。K2 坐标东经 122°23′24.58″、北纬 29°58′48.87″，方向 55°。龛高 36 厘米、宽 32 厘米、进深 10 厘米，菩萨高 32 厘米、最宽 23 厘米。菩萨结跏趺坐，头戴天冠，着天衣，双手置于腹部，龛上下各刻出阶梯状横槽。

K3 较 K2 略靠西，石质有异，下方经水泥粘接，当是别处搬来。坐标东经 122°23′24.89″、北纬 29°58′48.68″，方向 47°。高约 40 厘米、宽 37 厘米、进深约 8 厘米，菩萨高 39 厘米、最宽约 28 厘米。菩萨呈自在坐，头戴天冠，着天衣，左手撑于身侧，右手放于右膝上。

K4与K5更偏东，位于道路两侧，K4临近洞口崖壁。坐标东经122°23′24.64″、北纬29°58′48.94″，方向39°。高34厘米、宽29厘米、进深9厘米，菩萨高31厘米、最宽17厘米。造型与K1接近，与K1相比菩萨右臂广袖风化，数珠更明显且栏杆无壸门造型。

K5坐标东经122°23′24.68″、北纬29°58′48.89″，方向34°。高36厘米、宽31厘米、进深6厘米，菩萨高32厘米、最宽20厘米。菩萨面相端庄，头戴天冠，着天衣，呈自在坐，双手抱左膝，露出左脚。

关于潮音洞处的几铺观音造像，曾有本地研究者进行过论述，并定名为大慈观音、圣观音、水月观音、六时观音和青颈观音等不同名称，并认为这几尊造像年代在明代嘉靖隆庆万历年间，约当16世纪[5]；更有提出可能为元代石刻者[6]。

（三）珠宝岭北

造像龛所在位置为东经122°23′13.51″、北纬29°59′29.88″，位于朝向东的崖面，雕刻有2龛佛像（图3-1）。南侧K1朝向东南，方向99°，为一主尊二胁侍形象，龛呈欢门形，高102厘米、宽106厘米、进深16厘米，主尊通高91厘米、最宽40厘米，莲座高28厘米，主尊大耳，身着右衽广袖长袍，端坐于三层仰莲座之上；呈半跏趺坐，双手置于腹部，左脚下垂，足下踩一只卧兽。主尊左侧弟子高60厘米，右手拄一如意云头纹杖，左手置于腹部。右侧弟子高58厘米，双手拱于胸前，捧一半圆形物。三尊像头部均遭破坏，两位胁侍头部均呈3/4侧向扭头。

K1北侧相距74厘米的K2因早期崖体塌陷，仅存主尊莲座一角及右侧弟子，推测原也为一主

图3 珠宝岭北摩崖造像
1.（南→北） 2.（东→西）

---

[5] 叶其跃：《普陀山潮音洞略考》，《舟山博物馆论文集》，北京：团结出版社，2019年，第132～136页。
[6] 战国辉：《海山勒石——浙江舟山石刻题记研究》，秦皇岛：燕山大学出版社，2019年，第25页。

图 4　珠宝岭北摩崖造像 K1 上方题刻拓片

尊二胁侍的三铺造像。现龛残高 103 厘米、残宽 43 厘米、进深 20 厘米；弟子高 63 厘米；莲座高 17 厘米。弟子似头戴帽或巾，双手拱于胸前。

与该处造像临近的北侧崖壁相距约 8 米处尚开有一长方形龛，编号为 K3。朝东北，方向 27°。高 96 厘米、宽 61 厘米、进深 10～21 厘米，佛像高 82 厘米、最宽 39 厘米。龛内为一站立的佛陀形象，表面凿痕明显，推测为半成品，根据光头、姿势判断，或为地藏菩萨形象（图 3-2）。

K1 正上方最上为"四生九有，八难三途，阿弥陀佛"，下款为"白云洞顾修刻"，长 156 厘米、宽 160 厘米；向下依次为梵文六字真言、"唵嘛呢叭咪吽"和"现在佛"三行题刻，宽 130 厘米、高 88 厘米（图 4）。向南为"中外"，直接刻在"□□王梦丞题"之上，长 124 厘米、宽 100 厘米；"崇简习勤"，上款为"民国二十一年夏"，下款为"陇右马福祥题"，题刻长 250 厘米、宽 120 厘米；"丁巳仲夏，黟何修、郑士贤、王文骊同游普陀听潮于此"，高 124 厘米、宽 75 厘米。

所刻的"现在佛"，梵文、汉译六字真言可能晚于造像年代，也并非标识的造像身份。六字真言又称"观世音咒"，梵文音译后有多种不同汉字，被认为是流行最广、知名度最高的咒语[7]。

（四）说法台

位于朝向西向的崖面，西南距"磐陀石"约 20 米。像龛位置东经 122°22′21.13″、北纬 29°59′8.56″，方向 260°。龛近梯形，上部凿成向下倾斜的内斜面顶，上刻"正法明如来"。龛高 66 厘米、宽 87 厘米、进深 14 厘米。龛内为一主尊二胁侍造型，三像头部凿毁后，均为后期重塑，并被涂金：正中主尊现高 49 厘米、最宽 22 厘米，着广袖长袍结跏趺坐于仰莲之上，双手置于腹部；

---

[7] 湖北省文物考古研究所：《张懋夫妇合葬墓》，北京：科学出版社，2007 年，第 87 页。

图 5　说法台造像龛（北→南）

两侧胁侍高 28～30 厘米，主尊左侧胁侍双手合十置于胸前，右侧胁侍双手拢于胸前，底部略低。龛上方凿有长 103 厘米的横槽，推测原有龛顶。根据题刻知原主尊为观世音菩萨[8]（图 5）。

同崖面自南至北依次刻有"佛说因缘"，上款"丙辰斋月谷旦"，下款"钱塘少钦孙肇麟题"，字径 38 厘米，通高 230 厘米、宽 100 厘米；"法台灵迹"，下款为"……临海秦懋钧书"，字径 55 厘米，通长 250 厘米、宽 90 厘米。下方叠压有"万历三十二年三月初二日直隶镇江……"小字题刻；"灵台镇国万万年"，下部刻仰莲台座，尺寸不详；"说法台"，下款为"……驾部郎□陶允直书"，长 197 厘米、宽 165 厘米。被凿毁的还有"性海灵台"等几处[9]。

图 6　妙庄严路造像龛（北→南）

（五）妙庄严路

位于妙庄严路旁、距三圣堂外墙 6.1 米，仅一龛。东经 122°22′56.29″、北纬 29°59′5.39″，面朝西，方向 278°。为欢门形龛，高 42 厘米、宽 32 厘米、进深 3～3.5 厘米，正中观音结跏趺坐于重瓣仰莲之上，双手置于腹部，上身及头部曾遭破坏，像残高 30 厘米、最宽 23 厘米、进深 7 厘米（图 6）。造型为明清时期至现代常见的端坐相[10]。

---

[8] 据经文：《千手眼大悲经》云：'此菩萨不可思议威神之力，已于过去无量劫中已作佛，竟号正法明如来，大悲愿力，安乐众生，故现作菩萨。'"见（隋）智说、（宋）知礼述：《观音经玄义记会本》第一，《续藏经》第 35 册，第 28 页。

[9] 普陀山风景名胜区管理委员会编：《普陀山志》，杭州：浙江古籍出版社，2016 年，第 136 页。

[10] 相同造型的观音造像可参台北故宫博物院编辑委员会：《历代金铜佛造像特展图录》，台北：故宫博物院，1996 年，第 84、85 页。

二、已毁像龛

从旧照片中可发现，普陀山上原有多处信徒所开佛龛造像。笔者此前在文章中曾有论及，但个别位置推断有误[11]。经过多次实地勘查，现已能全部确定具体位置。但因造像已被凿毁，题材仅能根据旧照片粗略判断，无法确指，但可以作为曾经普陀山存在造像龛的证据，分述如下。

（一）旧普陀医院

1907～1908年德国柏石曼拍摄的照片，可见一座石砌斜坡边有多龛造像，均呈结跏趺坐状，略小的造像位于大龛之左上方，似有傅彩；造像下横书"澄波浴曙"四字。在这两龛造像左侧还有一铺造像龛，尺寸、形象均不能确认。坡顶有垒砌的石墙及砖砌粉墙[12]。经与1930年《普陀胜迹》中留存的照片对比，可知该处为民国时期的普陀医院。根据造像头戴天冠判断，下方佛龛内形象为观音菩萨，上方似为佛（图7）。

现该处位置经过最新调查已确定，坐标东经122°23′7.59″、北纬29°59′23.5″。民国时期照片所见的东侧像龛全部被凿毁，有4处像龛，均为长方形龛，上部都刻有沟槽，原设龛顶，编号为K1～K4（图8-1）。K1下方的"澄波浴曙"已被改刻为"南无观世音菩萨，一九八四年"；另外在西侧岩石新发现3处像龛，均朝南，拱形或长方形龛，编号为K5～K7（图8-3）。以上仅K5造像完整。

图7 民国时期普陀医院旁佛龛造像

（分别采自 Ernst Boerschmann. *Die Baukunst und religiöse Kultur der Chinesen*. P'u T'o Shan；
沈弘、顾爱定主编：《舟山地区晚清和民国时期历史图鉴》）

---

[11] 周兴：《旧影潮音话普陀——20世纪前期外国人镜头中的普陀山》，《浙江国际海运职业技术学院学报》2021年第4期。

[12] Ernst Boerschmann, *Die Baukunst und religiöse Kultur der Chinesen*. P'u T'o Shan, Vol.01. Berlin: Druck und Verlag Von Georg Reimer, 1911, p193；中译本见〔德〕恩斯特·柏石曼著，史良、张希晅译：《普陀山建筑艺术与宗教文化》，北京：商务印书馆，2017年，第279页，图201。

K1朝东，方向105°，高100厘米、宽108厘米、进深14厘米，残痕高72厘米、宽34厘米。斜内顶，斜面刻有"敕建普陀禅寺灵感观世音菩萨"；龛内造像两侧题刻"万历三十五年孟夏吉旦／……"等。

K2方向100°，高48厘米、宽51厘米、进深10厘米，残痕高40厘米。以上两龛上部两侧各有一长方形浅洞，推测可能是为插入支撑龛顶的石头支柱所凿。

K3方向88°，高48厘米、宽107厘米、进深7厘米，原有三尊像，主尊残痕高33厘米、宽19厘米。上方刻有"西方三圣"，可知原雕刻的为阿弥陀佛、观音菩萨和大势至菩萨三尊。

K4位于略北部的另一岩石上，方向107°，高50厘米、宽40厘米、进深17厘米，因被填充水泥，残痕不详（图8-2）。

K5方向167°，高34厘米、宽27厘米、进深17厘米，像高25厘米、宽18厘米、进深10厘米。像为僧人形象，结跏趺坐，双手拢于腹部，后期被傅红、黑色彩。

图8 民国时期普陀医院造像龛现状

1. 全景及东侧造像龛（西→东）（南→北） 2. K4（南→北） 3. 西侧新发现造像龛（西→东）

K6方向176°，高38厘米、宽32厘米、进深10厘米，残痕高29厘米、宽15厘米。

K7为长方形龛，方向169°，高34厘米、宽44厘米、进深9厘米，破坏严重，残痕不清。

经查，普陀医院位于法华洞下，于民国三年（1914年）设立，为锡麟堂了余捐助其祥篷基址而建，中途停止后在民国十一年又重新恢复开办[13]。

（二）玉堂街东麓

原之江大学校长费佩德1920年的旧照中，左上方有两龛佛像并列，佛龛均为欢门式。较大一龛主尊结跏趺坐，似戴冠，两侧各有一站立胁侍，推测为一佛二弟子题材；左侧佛龛内仅一身，为坐像，题材不清。佛龛旁从上至下还有"金莲□""流云渐日""海山第一""是心是佛""大地众生成佛"等众多摩崖题刻[14]。

该处石刻经笔者调查，确切位置位于上述珠宝岭北摩崖造像北向，坐标东经122°23′13.51″、北纬29°59′29.88″，仍然位于几宝岭通往法雨寺的玉堂街沿途。现所有造像及题刻因历史上人为破坏、修路炸石等原因已无存，右侧已填平为柏油车道。造像龛仅存两龛外形，均为欢门形，朝东南，方向142°。经测量，K1较小，高48厘米、宽45厘米、进深11厘米，残存痕迹高40厘米、最宽22厘米。上方刻有"玉堂大立"四字。

K2位于K1东侧，相距30厘米。龛高76厘米、宽82厘米、进深20厘米，主尊残痕高73厘米、最宽33厘米，胁侍残高40～42厘米。龛左侧刻有几行题刻，可辨认者为"府□县养□／万历□□三次"。上方有沟槽，长105厘米（图9）。

图9 玉堂街东麓造像龛（西南→东北）
（左采自沈弘、顾爱定主编：《舟山地区晚清和民国时期历史图鉴》；右自摄）

---

[13]（民国）王亨彦：《普陀洛迦新志》卷七，《普陀山历代山志》，杭州：浙江古籍出版社，2014年，第1663页。

[14] 此处石面被铲后，特殊年代还曾刻过"保卫祖国""下定决心，不怕牺牲，排除万难，去争取胜利"等，后又再次被铲去。见普陀山风景名胜区管理委员会编：《普陀山志》，杭州：浙江古籍出版社，2016年，第241页。

（三）珠宝岭中段

柏石曼还曾拍有一幅两龛并排开凿的照片，画面左侧佛龛内似雕有一铺三身造像，主尊左侧胁侍作双手合十状，依稀可辨为童子模样。龛前有石条垒叠的石供台，左右、上方还嵌有护板；其左上方一龛，仅可见一尊造像，同样嵌有护板和龛檐。因照片较模糊，造像题材不清。

经笔者对比崖体形状等，发现照片拍摄于珠宝岭中段，与原小路相距 5 米左右。位于珠宝岭北摩崖石刻西南方位，该处像龛坐标为东经 122°23′13.51″、北纬 29°59′29.87″，雕刻于面朝东的崖面，护板与造像已不存，龛外形同样为欢门形。K1 高 94 厘米、宽 130 厘米、进深 26 厘米，主尊造像残痕高 85 厘米、最宽 45 厘米，两侧胁侍上部破坏严重，无法测量残高。

K2 位于 K1 西北侧，相距 70 厘米。方向 90°，高 90 厘米、宽 90 厘米、进深 36 厘米，造像残痕高 87 厘米、最宽 53 厘米（图 10）。

（四）仙人井西北

位于上述仙人井造像龛的西北方向，距余秋雨所题"仙人井"石约 15 米。刻于东向崖面上，坐标东经 122°27′7.46″、北纬 29°59′22.01″，已经全被凿毁，原刻内容不详。根据尚存痕迹，统计曾有 3 龛及多处摩崖题刻，除 K2 外其余两龛均为长方形。从南至北编号，K1 方向 105°，高 78 厘米、宽 77 厘米、进深 15 厘米，残存痕迹高 70 厘米、最宽 38 厘米。龛内造像两侧残存题记，不易辨认；龛上方有沟槽，长 96 厘米、宽 70 厘米。

K2 方向 98°，为扁圆形龛，最大径 51 厘米、高 39 厘米、进深 24 厘米，底面平整，已完全无造像痕迹。在其下方有方形题刻，风化严重，字迹无法辨认。

K3 方向 95°，高 101 厘米、宽 73 厘米、进深 21 厘米，残存痕迹高 93 厘米、最宽 50 厘米，龛外左侧和上部原有题刻，并有多处横向圆孔。佛像带头光，为普陀山目前发现的唯一带头光的造像龛（图 11）。

图 10　珠宝岭中段造像龛（南→北）

（左采自 Ernst Boerschmann. *Die Baukunst und religiöse Kultur der Chinesen*. P'u T'o Shan；右自摄）

图 11　仙人井西北造像龛（南→北）

三、相关问题探讨

众所周知，印度早期佛教传播中是以佛足迹、狮子及浮图等表现佛的形象，后期随着教义的发展和大、小乘佛教的分歧，大乘佛教开始造作佛、菩萨等形象，即后来东晋译经指出的"佛灭度后现前无佛，当观佛像"[15]。佛教也因此获得"像教"的称呼。佛教经典《佛说造立形象福报经》记载，作佛形象者可得，其后世世所生之处，眼目净洁、面貌端正，无有诸恶身体具足等诸般福佑功德[16]；其他"若复有人能于我法未灭，尽来造佛像者，于弥勒初会皆得解脱。……能令其人速致成佛"[17]。翻译较早、流传较广的《法华经》中也早已指出"若人为佛故，建立诸形像，刻雕成众相，皆已成佛道"[18]，这也是后世进行绘塑、造作佛像的原因。

因此为了追求自己及家庭成员过去、现在、未来三世，已亡父母亲眷的功德、冥福等，古代多有开窟、塑像、造塔、立碑者，留下了许多与佛教信仰相关的历史遗物。而无论是画像、塑像还是雕刻偶像，严格意义上来说还需要遵循一定的度量规范，即《造像量度经》中所要求者[19]，但通常许多信徒开凿的造像都不可能全部遵守法度，也就造成了一佛千面的现象。

---

[15]（东晋）佛陀跋陀罗译：《佛说观佛三昧海经》卷九，《大正藏》第 15 册，第 690 页。

[16]（东晋）佚名译：《佛说造立形像福报经》第一，《大正藏》第 16 册，第 789 页。

[17]（唐）提云般若译：《佛说大乘造像功德经》第一，《大正藏》第 16 册，第 791 页。

[18]（后秦）鸠摩罗什译：《妙法莲华经》第一，《大正藏》第 9 册，第 8 页。

[19]（清）工布查布译：《造像量度经》，《续藏经》第一册。

（一）分布规律

通过上文论述，可发现普陀山上的造像窟龛基本为沿路或拜山香道旁，并且尺寸、规模均较小，因此当为供沿途香客和信徒进行瞻仰、礼拜的宗教偶像，开凿的动机可能是累积功德、求神还愿等较为朴素的心理追求，这与通常造像位于大道通衢，以感化来往行人、有利于弘扬佛法的观点相符[20]，只不过是位于海上小岛的"通衢"。

玉堂街和妙庄严路均为明代晚期所铺砌，其他像龛则在传闻的观音示现地。根据万历三十五年（1607年）周应宾《重修普陀山志》："镇海寺（笔者按，即今法雨寺）僧如珂募瓷石道，众皆德之，会稽陶望龄题曰'玉堂街'。"[21]又民国《普陀洛迦新志》中"玉堂：名如珂，嵊县人，大智徒。为镇海寺协理。修砌几宝岭至镇海寺路，五里许。因名其路曰玉堂街，示不忘也"[22]，知玉堂街为明代万历年间修砌，原为小道，僧人如珂募缘修为石道，现部分已改道并被柏油路截断，在德国人柏石曼所拍旧照片中还可看到当时玉堂街的情形[23]。

妙庄严路则起自短姑道头，达于普济寺，由白华庵庵主朗彻主持修建。它的修筑"经始于天启丁卯，落成于崇祯庚午"[24]，历时三年完成，董其昌、陈继儒撰有碑石文字。

说法台石相传为观音大士说法处[25]；潮音洞为普陀山上最为著名的观音示现之所，现今位置可能经过改换。因为据宋代赵彦卫《云麓漫钞》对其方位的记载与今有异[26]，且元代《山志》中记载当时崖洞已经崩废[27]。因此推测是元代以后新的潮音洞雕刻了菩萨造像。这两处造像的目的应该是以再现"观音多现于洞中，或于岩上及山峰，变化不一，甚著灵验"[28]的场面。

同样是传统香道，光绪末年修筑的从法雨寺到慧济寺的香云古道上，沿途未发现造像分布。佛顶山上的慧济寺发展时间较晚，作为清代乾隆晚期才兴起的寺庙，至光绪年间方始与其他两寺鼎足[29]。这也从另一个方面证实了下文对造像佛龛年代的大致判断，即明代晚期到清晚期。

---

[20] 林圣智：《由墓阙到浮图——四川绵阳平杨府君阙研究》，《艺术史中的汉晋与唐宋之变》，北京：北京大学出版社，2016年，第148页。

[21]（明）周应宾纂辑：《重修普陀山志》卷二，《普陀山历代山志》，杭州：浙江古籍出版社，2014年，第141页。

[22]（民国）王亨彦：《普陀洛迦新志》卷六，《普陀山历代山志》，杭州：浙江古籍出版社，2014年，第1619页。

[23]〔德〕恩斯特·柏石曼著，史良、张希昍译：《普陀山建筑艺术与宗教文化》，北京：商务印书馆，2017年，第40、41页，插图6-1。

[24]（清）裘琏撰：《南海普陀山志》卷十一，《普陀山历代山志》，杭州：浙江古籍出版社，2014年，第391页。

[25] 方长生主编：《普陀山志》，上海：上海书店出版社，1995年，第53页。

[26]（宋）赵彦卫撰，傅根清点校：《云麓漫钞》卷二，北京：中华书局，1996年，第29页。

[27]（元）盛熙明：《补陀洛迦山志》兴建沿革品第四，《普陀山历代山志》，杭州：浙江古籍出版社，2014年，第6页。

[28]（宋）赵彦卫撰，傅根清点校：《云麓漫钞》卷二，北京：中华书局，1996年，第30页。

[29]（民国）尘空法师编述：《普陀山小志》，《普陀山历代山志》，杭州：浙江古籍出版社，2014年，第1768页。

明清时期，江南地区除杭州上天竺寺"西湖香市"外，受到观音香汛吸引的还有沿大运河南下、从南北两个方向渡海来者约四条路线，普陀山的辐射虽然可以说是全国范围的，但香客更多的是以长三角及东南沿海一带居多[30]。近代《亚东印画辑》日本昭和五年（1930 年）5月所拍摄的照片中可见民国时期妇女信众拜山的盛况[31]（图 12）。这些沿路的造像就成为了香客膜拜、祈祷的对象。至于主持开凿的功德主或群体，因未发现明确的发愿文或造像记，在

图 12 《亚东印画辑》"普陀的山道"

山志中也未见描述，加之所开凿之造像艺术性较为欠缺，推测应是少数僧人或信徒的自发行为，不具有组织性。

（二）造像大致年代

纵观中国佛教石窟开凿历史，"约始于 3 世纪，盛于 5～8 世纪，最晚的可到 16 世纪"[32]。宋元以后石窟雕凿开始衰弱，明清偶有开凿，但思想性、艺术性等已与前代不能相提并论。而在研究普陀山成为观音朝拜中心时，于君方的观点认为"普陀山的发展始于 10 世纪，16 世纪渐成气候，18 世纪以后才达到顶峰"[33]，并且进一步提出主要复兴期在明万历年间[34]。同时，她还将 16 世纪普陀山的复兴与南海观音这种新造像的兴起关联起来，认为两者是同时发生的，之后更是在 17、18 世纪超越了其他观音造像[35]。胡端则援引山志，提出洪武海禁后到万历大修前，在永乐至嘉靖初年曾有小规模复兴迹象[36]，可惜现已无相关遗迹留存。

据笔者所知，普陀山潮音洞旁嘉靖二十五年（1546 年）山东兖州府周得成等人进香题名[37]，为现存明代纪年中偏早的摩崖石刻。该处题刻风化严重，位置在嘉靖三十二年（1553 年）抗倭摩崖

---

[30] 张伟然：《明清江南观音香汛的地域系统》，《地理研究》2019 年第 6 期。
[31] 東洋文庫：《亞東印畫輯（第 4 册）》第七十回 "普陀めぐり" 4，昭和九年（1934 年）。
[32] 宿白：《中国石窟寺考古》，《中国石窟寺研究》，北京：文物出版社，1996 年，第 16 页。
[33] 于君方著，陈怀宇、姚崇新、林佩莹译：《观音——菩萨中国化的演变》，北京：商务印书馆，2012 年，第 355 页；于君方：《普陀山：朝圣与中国洛迦之创造》，《进香：中国历史上的朝圣之地》，北京：九州出版社，2023 年，第 202 页。
[34] 于君方著，陈怀宇、姚崇新、林佩莹译：《观音——菩萨中国化的演变》，北京：商务印书馆，2012 年，第 378 页。
[35] 于君方著，陈怀宇、姚崇新、林佩莹译：《观音——菩萨中国化的演变》，北京：商务印书馆，2012 年，第 391 页。
[36] 胡端：《明代海禁政策与普陀道场的兴废》，《历史档案》2018 年第 2 期。
[37] 普陀山风景名胜区管理委员会编：《普陀山志》，杭州：浙江古籍出版社，2016 年，第 151 页。

图13 嘉靖二十五年进香题刻

题记旁边（图13）。此年正好是东南倭寇之乱兴起的前一年。

其后，因受到嘉靖二十六年（1547年）至四十年（1561年）持续十四年之久[38]的倭寇侵扰，明朝廷对浙江沿海加强防范，即便是大规模倭寇已基本肃清的万历中期，督抚军门刘某也曾于万历二十四年（1596年）在普陀山勒石禁建寺院，直至二十七年（1599年）万历皇帝遣太监赵永等再赐藏经后才放松禁令[39]。

关于此时情形，万历十六年（1588年）浙江总兵官侯继高曾描述为"一旦东夷不靖，竟为鲸鲵窟穴，当事者遂奉其像迁之于招宝，而悉毁其庐""嘉、隆之间，有五台龙树寺僧真松飞锡而来，大倡宗风，复兴胜果。迩年以来，香火滋盛，不啻大倍曩昔矣"[40]。万历二十五年（1597年）时台州人王士性也曾记录："补陀大士道场亦防汛之地，在海岸孤绝，与候涛山隔，旦晚两潮。近日香火顿兴，飞楼杰阁，巍然胜地。春时进香人以巨万计，舍赀如山，一步一拜，即妇女亦多渡海而往者。"[41]应为当时人的真实记录。

万历中期开禁的前提与海波肃清有关，但导致普陀山复兴的原因更重要的当然还是万历皇帝及其母亲李太后崇奉观世音菩萨[42]。因为根据统计，"普陀于明万历间，前后两寺五赐藏经（前寺三次，后寺两次），具有敕文，都六百七十八函"[43]。查阅周应宾所撰山志，分别为万历十四年、二十七年、三十年、三十三年和三十七年[44]。康熙三十五年以后仍不断颁赐[45]，综上可见明末、清初朝廷对普陀山的重视，这些都是开凿造像的外在因素，可以说造像的造作是普陀山佛教兴盛的

---

[38] 此为明代人王士性的观点，其提出"倭寇浙始丁未，止辛酉"。见（明）王士性著，吕景琳点校：《广志绎》卷四，北京：中华书局，1981年，第77页。

[39] 陈舟跃：《由普陀山石刻遗存看佛教文化演变》，《浙江海洋学院学报（人文科学版）》2012年第1期。

[40] （明）屠隆：《补陀洛迦山志》卷三，《普陀山历代山志（上册）》，杭州：浙江古籍出版社，2014年，第38页。

[41] （明）王士性著，吕景琳点校：《广志绎》卷四，北京：中华书局，1981年，第72页。

[42] 关于万历朝皇宫与普陀山复兴的论述，可参看于君方：《观音——菩萨中国化的演变》，北京：商务印书馆，2012年，第379、380页。

[43] （民国）王亨彦：《普陀洛迦新志》卷十一，《普陀山历代山志（上册）》，杭州：浙江古籍出版社，2014年，第1720页。敕文与碑记见（清）裘琏：《南海普陀山志》卷十一，《普陀山历代山志（上册）》，杭州：浙江古籍出版社，2014年，第375～379页。

[44] （明）周应宾纂辑：《重修普陀山志》卷二，《普陀山历代山志（上册）》，杭州：浙江古籍出版社，2014年，第155、156页。

[45] （清）裘琏：《南海普陀山志》卷七，《普陀山历代山志（上册）》，杭州：浙江古籍出版社，2014年，第336页。

一个表现因素。然而在崇祯十一年（1638年），文人张岱发出的却是"山中无古碑，无名人手迹，无文人题咏，寥寥一志"的哀叹[46]。

"万历三十五年""玉堂大立"等万历中期以后题刻的最新发现，对判断造像年代有着重要的价值和意义。故此结合以上两节的论述，我们提出普陀山佛教造像石龛的年代大致在万历中期（约16世纪末、17世纪初）至清末（约20世纪初），至早不会超过嘉靖中期。

（三）体现的内涵

1. 与禅宗之间的关联

普陀山自南宋绍兴年间真歇禅师后，改习律宗为禅宗[47]。此后禅宗大兴，历代名僧辈出。相比其他宗派，禅宗讲究看话、参禅、顿悟渐悟及本证妙修等修行方法[48]，在早期新疆、甘肃敦煌等地石窟寺中更是有专门供忏悔、修持的禅窟。发展到唐代，以洛阳龙门唐代造像为例，因为密宗、禅宗等宗派兴起后对于宗教仪式与活动的重视超过造像，最终导致"寺院崇拜超过了石窟崇拜"[49]，石窟造像在禅宗等影响下已开始走向衰弱。

若认为禅宗与开凿石窟毫不相干，杭州等地的罗汉造像却恰恰是反映禅宗信仰的。因此，只能说宋代以后大规模开凿造像窟龛已不太流行，而与具体宗派的提倡与否之间缺乏联系。故而，可以认为普陀山上的这些少而小的造像与改奉禅宗之间的关联较小。当然还有个客观原因，即也与舟山当地岩石性状相关，因本地多为燕山晚期的火山喷出岩、侵入岩等[50]，基本为块状裸露岩石，也不具备开凿大型石窟的条件。

论述至此，略谈一点题外话——佛教理念的转变。明清时期祈求功德、追荐冥福等多通过法会等佛教仪式进行，留存下来更多的则是各种宝卷或其他纸质文书，造像已基本被取代为焚香、诵经或非常兴盛的仪式斋会等[51]。

2. 宗教信仰

通观普陀山的造像龛，一定程度上来说仍然延续吴越国及两宋时期的部分造像题材，如西方三圣、观音菩萨和弥勒佛等[52]。但因多数造像曾遭破坏或自然坍塌，本文仅能根据服饰、姿态等残留遗迹推测表现内容。此处再以珠宝岭北的K1一主尊二胁侍为例，因该龛主尊头部缺失（肉髻不

---

[46]（明）张岱：《海志》，《琅嬛文集》，上海：上海杂志公司，1935年，第51页。

[47]（元）盛熙明：《补陀洛迦山传》兴建沿革品第四，《普陀山历代山志》，杭州：浙江古籍出版社，2014年，第11页。

[48] 黄忏华：《佛教各宗大意》，台北：新文丰出版公司，1988年，第294～299页。

[49] 丁明夷：《龙门石窟唐代造像的分期与类型》，《考古学报》1979年第4期。

[50] 舟山市地方志编纂委员会：《舟山市志》，杭州：浙江人民出版社，1992年，第67、68页。

[51] 韦兵：《储蓄来生：宋代以来的寿生寄库信仰》，成都：巴蜀书社，2022年，第241页。柏石曼即记载有他看到的僧众与海员共同参与的佛教仪式，见〔德〕恩斯特·柏石曼著，史良、张希晅译：《普陀山建筑艺术与宗教文化》，北京：商务印书馆，2017年，第215～223页。

[52] 李裕群：《古代石窟》，北京：文物出版社，2003年，第240页。

详)、服饰怪异(非袈裟)和脚踩卧兽的形象,加上胁侍弟子通常表现为合十或手捧经盒,较少见到手持如意云头杖的造型,结合禅宗的祖师崇拜,本文曾认为其表现的是本山祖师像,因为这也是12世纪后大足石刻中新出现的造像题材[53]。经赖天兵先生指出,主尊应为地藏菩萨。笔者将之与杭州慈云岭资延院吴越国时期2号龛主尊、武汉博物馆藏明弘治八年(1495年)地藏菩萨铁像对比,确信其为地藏菩萨,而且武汉博物馆藏的地藏菩萨铁像也为左脚踩卧兽形象,反映了在明代的普陀山上地藏信仰同样受到部分信徒崇拜和敬奉。

侯旭东在研究早期北朝造像时,提出"观世音崇拜与造像的流行,主要在于观世音经典、宣扬观世音法力的传闻盛行于世,其内容又深合民意所致",而有关观世音菩萨的经典和传闻则为《法华经·普门品》《观世音应验记》等[54]。观音信仰从传入中国后就一直未曾断绝,普陀山作为后起的观音道场,造像龛自然也以观世音菩萨形象居多,是"若有无量百千万亿众生受诸苦恼,闻是观世音菩萨,一心称名,观世音菩萨即时观其音声,皆得解脱"[55]的最佳体现。其他也有少量信奉净土信仰、弥勒信仰的,但从造像数量上来看,明显不如崇拜观世音菩萨的窟龛多。

四、余 论

普陀山作为五代以后开始兴盛的观音菩萨道场,除了规模宏大的佛寺建筑、卷帙浩繁的历代山志和口口相传的灵异传说外,造像窟龛是能够体现其佛教思想内涵的重要文化载体之一。通过对佛龛位置、时间、体现内涵等的论述,本文为普陀山佛教摩崖造像的研究提供了更多可以深入探讨的内容。随着近年更多摩崖题刻等的发现,相信还会有未被关注的造像被发现并加以研究。

---

[53] 宿白:《中国石窟寺考古》,《中国石窟寺研究》,北京:文物出版社,1996年,第19页。
[54] 侯旭东:《佛陀相佑:造像记所见北朝民众信仰》,北京:社会科学文献出版社,2018年,第148、149页。
[55] (后秦)鸠摩罗什译:《妙法莲华经》第七,《大正藏》第9册,第56页。

河北邯郸南响堂第七窟"怪异的人面"图像考

李笑笑

内容摘要：河北邯郸峰峰矿区境内的南响堂第七窟左壁弥勒佛足下有一幅口含莲茎托举弥勒双足的"怪异的人面"浮雕，在同时期及之后的佛教造像艺术中都不常见，其身份一直存疑。笔者在将其与流行的地神造像以及巴米扬、阿旃陀等石窟中类似的图像进行比对后发现，这一形象应是4～8世纪佛教造像艺术中流行的"荣耀之面"装饰题材，且深受印度笈多艺术影响。至于荣耀之面与弥勒佛的托举关系，本文认为是置换了地神与弥勒的组合图式，借此表达开窟者/供养者的"荣耀"和"脸面"，并希望借由荣耀之面"神圣入口"的性质进入弥勒净土世界的美好愿望。

关键词：南响堂　怪异的人面　地神　荣耀之面

A Study on the "Weird Human-Face" Image in the Cave No. 7 of Southern Xiangtang Grottoes in Handan, Hebei

Li Xiaoxiao

Abstract: In the Cave No. 7 of Southern Xiangtang grottoes, located in the Fengfeng Mining District of Handan, Hebei, there is a rare relief sculpture of a "Weird Human-Face" biting a lotus stem in its mouth and supporting the feet of Maitreya Buddha on the left wall, which is not commonly seen in Buddhist art of the same period or later. The identity of this image is unknown. After comparing it with popular images of Prthivi and similar images in the caves such as Bamiyan and Ajanta, the author believes that this image should be the "The Face of Glory", a decorative theme popular in Buddhist art from the 4th to the 8th century, deeply influenced by Indian Gupta art. As for the relationship between the Face of Glory and supporting Maitreya Buddha, this paper suggests that it has replaced the combination of Prthivi and Maitreya, expressing the "glory" and "face" of the cave sponsors, who hoped to enter Maitreya's Pure Land through the "sacred entrance" of the Face of Glory.

Key words: Southern Xiangtang Grottoes, Weird Human-Face, Prthivi, the Face of Glory

作者：李笑笑，甘肃兰州，730000，西北师范大学美术学院。

一、造像的基本情况与问题的提出

  河北邯郸峰峰矿区的南响堂石窟一共有七座北齐窟，分上下两层凿建，一、二号窟在下层，是一组中心柱式的双窟；三至七窟在上层，均为三面开龛的方形佛殿窟，其中第七窟位于窟群最西侧，窟内三面基坛上开帐形龛，龛内各雕一铺五身像，正面基坛主尊为释迦牟尼佛（？），右面基坛主尊残毁严重，仅可判断为结跏趺坐式，左面基坛为倚坐弥勒佛，头部不存，两侧二弟子二菩萨胁侍，仅左侧弟子保存完好。该窟四壁雕满千佛，窟顶中心浮雕一朵重瓣莲花，莲花四周环绕八身伎乐飞天，三面基坛下方还雕刻有十身神王像，此窟也被称为"千佛洞"。我们所要探讨的图像就位于左面基坛倚坐弥勒主尊的双足间（图1）。弥勒佛双脚分别踩在两朵带茎莲花上，莲茎却是从弥勒佛座下的一个浮雕人面口中长出，口含莲茎的浮雕人面大脸盘、高眉弓、深眼窝、三角形塌鼻子、獠牙上撇，头发呈波浪形环绕头顶，形象颇为怪异（图2）。关于这一图像的记载最早见于日本学者水野清一和长广敏雄的《响堂山石窟》一书，他们将其称为"怪异的人面"，还表

图1　南响堂第七窟左面基坛
（笔者摄）

示没有见过这样类似的例子，故而对它的身份并未予以判定[1]。之后赵立春在《响堂山石窟艺术》一书中将其定名为地神[2]，但是对于地神的说法笔者持怀疑态度，因为笔者曾梳理过从新疆到中原的地神图像[3]，对比之下南响堂这一托举形象尽管与地神有相似之处，但是仔细分辨它其实并不符合一般地神的造型特征。

本文试从以下三个方面来对其进行分析论证：一是从地神的概念和地神的图像特征来判断南响堂第七窟的托举者并非地神；二是结合印度、中亚地区及国内的相似图像判定其为"Kīrtimukha"，即荣耀之面；三是结合南响堂第七窟的形制功能、洞窟营造思想以及"Kīrtimukha"本身的象征含义来探讨"Kīrtimukha"面饰在第七窟中的图像学意义。不当之处，敬请方家指正。

图 2　南响堂第七窟倚坐弥勒佛足下"怪异的人面"
（赵立春提供）

二、地神的概念及其图像学特征

在讨论为什么南响堂第七窟"怪异的人面"浮雕不是地神之前，我们先要搞清楚地神是什么？地神主要出现在哪些佛教经典和场景中，以及地神在佛教造像艺术中的图像特征是什么？

Pṛthivī 或 Pṛthivī Mata（梵语：पृथ्वी，pṛthvī，也称为पृथिवी，pṛthivī），音译比里底毗，又名坚牢地神、坚固地神、持地神，简称地天、地神或坚牢，为印度教与佛教中主掌大地之神。作为佛教护法十二诸天之一，地神常常出现在护卫佛法的场景中，在不少的佛教经典中可以看到它的身影[4]。我国学者霍旭初、贾应逸、彭杰、梁涛、张善庆、姚桂兰、解华、张聪、耿剑等人分别

---

[1] 水野清一、長廣敏雄：《河北磁縣・河南武安：響堂山石窟：河北河南省境における北齊時代の石窟寺院（第一編）》，京都：東方文化學院京都研究所，1937年，第43页。

[2] 笔者曾就这一"怪异的人面"形象与赵立春院长讨论，赵院长告知笔者他曾为此专门请教马世长先生，先生认为它是地神，但是并没有专门写文论证，这一定名遂得到了人们的默认，此后也没有人写文讨论，于是赵院长在《响堂山石窟艺术》一书中将其定名为地神（赵立春：《响堂山石窟艺术》，北京：中国文史出版社，2010年，第205页）。

[3] 李云、李笑笑：《佛教地神发展与流变中的地域文化元素浅析》，《新疆艺术学院学报》2016年第4期。

[4] 如《佛本行经》《过去现在因果经》《杂宝藏经》《增壹阿含经》《大方广庄严经》《地藏本愿经》《金光明经》《金光明最胜王经》等。

对新疆、甘肃、河南、山西诸石窟中的地神展开过专门研究[5],据他们的研究成果表明,佛教造像艺术中的地神主要源自两个经典系统:一个是佛传故事中的降魔变系统;一个是《金光明经》系统,并且根据其造型的不同还可以分为"供养型"和"托举型"两大类。"供养型"地神的主要图像特征是:多为女性形象,身穿菩萨装或世俗装,半身从地踊出(或半身从莲花中示现),双手合十作供养状,脸为正面或四分之三侧面,抬首望向释迦或面向观者(图3)。"托举型"地神的主要图像特征是:多为女性(也有表现为男性者),身穿菩萨装或世俗装,半身从地踊出(或半身从莲花中示现),张开双臂承托佛菩萨、毗沙门天王或王族供养人双足(图4)。从这些图像中我们可以看出,无论哪一类型的地神他们最主要的特征都是以"半身"形象出现,而且面貌完全是人类的样子,有的还在脑后刻画出表示其神格的头光。

图3 克孜尔第76窟降魔图 约5世纪
(采自中国壁画全集编辑委员会:《中国美术分类全集·中国新疆壁画全集·克孜尔1》)

图4 北魏皇兴造像碑(471年)西安碑林博物馆
(笔者摄)

通过对地神图像特征的总结,可以发现南响堂第七窟的这一托举形象并不符合已形成定式的地神图像。首先,石窟中的地神呈现的普遍是半身形象,有头部、胸部和手臂部分(图3、4),而南响堂第七窟中的托举图像只有面部,其他身体部分都没有表现;其次,地神图像是以上举的双手托举佛/菩萨足,而南响堂是以口中生长出的莲花来做承托;最后,地神是有着神格的神祇,即便没有凸显其神格的头光,他的面貌也完全是人类的样子,而南响堂第七窟中的并非完全人类形象,而是在人类面部特征的基础上进行了夸张和艺术化处理,比如宽目阔鼻厚唇、獠牙外露,头

---

[5] 关于地神图像的研究成果可以参看李云、李笑笑:《佛教地神发展与流变中的地域文化元素浅析》,《新疆艺术学院学报》2016年第4期。

发呈现波浪卷等，尤其是口中生长出莲花的造型更是与地神图像相差甚远。尽管同属于托举弥勒的造像，但是从图像特征来看，这个"怪异的人面"托举形象并不是坚牢地神。笔者认为这一图像之所以被默认为地神的主要原因是地神与弥勒的组合经北魏已经形成固定程式[6]，所以人们习惯性地认为托举弥勒的就是地神，反而忽略了南响堂第七窟"怪异的人面"托举者与地神的形态差异。

在排除了其为地神的可能性后，笔者发现南响堂第七窟"怪异的人面"与阿富汗巴米扬石窟中被日本学者称之为"怪人面·鬼面"的图像倒是极为相似。

三、南响堂第七窟"怪异的人面"图像溯源

在日本京都大学考察队编著的《巴米扬》石窟调查报告中收录有一类具有人面特征的"特殊"面饰图像，日本学者将其称为"怪人面·鬼面"。对于这种具有人类面貌但又混合了部分非人特征的面饰，他们认为是怪异的，且先例很少，最为典型的例子是在第625、626、605窟的龛间（图5、6）。日本学者在文章中描述了这类面饰的图像特征："眼睛表现得大大的快要凸出来，鼻子也是三角形的宽宽大大的，从厚厚的嘴唇当中露出牙齿，好像在威吓人一样。也有耳朵上端尖尖的特征。但是，这些巴米扬的鬼面的最显著特征是在脸上挂着叶形的图案。[7] 他们称其为"Monstrous masks or Kīrtimukha"（人形怪物面具或荣耀之面），并且在印度、巴基斯坦、阿富汗、乌兹别克斯坦以及中国新疆等地区都找到了类似的例子。在比对分析之后，他们提出猜想："这些带有叶状装

图5 巴米扬第626窟龛间的鬼面 6世纪
（采自樋口隆康：《京都大学中央アジア学術調査報告：バーミヤーン アフガニスタンにおける仏教石窟寺院の美術考古学的調査 1970—1978年》第Ⅱ卷）

图6 巴米扬第626窟龛间的鬼面 6世纪
（采自樋口隆康：《京都大学中央アジア学術調査報告：バーミヤーン アフガニスタンにおける仏教石窟寺院の美術考古学的調査 1970—1978年》第Ⅱ卷）

---

[6] 关于地神和弥勒的组合关系可参考解华：《云冈石窟中的地神造像》，《山西大同大学学报（社会科学版）》2012年第1期；张聪、耿剑：《地神、药叉还是阿特拉斯：北朝弥勒图像托足者新说》，《南京艺术学院学报（美术与设计）》2019年第5期。

[7] 樋口隆康：《京都大学中央アジア学術調査報告：バーミヤーン アフガニスタンにおける仏教石窟寺院の美術考古学的調査 1970—1978年》第Ⅲ卷，東京：同朋舎，1983年，第187页。

饰的巴米扬的鬼面，印度笈多王朝的兽面是它的原型。笈多以降的中世纪，面部到处贴有叶状图案的兽面（Kīrtimukha）兴盛起来。"[8] 他们认为印度笈多王朝流行的"Kīrtimukha"面饰是巴米扬石窟中"怪人面·鬼面"面饰的原型，且巴米扬"Kīrtimukha"面饰之所以与印度"Kīrtimukha"面饰不同的原因可能是西北印度及中亚地区受西方人面面饰影响之后"与中印度·笈多系的兽面装饰混淆的结果"[9]。

事实上，最早将印度Kīrtimukha面饰与西方人面面饰作类比的是德国学者勒柯克，他在《中亚艺术与文化史图鉴》（Bilderatlas zur kunst und kulturgeschichte Mittel-Asiens）一书中将希腊罗马建筑中常见的戈尔贡（Gorgon）和美杜莎（Medusa）人面面饰与印度的Kīrtimukha兽面面饰并提，并以这两者来命名他在中亚和中国新疆等地区发现的人面和兽面残片，日本学者在《巴米扬》一书中就收录有一幅勒柯克在中国新疆地区采集来的"怪异的人面"陶壶浮雕照片（图7）。此外，德国柏林东亚艺术博物馆还藏有一件命名为"狮面荣耀之面"（Kīrtimukha Löwenkopfmotiv）的红陶残片，也是来自中国新疆地区。我们可以看出日本学者的观点很明显是受到了勒柯克的影响[10]。

除了巴米扬，笔者还在印度阿旃陀石窟（Ajanta caves）、纳克纳神庙（Nachna temples）和巴什瓦拉神庙（Baseswara temple）等佛教和印度教建筑上发现有类似的面饰图像（图8～10）。从形象上来看，南响堂第七窟"怪异的人面"与这些例子具有相似的特征：他们都是仅仅一张装饰性的人脸，没有其他身体部分，且在人面的基础上进行了一些夸张和变形，如脸盘又大又圆，眉弓高耸，眼窝深邃，宽大的鼻子呈三角形，嘴里伸出上举的獠牙，头顶环绕波浪形卷发，面部周围出现植物或云气纹样等。在印度，这类面饰图像被称为

图7 "怪异的人面"陶壶浮雕 和田附近 5～6世纪 勒柯克收集 现藏于德国柏林东亚艺术博物馆
（采自柏林东亚艺术博物馆官网）

---

[8] 樋口隆康：《京都大学中央アジア学术调查报告：バーミヤーン アフガニスタンにおける仏教石窟寺院の美术考古学的调查1970—1978年》第Ⅲ卷，东京：同朋舍，1983年，第187页。

[9] 樋口隆康：《京都大学中央アジア学术调查报告：バーミヤーン アフガニスタンにおける仏教石窟寺院の美术考古学的调查1970—1978年》第Ⅲ卷，东京：同朋舍，1983年，第187页。

[10] Albert Von Le Coq. *Bilderatlas zur kunst und kulturgeschichte Mittel-Asiens*. Berlin: Reimer, 1925, pp.94-95.

| 图8 阿旃陀1号窟方柱上方的 Kīrtimukha 6世纪 | 图9 纳克纳神庙壁龛顶部 Kīrtimukha 5～9世纪 | 图10 巴什瓦拉神庙龛顶 Kīrtimukha 6～9世纪 |

（印度摄影师Benoy K. Behl拍摄，来源于网络） （图片来源于网络） （图片来源于网络）

"Kīrtimukha"。那么，"Kīrtimukha"到底是什么呢？

"Kīrtimukha"一词来源于印度，是印度神话中的一只怪兽的名字[11]。"Kīrtimukha"是一个梵语复合名词，由"Kīrti"和"mukha"两部分复合而成。在梵语中"Kīrti"有"荣耀""名声""成就"之意，"mukha"则有"面""脸"之意（还可引申为"界面""入口"），两者复合而来的"Kīrtimukha"的英文翻译为"the Face of Glory"，即"荣耀的面孔"或"荣耀之面"，除此之外，国内还将其译为"天福之面"或"名颜"[12]。

"Kīrtimukha"（荣耀之面）既是印度神话文本中的一只怪兽，也是印度和南亚地区广为流行的一种建筑装饰主题，其身影广泛出现于印度教、耆那教和佛教建筑与造像艺术中。Anisha Saxena这样描述它："一个悬浮的、无躯体、无下颌的狮子的脸，有着鼓起的眼睛，凶恶可怕的

---

[11] 关于"Kīrtimukha"的诞生被记录于印度吠陀经典《室犍陀往世书》（Skanda purana）和《湿婆往世书》（Shiva Purana）中。神话中这样记载：从大神湿婆第三只眼睛里射出的愤怒的火光坠入海中诞生了强大的阿修罗贾兰达拉（Jalandhara），贾兰达拉在听说了湿婆妻子雪山女神帕尔瓦蒂的伟大和美丽后便派遣罗睺（Rahu）作为使者去向湿婆索要帕尔瓦蒂，这极大地触怒了湿婆，于是一只可怕的怪兽Grāsa（吞噬者）从湿婆的眉间诞生，当罗睺看见这个凶猛的生物后，他害怕地请求湿婆宽恕，伟大的湿婆神原谅了他。但是缺乏了它的目标和食物，怪兽Grāsa被饥饿折磨得很痛苦，湿婆建议它以自己为食，出于对湿婆大神的尊重，怪兽吃掉了自己的身体和四肢只剩下一只无颌的脸。湿婆很满意怪兽的行为，称呼他为"伟大的伽那""湿婆的小妖精"，并准许它代表自己的荣耀，成为自己的门卫，并赐予它新的名字——Kīrtimukha。

[12] 最早将"Kīrtimukha"译为"天福之面"的是王镛等翻译的美国学者罗伊·C·克雷文的《印度艺术简史》，之后赵玲在《"天福之面"的图像与信仰——尼泊尔佛教美术的考察与研究》一文中延续此叫法，马兆民在《敦煌莫高窟第285窟"天福之面"（kirtimukha）考》中继续沿用；周夏在《金刚界曼荼罗之研究》中将"Kīrtimukha"译为"名颜"，池明宙在《"名颜"面饰艺术与南亚建筑身体观的视觉化构成》一文中延续此称呼。事实上，笔者在查阅相关资料时发现这个怪兽的名字远不止这些，"Kīrtimukha"在印度西部被称为"Grāsamukha"，在印度东部被称为"Rahu-mukha"，在东南亚国家它还被称为"Kala"，也有人叫它"Makara Vakstra""pañchavaktra"（据说这个称谓比"Kīrtimukha"更早）。这些繁多的名称正好说明了"Kīrtimukha"在发展过程中所产生的众多流变。在本文中，笔者更倾向于将其译为"荣耀之面"。

牙齿和獠牙，角，浓密的小胡子和一簇从眉毛间升起来的毛发，出现在佛教、婆罗门教和耆那教相似的神圣的建筑物上。"[13]海因里希·季默（Heinrich Zimmer）形容它为"lion-head demon"（狮首恶魔）和"half-lion"（半狮）[14]。按文献里的记载，荣耀之面应该是狮面的样子，但是在印度教神庙和佛教石窟中却存在着至少两种形象的荣耀之面，一种是人面（混合部分兽类特征）的形象（图8～10）；另一种是兽面（狮面）形象（图11）。这两种形式的荣耀之面都在笈多时期以及后笈多时期流行于印度造型艺术中并伴随佛教东传中国，只是人面形远没有兽面形流传广泛，甚至很少少见到，这也是在判断南响堂第七窟中口含莲花的"怪异的人面"身份时会遇到困境的原因。

图11 毗湿奴头像 印度笈多时期（4～7世纪）现藏美国克利夫兰美术馆
（采自克利夫兰美术馆官网）

图12 青州博物馆藏唐代一铺五身像及线稿
（图片由青州博物馆提供，线描由作者绘制）

---

[13] Anisha Saxena. *The Gana Who Consumed Himself: Kīrtimukha in North Indian Literature and Art, 400ce-900ce*. Art and History: Truth, Contexts and Visual Representation in Ancient and Early Medieval India, 2019, p.291.

[14] Heinrich Zimmer. *Myths and Symbols in Indian Art and Civilization*. New York: Harper Torchbooks, 1946, p.180.

图 13　东魏高平王元宁为亡妻造释迦像头光上的荣耀之面
（采自金申：《海外及港台藏历代佛像——珍品纪年图鉴》）

图 14　山西博物院藏北周陈海龙造像碑
龛楣上方的荣耀之面
（石雅铮摄）

通过以上论述我们基本可以断定南响堂第七窟"怪异的人面"浮雕就是 4～8 世纪佛教造像艺术中流行的"荣耀之面"装饰题材。其口含莲茎的造型也并非孤例，除了青州博物馆藏的唐代一铺五身像（图 12），还有美国克利夫兰美术馆藏的东魏高平王元宁为亡妻造释迦像头光上部（图 13）、山西博物院藏的北周陈海龙造像碑龛楣上方（图 14）、安阳小南海石窟东窟左右侧壁的莲座间（图 15），以及河北博物院藏的一尊唐代倚坐弥勒佛基座上都有（图 16）。据尼泊尔学者 Gautana V. Vajracharya 所说，荣耀之面与莲花的搭配也是印度荣耀之面面饰题材中常见的 [15]。

与国外相比，国内关于荣耀之面的研究并不多，且都集中于对兽面图像的研究 [16]，像南响堂第

---

[15] Gautama V. Vajracharya. *Kirtimukha, The Serpentine Motif, and Garuda: The Story of A Lion that Turned into A Big Bird.* Artibus Asiae, Vol. 74, No. 2, 2014, pp.311-336.

[16] 目前国内关于荣耀之面的研究成果如下：王敏庆在《荣耀之面：南北朝晚期的佛教兽面图像》中最早将荣耀之面这个观念引入中国兽面图像研究中，在这之前国内偏向于把石窟寺和墓葬内的兽面题材称之为饕餮，但是王敏庆在将石窟寺、造像碑和菩萨装饰中的兽面图像与印度的荣耀之面做了详细比对后认为这些图像都是荣耀之面，他还将国内佛教造像艺术中的荣耀之面根据造型和组合的差异划分为三类两型，并进一步提出北周粟特墓（如康业墓、安伽墓）和北齐显贵葬（娄睿墓、徐显秀墓）中的兽面实为祆教中的贪魔阿缁（《敦煌吐鲁番研究》2013 年第 13 卷）；赵玲在《"天福之面"的图像与信仰——尼泊尔佛教美术的考察与研究》中主要讨论了尼泊尔地区的荣耀之面图像，年代都比较晚（《贵州大学学报（艺术版）》2013 年第 2 期）；李海磊在《南北朝兽面图像源流考辩》中讨论了南北朝兽面的来源和演变轨迹，荣耀之面只是为兽面图像来源提供了一条思路，他的讨论重点在中国传统兽面的发展和演变上（《山东艺术学院学报》2018 年第 4 期）；池明宙在《"名颜"面饰艺术与南亚建筑身体观的视觉化构成》中重点探讨了印度、南亚及中国造型艺术中的荣耀之面，并将其放在全球美术史视野下予以讨论，深入挖掘了荣耀之面作为建筑装饰题材背后所蕴含的图像学意义（《文艺研究》2022 年第 12 期）；张兆莉在《敦煌南北朝兽面图像浅议》中重点讨论了敦煌莫高窟中的兽面图像，且与敦煌佛爷湾墓室中的兽面图像做了比较与联系，认为此类图像的创作有粉本影响，也有敦煌本地工匠的创作（《敦煌研究》2022 年第 3 期）；马兆民在《敦煌莫高窟第 285 窟"天福之面"（kritimukha）考》中将敦煌莫高窟 285、249、248 窟中的兽面图像判定为荣耀之面，且进一步比定了云冈、龙门、麦积山、北石窟寺及北齐菩萨像上的兽面图像，提出了荣耀之面与早期密教有关的结论（《敦煌研究》2017 年第 1 期）。

图15　安阳小南海石窟东窟（北齐时期）左右侧壁莲座间的荣耀之面
（笔者摄）

图16　河北博物院藏唐代倚坐弥勒佛像基座上的荣耀之面
（石雅铮摄）

七窟这种"怪异的人面"造型的荣耀之面面饰在中国佛教艺术中确实少见，也鲜有人研究。那么为何它会跟弥勒佛组合在一起取代了地神与弥勒的托举关系呢？我们可以试着从南响堂第七窟的形制功能、营造思想以及荣耀之面本身的象征意义进行分析。

四、荣耀之面面饰在第七窟中的图像学意义

图17　南响堂第七窟外立面
（赵立春提供）

据南响堂第二窟门外的隋碑《滏山石窟之碑》记载：该石窟是灵化寺比丘慧义于北齐天统元年（565年）开凿，并由当时的大丞相淮阴王高阿那肱舍财资助，但是还未建成恰逢北周灭北齐（577年），寺塔被毁，直到"隋朝建立三宝复行"石窟才被当时的邺县功曹李洪运重新修葺装饰[17]。从洞窟外立面来看第七窟为典型的塔形窟（图17），窟顶为覆钵塔，窟前为四柱三开间仿木的"通透式前廊结构"。"这种外立面为塔形布局方式，在响堂石窟中常见，共有6窟，占全部响堂北齐洞窟（11窟）的一半以上。塔形窟的出现，说明北朝晚期佛塔信仰格外兴盛。"[18] 佛塔，在印度被称为窣堵

---

[17]《滏山石窟之碑》，现存于南响堂第二窟门前两侧。
[18] 唐仲明：《独具特色的塔形窟——响堂山石窟》，《东方收藏》2011年第2期。

波（stūpa），如宫治昭所言："窣堵波具有'生'与'死'的双重性象征意义。因为窣堵波圆形体积象征着宇宙之初始的子宫、卵，同时又象征着死灭和终极的涅槃。"[19] 一方面他认为窣堵波代表着释迦的死亡、佛教理想的涅槃境界、终极境界，意味着个人解脱的完成和佛教理想的普遍实现；另一方面他认为窣堵波表达了转轮圣王统治下的美好国度。南响堂第七窟应该就是在对这两种佛教理念的追求下营建的。整个洞窟形制为方形三壁三龛式，正壁主尊为结跏趺坐的释迦牟尼佛（？），右侧壁主尊不存[20]，左侧壁为倚坐的弥勒佛。

北朝以来弥勒信仰盛行，在弥勒信仰中包括了弥勒上生和下生两种信仰，同时也诞生了两大体系的弥勒造像——交脚的弥勒菩萨和倚坐的弥勒佛。如颜娟英所言："北朝初期的弥勒像多为交脚或半跏思惟造型，意指弥勒在兜率天宫，即弥勒上生经变。但在北魏末期北齐初却出现了倚坐弥勒佛，即弥勒下生图像。"[21] 南响堂第七窟倚坐的佛装弥勒像应代表着弥勒已经成佛，是为弥勒下生信仰。在4～6世纪的北魏造像中，常常出现地神双手托举交脚弥勒菩萨双足的造像组合，张聪和耿剑判断其表现的是弥勒上生信仰[22]，但是第七窟却不是人们习惯的地神和弥勒菩萨的组合搭配，笔者认为造像者只是借用了地神和弥勒的托举图式，并将原来的地神置换成了荣耀之面。北魏佛教造像中的弥勒与地神组合已经相当常见且成熟，所以不存在南响堂石窟将其混淆的情况，只能说造像者在一种新的思想观念（弥勒下生信仰）支配下借鉴了地神和弥勒的图式并进行了新的组合搭配，改地神为荣耀之面，"随着置换的完成，置换者的身份和性质都发生了改变，充当了被置换者的角色"[23]。

关于荣耀之面托举弥勒佛的图像学意义我们可以尝试从两个方面去理解。一方面从荣耀之面本身的象征意义来说，它既代表家主或捐赠者的荣耀、名声和脸面，也代表神殿入口的守护者，池明宙提到荣耀之面"发轫于世俗建筑中，可作为一个具备交感巫术效果的面饰，与家主的颜面、

---

[19] 宫治昭著，李萍、张清涛译：《涅槃和弥勒的图像学——从印度到中亚》，北京：文物出版社，2009年，第58页。

[20] 水野清一和长广敏雄在《响堂山石窟》一书中认为右侧壁主尊应为阿弥陀佛，其他两尊分别为释迦牟尼佛和弥勒佛（水野清一、長廣敏雄：《河北磁縣・河南武安：響堂山石窟：河北河南省境における北齊時代の石窟寺院（第一編）》，京都：東方文化學院京都研究所，1937年，第43页）；曾布川宽则认为右侧主尊应为过去佛，与其他两尊——现在佛释迦牟尼佛和未来佛弥勒构成三世佛（曾布川寬：《響堂山石窟考》，《東方學報》第62册，京都：京都大學人文科學研究所，1990年）；贺世哲旁证其应是阿弥陀佛，窟内三佛应分别为：卢舍那、阿弥陀佛和弥勒佛（贺世哲：《关于十六国北朝时期的三世佛与三世佛造像诸问题》，《敦煌研究》1992年第2期）。尽管有争议，但是倚坐像为弥勒佛的观点是一致的。

[21] 颜娟英：《北齐禅观窟的图像考——从小南海石窟到响堂山石窟》，《美术与考古（下册）》，北京：中国大百科全书出版社，2005年，第512页。

[22] 张聪、耿剑：《地神、药叉还是阿特拉斯：北朝弥勒图像托足者新说》，《南京艺术学院学报（美术与设计）》2019年第5期。

[23] 姚崇新：《略论宗教母题之间的借鉴问题》，《丝绸之路新探索：考古、文献与学术史》，南京：凤凰出版社，2019年，第109页。

命运相关联。移植到神庙后,它融入了借由界门进入天界和通过嘴进入身体空间的构想"[24],如果按滏山石窟之碑记载,南响堂是北齐丞相高阿那肱捐资建造,那么以高氏权臣的身份在石窟中彰显自己作为捐赠者和家主的身份、名声和荣耀也是可以想象的。纵观中原北方和河西诸石窟、造像碑中的荣耀之面,大多是作为装饰的一部分出现,体量小,存在感不强,很容易融入背景中被忽略,但是南响堂第七窟的荣耀之面却被雕刻在最显眼的位置,体量大,雕刻精致,极具存在感,观者进窟观像时很容易被其吸引。正如池明宙所说:"中正醒目的'名颜'(荣耀之面)与主人命运直接关联,福祸相依""它是社会空间的视觉化构成,是一个体现主人威严和名誉的徽标,甚至是一个神格化的示意性肖像。"[25]另一方面,作为弥勒造像的一部分,当荣耀之面托举起下生成佛的弥勒双足时,我们猜想这是继地神见证弥勒成佛之后的下一步,即捐赠者、供养者或者家主希望借由荣耀之面作为神圣入口通往弥勒佛国世界、弥勒净土。北朝时期弥勒信仰盛行的其中一个原因就是佛教末法思想的流行,能够借由"神殿入口"守护者荣耀之面进入弥勒净土世界不失为一个好办法。从这一造像组合搭配中我们不难看出石窟建造者对荣耀之面题材的了解,以及对进入弥勒净土世界意愿的巧妙表达。

五、结　　语

综上所述,本文重点探讨了南响堂第七窟左侧基坛托举弥勒佛的"怪异的人面"浮雕的真实身份,在与地神图像以及印度、中亚地区和国内的相似图像做比较之后,笔者认为它就是印度笈多造型艺术中常见的荣耀之面面饰,只是相较于兽面形的荣耀之面而言南响堂第七窟"怪异的人面"形荣耀之面更为少见。至于南响堂第七窟中将荣耀之面面饰与倚坐弥勒佛组合在一起的图像学意义,笔者认为表达的是弥勒下生信仰之下,人们试图借由神圣入口守护者——荣耀之面进入弥勒净土世界的美好愿望,同时也是为了彰显开窟者/供养者和弥勒净土世界的主人——弥勒佛的荣耀、名声和脸面。此外,荣耀之面本身还有护持佛法和辟邪驱魔的作用,在石窟中还能够守护石窟和佛法安全。

---

[24] 池明宙:《"名颜"面饰艺术与南亚建筑身体观的视觉化构成》,《文艺研究》2022年第12期。
[25] 池明宙:《"名颜"面饰艺术与南亚建筑身体观的视觉化构成》,《文艺研究》2022年第12期。

河北邯郸鼓山竹林寺的考释

马怀如

内容摘要：历代有关鼓山竹林寺的故事大致有三种，笔者基于文献分析法、比较分析法等研究方法，重点结合五部古籍、一块金碑等资料做了细致梳理，探讨了鼓山竹林寺故事的原型、产生原因、发展演变过程，以及对后世的影响。

经笔者研究发现，有关鼓山竹林寺的三个故事，主要源自《续高僧传》，在《续高僧传》的影响下，产生了《集神州三宝感通录》《道宣律师感通录》《法苑珠林》中有关鼓山竹林寺的故事。常乐寺金碑的内容是受到《法苑珠林》的影响。

在鼓山竹林寺故事的影响下，鼓山附近还创建了下竹林寺等寺院。

关键词：竹林寺　原型　感通　流变　影响

A Textual Research on Bamboo Grove Temple at Gushan Mountain, Handan of Hebei

Ma Huairu

Abstract: There are roughly three types of stories about Gushan Bamboo Grove Temple in the past dynasties. Based on research methods such as document analysis and comparative analysis, the author focused on five ancient books, a Jin Dynasty stele and other materials to make a detailed analysis, and discussed the prototype and story of Gushan Bamboo Grove Temple, as well as the causes, development and evolution process, and the impact on future generations.

The author's research found that the three stories about the Bamboo Grove Temple in Gushan mainly originated from *The Continued Biography of the Eminent Monk*. Under the influence of *The Continued Biography of the Eminent Monk*, *Ji Shenzhou sanbao gantonglu*, *Daoxuan lushi gantong* and *Fayuan Zhulin* produced the story about Gushan Bamboo Grove. The content of the Jin Dynasty stele in Changle Temple was influenced by *Fayuan Zhulin*.

Influenced by the story of Gushan Bamboo Grove Temple, temples such as Lower Bamboo

---

作者：马怀如，河北邯郸，056200，峰峰矿区文物保护中心、邯郸市峰峰矿区响堂山石窟研究院。

Grove Temple were also built near Gushan.

Key words: Bamboo Grove Temple, prototype, mutual induction, development and changes, influence

一、引　　言

河北邯郸的鼓山石窟，又名响堂山石窟，位于鼓山山脉的西坡，自东魏—北齐以来的开窟造像影响深远，鼓山石窟寺依山而建，后改名"智力寺""常乐寺"，遗址尚存。同时，佛教文化故事也流传甚广，其中不乏充满神秘色彩的传奇故事。鼓山竹林寺就是一个似真又幻的所在。

二、古籍中三个关于鼓山竹林寺的神奇故事

（一）鼓山竹林寺是一个神秘的所在——北齐文宣帝高洋曾遣使于竹林寺取经函

1. 常乐寺金碑及胡砺其人

鼓山常乐寺里有一通金正隆四年（1159年）的碑刻《重修三世佛殿之记》（图1），撰文者是"宣奉大夫刑部尚书上护军安定郡开国侯食邑一千户食实封一百户赐紫金鱼袋胡砺"，胡砺是武安县西部地区的丛井村人，也是武安历史上唯一的状元。

胡砺曾于金皇统三年（1143年）冬游历鼓山，与鼓山常乐寺主僧宣秘大师师彦夜话，之后又再遇，交谈甚密，有关鼓山竹林寺的传说，应是宣秘大师告知胡砺的。

2. 北齐文宣帝高洋遣使于竹林寺取经函

金碑中讲了一则有关北齐文宣帝高洋的趣事：

> 又闻（鼓山）中有竹林寺，五百罗汉所居，隐而不见。按《齐志》云，文宣天保末，尝使人往此寺取经函，使者辞以不知。文宣曰："卿取我骆驼乘之，则自至矣。"使者入山，果见一寺，寺门有数僧，相谓曰："高洋骆驼来也。"问使者曰："尔天子使汝来何求？"曰："帝命于寺东廊从北第一房，取

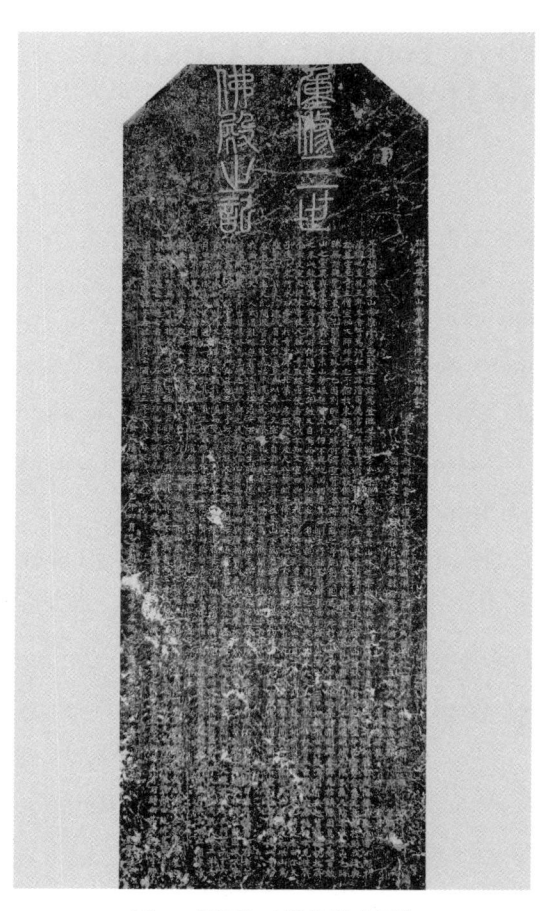

图1 《重修三世佛殿之记》

经函及尺八黄帕。"等僧共取，与之，后不复见，至今山中居人，时有闻其钟声及闻梵音者，然皆莫知其处。

北齐文宣帝高洋遣使者于竹林寺取经函及尺八黄帕之事是否实有，值得我们仔细地探求。

（二）鼓山竹林寺是佛教徒的"世外桃源"——圆通大师访鼓山竹林寺

1.《续高僧传》圆通访鼓山竹林寺

《续高僧传》卷二十六·感通篇·齐邺下大庄严寺释圆通传十五中讲述了圆通大师访鼓山竹林寺的始末：

> 释圆通，不知氏族……住邺都大庄严寺……以高齐武平四年夏中，讲下有一客僧……因疾乃投诸寺中……通欣于道合，更倍由来，经理汤药，晓夕相守……临别执通手诫曰："修道不欺暗室。法师前以酒见及，恐伤来意，非正理也。从今已往，此事宜断。颇曾往鼓山石窟寺不？小僧住下舍小寺，正在石窟北五里，当绕涧，驿东有一小谷，东出即竹林寺。有缘之次，念相访也。"……通时尔夏预居石窟，意访竹林……至寺北五里，小谷东出，少通人径。行可五里，升于山阜……通即东出，数里值一曲涧，浅而森茂，寻涧又东，但闻南岭上有讽诵之声……相进数里，忽见双阙高门，长廊复道，修竹干云，青松蔽日，门外黑漆槽长百余尺，凡有十行，皆铺首衔环，金铜绮饰，贮以粟豆，傍有马迹，而扫洒清净……乃将入室，具叙昔缘，并设中食，食如邺中常味。食后引观，图像庄严，园池台阁，周游历览，不可得遍。通因自陈曰："倘得厕迹风尘，常供扫洒，生愿毕矣。"……即遣送出，至马槽侧，顾慕流泪，自伤罪重，不蒙留住。执僧手别，西行百步，回望犹见门阙俨然，步步返望，更行两里许，欻见峰崿巉岩，非复寺宇。怅望寻路，行达开荒之地，了无踪绪，但有榛木耳……[1]

《续高僧传》中有关圆通大师探访鼓山竹林寺的事件，极为神秘，故事情节曲折离奇，把鼓山竹林寺描绘成了佛教徒的"世外桃源"。

2."圆通访鼓山竹林寺"是佛教"感通"思想下的虚构故事

（1）从故事文本的角度分析其虚构性

①从所在位置变换的角度分析其虚构性

道宣的《续高僧传》中两次描述竹林寺的位置所在：

---

[1]（唐）道宣撰，郭绍林点校：《续高僧传》，北京：中华书局，2014年，第997～999页。

> 小僧住下舍小寺，正在石窟北五里，当绕涧，驿东有一小谷，东出即竹林寺。[2]

> 近有从鼓山东面而上，遥见山巅大道……更进数里，并是竹林，寻径西行，乃得其寺……乃从山西北下，去武安县不过十数里也。[3]

按照这两条位置信息推断，此位置在鼓山分水岭与小鬼道的交叉点上，该区域相对平缓，是一个比较开阔的所在，加之环境清幽、群山环绕，是佛教徒修行的好去处。

然道宣在《集神州三宝感通录》中把竹林寺的位置做了改动：

> 若来可从鼓山东面而上。东度小谷又东北上。即至山寺。[4]

很显然，这条资料中的位置与《续高僧传》中的位置相去甚远，应该不指同一地点。同一作者对同一寺院的位置描述并不一致，究竟是何原因呢？据笔者分析，这恰恰证明鼓山竹林寺是一个虚幻的所在，并不是真实的。或者可以理解成，作者有意变换位置，目的并不在于让大家探访此寺是否真实存在，而是意在突出鼓山竹林寺无固定位置，它时隐时现，十分奇幻，常人无缘得见，只能随机感通。

②从故事中其他人物的角度分析其虚构性

> 通时尔夏预居石窟，意访竹林，乃大集客主，问寺所在，众皆大笑，诫通："勿传此妖言，竹林竟无适，莫乃流俗之恒传耳。"[5]

鼓山石窟寺是鼓山影响力最大的寺院，这里的僧人对鼓山一定很熟悉，连他们也认为鼓山竹林寺只是"流俗之恒传耳"，这就进一步暗示了故事的虚构性。

③从道宣的评论分析其虚构性

> 识者评云：前者举镬驱僧，假为神怪，令通独进，示见有缘耳。言大和尚者，将不是宾头卢耶？如入大乘论，尊者宾头卢、罗睺罗等十六诸大声闻，散在诸山渚中；又于余经亦说九十九亿大阿罗汉皆于佛前取筹，住寿于世，并在三方诸山海中守护正法。[6]

---

[2]（唐）道宣撰，郭绍林点校：《续高僧传》，北京：中华书局，2014年，第998页。
[3]（唐）道宣撰，郭绍林点校：《续高僧传》，北京：中华书局，2014年，第1000页。
[4]《集神州三宝感通录》卷下，《大正新修大藏经》第52卷，台北：新文丰出版公司，1983年，第424页。
[5]（唐）道宣撰，郭绍林点校：《续高僧传》，北京：中华书局，2014年，第998页。
[6]（唐）道宣撰，郭绍林点校：《续高僧传》，北京：中华书局，2014年，第999、1000页。

道宣借"识者"评论，揭示了鼓山竹林寺是一个"诸大声闻""大阿罗汉""住寿于世""守护正法"的神秘所在，只在机缘巧合时示见有缘，所以，其并非实有之地。

（2）道宣大师实地探访鼓山

鼓山竹林寺虽然是虚构的，但故事中描述的地理位置并非捏造，之所以通过《续高僧传》中两次描述竹林寺的位置所在，基本可以圈定大致范围，原因就在于道宣实地探访过鼓山，熟悉它的地理地貌。

> 余往相部寻鼓山焉，在故邺之西北也，望见横石，状若鼓形，俗谚云："石鼓若鸣，则方隅不静。"隋末屡闻其声，四海沸腾，斯固非妄，左思魏都赋云"神钲迢递于高峦，灵响时警于四表"是也。自神武迁邺之后，因山上下并建伽蓝，或樵采陵夷，或工匠穷凿，神人厌其喧扰，捐舍者多，故近代登临，罕逢灵迹。[7]

道宣大师既然实地到访过鼓山，就一定会为神奇的竹林寺找到一个"真实"的所在，以应和"感通"之说。一千多年来，人们津津乐道，想要探访竹林寺，就是因为道宣为我们描绘了一个环境清幽、似真而幻、令人向往的理想修行场所。

（三）鼓山竹林寺的渊源

道宣在《续高僧传》中引用"识者"评论，认为竹林寺是佛陀坐下宾头卢尊者修行之地，或是"九十九亿大阿罗汉……住寿于世，并在三方诸山海中守护正法"之地[8]。

《道宣律师感通录》也交代了鼓山竹林寺的渊源：

> 鼓山竹林寺。名迦叶佛时造。周穆王于中更重造寺。穆王佛殿并及塑像。至今现存。山神从佛请五百罗汉住此寺。即今见有二千圣僧。绕寺左侧。见有五万五通神仙。供养此寺余云云。[9]

这段材料同样是作为佛教"感通"故事存在的，并非写实。其虚幻性具体体现在鼓山竹林寺是"迦叶佛时造"，也就是佛教思想中的"过去世"所造；"周穆王于中更重造寺"，周穆王约薨于公元前922年，佛陀释迦牟尼于三百多年后降生，此时尚无佛教，何谈"竹林寺"；"山神从佛请五百罗汉住此寺……见有五万五通神仙"更是纯属宗教思想的附会；"穆王佛殿并及塑像。至今现存"也只是为了增强说服力。

---

[7]（唐）道宣撰，郭绍林点校：《续高僧传》，北京：中华书局，2014年，第1000页。
[8]（唐）道宣撰，郭绍林点校：《续高僧传》，北京：中华书局，2014年，第999、1000页。
[9]《道宣律师感通录》，《大正新修大藏经》第52卷，台北：新文丰出版公司，1983年，第439页。

三、竹林寺故事的流变

有关鼓山竹林寺的三个传奇故事出现在释道宣的四部著作中,分别是成书于645年的《续高僧传》、664年的《广弘明集》、664年的《集神州三宝感通录》和667年的《道宣律师感通录》。之后(668年)成书的《法苑珠林》同时收录了这三个故事,编者是释道世。

(一)"圆通访鼓山竹林寺"故事流变

《续高僧传》中的"圆通访鼓山竹林寺"已在上文详述。道宣在19年后编纂《集神州三宝感通录》时,同样收录了这个故事,但主人公替换成了"亡名"。

> 释圆通,不知氏族……住邺都大庄严寺……以高齐武平四年夏中,讲下有一客僧……因疾乃投诸寺中……通欣于道合,更倍由来,经理汤药,晓夕相守。[10]

> 高齐初有异僧。投邺下寺中夏坐。与同房僧亡名款曲意得。[11]

以上两则材料,内容基本相同,然而故事的主人公却由"释圆通"换成了"亡名",也就是无名氏。这种情况并不是作者的疏忽,而是有意为之,目的是告诉大家"竹林寺"的"感通"是由修行的虔诚得来的,它会带来佛祖及其传法弟子的感应。感通与否与本人身份高低无关,只要求虔诚。道宣以此来弘扬佛法的殊胜,感召广大信众崇信佛法。

唐代的释道世在他的著作《法苑珠林》中收录了"亡名访鼓山竹林寺"的故事。唐高宗显庆年间(656~660年),道世奉诏参加了玄奘法师的译经工作,又奉诏与道宣律师同住新建成的皇家寺院西明寺。

正因为他和道宣的联系比较紧密,在他编纂《法苑珠林》时,全文收录了道宣的《集神州三宝感通录》"亡名访鼓山竹林寺"的故事。

(二)"鼓山竹林寺渊源"故事流变

《道宣律师感通录》与《法苑珠林》有关"鼓山竹林寺渊源"的叙述,除个别的措辞略有不同外,故事内容完全一致[12]。可以肯定,道世的《法苑珠林》参考了道宣的《道宣律师感通录》。鼓山常乐寺金碑的"又闻(鼓山)中有竹林寺,五百罗汉所居,隐而不见"显然是来源于以上资料。

仔细推敲,《道宣律师感通录》中"五百罗汉住此寺"的说法与《续高僧传》中的"九十九亿

---

[10] (唐)道宣撰,郭绍林点校:《续高僧传》,北京:中华书局,2014年,第997页。

[11] 《集神州三宝感通录》卷下,《大正新修大藏经》第52卷,台北:新文丰出版公司,1983年,第424页。

[12] (唐)释道世撰,周叔迦、苏晋仁校注:《法苑珠林校注》,北京:中华书局,2003年,第1228页。

大阿罗汉……住寿于世"有异曲同工之妙，前者应是对后者的改造。

金碑中"五百罗汉所居"成为后世对鼓山竹林寺进行解读的落脚点，给这个神秘的故事找到了一个虚幻的印证，千百年来，在冀南大地上的磁州、武安一带，流传甚广。"五百罗汉所居"的说法经久不变，为鼓山增添了几许神秘感。

（三）北齐文宣帝高洋遣使于竹林寺取经函故事流变

鼓山常乐寺里金正隆四年（1159年）胡砺撰文的《重修三世佛殿之记》中有"高洋遣使于竹林寺取经函"一事。金碑所在常乐寺的东侧山腰就是高氏家族于东魏—北齐开凿的响堂山石窟，所以，这则故事自古以来，令人深信不疑。

笔者经过翻阅古籍，却发现这则故事并不是发生于鼓山竹林寺，而是山西晋阳的冥寂山圣寺。这究竟是怎么一回事呢？笔者试图梳理出这则故事的流变过程。

《广弘明集》卷四《叙齐高祖废道法事》有"先是帝在晋阳，使人骑驼。敕曰：'向寺取经函。'使问所在，帝曰：'任驼出城。'及出，奄如梦，至一山，山半有佛寺。群沙弥遥曰：'高洋駞驼来。'便引见一老僧拜之。曰：'高洋作天子何如？'曰：'圣明。'曰：'尔来何如？'曰：'取经函。'僧曰：'洋在寺懒读经。'令北行东头与之，使者反命"[13]。这则故事中并没有点出是哪一所佛寺，据文本来看，应是晋阳附近的一所寺院，不太可能是太行山另一侧的鼓山竹林寺，因为鼓山距离晋阳500多里路程，要穿过崎岖难行的太行山，往返一趟需要好几天的时间，这一情况与上述文本的语义多有不符。

《集神州三宝感通录》卷下，在讲述完"相州石鼓山竹林圣寺"的故事后，有一则"岩州林虑山灵隐圣寺"的故事，紧接着是一则"晋阳冥寂山圣寺"的故事（图2）。

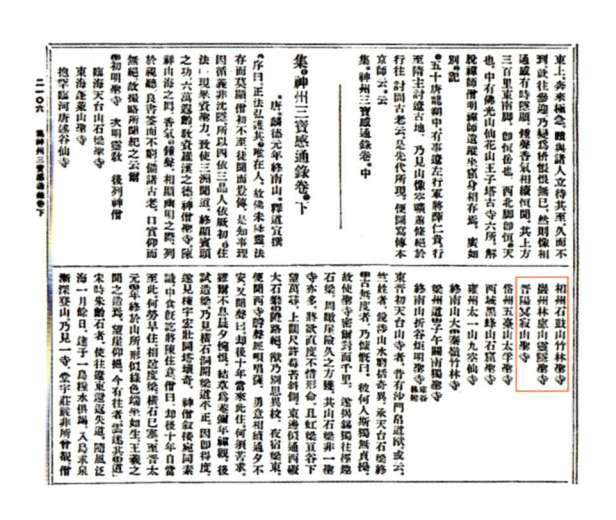

图2 《相州石鼓山竹林圣寺》等故事
（采自《集神州三宝感通录》卷下，《大正新修大藏经》第52卷）

---

[13]（唐）释道宣辑：《广弘明集》，《四部丛刊初编子部广弘明集三十卷》，上海：上海商务印书馆缩印明刊本，1936年，第45页。

高齐文宣在晋阳。使人骑白骆驼。向我寺取经函去。使问。不知何寺。帝曰。但任驼行。自知寺处。日晚出城驼行至急奄然如睡。忽至一山名为冥寂。山半有寺。群沙弥曰。高洋馱驼来也。便引入寺。见一老僧。拜已问曰。高洋作天子何似。答曰。圣明。问曰。尔来何为。曰令取经函。僧曰。洋在寺懒读经。今北行东头是其房。可取函与之。即乘驼而返。如睡如梦奄至晋阳。以函返命。[14]

从这则材料来看，使者是从晋阳城出发，夜行至冥寂山圣寺，当夜返回。"忽至一山名为冥寂。山半有寺"，也清楚地交代了是冥寂山寺，而不是鼓山竹林寺。再有，本卷开头罗列了该卷要记述的寺院名称，与下文一一对应，与这段材料对应的是"晋阳冥寂山圣寺"。到了金代，究竟是如何发展成"高洋遣使于竹林寺取经函"的？

经查阅大量史籍，笔者注意到一个情况，道世的《法苑珠林》只在篇首将各个寺名罗列出来（图3），在讲述完"齐相州石鼓山竹林圣寺"的故事后，并没有收录"岩州林虑山灵隐圣寺"的故事内容，而紧接着就讲述了"齐晋阳冥寂山圣寺"的故事[15]。这就很容易让人误读。还有一点，就是"齐晋阳冥寂山圣寺"的故事开头是这样的，"高齐文宣在晋阳，使人骑白駞驼向，我寺取经函去"（图4），开篇不说何寺，只说"我寺"，这很容易让人理解成"我寺"是紧承上文中的"鼓山竹林寺"。

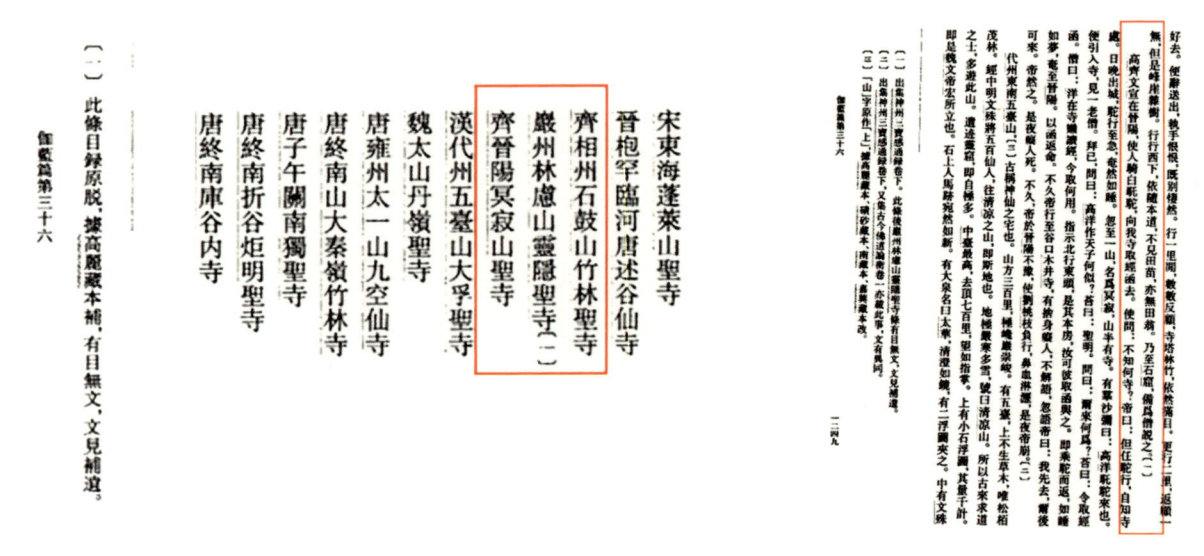

图3 《齐相州石鼓山竹林圣寺》等故事回目
（采自释道世撰，周叔迦、苏晋仁校注：《法苑珠林校注》）

图4 《齐晋阳冥寂山圣寺》等故事
（采自释道世撰，周叔迦、苏晋仁校注：《法苑珠林校注》）

经过对古籍的查找比对，笔者理出了"高洋遣使取经函"这一故事流变的过程：在《广弘明集》中，"高洋遣使取经函"一事的发生地不详，但据原文语义判断，应在晋阳附近；而《集神州三宝感通录》中这一故事的发生地在"冥寂山圣寺"；《法苑珠林》只录《岩州林虑山灵隐圣寺》

---

[14]《集神州三宝感通录》卷下，《大正新修大藏经》第52卷，台北：新文丰出版公司，1983年，第424页。
[15]（唐）释道世撰，周叔迦、苏晋仁校注：《法苑珠林校注》，北京：中华书局，2003年，第1249页。

的回目，不录故事内容，属于"有目无文"，这就直接导致了后人误读的可能性。《广弘明集》中"高洋遣使取经函"故事文本最简练，单从文本角度来看，似是较为原始的版本。

之所以造成常乐寺金碑中记述的"高洋遣使取经函"一事错误的原因有两种可能。一是误读，金碑的撰文者胡砺或者讲述者宣秘大师是受到道世《法苑珠林》的影响，将《齐相州石鼓山竹林圣寺》和《齐晋阳冥寂山圣寺》这两个故事误读成了一个，将原本属于"晋阳冥寂山圣寺"的"高洋遣使取经函"故事误读成发生在"相州石鼓山竹林圣寺"，抑或在更早的时候，人们就已经误读了。二是移花接木，胡砺或宣秘大师，抑或更早时期的人，巧妙地利用《法苑珠林》"只录回目，不录故事内容"造成误读的可能性，进而移花接木，借以表现鼓山竹林寺乃至以鼓山石窟寺为核心的整个鼓山地区的神奇，进而宣扬佛法的殊胜。笔者更倾向于后一种可能性。总之，因为上述原因导致了后人在这一问题上的认知错误。

综上所述，有关鼓山竹林寺的三个故事，除去移花接木的"高洋遣使取经函"一事，只有两个故事与鼓山竹林寺直接相关。这两个故事究其源头，均源自《续高僧传》的《齐邺下大庄严寺释圆通传十五》。

在后世流传的过程中，以上故事几经变化，令人难以捉摸。为了更加清晰地理顺故事流变过程，列表如下（表1）。

表1　鼓山竹林寺故事流变

史籍	成书年份	所载故事	故事来源
《续高僧传》	645年	圆通访鼓山竹林寺	待考
		竹林寺渊源	待考
《广弘明集》	664年	高洋遣使取经函	待考
《集神州三宝感通录》	664年	亡名访鼓山竹林寺	《续高僧传》
		高洋遣使取经函	待考
《道宣律师感通录》	667年	竹林寺渊源	《续高僧传》
《法苑珠林》	668年	竹林寺渊源	《道宣律师感通录》
		亡名访鼓山竹林寺	《集神州三宝感通录》
		高洋遣使取经函	《集神州三宝感通录》
《重修三世佛殿之记》	1159年	竹林寺渊源	《法苑珠林》
		高洋遣使取经函	

四、竹林寺故事的原型、产生原因及对后世的影响

（一）竹林寺故事的原型

作为佛教史上的"竹林"，应源自释迦牟尼说法处之"竹林精舍"。

鼓山竹林寺"图像庄严""园池台阁"遍布，圆通不禁希望能够"厕迹风尘，常供扫洒"[16]。如此庄严的佛寺，俨然是佛陀说法的"竹林精舍"。

伴随着佛教传入，佛陀的"竹林精舍"也随之融入博大精深的中国文化，成为我国古代众多寺院中最早用来命名的一类。在笔者看来，鼓山竹林寺之于中国，正如"竹林精舍"之于印度。道宣等人的著作中将鼓山竹林寺描绘成飘忽不定、只有虔诚修行的人才能感通到的神奇所在。

鼓山竹林寺故事文本角度的原型，据笔者推断，当是东晋大诗人陶渊明的《桃花源记》，从故事情节、语言描写、暗设伏笔等多个角度来看，这两个故事有异曲同工之妙。《桃花源记》的故事在东晋以后流传甚广，后世的道宣在创作"圆通访鼓山竹林寺"的故事时具备了模仿《桃花源记》的可能性。

桃花源是人间的佛国净土，鼓山竹林寺是佛教徒修行的"世外桃源"。

（二）竹林寺故事的产生原因

道宣虚构鼓山竹林寺三则故事的动机是什么？有关鼓山竹林寺的三则故事，收录在《续高僧传》《广弘明集》《集神州三宝感通录》《道宣律师感通录》《法苑珠林》等著作中，其中《集神州三宝感通录》《道宣律师感通录》在书名中均明确注明了"感通"二字。

"感通"是一方有所感应后通达于另一方的互动关系。"感通"的意义是什么？作者编纂感通故事的目的，据笔者认为就是想证明僧徒对佛法的虔诚会带来佛祖的感应。道宣运用这一理念来弘扬佛法的殊胜，进一步感召广大信众对佛教要始终虔诚。而且他认为这种感通是无身份、场所限制的，时隐时现，只能随机感通。切入"感通"的唯一条件是对佛法的虔诚，与当事人的身份高低无关，这就增进了普通佛教徒对于佛法的无上信心，不至于因为身份所限而无法企及。在当时，可以说这类感通故事对于推广佛教有着极大意义。道宣虚构鼓山竹林寺三则故事的动机应该与此有关。

（三）竹林寺故事对后世的影响

1. 下竹林寺

在峰峰矿区南响堂往东1公里左右的鼓山东麓，即峰峰矿区的峰峰矿务局机修厂厂区南侧一带，曾有一座寺院，20世纪50年代初遗址尚存，此处亦名竹林寺。清康熙《磁州志》在图志中所标"竹林寺"与此位置相同。

明嘉靖《磁州志》称"化乐寺，即古竹林寺，唐开宝重建石幢，宋祥符敕赐化乐寺；元季荡于兵，有遗迹存"。清康熙《磁州志》称"化乐寺，在州西北四十里，明弘治十年重修"。"唐开宝"的表述是错误的，"开宝"是宋代赵匡胤的年号，而唐代"天宝"与其相似。此处应是"唐天宝"或"宋开宝"的笔误。

从以上资料可知，最晚在宋开宝年间（968～976年），此竹林寺就建立了。宋祥符年

---

[16]（唐）道宣撰，郭绍林点校：《续高僧传》，北京：中华书局，2014年，第999页。

间（1008～1016年）曾敕赐为"化乐寺"，元末毁于战火，明弘治十年（1497年）宣修。这与国立北平研究院马丰撰稿的《赴磁县武安县南北响堂寺及其附近工作报告》的内容基本吻合，"（二十四年九月）二十日徐先生顾先生龚先生等同往调查……下竹林寺，（宋时建元明清重修）"[17]"（十月）十二日去响堂寺东南里许，下竹林寺拓宋建隆二年佛说上生兜率陀天经经幢，明弘治二年石柱及十年重修化乐寺碑等"[18]。本次考察历时72天，即"二十四年九月十二日夜十一时四十五分乘平汉车出发"[19]"（十一月）二十二晨四十五分乘平汉车，晚九时余抵平"[20]。考察时间充裕，所得结论应相对可靠。报告中指出"下竹林寺拓宋建隆二年《佛说上生兜率陀天经》经幢"，据此，下竹林寺的初创时间最晚可以上推至"宋建隆二年"，即961年。曾称名"竹林寺"，宋代祥符年间改名"化乐寺"，1935年国立北平研究院考察时称其为"下竹林寺"。

在磁州、武安一带，人们也一直把鼓山竹林寺和化乐寺这两所寺院并称，一称上竹林，一称下竹林，俗语谓"下竹林有寺无僧，上竹林有影无踪"。上竹林就是上文中提及的鼓山竹林寺。

鉴于下竹林寺与传说中的"鼓山竹林寺"相距不过40里，极有可能是在《续高僧传》等著作中"鼓山竹林寺"故事的影响下而命名。

2. 鼓山小鬼道上的寺院遗址

多年来，笔者徒步探访了鼓山范围内的沟谷、小山峰，在鼓山分水岭与小鬼道的交叉点附近，发现有一处寺院遗址，保留有石砌的房屋、院落围墙、灰身塔残件等文物遗存。与道宣《续高僧传》中鼓山"竹林寺"的位置接近。距离寺院不远处的崖壁上，镌刻有《重修罗僧寺记》，文末有"大明嘉靖二十一年秋月上浣，明庆立"的记述，然而据现场判断，此处镌石应是近年来镌刻，并非明代的镌石，至于是否具有参考意义，尚且难辨，权作资料留存。附录文于后（图5）。

重修罗僧寺记

维佛之教，源于天竺，千年之后，流播河南省彰德府磁州武安县。南有鼓山，千场也，望气之士观之，言其龙虎之象，至夜则光冲牛门，必非凡地。

山左之小鬼道，七回八折，遥冥深邃，十余里。不分寒暑，阴气逼人。夜则鬼族经行，少人烟。闻宋辽间，止一胡僧居焉，野人语，其形貌魁伟，不类中原。于岩穴间宴坐，终日不食不语。先师言其乃慈贤三藏法师也。天竺胡僧，经行于此，后入辽为帝王师，□衣罗僧寺者意即其茅蓬。

---

[17] 马丰撰：《赴磁县武安县南北响堂寺及其附近工作报告》，《国立北平研究院院务汇报》第七卷第四期，北京：国立北平研究院，1936年，第115页。

[18] 马丰撰：《赴磁县武安县南北响堂寺及其附近工作报告》，《国立北平研究院院务汇报》第七卷第四期，北京：国立北平研究院，1936年，第116页。

[19] 马丰撰：《赴磁县武安县南北响堂寺及其附近工作报告》，《国立北平研究院院务汇报》第七卷第四期，北京：国立北平研究院，1936年，第111页。

[20] 马丰撰：《赴磁县武安县南北响堂寺及其附近工作报告》，《国立北平研究院院务汇报》第七卷第四期，北京：国立北平研究院，1936年，第119页。

图5 《重修罗僧寺记》镌石

今其地，天地四合，山势重围。松柏覆其上，清泉流其下。山苍掩映，红鸭幽栖。寔乃清修之佳处也。然昔日之茅蓬，断壁残垣已不堪用。遂邀同门弟子明经、明法，广募钱粮，鸠工庀材。历时年余，整饬一新。虽无雕梁画神（栋）之美，亦可念佛颂经，朝夕慕道。

嗟夫！罗僧一去，大道隐匿，嗟尔禅思，忽来忽去。

大明嘉靖二十一年秋月上浣，明庆立。

菩萨戒弟子明文撰，刘和大刻石。

就目前资料而言，该寺创建年代不详，因其与《续高僧传》中鼓山竹林寺的位置相契合，笔者推知可能是受到"鼓山竹林寺"传说故事的影响而建立。

由此可见，《续高僧传》对佛教界的影响之深。

五、鼓山石窟常乐寺金碑的再认识

关于常乐寺金碑中提到的"又闻（鼓山）中有竹林寺，五百罗汉所居，隐而不见"，很明显是受到《道宣律师感通录》《法苑珠林》等相关内容的影响而写成。鉴于金碑是受到《法苑珠林》的影响造成了"高洋遣使取经函"这则故事的误读，由此推知"五百罗汉"这一情节可能也是吸纳了《法苑珠林》的相关内容而来。

据常乐寺金碑的记述来看，富有故事情节的内容，当是常乐寺主僧宣秘大师口述，胡砺撰文记述了下来。碑文中交代"予旧闻吾乡鼓山常乐寺，多圣贤之遗迹，为登临之奇观。方少年，游乡校，无意于山林之乐，故终不果一游。厥后，远去乡间二十年间，以旧所闻想象其处，未尝不形于梦寐也"，可见胡砺在此次游览之前，从未到过鼓山。而下文交代"皇统三年冬……以葬事得省松林，始决意一往。未至十余里，雪大作……而雪势愈急……抵暮方至寺，主僧宣秘大师师彦迎予，馆于东轩……迟明开户，深已盈尺，阴云蔽空，山色晦昧，无所观览。逮至辰巳间，雪意殊未已，因别师彦以归。所赞圣贤之遗迹，登临之奇观，竟无见焉"。可见，这次的实地游览只是于傍晚到达常乐寺并在寺内住宿，因天气原因，未曾游览鼓山石窟，于第二日上午离开。据此判断，胡砺对于常乐寺、鼓山石窟、竹林寺的情况了解甚少。"师彦于本寺方事兴修，鸠集财用，明年春再见于镇阳，因为予备言鼓山之灵异与常乐寺废兴之本末"，由此可见，记文中有关常乐寺、鼓山石窟，尤其是体现"鼓山之灵异"的竹林寺故事，应该都是宣秘大师告知胡砺的。

常乐寺金碑在"高洋遣使于竹林寺取经函"一事前交代了"按《齐志》云"，《齐志》早已亡佚，无从考证，笔者查阅《北齐书》《北史》等有关北齐的史料，均不见相关记载。笔者推测，不排除是撰文者胡砺或者讲述者宣秘大师假托史料而言。

"高洋遣使于竹林寺取经函"一事虽情节离奇，然碑文中其他比较接近宣秘大师生活年代的事件当是准确的。"宋嘉祐中复更为常乐寺，自兵兴由兹山险固，为盗贼渊薮，以致焚毁，十不存一二"。关于宋金交战，常乐寺"十不存一二"的现状交代，应是准确的。"旧寺基因山高□，大殿前楹去三门无二十六步。往年僧众以岁时作大佛事，虽病扵狭隘，而竟亦无如之何。今因□□坏，退旧基一十四步筑而广之，庭宇廊然，咸使众志。自皇统八年九月乙亥讫天德二年六月甲寅，殿成高广宏旷，冠于一方，又于其中塑三世佛像"，本次重修三世佛殿的相关情况记述得十分具体，这为我们研究常乐寺的兴废沿革提供了重要的参考。

六、结　　语

笔者基于五部古籍（《续高僧传》《广弘明集》《集神州三宝感通录》《道宣律师感通录》《法苑珠林》）、一块金碑（常乐寺《重修三世佛殿之记》）等资料的梳理、研究，重点探讨了鼓山竹林寺故事的原型、产生原因及发展演变过程，以及对于后世的深远影响。

通过比较分析法证实了常乐寺金碑"高洋遣使于鼓山竹林寺取经函"一事的误读。同时，对于我们正确理解东魏—北齐佛教史提供了一定的帮助，也将助力于我们对响堂山石窟文化研究的深入开展。

彬州大佛寺石窟题刻中的边防*

陈 磊

内容摘要：彬州大佛寺石窟有较多与边防有关的题刻。以题刻中"边防"信息这个点，可以透视大佛寺石窟之于古代邠州乃至西北的历史。唐代的边防题刻又关联着大佛寺石窟营建的缘起；宋代宋夏交战有关的题刻背后串联起了宋夏战争史，包括重要的将帅人物以及战争。元代的相关题刻反映了元朝对西北的区域管理。明代边防题刻中既涉及西北的防御，又有明确的战争、平叛记载，具有最为丰富的防务信息。清代边防题刻中的驻守，近代四通题刻的时代烙印，是彬州地理地位的缩影。

关键词：彬州大佛寺石窟　题刻　边防　邠州

Border Defense in the Inscriptions of Dafosi Grottoes in Binzhou

Chen Lei

Abstract: There are many inscriptions related to border defense in the Dafosi Grottoes in Binzhou. By examining the "border defense" information in the inscription, we can gain insight into the history of Dafosi Grottoes in Binzhou and northwest China. The border defense inscriptions of the Tang Dynasty are also related to the origin of the construction of Dafosi Grottoes. The inscriptions related to the wars between Song and Western Xia are connected to the history of the Song Xia wars, including some important military generals. Some inscriptions of Yuan Dynasty reflect the regional management of the northwest by the Yuan government. The border defense inscriptions of the Ming Dynasty not only involve in the defense of the northwest, but also war and counter rebellion, providing the existing richest defense information. The garrison in the border defense inscriptions of the Qing Dynasty and the four modern inscriptions also represent the important status of historical Binzhou.

作者：陈磊，陕西西安，710065，西安美术学院美术史论系。

* 本文为"北京师范大学中国基础教育质量监测协同创新中心自主课题资助"阶段性研究成果（课题编号：2021-05-049-BZPK01）。

Key words: Binzhou Dafosi Grottoes, inscriptions, border defense, Binzhou

作为出入关中西北要道的重镇邠州，因其特殊的地理位置，在古代边防上发挥着极其重要的作用。邠州，或是战争对峙的前沿，或是防御西北的交通要道，彬州大佛寺石窟留下了与之相关的大量题刻。与边防有关的题刻，唐、宋、金、元、明、清乃至民国都有，跨越朝代较多，延续时间较长。透过这些题刻，甚至可以管窥西北的边防史。前人对彬州大佛寺石窟题刻的整理、研究都较为欠缺，本文通过题刻中"边防"信息这个点，透视大佛寺石窟之于古代邠州乃至西北的历史。

一、唐人题刻、浅水原之战与大佛寺石窟营建

彬州大佛寺石窟题刻中最早的是大佛洞大佛背光左肩处"大唐贞观二年（628年）十一月十三日造"的题记。其后次早的应是"幽州长史武太一题记"，时间或在唐代高宗上元元年（674年）八月；该题记中有一句"武圣皇帝平薛举时所置也"。如果说"武太一题记"所言是真实的，那么这是唯一可以反映唐代边防的题刻。

武德元年（618年），秦王李世民击败陇西割据势力薛举父子的浅水原之战，是唐王朝建立初期消除长安西北威胁的重要战争。在战争中，经历了初战败绩、再战、出奇制胜三个阶段。李淞先生新发现的这通"武太一题记"对于研究大佛寺石窟营建的缘起是非常有帮助的，大佛寺石窟可能即李世民为纪念平薛举十周年、对先前高僧明瞻承诺的交代[1]。其后，唐代的长安西北基本没有了战乱的威胁，高宗、武周开窟造像步入了高速发展期。唐代的题刻也基本以造像记为主，不再有边防相关的题刻了。

二、宋代往返官员题刻背后的宋夏交战

邠州是宋金战争交战的前沿地带，作为交通要道的必经之地，有大量题刻是关于官员往返的记录；因涉及国家存亡问题，来往官员级别较高，这在正史及其他史籍文献中记载的比例也是最高的。分析这些题刻，尤其是早期题刻，最早的几通都是密切围绕着宋金交战；而其后的数通，则反映了宋金战争之后的防御问题。

与宋夏交战相关的题刻有"新知渭州王沿题名""韩稚圭、尹师鲁题名""伯庸（王尧臣）题名""滕宗谅题名""王冲题名""李丕旦题名""程戡等题名""智周叔侄题名"等；西夏受封之后，边境稍宁，直接相关的题刻有"王素题名""张翼题名""楚建中题名""曹颖叔题名"等。

《续资治通鉴》载庆历元年（1041年）秋七月乙未元昊陷丰州，始王沿在并州，建议乞徙丰州，不报；不踰岁，州果陷；冬十月甲午，始分陕西为四路，以管句泾原路部署司事兼知渭州王

---

[1] 李淞：《唐太宗建七寺之诏与彬县大佛寺石窟的开凿》，《长安艺术与宗教文明》，北京：中华书局，2002年，第32～42页。该文最早发表于《艺术学》1994年第12期。

沿，与管句秦凤路部署司事兼知秦州韩琦、管句环庆路部署司事兼知庆州范仲淹、管句鄜延路部署司事兼知延州庞籍，并兼本路马步军都部署、经略安抚沿边招讨使[2]。《续资治通鉴》与题刻"新知渭州王沿题名"中王沿的职务相同；题刻时间在《续资治通鉴》所载时间之前，题刻可补史书所载之不足。王沿于宋夏战争有清晰的判断，故后共同管理陕西四路部署司事。

《续资治通鉴》载康定二年（1041年）二月谋者言元昊谋寇渭州，韩琦趋镇戎军，使任福将以击贼；中敌诱兵之计，败于好水川。始朝廷从攻策，经略安抚判官尹洙以正月至延州，与范仲淹谋出兵，范仲淹坚持不可；后尹洙还至庆州，知任福之败，因遣权环庆路都监刘政将锐卒数千往援，未至，贼引去。夏竦奏尹洙擅发兵，降通判濠州；四月降陕西经略安抚副使、枢密直学士、起居舍人韩琦为右司谏，知秦州[3]。此康定二年（1041年）三月十五日韩琦、尹师鲁题刻，叶昌炽言尹洙自延州还庆州、韩琦自泾州还，二人相遇于邠州[4]。或误，韩琦、尹师鲁当聚于镇戎军，二人应是由镇戎军（今固原）还开封另接受任职，途经邠州；二人皆降职，故题刻中不言官职。

《宋史·王尧臣传》载仁宗朝王尧臣两度被任命安抚泾原，叶昌炽考此为首次安抚泾原，即元昊反第三年[5]。返还后，言泾原近贼巢穴，最当要害，宜先备之；又言韩琦、范仲淹皆忠义智勇，不当置之散地；又荐种世衡、狄青等有将才。明年贼果自镇戎军、原州入寇，败葛怀敏，乘胜掠平凉，关中震恐，而范仲淹自将庆州兵捍城，贼引去；仁宗思王尧臣言，复以韩琦、范仲淹为招讨使，置府泾州，使王尧臣再安抚泾原[6]。题刻言王尧臣康定二年（1041年）季春"被诏西抚经此"，即其第一次安抚泾原。

《宋史·滕宗谅传（刘越附）》载，元昊反，滕宗谅除刑部员外郎，直集贤院、知泾州。葛怀敏兵败后，滕宗谅顾城中兵少，乃集农民数千，戎服乘城，又募勇敢，谍知寇远近及其形势，檄报旁郡使为备。会范仲淹自环庆引蕃汉兵来援，滕宗谅大设牛酒迎犒士卒；又籍定川战没者于佛寺祭酹之，厚抚其孥，边民稍安。范仲淹荐以自代，擢天章阁待制，徙庆州[7]。题刻中"尚书刑部员外郎、直集贤院滕宗谅诏守泾塞"，应是元昊反后，赴泾州任职途中。如叶昌炽考，此云"继至于此，后二日"，知时间在三月二十三日；此时王尧臣已去泾原安抚，滕宗谅知泾州，二人皆在前

---

[2]（清）毕沅：《续资治通鉴（第3册）》卷四十三"宋纪四十三·仁宗庆历元年（1041年）"，北京：中华书局，1957年，第1038、1043页。

[3]（清）毕沅：《续资治通鉴（第3册）》卷四十三"宋纪四十三·仁宗庆历元年（1041年）"，北京：中华书局，1957年，第1027、1028、1029、1030、1031页。

[4]（清）叶昌炽撰：《邠州石室录》卷二"宋·韩稚圭、尹师鲁题名"，民国四年（1915年）吴兴刘氏嘉业堂刻本，第5页。

[5]（清）叶昌炽撰：《邠州石室录》卷二"宋·伯庸题名"，民国四年（1915年）吴兴刘氏嘉业堂刻本，第6页。

[6]（元）脱脱等撰：《宋史（第28册）》卷二百九十二"列传第五十一·王尧臣"，北京：中华书局，1977年，第9772～9774页。

[7]（元）脱脱等撰：《宋史（第29册）》卷三百三"列传第六十二·滕宗谅（刘越附）"，北京：中华书局，1977年，第10037、10038页。

往泾州的途中[8]。

《金石萃编》"兴庆池禊宴诗"言"秘书丞、通判乾州军州事王冲"[9]，《宋史·王旦传》旦三子，雍国子博士，冲左赞善大夫[10]，此题刻言"西贼寇边之泾州，相度营寨回"，职务有相似处。王冲题名题刻中，"相度"为宋公文用语，考虑、分析、观察、估量意，一般要求分析某事后提出解决办法或建议。该题刻之意或是：西贼元昊军侵犯宋之泾州边境，王冲作为秘书丞、通判乾州军军事前往，对宋之营寨分析、建议后返回。《兴庆池禊宴诗》为上巳节（三月三）所题，早于王冲题名题刻之首冬（当为初冬，即十月）；王冲为秘书丞、通判乾州军州事，秘书丞为古代掌管文籍等事之官，而通判乾州军州事，即对乾州军州事的监察。乾州即今之乾县，熙宁三年（1070年）乾州废，或因此故，王冲职务于《宋史》无详细记载。《宋史·王旦传》载其子王冲为左赞善大夫，左赞善大夫相当于讽谏、赞礼、教授文籍等文官职务，与秘书丞有相通处，尤其是乾州废后，王冲或以左赞善大夫终老。

叶昌炽考，《东都事略》载韩琦"以笼竿城据冲要，乞建为德顺军，以蔽萧关鸣沙之道"[11]。《续资治通鉴》庆历三年（1043年）春正月诏陕西沿边招讨使韩琦、范仲淹，建渭州笼竿城，为德顺军，用王尧臣议也[12]。《宋史·地理志》庆历三年（1043年），德顺军即渭州陇干城建为军，所属有陇干一县、水洛一城，静边、得胜等五寨，中安、威戎两堡[13]。李丕旦为通理，即通守之职[14]。庆历三年（1043年）四月的"李丕旦题名"言"到此"，或是前往德顺军，途经邠州所题。

《续资治通鉴》言庆历四年（1044年）三月甲戌命盐铁副使鱼周询、宫苑使周惟德往陕西，同都转运使程戡相度铸钱及修水洛城利害以闻。先是韩琦以修水洛城为不便，郑戬固请终役，命刘沪、董士廉督役。知渭州尹洙及泾原副都部署狄青相继论列，以为修城有害无利。鱼周询等奏后，诏释刘沪、董士廉，卒城之[15]。题刻即鱼周询等前往水洛城途中，经邠州所题。

---

[8]（清）叶昌炽撰：《邠州石室录》卷二"宋·滕宗谅题名"，民国四年（1915年）吴兴刘氏嘉业堂刻本，第9页。

[9]（清）王昶辑：《金石萃编（第4册）》卷一百三十三"宋十一·兴庆池禊宴诗"，嘉庆十年（1805年）经训堂刻本（《石刻史料新编》影印版），第1～6页。

[10]（元）脱脱等撰：《宋史（第27册）》卷二百八十二"列传第四十一·王旦"，北京：中华书局，1977年，第9552、9553页。

[11]（南宋）王称撰《东都事略》未载。原文（北宋）李清臣撰：《韩忠献公琦行状》，《名臣碑传琬琰之集》卷四十八，北京：北京图书馆出版社，2003年，第7页；（清）纪昀、永瑢：《景印文渊阁四库全书》第450册，台北：台湾商务印书馆股份有限公司，2008年，第572页。

[12]（清）毕沅：《续资治通鉴（第3册）》卷四十五"宋纪四十五·仁宗庆历三年（1043年）"，北京：中华书局，1957年，第1080页。

[13]（元）脱脱等撰：《宋史（第7册）》卷八十七"志第四十·地理三"，北京：中华书局，1977年，第2158页。

[14]（清）叶昌炽撰：《邠州石室录》卷二"宋·李丕旦题名"，民国四年（1915年）吴兴刘氏嘉业堂刻本，第23页。

[15]（清）毕沅：《续资治通鉴（第3册）》卷四十六"宋纪四十六·仁宗庆历四年（1044年）"，北京：中华书局，1957年，第1110、1111页。

《宋史·安俊传》载安俊（字智周）曾破赵元昊诸寨，安抚使韩琦上其功，迁内殿崇班、环庆路都监，徙泾原；葛怀敏败，命为秦凤路钤辖，复徙泾原。秦州筑古渭城，蕃部大扰，徙秦凤路总管，历龙神卫、捧日天武四厢都指挥使，环庆路副总管。环州得俘虏，种世衡问孰畏，曰畏安太保[16]。"智周叔侄题名"，即安俊某一次游邠州所题。

庆历五年（1045年）宋夏议和，元昊受封册，其后边境稍宁。之后的数则题刻已与战事无关，如"王素题名"中王素"过此"，"张翼题名"中张翼"诣宁看亲回"，相对从容。熙宁五年（1072年）"楚建中题名"，《续资治通鉴》言庆历六年（1046年）十一月遣著作郎楚建中接续病故的张子奭与夏国议封界事[17]。嘉祐四年（1059年）"曹颖叔题名"，曹颖叔在庆历八年（1048年）二月元昊死时任开封府判官，为祭奠使前往，途经邠州[18]。

"王戬、种师中题名"中，《宋史》记载种师中历知环滨邠州、庆阳府、秦州、侍卫步军马军副都指挥使、房州观察使、奉宁军承宣使。其后金人内侵，诏提秦凤兵入援[19]。此元丰七年（1084年）刻，即其知邠州时所题。《宋史·张守约传》载张守约曾为环庆都钤辖、知邠州，徙泾原、鄜延、秦凤路副总管，领康州刺史。夏人十万屯南牟，畏其名，引去[20]。题刻中元祐元年（1086年）"自邠移总泾原兵"，应是离开邠州时所题。重和己亥（1119年）的"陇西朋甫题名""按兵长安"，叶昌炽考《续资治通鉴》政和四年（1114年）夏人筑臧底河城，诏童贯为陕西经略使讨之；五年（1115年）童贯以中军驻兰州[21]。此按兵亦与童贯有关[22]。

三、金元题刻关联的西北军政与战事

彬州大佛寺石窟金人题刻不多，完整的有两通，皆正隆年间。正隆（1156～1161年）为金海陵炀王完颜亮的第三个年号。靖康二年（1127年）之"靖康之变"，北宋灭亡。南宋建炎四年（1130年）、金太宗天会八年（1130年）邠州沦丧于金。正隆四年（1159年）、六年（1161年）的

---

[16]（元）脱脱等撰：《宋史（第30册）》卷三百二十三"列传第八十二·安俊"，北京：中华书局，1977年，第10467、10468页。

[17]（清）毕沅：《续资治通鉴（第3册）》卷四十八"宋纪四十八·仁宗庆历六年（1046年）"，北京：中华书局，1957年，第1168页。

[18]（清）叶昌炽撰：《邠州石室录》卷二"宋·曹颖叔题名"，民国四年（1915年）吴兴刘氏嘉业堂刻本，第33页。

[19]（元）脱脱等撰：《宋史（第31册）》卷三百三十五"列传第九十四·种世衡（子古、谔、谊，孙朴、师道、师中）"，北京：中华书局，1977年，第10754页。

[20]（元）脱脱等撰：《宋史（第32册）》卷三百三十五"列传第一百九·张守约"，北京：中华书局，1977年，第11073、11074页。

[21]（清）毕沅：《续资治通鉴（第5册）》卷九十一"宋纪九十一·徽宗政和四年（1114年）"、卷九十二"宋纪九十二·徽宗政和五年（1115年）"，北京：中华书局，1957年，第2363、2366页。

[22]（清）叶昌炽撰：《邠州石室录》卷二"宋·陇西朋甫题名"，民国四年（1915年）吴兴刘氏嘉业堂刻本，第85、86页。

两通题刻，并未提及边防。

元人题刻中，涉及边防的主要是与之相关的历史地理、职官制度。如"江孟燕题名"中，江孟燕为安西府人，至元十六年（1279 年）改京兆为安西路总管府[23]。"董祐题名"中，元代独于巩昌路置便宜都总帅府[24]。"文伯颜装像题字"中，元代设有礼店文州蒙古汉儿军民元帅府[25]，根据"百官志"又可知，达鲁花赤、元帅等，又有奥鲁军民等[26]，应是同时兼管军事、农业等事务。"车力帖木儿装象题字"中，《元史·百官志》载上都留守司监，其属有兵马司局指挥使三员、副使二员。至元二十九年（1292 年）置，又有添设兵马司[27]。

"俺普装像题字"中，《元史》有相关记载：至正二十八年（1368 年）秋七月丁巳少保、陕西行省左丞相秃鲁统率关陕诸军，东出潼关，攻取河洛……秦国公、平章、知院俺普，平章琐住等军，东西布列，乘机扫殄[28]。判断此题刻甲戌为 1333 年。时俺普为"忠翊校尉、邠州达鲁花赤兼管本州诸军奥鲁、劝农事"，官职尚为四品、五品，至三十五年后的至正二十八年（1368 年）俺普已为秦国公，于理合。至正二十八年（1368 年）近元亡之期，判断俺普年岁已高，其时政权飘摇，启用老臣，已属无奈。这是后续参与西北战事的、较少见的元代题刻人物。

四、明代过往官员题刻与西北防御

彬州大佛寺石窟明人题刻数量多，过往官员人数亦多。因明朝是推翻蒙元统治后建立的王朝，所以防御蒙古及其他政权的西北战线就成为明朝特别重视的事情。在彬州大佛寺石窟留下了大量与西北防御有关的题刻；这类题刻的数量在历朝历代中最多，甚至超过了其他历朝历代的总和。

现存最早的、完整的明代题刻是"王竑题记"，即是对蒙古部落入侵的作战。题记中言天顺五年（1461 年）都御史王竑奉敕经略关陕兵备，偕部署都指挥白玉二十二人，《明史·王竑传》载天顺五年（1461 年）孛来（明蒙古哈喇慎部领主）寇庄浪（今甘肃平凉），起竑故官，与兵部侍郎

---

[23] （明）宋濂等撰：《元史（第 5 册）》卷六十"志第十二·地理三·奉元路"，北京：中华书局，1976 年，第 1423 页。

[24] （明）宋濂等撰：《元史（第 5 册）》卷六十"志第十二·地理三·巩昌府"，北京：中华书局，1976 年，第 1429 页。

[25] （明）宋濂等撰：《元史（第 5 册）》卷六十"志第二十·地理三·脱思麻路"，北京：中华书局，1976 年，第 1434 页。

[26] （明）宋濂等撰：《元史（第 7 册）》卷八十七"志第三十七·百官三"，北京：中华书局，1976 年，第 2195、2196 页。

[27] （明）宋濂等撰：《元史（第 8 册）》卷九十"志第四十·百官六·上都留守司兼本路都总管府"，北京：中华书局，1976 年，第 2297、2298 页。

[28] （明）宋濂等撰：《元史（第 4 册）》卷四十七"本纪第四十七·顺帝十"，北京：中华书局，1976 年，第 985 页。

白圭参赞军务。天顺六年（1462年）正月击退孛来，白圭等还，王竑仍留镇[29]。按，白圭即白玉，圭或其字；此题刻或是王竑前往庄浪途经大佛寺石窟所题，因击退孛来时已天顺六年（1462年）正月。且击退孛来后，白圭等还，王竑仍留镇。

"侯英题名"中成化三年（1467年）春二月巡按甘肃监察御史侯英公差回还，《明实录》云：成化三年（1467年）二月戊戌"巡按陕西监察御史侯英奏洮州番蔟数寇边，指挥使汪钊守备不职，宜逮问"[30]。此"巡按陕西"当为巡按陕西道，实际为巡按甘肃。洮州番蔟数寇边，侯英奏汪钊守备不职；显然西北边境多有蕃蔟寇边，中央政权对边防十分重视。

"吴鋐同游题名"中，"言□启与吴鋐提兵固原凯还"。"康永题记"中言弘治元年（1488年）六月奉敕守河湟都指挥康永八载致政，对应《明实录》所载弘治元年（1488年）二月己未"守备河州、陕西都司都指挥金事康永乞致仕"[31]。"陈瑛题记"中弘治六年（1493年）仲冬钦差镇守陕西、右军都督府都督同知陈瑛奉命守西土，每岁冬月亲率官兵于固、靖、兰、庆等处防御。

"苍谷子题名""桑溥题名""王尚絅、桑溥题名一""王尚絅、桑溥题名二"中，嘉靖四年（1525年）冬参政王尚絅、副使泽山按部过此。根据相关文献及今天学者研究可知，嘉靖四年乙酉（1525年）王尚絅调任陕西左参政，助杨一清剿寇有功。又根据其文集可知，此为其赴陕到固原途中[32]。根据《关中奏议》知桑溥时任陕西按察司、整饬固原兵备副使[33]。"顾铎题名"中，《博兴县志》载顾铎出为汝宁太守，升信阳兵备副使，命出陕西，行太仆之命，饬理马政[34]。此刻当即前往陕西"饬理马政"途中所题。

"李节题名"中，李节任钦差雁门等三关游击将军，游击将军并无品级，由朝廷委任以钦差之职。《明史·职官志》载："总兵官、副总兵、参将、游击将军、守备、把总，无品级，无定员""镇守山西总兵官一人，旧为副总兵，嘉靖二十年（1541年）改设，驻宁武关。防秋移驻阳方口，防冬移驻偏关。……游击将军一人……"[35]李节作为钦差游击将军，于不同时节在三关移驻防守。

"李勇等题名"中，有怀远将军李勇、武略将军陈准、忠信校尉花芳。《明史·职官志》载："凡各省、各镇镇守总兵官、副总兵，并以三等真、署都督及公、侯、伯充之。有大征讨，则挂诸

---

[29]（清）张廷玉等撰：《明史（第15册）》卷一百七十七"列传第六十五·王竑"，北京：中华书局，1974年，第4706～4709页。

[30]《明宪宗实录（第2册）》卷三九，北京：中华书局，2016年（据红格本影印），第773页。

[31]《明孝宗实录（第1册）》卷十一，北京：中华书局，2016年（据红格本影印），第260页。

[32] 参阅杨辉：《王尚絅年谱》，西北大学硕士学位论文，2016年，第38页。

[33]（明）杨一清撰：《关中奏议》卷十八"提督类·一为边务事"，第31页；（清）纪昀、永瑢：《景印文渊阁四库全书》第428册，台北：商务印书馆，2008年，第547页（上）。

[34]（清）李元伟纂修：《博兴县志》卷七"人物·事功"，康熙六十年（1721年）刻本，第31、32页。

[35]（清）张廷玉等撰：《明史（第6册）》卷七十六"志第五十二·职官五·总兵官"，北京：中华书局，1974年，第1866、1868页。

号将军或大将军、前将军、副将军印总兵出，既事，纳之。"[36] 又，《明史·职官志》载武官散阶三十，怀远将军从三品，武略将军从五品。又载正六品有昭信校尉、承信校尉，从六品忠显校尉、忠武校尉[37]。史志虽并未记载有忠信校尉，但忠信校尉亦当属六品武散阶。此三人皆与西北防御有关。

"王陛题记"中，嘉靖三十年（1551年）季冬王陛任西安后卫都指挥使防守过此；《明史·职官志》载拱卫指挥使司，秩正三品，洪武三年（1370年），改为亲军都尉府，管左、右、中、前、后五卫军士。洪武七年（1374年）置西安行都卫指挥使司于河州[38]。"鹤松金第题名"中，嘉靖三十五年（1556年）都指挥鹤松金第"因取边过此"，《明史·职官志》载："都司，掌一方之军政，各率其卫所以隶于五府，而听于兵部。"[39]

"张栋题记（附刘昇题记）"中，刘昇言张栋"以兵科都给事中阅边务过"，《昆山县志·列传》载张栋万历庚寅（1590年）起兵科都给事中，洮河用兵，议遣廷臣分阅边镇，命往固原，栋单骑驰阅[40]。"王鸿业题名"中，王鸿业为陕西军政都指挥前游击将军，《陕西通志》言其"西安卫人，陕西掌印都司"[41]，《张庄僖文集》言其曾为都司署印署都指挥佥[42]。王鸿业为游击将军，或为遇有战事而临时充任，其平时之职或即都司署印署都指挥佥事。

明人题刻人名中有四人是御用钦差太监，《明史·职官志》载内宫监有十一，如御马监等，皆设太监一人，正四品；左右少监一人，从四品[43]。御马监地位较高，有统兵之权。"明代刘永诚钟铭"中，景泰元年（1450年）三月镇守甘肃太监刘永诚，西北称"刘马太监"，《明史》有传：与曹吉祥分道征兀良哈；永乐时尝为偏将，累从北征；宣德、正统中，再击兀良哈；后监镇甘、凉，战沙漠，有功；景泰末，掌团营[44]。

---

[36]（清）张廷玉等撰：《明史（第6册）》卷七十五"志第五十二·职官五·五军都督府"，北京：中华书局，1974年，第1857页。

[37]（清）张廷玉等撰：《明史（第6册）》卷七十二"志第四十八·职官一·兵部·武选"，北京：中华书局，1974年，第1751页。

[38]（清）张廷玉等撰：《明史（第6册）》卷七十六"志第五十二·职官五·锦衣卫/都指挥使司"，北京：中华书局，1974年，第1862、1872页。

[39]（清）张廷玉等撰：《明史（第6册）》卷七十六"志第五十二·职官五·都指挥使司"，北京：中华书局，1974年，第1872页。

[40]（清）张予介纂修：《昆山新阳合志》卷二十一"列传三·明之下"，乾隆十六年（1751年）刻本，第1～3页。

[41]（清）刘于义等：《敕修陕西通志》卷三十三"选举四·将材"，雍正十三年（1735年）刻本，第31页。

[42]（明）张永明撰：《张庄僖文集》卷三"擒获巨寇疏"，第23页；（清）纪昀、永瑢：《景印文渊阁四库全书》第1277册，台北：商务印书馆，2008年，第352页（下）。

[43]（清）张廷玉等撰：《明史（第6册）》卷七十四"志第五十·职官三·宦官"，北京：中华书局，1974年，第1825页。

[44]（清）张廷玉等撰：《明史（第26册）》卷三百四"列传第一百九十二·宦官一"，北京：中华书局，1974年，第7776、7777页。

"韦铸题记"中，"天顺□（癸）未（1463年）岁钦差御马监右少监韦铸奉旨适甘（甘？）□（州？）"，韦铸为御马监右少监之职，属从四品。"蓝蕙题名"中，成化二十年（1484年）六月钦差镇守兰州等处御马监太监蓝蕙，另跟随有指挥陈昇、百户戎清等人。"傅镇装像题记"中，钦差商州御马大（太）监傅镇守甘州，傅镇为御马太监之职，属正四品；此言"守甘州"，即统兵前往甘州。

除了防御蒙古及其他少数民族政权外，还有平定本土的叛乱。"项忠题记"中项忠总督军务、刘玉充兵部挂印部，评定平凉固原土达满四。《明史·项忠传》载：成化四年（1468年）开成县固原里满俊（亦名满四）反，入据石城（即唐吐蕃石堡），聚众至二万，关中震动，乃命项忠总督军务，与监督军务太监刘祥、总兵官都督刘玉帅京营及陕西四镇兵讨之。大小三百余战，后诱满俊出战，以伏兵擒获，击下石城[45]。

邠州防守题记，有"李国柱题记"中"防守邠州守备武进士频阳李国柱"，根据《明史·职官志》载知"守一城一堡者为守备"[46]。另有万历二十年（1592年）七月邠州防守残题。

另有数人，如孙塘、吴道直、刘三顾等，题刻邠州时尚非军职，而后迁任兵备等职务，也可算是与西北边防有关的题刻。

统计来说，明人题刻中与西北防务有关的人数超过二十人。相较于宋人题刻中直接与西北战争有关的数通题刻而言，明人题刻数量、人数都更多。与宋金战争有关的题刻，主要集中在庆历元年（1041年）至庆历五年（1045年）宋夏议和之前的数年；而明代的西北防务则贯穿整个明代历史，题刻中的时间也自天顺五年（1461年）到万历二十年（1592年）而长达一百三十余年。宋人题刻背后的是宋夏的直接交战，信息较多；而明人题刻的防务因属常备，故背后的信息相对简略；这亦是宋明两朝边防题刻的差异。

五、清人碑刻中的西北驻守

清人题刻中于陕西任职的高官较多，如数人担任陕西总督、巡抚；但有关西北防务的则较少，只有数通碑刻、匾额有督边、驻守的信息。

康熙四十二年（1703年）"黄明修大佛寺记碑"中的孟制军，即孟乔芳，《清史稿》载其仕明为副将，天聪四年（1630年）出降，仍为副将；顺治元年（1644年）改左侍郎；二年（1645年）四月以兵部右侍郎兼右副都御史、总督陕西三边；三年（1646年）随军入川平叛；四年（1647

---

[45]（清）张廷玉等撰：《明史（第15册）》卷一百七十八"列传第六十六·项忠"，北京：中华书局，1974年，第4727～4730页。

[46]（清）张廷玉等撰：《明史（第6册）》卷七十六"志第五十二·职官五·总兵官"，北京：中华书局，1974年，第1866页；（清）嵇璜等撰：《钦定续文献通考》卷六十一"职官考"，第12页；（清）纪昀、永瑢：《景印文渊阁四库全书》第627册，台北：商务印书馆，2008年，第661页（上）。

年）五月帅军驻固原；督陕西前后十年[47]。

光绪元年（1875年）四月"光绪重修大佛寺碑记"碑阴，监修大佛寺官员有"钦加布政使衔、总统铭字武毅马步等军、遇缺题奏按察使、法克精阿巴图鲁刘盛藻，总理铭字武毅马步等军、营务处三品衔、湖北遇缺题补道阎光显，钦加提督衔、遇缺题奏总镇、统领铭右全军、协勇巴图鲁丁汝昌，统领铭军、先锋马队等营、尽先参将、副将衔、色克巴图鲁潘万才，管带铭军、先锋马队、尽先游击衔刘学凤，钦赐花翎四品衔、即用知府、特授邠州直隶州知州吴钦曾，花翎游击衔、陕西邠州营都司张应宿，花翎游击衔、河南尽先补用都司易宪章，赏戴花翎、两江补用尽先守备杜景贤。"

其中，刘胜藻为中国近代史上著名清军将领、台湾首任巡抚刘铭传的族侄。同治十一年（1872年）刘盛藻赴陕西接统铭军为主帅[48]。丁汝昌是晚清爱国海军将领，1868年授总兵，加提督衔[49]。潘万才，据《清实录》光绪朝实录载，光绪八年（1882年）二月时任副将[50]。

另，匾额"龙象神通"，落款为管带仁胜左军后营、花翎、尽先补用副将喻文林，喻文林不可考。匾额"云垂西极"，落款为陕西巡抚部院营务处统领、抚标马步各营、署抚标中军参将、捍勇巴图鲁吴云伍；相关档案中又有详细记录：光绪十六年（1890年）正月二十五日陶模与陕甘总督杨昌濬、陕西固原提督雷正绾奏请以吴云伍升补抚标游击一折；其中又叙述有吴云伍经历：历额外外委、经制外委、千总、守备各实缺推升安西协中军都司、现署抚标中军参将，保有花翎游击，俟补缺后以参将补用，得有捍勇巴图鲁名号。希望推升安西营都司、以之升补抚标右营游击[51]。

整体看，清时西北边疆相对稳定，西北防务、驻守较少。

六、新中国成立前的题刻与西北解放

彬州大佛寺石窟另有四通带有明显时代烙印的近代题刻。据言，解放军曾于此驻扎[52]。这四通题刻有三通为1949年，另一通也应属同时。这些题刻并非随意刻划，而是经过了书写、凿刻的

---

[47]（清）赵尔巽等撰：《清史稿》卷二四三"列传二十四"，北京：中华书局，1998年，第7～11页；《续修四库全书》编委会编：《续修四库全书》第298册，上海：上海古籍出版社，2002年版，第474（下）～476页（下）。

[48] 参阅许昭堂、许高彬：《走近李鸿章》"第六章·淮军与合肥名将·四十八、乐善好施廉正人 补缺代叔统铭军"，北京：中国书店，2013年，第240～242页。

[49] 邹博主编：《百科知识全书·中国卷 历史百科》，北京：线装书局，2011年，第299、300页。

[50] 中华书局影印：《清实录（第54册）》卷一四三"德宗景皇帝实录（三）"，北京：中华书局，1987年，第20页（上）。

[51] 参阅台北故宫博物院藏《军机及宫中档》，文献编号：408002684；中国第一历史档案馆藏《录副奏折》，档号：03-5867-067；杜宏春：《陶模行述长编（上）》"第二编·牧令司道时期（同治七年至光绪十六年）"，合肥：黄山书社，2019年，第43、44页。

[52] 常青：《彬县大佛寺造像艺术》"第七章·石佛礼赞"，北京：现代出版社，1998年，第303页。

过程。"邱刚题记（二）"中，"解放大西北，消灭胡马匪"，此或指1949年6月10日至25日国民党青海马步芳、宁夏马鸿逵军队入侵邠县，直逼咸阳。中国人民解放军第一野战军三军、四军、六军、十八兵团一八一师迎头痛击，青宁马军北逃。这或可归入到彬州大佛寺石窟中的近代边防中。

七、结　语

彬州大佛寺石窟历朝历代与边防有关的题刻中，基本可以分为两大类：一是宋、明，既有基本的防御政策，又有与入侵蕃族的战争；二是元、清，基本是以西北的区域管理有关，仅涉及个别的平叛。另外，唐人题刻中的"平薛举时所置"，保留了彬州大佛寺石窟开凿的缘起。

对彬州大佛寺石窟边防类题刻的研究，除了对西北历史地理、边疆史地学有价值之外，在另一层意义上，也是了解彬州大佛寺石窟的重要材料：古代豳州（邠州）战略位置重要，彬州大佛寺石窟又是通往战略前线的最大石窟，在宋元明清时期佛教本体的价值似乎受到了极大影响，那么如何重新认识、评价这些具有边防信息的题刻，或是值得不断思考的问题。

莫高窟第 23 窟"良医喻"图所见唐代敦煌病坊生活*

乔梓桐

内容摘要：敦煌壁画中保留有丰富的丝绸之路生产生活画卷，是中古时期人们社会生活的重要见证。其中盛唐时期所绘莫高窟第 23 窟"良医喻"图像可以认为是唐代病坊生活的真实写照，极具世俗生活意趣。从历史与图像对比的角度出发，从中我们得以窥见图像对于唐代基层医疗与"病坊"生活的生动再现。结合时人的佛教信仰，又能反映出敦煌民众祛病消灾的美好愿望。而从洞窟这个佛教礼仪空间出发，第 23 窟本就是具有很强的礼忏灭罪功能的洞窟，其中的"良医喻"图像反映了在安史之乱、吐蕃东进所带来的社会动荡与医疗困境的历史背景下，当地僧俗二众借助以法华思想为主体的仪式空间表达护国、救度、灭罪等意涵。

关键词：莫高窟第 23 窟　良医喻　病坊　社会医疗

On the Hospital of Tang Dynasty Dunhuang Seen in the Mural on "Good Doctor's Metaphor" in Cave No. 23 of Mogao Grottoes

Qiao Zitong

Abstract: Dunhuang murals have abundant pictures about people's production and life on the Silk Road, which is an important witness to the social life of people in medieval China. Among these murals, the picture of "Good Doctor's Metaphor" painted in Cave No. 23 of Mogao grottoes from high Tang period can be regarded as a true portrayal, with charm of secular life. From the point of view of the comparison between history and images, the picture can be a vivid reproduction of the basic medical treatment and the "hospital" life of the Tang Dynasty. Combined with the Buddhist

---

作者：乔梓桐，陕西西安，710119，陕西师范大学丝绸之路历史文化研究中心。

* 基金项目：国家社科基金冷门绝学研究专项"敦煌壁画外来图像文明属性研究"（20VJXT014）；高等学校学科创新引智基地计划资助（Supported by the Project 111）"长安与丝路文化传播学科创新引智基地"（B18032）阶段性成果。

belief of the people of that time, it can also reflect the good wishes of Dunhuang people to eliminate diseases and disasters. From the perspective of the Buddhist ritual space, Cave No. 23 is originally a cave with strong function of repentance and crime elimination, and the image of "Good Doctor's Metaphor" reflected the historical background of social unrest and medical difficulties brought by An-Shi Rebellion and Tubo's territorial expansion to the east, as well as expressed the meanings of protecting the nation, saving and eliminating crime with the help of the ritual space dominated by the thoughts of *The Lotus Sutra*.

Key words: Cave No. 23 of Mogao Grottoes, Good Doctor's Metaphor, hospital, social medical

一、引　言

敦煌地处古代丝绸之路交通之枢纽，是东西方各民族活跃的舞台及东西方文化交流的融汇之地。保存下的敦煌壁画更是内容丰富、形式多样，除了表现佛教经典外，唐代以来大量有关社会生活的内容也在其中得到体现，可以说敦煌唐代壁画是当时民众社会生活的一个缩影，法华经变"良医喻"或许可以是反映唐代社会医疗、"病坊"生活的一个重要题材。

以往的学者研究多认为敦煌壁画中的"良医喻"内容始于中唐，但日本学者下野玲子指出该窟南壁东端原被定名为"化城喻品"的图像应认定为"良医喻"[1]，张元林先生在《莫高窟23窟法华经变画面内容及构图再识》[2]中亦认可此说，由此将敦煌石窟中"良医喻"图像的出现时间向前提至盛唐时期。目前对于该洞窟中"良医喻"图像的研究仍较为局限，且第23窟新认定的图像还需结合其特点作出具体解读；学界对于唐代的医疗制度、病坊的发展的研究已有显著成果，杜正乾、罗彤华、冯金忠、于赓哲、盛会莲、姚崇新、葛承雍等学者已经从乞丐与病坊设立的关系、唐代病坊的归属与经营、发展阶段及特点、唐代医疗制度及其局限性以及医学教育与医学实践等角度进行了十分丰富而深入的阐述[3]。但以上研究多是以历史文献为中心，并未过多关注到敦煌石窟壁画中所蕴含的历史信息。而从形象史学的角度出发，结合图像进行分析探究，将其与唐代社会医疗状况建立具体联系，不失为思考的新方向。

---

[1] 下野玲子：《敦煌莫高窟唐代法華経変相図の再検討——第23窟壁画の位置付け》，《早稲田大学會津八一記念博物館研究紀要》第8号，2006年，第45～56页。

[2] 张元林：《莫高窟23窟法华经变画面内容及构图再识》，《石窟艺术研究（第5辑）》，北京：文物出版社，2021年，第115页。

[3] 杜正乾：《唐病坊表微》，《敦煌研究》2001年第1期；罗彤华：《唐代病坊隶属与经营问题小考：中国社会救济事业的进展》，《魏晋南北朝隋唐史资料（第22辑）》，武汉：武汉大学文科学报编辑部，2001年，第75～84页；冯金忠：《唐代病坊刍议》，《西域研究》2004年第3期；于赓哲：《试论唐代官方医疗机构的局限性》，《唐史论丛（第9辑）》，西安：三秦出版社，2007年，第121～136页；盛会莲：《唐代的病坊与医疗救助》，《敦煌研究》2009年第1期；姚崇新：《唐代西州的医学教育与医疗实践——唐代西州的教育之三》，《中古艺术宗教与西域历史论稿》，北京：商务印书馆，2011年，第454～495页；葛承雍：《慈善救济：唐代乞丐与病坊探讨》，《大唐之国1400年的记忆遗产》，北京：生活·读书·新知三联书店，2018年，第290～298页。

笔者拟从莫高窟第 23 窟南壁东侧"良医喻"图像入手，在对该图像基本情节进行阐述的基础上，结合唐代社会医疗、病坊的运行及日常生活等进行一定的探究，以尽可能找出图像背后所蕴含的历史信息及反映的社会现实。不当之处，敬希方家教正。

二、"良医喻"基本内容

敦煌莫高窟中"良医喻"的图像出自法华经变。《法华经》现存三版汉译本，最早者如西晋竺法护译《正法华经·如来现寿品第十五》记载为：

> 譬如士夫而为医术，聪明智慧工巧难及，晓练方药知病轻重药所应疗，多有儿子若十至百，其医远行诸子皆在，不解谊理、不别医药、不识毒草。被病困笃皆服毒药。毒药发作闷愊反覆。父从远来，子在城中脑发邪想。父见诸子被病起想，这见父来，悉皆喜悦自言："父来，安隐甚善，我等自为食，任信他言而服毒药。惟愿大人救济我命。"时父见子遭苦恼患婉转在地，寻敕从人持大药来。药色甚好味美且香，和合众药与诸儿子，而告之曰："速服上药甘香芬馥。假使诸子时服此药，其毒消灭病得瘳除，身体安隐气力康强。"诸子不随颠倒儱悷想者，见药嗅香，尝知其味，寻便服之，病即得愈，毒药消灭。子性悷者，不肯服之。毒药除者，皆白父母："与我等药，病悉瘳愈，而蒙安隐。"其邪想者，不肯服也，得见药色不喜香味。父医念言："今我此子愚冥不解，志性颠倒不肯服药，病不除愈或恐死亡。宁可以权饮诸子药。"则设方便欲令速服，便告诸子："今我年老，羸秽无力，如是当死。汝辈孚起，若吾命尽，可以此药多所疗治，服药节度汝等当学，假使厌病欲得安隐，宜服斯药。"教诸子已舍诣他国，犹如终没。诸子闻父潜逝发哀，啼哭悲哀不能自胜："我等之父智慧聪明，憨不服药今者薨殪。"兄弟狐露思慕殷勤，乃自克责存不顺教，甫便遵崇父之余业，谛观众药形色香味，自当攻疗不可轻戏，寻便服药深自消息，病即除愈。时父见子服药病愈，便复还现。[4]

而阇那崛多共笈多译《添品妙法莲华经》基于鸠摩罗什译《妙法莲华经》校订，二者内容相同。《法华经》现存三种汉译本对于"良医喻"情节相近，记载几乎一致，仅见表述上的不同。"良医喻"系"法华七喻"中的最后一喻，表现了一位远在他国的聪慧良医得知诸子误饮毒药而昏闷倒仆，急忙赶回捣筛、和合药物，为其配置解毒药。诸子中中毒不深、未失本心者，见此良药色香俱好，服用而病愈；但毒气深入、迷失本心者却以"此好色香药而味不美"为由不肯服用。良医见此，假借自己在外亡故，促使诸子心智醒悟，乃服用解药毒病遂痊。此即言释迦寿量无限，佛之降生、出家、说法、涅槃等种种方便之法皆为普度众生，导人成佛[5]。

---

[4] （西晋）竺法护译：《正法华经》卷七，《大正新修大藏经》第 9 册，第 114 页上中。
[5] 贺世哲主编：《敦煌石窟全集 7·法华经画卷》，香港：商务印书馆，1999 年，第 104 页。

此外，根据贺世哲先生的《敦煌石窟全集·法华经画卷》以及笔者结合其他学者相关研究成果进行汇总，目前敦煌莫高窟中已确定绘有"如来寿量品"的洞窟主要有[6]：

盛唐　　第23窟
中唐　　第159、231、237窟
晚唐　　第85、156窟
五代　　第6、61窟
宋　　　第449窟

莫高窟第23窟主室除西壁外，东、南、北三壁均表现"法华经变"各个情节，南壁以"见多宝塔品（虚空会）"为中心，四周环绕法华经各品故事，呈"向心式"布局[7]，画面东侧即绘"如来寿量品（良医喻）"（图1、2）。此图像主要表现庭院中病中诸子以及良医施药的生活场景，情节丰富，布局鲜明，人物形态、动作刻画细腻，极具社会生活气息，此种表现形式为同题材壁画中

图1　莫高窟盛唐第23窟南壁"良医喻"
（敦煌研究院提供）

图2　莫高窟盛唐第23窟南壁"良医喻"线图
（包明杰绘制）

---

[6] 贺世哲主编：《敦煌石窟全集7·法华经画卷》，香港：商务印书馆，1999年，第250页。虽基本采用贺世哲先生的观点，但因第23窟南壁东侧的"良医喻"先前误被解读为"化城喻品"，故笔者整理引用时将此窟的图像纳入其中。2023年12月笔者考察敦煌莫高窟时发现中唐第144窟南壁法华经变右上部画面存在可能为"良医喻"的图像，但仍有待证实。

[7]《敦煌石窟全集7·法华经画卷》指出这种盛唐时期敦煌流行的"向心式"经变画的布局应当是受到了长安和开封的影响。而从绘于贞观十六年（642年）的第220窟南壁向心式阿弥陀经变来看，此类画样从长安传入敦煌应当是同贞观十四年侯君集平定高昌、打通丝绸之路不无关联。

所仅有。庭院外围绘有夯土版筑围墙，内部布局错落有序，画面中各色人物也均着唐代服饰。庭院分内外两院，外院可能为停放车、舆之用，内院为人们日常生活之所，其中有上房三间，内部陈设装饰华丽，正房之中两子跪坐于榻上、拱手恳求良医医治，两边厢房内各有二人对坐；屋前院落用树木装点庭院，地面由鹅卵石铺成，内有从医者正在捣筛、煎煮或筛滤药物，其旁亦有中毒较深、丧失心智者病倒于地。正门、外院门前各站立一人，似目送良医离家。在庭院外的画面中绘一行人穿过崎岖山路骑马出行的场景，恰恰贴合经典中良医得知诸子中毒患病自他国归来以及诸子服药痊愈后良医再归见诸子的情节。

盛唐时期的"良医喻"图像在敦煌石窟中仅此一幅，中唐时期吐蕃占领敦煌及之后的晚唐五代时期所绘制的"良医喻"图像趋于简化、情节绘制简单，未见得以如此篇幅、囊括诸多细节来绘制法华经变中的某一品，有些洞窟所绘"如来寿量品"甚至并未以"良医喻"的形式出现。典型洞窟如莫高窟中唐第231、237窟，五代第61窟的"良医喻"（图3～5）仅是在院落中简单描绘出诸子迎良医归家、恳求良医医治、丧失心智者瘫倒在地以及良医远行和归来等场景，对于院内诸事物的描绘与人物形态的刻画等许多细节并不明显。实际上，盛唐时期敦煌石窟中的经变画以富于生活化的表现手法见称，一定程度上比较真实地反映了当时社会生活的历史片段，展示了盛唐时期人们的日常生活场景，表现佛教意涵又极具世俗意趣。这种艺术风格得以在盛唐时的敦煌流行的原因，除了中原佛教艺术繁荣、盛唐稳定的局势、极其繁盛的经济文化因素外，佛教自身的积极革新、唐朝统治者利用佛教推行教化巩固统治，也在一定程度上为佛教向社会传播创造了条件，

图3　莫高窟中唐第231窟南壁"良医喻"
（敦煌研究院提供）

图4　莫高窟中唐第237窟南壁"良医喻"
（敦煌研究院提供）

图5　莫高窟五代第61窟南壁"良医喻"
（敦煌研究院提供）

从而推动了佛教的世俗化。而中唐时期吐蕃统治敦煌以来，往来敦煌的交通阻塞，中原的名家画师及画稿难以来到敦煌，敦煌佛教逐渐与中原主流艺术形式脱轨，尽管此时的经变画一度沿袭唐风，但已经失去了表达现实生活的意义，加之中唐以来"一壁多铺"风格经变画的流行、经变画对经义的重视，经变画的创作有了固定的位置和格式，画师的创作因此受限，晚唐时期法华信仰衰落也导致了法华经变渐渐失去了艺术上的创作活力。也正因如此，第23窟所保留下盛唐时期唯一的"良医喻"图成为唐代社会医疗史研究中区别于传统文献史料的重要图像材料，也就有了深入解读的必要。

三、第23窟"良医喻"图像所见唐代"病坊"生活

依据前文所述，既然第23窟的图像有意反映现实生活的艺术特色，对众多生活细节的描绘也十分具体，这是盛唐经变画中一个十分有意思的现象。我们感兴趣的是："良医喻"题材的艺术绘画是否能在某些历史现实或社会制度中找到具体来源？图像中描绘的画面有多大程度复原了当时的社会历史片段？笔者拟从唐代官办病坊与社会医疗制度入手，结合文献和图像，尝试将其与历史现实建立一定的联系。

（一）基层医疗的发展：唐代官办病坊经营之源流

历史上以专门机构安置、救恤社会上弱势者的做法可追溯至南北朝时期，佛教福田思想广为人所接受之后，在隋唐时得到进一步发展。同时寺院置办的悲田病坊亦收养贫病者，承担了较大规模的社会事业，佛经中记载甚繁。

唐代道宣撰《中天竺舍卫国祇洹寺图经》言："裕师又说次小巷北第二院，名圣人病坊院，开门如上，舍利弗等诸大圣人有病投中。房堂众具须皆备，有医方药库常以供给，但拟凡圣非所止。"[8]

唐义净译《根本说一切有部毗奈耶药事》载："我今当说收举法式，若苾刍所用残脂。若余苾刍来从求索者，应即相与；若无人求者，当送病坊。病坊好为藏贮，若有须者，于彼处取，守持而服；不依教者，得越法罪。"[9]

《根本说一切有部毗奈耶出家事》云："师即告曰：我之住处，乃是病坊，诸有病者，皆投来此。"[10]

《根本说一切有部毗奈耶杂事》亦载："或诣病坊施乐之处，此若无者当缘自业，于饮食中而为将息。"[11]

---

[8]（唐）道宣撰：《中天竺舍卫国祇洹寺图经》卷下，《大正新修大藏经》第45册，第894页上。

[9]（唐）义净译：《根本说一切有部毗奈耶药事》卷第一，《大正新修大藏经》第24册，第2页。

[10]（唐）义净译：《根本说一切有部毗奈耶出家事》卷第三，《大正新修大藏经》第23册，第1034页下。

[11]（唐）义净译：《根本说一切有部毗奈耶杂事》卷第三五，《大正新修大藏经》第24册，第382页上。

自北周以来，佛教施药救人的思想已经传入中国（图6、7），应当可以肯定的是当时南北朝政权治下的社会上出现的"六疾馆""孤独园"等早期医疗组织受到了佛教福田思想的影响，根据唐代道宣、义净所著经典可知在佛教典籍中已有很多与病坊有关的记载。而且在当时佛寺中可能亦设有类似病坊的医疗机构，武周时期洪昉于龙光寺中所建病坊即为此证[12]。

图6　莫高窟北周第296窟窟顶北披东段福田经变
"救疗众病"场景

（采自殷光明主编：《敦煌石窟全集·报恩经画卷》）

图7　莫高窟隋代第302窟窟顶西披福田经变
"救疗众病"场景

（采自殷光明主编：《敦煌石窟全集·报恩经画卷》）

唐代病坊最迟至武周时已"置使专知"[13]，受到政府干预，为"寺营官督"的性质，但并非官府自营之病坊。有唐一代，官置病坊自玄宗始约有三次。首次为唐玄宗开元二十二年（734年）"禁京城丐者，置病坊以廪之"[14]。当时病坊置于诸佛寺中，此举系将乞丐统一归由病坊收管并"官以本钱收利以给之"[15]。P.2626+2862《唐天宝年间敦煌郡会计牒》记载：

病坊
合同前月日见在本利钱总壹佰叁
拾贯柒拾贰文
壹佰贯文　本
叁拾贯柒拾贰文　利……[16]

---

[12]（宋）李昉等编：《太平广记》卷九五"洪昉禅师"，北京：中华书局，1961年，第633页。

[13] 关于唐代病坊设置时间目前学界尚有争议，主要集中在武周长安年间和贞观年间两种说法。此非本文探讨重点，详见盛会莲：《唐代的病坊与医疗救助》，《敦煌研究》2009年第1期。

[14]（宋）司马光：《资治通鉴》卷二一四"唐纪三十"，北京：中华书局，1956年，第6809页。

[15]（清）董诰等编：《全唐文》卷七四〇"李德裕"，北京：中华书局，1983年，第7225页。

[16] 转引自上海古籍出版社、法国国家图书馆编：《法国国家图书馆藏敦煌西域文献（第16册）》，上海：上海古籍出版社，2001年，第340页。

此即证实了文献中记载的唐天宝时期地方州郡病坊的存在，且病坊经营依赖官府提供的本利钱。还应值得注意的是，除了记录病坊的相关情况外，文书中还一同记载了长行坊、宴设厨、阶亭坊等机构的物资账目信息，故可推断其应为官府组织经办而非寺院经营，可能是从开元到天宝年间病坊的经营权在政府与寺院间发生了一定的更迭。第二次为唐肃宗至德二年（757年）于"两京市各置普救病坊"[17]，由官府经办。第三次系会昌五年（845年）唐武宗灭佛后"十一月甲辰，敕：'悲田养病坊，缘僧尼还俗，无人主持，恐残疾无以取给，两京量给寺田赈济。诸州府七顷至十顷，各于本管选耆寿一人勾当，以充粥料'"[18]。悲田病坊依旧置于官府的经办之下，民间虽依旧存在寺院开办之病坊，但已日渐式微。

综上，唐朝以来社会福利事业日渐繁荣，原为寺院开办的悲田病坊的经办权逐渐收归官府，甚至俨然以颁布诏令的方式形成制度并从唐都长安推广开来。由此，结合敦煌遗书中的记载，唐代敦煌郡出现官办病坊自然也是制度推行的结果，特别是盛唐时期的两次官置病坊，更是为敦煌壁画中病坊题材绘画的出现提供了重要的现实基础。

（二）唐代"病坊"图像形象辨析

既然唐代官办病坊已然有了一套完整的制度遵循，那么敦煌壁画中病坊题材图像的出现就有了现实上的可能性，系唐朝政令、制度从全国政治中心长安推行至西北的重要门户敦煌。我们再将视野拉回至洞窟中，或可将第23窟"良医喻"图像中诸多细节结合历史现实与图像描绘逐一作出更为深入的探究与思考。

第一，院落外设置夯土版筑式围墙，以院墙、围墙两重嵌套的形象出现应当是两汉以来形成的河西传统地域建筑"夯筑而成"的独特风格，再现了唐代丝绸之路上河西地区中上层阶级所居的客舍庭院形象。樊锦诗先生认为："一所住宅、官署、宫殿或寺院，都是由若干座殿堂、厅舍、楼阁等主要建筑物，配上厢耳、廊庑、院门、围墙等附属建筑物，以及庭院或若干相连的庭院组成。壁画中表现的多是宫殿或住宅的一角或一部分，院内往往画住者的日常生活。"[19] 其中屋内的陈设配置，大多兼具床、榻、几、条桌、屏风等家具以及碗、盏等器具，且画中家具样式与使用亦同隋唐时期"高足式家具+屏风"的流行风格相符合。

第二，从图像来看，众人均着典型的唐代服饰，特别是明显可见面对诸子坐于正房的良医衣着较长，可能为唐代官宦、士人所着袍服，区别于平民所着的大褶衣，以示其身份。实际上，从历史来看，唐代病坊之从医者确有一定的官职以及相应的社会地位。唐代地方州郡皆置医学，设医学博士和医学生，其中医学博士甚至有一定的品级，列入官僚行列，西州、沙州等地亦不例外。《唐西州某乡户口帐》有文字证明了西州医学的存在：

---

[17]（北宋）司马光：《资治通鉴》卷二五四"唐纪七十·胡三省注"，北京：中华书局，1956年，第8237页。

[18]（后晋）刘昫等：《旧唐书》卷一八"武宗本纪"，北京：中华书局，1975年，第607页。

[19] 樊锦诗主编：《敦煌与隋唐城市文明》，上海：上海教育出版社，2010年，第102页。

18. 二人医学生
19. 七□州学生
20. □人县□生[20]

  P.2005《沙州都督府图经》记载："医学右在州学院内于北墙别构房宇安置。"[21] 而根据唐令记载，州郡的境内巡疗当是地方医学的职责之一，其中就包含对于病坊内患者的集中治疗[22]。由此也不难理解，救治诸子的良医很可能就是正在从事州境巡疗的医学博士来此病坊救治病患；照顾诸子、协助诊疗、配置解毒药的助手可能即为助教或"习业早成，堪疗疾"的医学生，或者作为官置病坊中为医者处理日常事务的仆从。此外，根据州境巡疗这一日常工作的特性，也与经典中所言良医"以有事缘，远至余国""还来归家""复至他国"[23] 的情景在一定程度上相贴合。

  第三，内院中诸器物、用具与制药场景。依据庭院中的画面所绘（图8），在内院中左侧一人正以釜煎煮汤药，铛下火势正旺，其旁摆放有瓦盆、瓦钵等器具；右侧共三人，一人着黑色服饰，其旁摆放簸箕，手持药杵、研钵，似捣筛药物，其左侧两人手提绢袋，似筛滤药物，地上还摆放着用瓦盆盛放的筛后的药物。一如唐代孙思邈著《千金要方》所载："有各捣者，有合捣者，并随方所言""凡筛丸药，用重密绢，令细，于蜜丸即易熟。若筛散草药，用轻疏绢，于酒中服即不泥。其石药亦用细绢筛，令如丸药者。"[24] 对于所制成的药物类型不同，捣筛处理的方法亦各不相同。厢房内，右侧屋中两人坐于榻上，二人中间摆放一黑色条状容器，内有黑色球状物若干，当是为病患制备丸剂，即如当时医书《千金要方》《外台秘要》等所多见之丸药配置中"捣筛为末"后"蜜和为丸"。左侧屋中同样可见两人相对坐于榻上，两个碗形容器或手持或置于榻上，或表现为病患服用散剂、汤药的场景。

  此外，对于唐代敦煌病坊中诸器物的文献记载，《唐天宝年间敦煌郡会计牒》中收录较为全面，转引如下：

图8　莫高窟盛唐第23窟"良医喻"图像局部
（敦煌研究院提供）

---

[20] 转引自国家文物局古文献研究室、新疆维吾尔自治区博物馆、武汉大学历史系编：《吐鲁番出土文书（第4册）》，北京：文物出版社，1983年，第8页。
[21] 转引自上海古籍出版社、法国国家图书馆编：《法国国家图书馆藏敦煌西域文献（第1册）》，上海：上海古籍出版社，1995年，第53页。
[22] 姚崇新先生认为境内巡疗作为地方医学的一日常性工作，应当是由医学博士、助教和"习业早成，堪疗疾"的医学生组成的医师队伍来完成，而非仅由诸州医学的医学生完成。
[23] （姚秦）鸠摩罗什译：《妙法莲华经》卷第五，《大正新修大藏经》第9册，第43页上。
[24] （唐）孙思邈：《备急千金要方》卷一"和合第七"，北京：人民卫生出版社，1955年，第12页下。

合同前月日见在什物总玖拾肆事

　　　　镋叁口 一受贰斗 壹受一斗 一受伍胜 釜壹口 受伍斗 凡盆贰 凡灌叁 锁肆具 刀壹口 镬壹具 锹壹张 泥漫一 四尺床子二 八尺床贰张 食柜壹 药柜壹 药杵壹 药臼壹 㿺单壹 步碾壹合 食单壹 镦子壹 面桉板壹 手罗壹 拭巾贰 白毡伍领 席伍领 绯绝被叁张 盘壹面 甑壹口 瓮大小伍口 椀拾枚 匙箸各拾口 木盆壹 食合拾具

　　　　合同前月日见在米总壹石陆斗捌合[25]

　　其中兼具炊具食器、医疗器具、生产工具、生活用品等物，坊内设施较为完善，所载医疗用具与生活用品亦大致能够与制药、收纳病患所需贴合。图像中所绘场景应当是将唐代病坊内制药、服药及各色人物活动等动态生活定格于静态的壁画中，可以认为敦煌绘画艺术一定程度上能够反映真实的社会生活情景，而唐代病坊的运作或许能对社会救济、收养社会上的贫病者起到一定的积极作用。

　　第四，图像中宅院外"骑马出行"场景直接反映的是良医离家远行或诸子痊愈后骑马归来的情景。那么，"骑马出行"画面同病坊生活应当有何联系呢？

　　首先，良医一行所乘马匹皆体型健硕、身姿矫健、气势威武，其粉本一定来自长安，为典型的盛唐初期中原马匹的绘画风格。所用马饰十分高级，乘用马匹无不剪鬃束尾，或为战马，或为贵族、官宦乘用之马，在敦煌石窟中身为"医学博士"的良医虽有一定品阶，但其一行乘用此马难免也有在艺术处理上不拘礼制之嫌。通过上文分析探讨已经明确，州境巡疗系地方医学与从医者的职责所在，马匹或许能作为一种最好的交通工具助其从事州郡境内的诊疗工作，并能提高处理突发事件的效率，反映出盛唐初期行政的高效。此外，沙武田先生曾经探讨过，马匹在特定的历史时期系一较为昂贵的交通工具，就"商人遇盗图"题材绘画而言，骑马者主要集中在官兵形象的一方，一般丝路上的行旅、商人主要交通工具应为骆驼和毛驴，以毛驴最为常见[26]。根据乜小红、王冀青等学者的研究[27]也能确定，马匹作为唐代官驿的主要交通工具，在其使用与管理上有着严格的要求，多承担官方的交通运输任务。因此良医骑马出行也恰恰能够体现出盛唐以来官置病坊的"官办"性质，适应了其往来交通的需要。

　　综上所述，唐代官置病坊的出现是中央制度与政令推行的结果，并由长安推广至敦煌，为敦煌石窟中病坊题材绘画的出现提供了现实社会的范本。第23窟"良医喻"图像，在很大程度上与佛教经典相贴合，并能折射出诸多真实的历史细节，无疑是唐代社会制度与社会生活的一个缩影。

---

[25] 转引自上海古籍出版社、法国国家图书馆编：《法国国家图书馆藏敦煌西域文献（第16册）》，上海：上海古籍出版社，1995年，第340、341页。

[26] 沙武田：《丝绸之路交通贸易图像——以敦煌画商人遇盗图为中心》，《丝绸之路研究集刊（第1辑）》，北京：商务印书馆，2017年，第148～155页。

[27] 乜小红：《试论唐代马匹在丝路交通中的地位和作用》，《唐史论丛（第9辑）》，西安：三秦出版社，2007年，第152～170页；王冀青：《唐交通通讯用马的管理》，《敦煌学辑刊》1985年第2期；王冀青：《唐前期西北地区用于交通的驿马、传马和长行马——敦煌、吐鲁番发现的馆驿文书考察之二》，《敦煌学辑刊》1986年第2期。

四、社会历史视野下第 23 窟"良医喻"图像中"护国""救度"思想的表达

有记载可循的历史表明，自周秦始医事制度就已经初具规模：《周礼·天官》载"医师，上士二人、下士四人、府二人、史二人、徒二十人"[28]"掌医之政令，聚毒药以供医事"[29]；秦汉则"有太医令、丞，亦主医药，属少府"[30]。此后经历代发展到唐代已形成了较为完备、规范的社会医疗制度。而关于唐代中央与地方医疗制度发展概况，于赓哲、盛会莲等学者已做过详尽的研究，这里笔者不再赘述，仅将其基本情况简要明示如下（表1）。

表 1 唐代中央与地方官方医疗制度概况表[31]

中央医疗机构	太常寺 太医署	兼领国家医疗行政与医学教育，同时也一定程度上负责百官、宫人、禁军等的医疗
	殿中省 尚药局	系御用医药机构，主要负责皇帝的健康与诊疗，或兼顾皇帝服用丹药事宜
	内侍省 奚官局	主管宫人之医疗事务
	东宫 药藏局	专门负责东宫（特别是太子）之医疗事务
	尚书省六部	六部之下也有主管医疗的职官，如礼部之祠部郎中、员外郎，刑部之都官郎中、员外郎等
地方医疗机构	京兆、太原等府	置医药博士1人、助教1人、学生20人
	地方各州	上州：医学博士1人（正九品下）、助教1人、学生15人；中州：医药博士1人（从九品下）、助教1人、学生12人；下州：医学博士1人（从九品下）、学生10人
	诸都督府	上都督府：医药博士1人（从八品下）、助教1人、学生15人；中都督府：医学博士1人、助教1人、学生15人；下都督府：医药博士1人、助教1人、学生12人
	地方医学的职责在于组成医师队伍执掌州境巡疗、处理突发性医疗任务等	

据表1可知，唐代中央医疗机构基本上皆为皇室、官员以及特定的人群服务，平民医疗一般并不囊括在内；地方医疗机构虽具备民间医疗的职能，但医事从业者与人口数量巨大的差异导致

---

[28]（清）孙诒让：《周礼正义》卷一"天官冢宰第一"，北京：中华书局，1987年，第31页。
[29]（清）孙诒让：《周礼正义》卷九"天官冢宰第九"，北京：中华书局，1987年，第315页。
[30]（唐）杜佑：《通典》卷二五"太常卿"，北京：中华书局，1988年，第696页。
[31] 表中各项信息及数据均参考自于赓哲和盛会莲两位学者的博士论文以及程锦的硕士论文。于赓哲：《唐代医疗与社会及其相关问题研究》，武汉大学博士学位论文，2003年；盛会莲：《唐五代社会救助研究》，浙江大学博士学位论文，2005年；程锦：《唐代医疗制度研究》，中国社会科学院研究生院硕士学位论文，2008年。

的医疗资源不均决定了其并不能满足地方民众的医疗需求，而且似乎地方医疗水平也并不完善，甚至文献中时有地方官吏赴京救治疾病的记载[32]。待到政局动荡或是瘟疫灾荒之年，普通民众缺医少药的情况则更加突出，社会问题相当严重。政府虽然推行了一套较前代更为完备的医疗救助措施，但由于人员和经费的有限、医疗水平的局限，难以满足社会医疗的庞大需求，而政府整理医书、推广医方以及赈济、减免税役等措施很可能也是出于救济局限性的无奈之举，以令民众自救以提高其应对疫灾的能力，由此一来，特别是下层民众，能得到的有效医疗救助几乎是杯水车薪。唐代医疗制度的困境非某一地之个例，中原尚且如此，那么处在西北边陲的敦煌可能更加困难。虽然我们根据 P.2005《沙州都督府图经》、P.2657《天宝年间差科簿》等敦煌文献的记载可以明确唐代官方在敦煌确设有医学博士和医学生，但沙州人口到天宝年间至多不过三万余口，作为"下州"如此规模的医疗机构对于敦煌社会医疗而言自然无法满足医疗需求。

唐代社会医疗如此困境的影响下，无论为官办还是寺院经营的病坊，都一定程度上成为底层民众施药治病的寄托，承担了一定的救贫、治病的社会救助责任。有学者认为唐代官办病坊同样是"官样文章"，并没有改变底层民众缺医少药的现实[33]，尽管事实如此，病坊依旧无法满足大多数人的医疗需求，但也注意到病坊对于社会救助事业实践的补益，关注其他社会救助措施所不及之处。在当时总体社会医疗水平偏低的情况下，病坊或许一定程度上能够成为人们心目中较为理想的求医问病之所。也可能正是因为如此，第 23 窟"良医喻"病坊图像以及敦煌石窟中其他医疗卫生场景绘画的出现不仅体现了佛教"施惠救疾"的慈悲思想[34]，也恰恰反映出敦煌民众借助宗教表述其消灾祛病、得到有效医疗救助的美好愿望。

还应当考虑到的十分重要的一点是，莫高窟第 23 窟作为唐前期的第四期第一类洞窟，开凿时间当在玄宗天宝时期至代宗初期[35]，755 年爆发安史之乱，其后吐蕃东进，至 776 年时吐蕃已然攻陷除沙州以外的地区。安史之乱与吐蕃进犯带来的常年动荡使得敦煌地区的人们渴望通过祈佛来祛除战乱动荡带来的灾祸，以礼忏、度亡来化解当时社会的"忧郁"。此洞窟中所见的"良医喻"图像几乎最为直观地通过对于病患的诊治烘托出安史之乱及吐蕃大举进犯所带来的整个社会的伤痛及渴求得到"良医"的救治。总体来看，第 23 窟南、北、东三壁皆绘制"法华经变"，窟顶图

---

[32]《全唐文》卷二八六"张九龄"记载："敕北庭都护盖嘉运：近得卿表，知旧疾发动，请入都就医……今遣医人将药往，可善自将。"《册府元龟》卷九〇六"总录部·告假"载："张重光为华州刺史，代宗大历三年，以病抗疏乞还京师医疗，许之，乃遣中使如其第问疾。"《旧唐书》卷一六二"李翛传"载："(元和)十四年，以病求还京师，未朝谒而卒。"

[33] 杜正乾：《唐病坊表微》，《敦煌研究》2001 年第 1 期；于赓哲：《试论唐代官方医疗机构的局限性》，《唐史论丛（第 9 辑）》，第 121～136 页。

[34]《佛说梵网经》记载："若佛子见一切疾病人，常应供养如佛无异。八福田中看病福田第一福田。若父母、师僧弟子疾病，诸根不具百种病苦恼，皆养令差。而菩萨以恶心嗔恨，不至僧房中城邑旷野山林道路中，见病不救者犯轻垢罪。"参见（姚秦）鸠摩罗什译：《梵网经》，《大正新修大藏经（第 24 册）》，第 1005 页下～1006 页上。

[35] 樊锦诗、刘玉权：《敦煌莫高窟唐代前期洞窟分期》，《敦煌研究文集·敦煌石窟考古篇》，兰州：甘肃民族出版社，2000 年，第 143～181 页。

像中东披绘制"佛顶尊胜陀罗尼经变",西披绘制"弥勒经变",南北两披分别绘制"观音经变"和带有净土色彩的"一佛五十菩萨",俨然构成由法华思想统摄不同礼忏灭罪法门的佛教礼仪空间[36]。这种具有礼忏、灭罪功能的佛教礼仪空间在这样一个特殊时期形成,应当与当时的社会状况存在莫大的联系,表达的应当是以往生净土、救度、度亡为核心的礼忏目的。而《法华经》本就是"护国三大经"之一,在经典的流传中又具有十分重要的地位,在此洞窟中出现如此多的"法华经变"题材绘画必然具有求助佛法护国的思想意味。正是在安史之乱、吐蕃东进这样的历史大背景,社会医疗的困境这个不得不面对的现实问题与整个洞窟以法华为代表的礼忏、救度、灭罪思想的交织下,造就了该窟"良医喻"图像有别于敦煌其他洞窟同题材图像的独特性,也正是在这种情况下,第 23 窟"良医喻"图像融入这个佛教礼仪空间中,反过来助力整个洞窟空间礼忏、灭罪、救度、度亡等功能的表达。

五、结　　语

　　韩城盘乐村宋代壁画墓所见"备药图"作为少见的反映医学题材的壁画,曾引起众多学者的高度关注。于赓哲先生曾敏锐地指出,在盘乐村宋墓之前,我国还没有类似的以世俗医药为主题的绘画出现,即便在敦煌壁画中多见与医疗卫生有关的壁画,体现的仍是佛教主题[37]。尽管"良医喻"图像绘制依据仍出自《法华经》,表现主题依然与佛教思想关系密切,但我们对于莫高窟第 23 窟南壁"良医喻"图像的重新认定,在一定程度上可以认为是唐代病坊生活的绘画艺术体现,是唐代社会医疗与社会生活的一个侧面的真实再现,其形象已然贴近世俗生活与社会医疗的内容,具有重要的参考意义。

　　"图像证史"的研究方法有着独特的史料和史证价值,更能生动地反映历史信息,可补益传统的文献史料研究。第 23 窟"良医喻"图像通过佛教绘画将唐代官办病坊中施药救疾、治病扶困以及其他日常生活的场景形象地记录下来,再现了文献与考古发现难以复原的历史场景,同时也见证了唐代以病坊为中心的某些基层医疗制度的运营状况。将历史与图像相结合,不仅生动展现了对佛教"施惠救疾"的慈悲思想以及普度众生的大乘思想的弘扬,也得以窥见当时敦煌民众借助宗教渴望祛病消灾、祈福庇佑的美好愿望。同时,进一步深挖社会历史与洞窟的联系也可以窥见在安史之乱、吐蕃东进,敦煌形势危急这样的特殊历史时期,在敦煌社会医疗困境只增不减的情况下,人们对于得到有效救治的迫切需要以及人们在渴望借助佛法这个"良医"来达成护国、度亡、灭罪、往生净土等愿望上做出的积极探索。

---

[36] 陈凯源:《法华思想统摄下的礼忏空间——莫高窟第 23 窟功能蠡探》,《丝绸之路研究集刊(第 10 辑)》,北京:社会科学文献出版社,2022 年,第 292～304 页。

[37] 于赓哲:《韩城盘乐村宋墓壁画的范式与创新——备药图背后的医学衍变》,《中医药文化》2018 年第 6 期。

至此，尽管莫高窟第 23 窟的题记仅余游人漫题[38]，但基于以上研究，我们已然可以揣测第 23 窟的营建者必然与唐王朝、唐都长安有着密切的联系，能够使用较高的规格绘制这样一个颇具"原创性"的洞窟也恰恰说明这极有可能同样为当时敦煌某一世家大族的功德窟。拙文仅是对洞窟中法华经变中"良医喻"的图像意涵联系社会历史作出初步不成熟之探讨，就整个洞窟而言尚有诸多问题未能得到有效的解决，这值得我们从多角度继续深入思考和研究，以期更好构建出图像与历史现实、与洞窟功能的有机联系。

---

[38] 敦煌研究院编：《敦煌莫高窟供养人题记》，北京：文物出版社，1986 年，第 9 页。

杭州慈云岭第 1 号五代地藏龛造像的再调查

赖天兵

内容摘要：对杭州慈云岭造像 1 号地藏三尊龛再调查，考证龛内二侍从立像系冥土神祇善童子与恶童子，二胁侍原持书卷；同时分析了龛中雕刻的五代吴越国因素。该地藏三尊为地藏与十王信仰结合的产物，反映了当时地藏信仰强调地狱拯救的状况。善、恶童子胁侍地藏的图像延续至明。按《佛说地藏菩萨经》，造地藏像者，可往生西方极乐世界。3 号阿弥陀佛七尊龛与 1 号地藏三尊龛毗邻而建，可能并非偶然。

关键词：杭州　慈云岭造像　1 号龛　地藏三尊

A Re-examination of the High Relief Carvings in the Kṣitigarbha Niche No.1 at Ciyunling, Hangzhou from the Five Dynasties Period

Lai Tianbing

Abstract: This paper reinvestigates the high-relief triad of Kṣitigarbha (Dizang) in Niche No.1 at Ciyunling, Hangzhou, identifying the two standing attendant figures as the chthonic deities Good Youth and Evil Youth, who originally held scrolls. It also analyzes elements of the Five Dynasties Wuyue Kingdom reflected in the niche carvings. This triad represents the fusion of Kṣitigarbha worship and the Ten Kings Cult, reflecting the emphasis on hell salvation in contemporary Kṣitigarbha belief. The iconography of Good Youth and Evil Youth as attendants to Kṣitigarbha persisted until the Ming Dynasty. According to The Sūtra of Bodhisattva Kṣitigarbha, those who create Kṣitigarbha images can be reborn in the Western Pure Land. The adjacent construction of Niche No.3 (Amitābha Buddha with Seven Figures) and Niche No.1 (Kṣitigarbha Triad) may not be coincidental.

Key words: Hangzhou, Ciyunling high-relief carvings, Niche No.1, Kṣitigarbha Triad

作者：赖天兵，浙江杭州，310002，杭州清波街柳浪阁。

杭州南山区将台山慈云岭造像是五代吴越国（907～978年）摩崖窟龛雕刻的代表作之一。后晋天福七年（942年）吴越王（钱弘佐）在与王宫所在的凤凰山毗邻的将台山慈云岭造资贤寺，北宋大中祥符元年改名上石龙永寿寺[1]。寺院已不存，原址应位于慈云岭山道与现存摩崖造像之间的空地上。遗址东南侧山崖现存五代造像两龛，宽近10米的7尊组合龛被编为3号龛，其西北山崖的3尊龛被编为1号龛（图1）。其中，3号龛雕阿弥陀佛、二菩萨坐像（观音、大势至）与二胁侍菩萨、二天王立像共7尊，龛楣浮雕过去七佛，两侧为乘狮文殊与乘象普贤半跏趺坐像，坐骑旁有善财童子相随。21世纪初，相关部门为摩崖像龛建造了钢筋水泥、带立柱的檐廊。

图1　慈云岭第1、3号造像龛，20世纪40年代摄
（庐江草堂藏）

慈云岭的1、3号两龛造像，20世纪50年代中期的《杭州南山区雕刻史迹初步调查》、《杭州五代宋元石刻造像复勘后的一点意见》与1986年出版的《西湖石窟》中有叙述（详见后文）。1995年刊发的《杭州慈云岭资贤寺摩崖龛像》[2]，对慈云岭造像进行了较为全面的考察，意义甚大。但过往的调查仍有补充的必要。本文拟对慈云岭1号龛进行再考察，着重讨论本龛造像的组合形态，认为世俗装的二侍从立像属冥间神祇，并对相关问题展开探讨。

一、慈云岭1号龛造像现状

1号龛位于3号龛的西北面，弧拱形，高256厘米、宽236厘米、深101厘米[3]，龛平面为平缓的弧形，龛两侧壁与正壁、顶壁之间平滑过渡，无明显的界限。龛内雕主尊与二侍从共3尊像，龛楣浮雕六道。通高近200厘米的沙门形主尊光头大耳，面相圆润，眼帘低垂，袒右僧祇支于胸腹前系带，着敷搭双肩下垂式袈裟，前胸项饰中心为一朵六瓣形花卉，形状与3号龛中观音、大势至胁侍菩萨胸前项饰相同。地藏右手举胸前，已毁，左手置脐前结定印，左腿盘屈，右足下探，

---

[1]（宋）潜说友纂：咸淳《临安志》卷八十二"寺观八"，《宋元方志集成（第3册）》，杭州：杭州出版社，2009年，第1335页。

[2] 中国社会科学院考古研究所浙江工作队：《杭州慈云岭资贤寺摩崖造像》，《文物》1995年第10期。

[3] 数据采自中国社会科学院考古研究所浙江工作队：《杭州慈云岭资贤寺摩崖造像》，《文物》1995年第10期。二胁侍立像的尺寸亦依照此文。

踏小型莲花台，作半跏趺坐。左肩上部与左下臂袈裟作阶梯纹，袈裟下摆呈两瓣式，覆盖立面呈"宣"字形须弥方座（图2）。左袖与下垂台座的袈裟衣纹较为流畅，立体感强。龛正壁左侧有一股云气升腾，斜向横过龛楣，云雾之上，展现出佛教所说的"六道"，从右向左依次出现天道、人道、阿修罗道、地狱道、饿鬼道和畜生道的场景[4]（图3）。

左侧胁侍像高141厘米，面相长圆，两颊丰满，面相的性别特征不甚明显。左眼有损，左腮下部崩落一小块，鼻子修补过。额上、耳际缕缕发丝直梳头顶，顶束并列双髻，髻不高，沿后脑的弧度后掠叠为上下两层，相当于后倒或压扁了的两个鬟形髻。发髻正面则各饰一枚精致花钿。侍从内着交领衣，外罩宽袖交领长衫，长袖与肘臂处有较为写实的阴刻衣纹。下着曳地长裙，脚蹬翘头履。胸腹处翻出的裙带在二分之一处打一大花结，然后呈"S"形摆动下垂，双手损毁较多，屈肘置胸前，右手在里稍低，左手在外稍高并持一物，该物斜靠肩头，已毁坏（图4），从45°角侧面看残迹类似一截棍子（图5）。右胁侍高134厘米，脸形较左胁侍短些，女性面相明显，发型、着装、姿态皆与前者雷同，鼻子亦被修补，右发髻顶部崩去一块，发髻的后掠部分不像左胁侍压得那样低。在垂袖高度的二分之一处有一条横贯造像的裂缝，左袖的上部有大块崩落，腹部表面也有部分崩落。置胸前的双手已毁，两手分得较开些，左手上，右手下并持一有损毁的卷筒状物（图6）。

图2　慈云岭第1龛
（薛宁刚摄）

图3　慈云岭第1龛局部
（庐江草堂藏）

---

[4] 六道雕刻的考述，见中国社会科学院考古研究所浙江工作队：《杭州慈云岭资贤寺摩崖龛像》，《文物》1995年第10期。

图 4 第 1 龛左胁侍	图 5 第 1 龛左胁侍局部	图 6 第 1 龛右胁侍局部
（作者摄）	（薛宁刚摄）	（薛宁刚摄）

二、慈云岭 1 号龛胁侍立像的尊格

1 号龛主尊地藏菩萨两侧立像的身份，史岩在《杭州南山区雕刻史迹初步调查》称龛中两像为"供养女像"；俞剑华、罗未子与于希宁的造像复勘认可供养女像的说法[5]。浙江省文物考古研究所编《西湖石窟》也称龛内"两侧侍立供养人"[6]，《杭州慈云岭资贤寺摩崖龛像》则说"这两身侍女也可能是供养人像"[7]。《中国石窟雕塑全集》第 10 卷称两像"作供养人装饰"[8]。

国家博物馆藏五代绢质《八臂十一面观音像立幅》挂画，观世音左下侧与右下侧各画一位女像，头梳"丫"字形双髻，饰步摇，左侧者圆脸，右侧者下巴稍尖。两者皆着圆领白色内衣，外着广袖宽松长袍与下部外展的曳地长裙，胸腹处翻出的两条裙带垂直下落，足蹬翘头履。左下侧者左臂屈肘于胸前抱书卷，右下侧者右臂于胸前抱书卷，抱书卷之手似还持一个深蓝色封面的本子状物（图 7）。依画像榜题，左下侧为恶童子，右下侧为善童子，观世音与善、恶童子构成三尊组合[9]。画幅的最下层绘双手合十侧身而立的三男、三女供养人。大英博物馆藏五代（10 世纪中期）《法华经普门品变相图》绢画，半跏坐四臂观音台座两侧女像头梳垂于耳下的双垂髻，八字

---

[5] 史岩：《杭州南山区雕刻史迹初步调查》，《文物参考资料》1956 年第 1 期；俞剑华、罗未子、于希宁：《杭州五代宋元石刻造像复勘后的一点意见》，《文物参考资料》1956 年第 12 期。

[6] 浙江省文物考古研究所编：《西湖石窟》，杭州：浙江人民出版社，1986 年，图版说明第 9 条。

[7] 中国社会科学院考古研究所浙江工作队：《杭州慈云岭资贤寺摩崖龛像》，《文物》1995 年第 10 期。

[8] 中国石窟雕塑全集编委会编：《中国石窟雕塑全集》第 10 卷，重庆：重庆出版社，1999 年，图版说明第 5 页。

[9] 李翎：《中国国家博物馆藏〈十一面观音变相〉的阐释》，《中国国家博物馆馆刊》2012 年第 2 期。

眉，眼角下垂，表情显忧伤。内着交领衣，双手于胸前举卷轴。垂领外袍、长裙及裙带与前述《八臂十一面观音像立幅》绢画中的胁侍立像类似，也为善、恶童子像[10]。具纪年的善、恶童子像为太平兴国八年（983 年）七月《观世音菩萨像》绢画中的二胁侍，主尊与二胁侍皆存榜题，二童子面呈女相，头梳双丫髻，手臂抱大扎书卷，右侧恶童子书卷倚左肩，左侧善童子书卷倚右肩，右手似还持一张纸。着装与前述国家博物馆藏品一样。观音与善、恶童子绘于画面上半部，下半部则分两层绘制供养人凡16 身，其中下层中部书写供养人题记[11]。

法国吉美博物馆藏、敦煌藏经洞出北宋绢画《地藏菩萨像》，主尊被帽，右手持锡杖，左手持宝珠，半跏坐，左腿下垂踩莲花。一狮子趴卧座旁，地藏身后左右各出三股毫光，毫光上现六道众生。身旁左右各有一尊头梳双丫髻、一手在上一手在下捧大扎书卷的立像。像着圆领长衫与长裤，脚穿平底鞋，长衫于侧面开衩，腰带系结后从腹部垂下两条，两像为善、恶童子，画幅底层绘僧俗供养人[12]（图 8）。大英博物馆藏、五代时期（10 世纪中期）《地藏十王图》绢画，主尊地藏被帽持锡杖，半跏坐，正前方有卧狮，身后左右各出三股毫光，象征六道。十王像五位一列，分别捧笏坐于地藏侧前方，左前侧五王身后立两中年男像，分别抱卷帙与书卷。地藏左右各立一圆脸、着白色内衣、外着宽袖长袍的侍从，左侧者头梳双垂髻，右侧者头梳双丫髻，双手于胸前合十，两像亦为

图 7 藏经洞出、国家博物馆藏五代《八臂十一面观音像立幅》绢画（局部）（李翎供稿）

图 8 藏经洞出、法国吉美博物馆藏北宋《地藏菩萨像》绢画

---

[10] 马炜、蒙中编译：《西域绘画·8（经变）》，重庆：重庆出版集团、重庆出版社，2010 年，第 26 页；星云大师总监修，罗世平、如常编：《世界佛教美术图说大辞典·绘画 3》，高雄：佛光山宗委会出版社，2013 年，第 1124 页。

[11] 马炜、蒙中编译：《西域绘画·4（菩萨）》，重庆：重庆出版集团、重庆出版社，2010 年，第 21 页。

[12] 星云大师总监修，罗世平、如常编：《世界佛教美术图说大辞典·绘画 1》，高雄：佛光山宗委会出版社，2013 年，第 347 页。

善、恶童子像[13]（图9）。

杭州将台山慈云岭五代第1龛地藏菩萨两侍从头梳双髻，与前述观世音菩萨、地藏菩萨绘画中两胁侍立像的姿态、持物相仿。虽外衣不像藏经洞出绘画那样宽大，而是较为贴体的长衫，下裙亦不外展，但不妨碍判识两像是地藏菩萨的胁侍神祇：善童子（右侧）与恶童子（左侧），两侍从双手所持之物属卷簿类。

三、慈云岭1号龛的宗教意涵

第1龛主尊是地藏。地藏菩萨受释迦牟尼的嘱咐，在释迦涅槃之后，未来佛弥勒未下生之前，教化救渡一切罪苦众生。按《地藏菩萨本愿经》卷上《忉利天宫神通品第一》，地藏发愿言："我今尽未来际不可计劫，为是罪苦六道众生，广设方便，尽令解脱，而我自身方成佛道。"[14]本品又曰："此菩萨威神誓愿，不可思议。若未来世，有善男子、善女人，闻是菩萨名字，或赞叹，或瞻礼，或称名，或供养，乃至彩画、刻镂、塑漆形像，是人当得百返生于三十三天，永不堕恶道。"[15]《地藏菩萨本愿经》卷上《分身集会品第二》有曰"所有地狱处，分身地藏菩萨"[16]。《大藏经》古逸疑伪部录《佛说地藏菩萨经》，这部小经述"尔时，地藏菩萨住在南方净瑠璃世界，以净天眼观地狱之中受苦众生……地藏菩萨不忍见之，即从南方到地狱中与阎罗王共一别床而坐。……若善男子，善女子造地藏菩萨像，写地藏菩萨经，及念地藏菩萨名，此人定得往生西方极乐世界"[17]，可见地藏菩萨与地狱及地狱审判的密切关联。"定得往生西方极乐世界"，似也可以解释与地藏三尊毗邻的3号龛为阿弥陀佛及其眷属的缘由。藏经洞出、法国吉美博物馆藏五代绢画《地藏十王图及净土图》，上层描绘净土世界里的西方三圣及眷属，下层绘地藏与十王等神祇[18]（图10）。

图9 藏经洞出、大英博物馆藏五代（10世纪中期）《地藏十王图》绢画

---

[13] 马炜、蒙中编译：《西域绘画·4（菩萨）》，重庆：重庆出版集团、重庆出版社，2010年，第12页。
[14] （唐）实叉难陀译：《地藏菩萨本愿经》卷上，《大正藏》第13册，第778页中。
[15] （唐）实叉难陀译：《地藏菩萨本愿经》卷上，《大正藏》第13册，第778页中。
[16] （唐）实叉难陀译：《地藏菩萨本愿经》卷上，《大正藏》第13册，第779页中。
[17] 佚名：《佛说地藏菩萨经》，《大正藏》第85册，第1455页中～1455页下。
[18] 星云大师总监修，罗世平、如常编：《世界佛教美术图说大辞典：绘画1》，高雄：佛光山宗委会出版社，2013年，第342页。

善、恶童子见于署名为"成都府大慈恩寺沙门藏川述"之《佛说地藏菩萨发心因缘十王经》，经文有曰："五官业称向空悬，左右双童业薄全……双童子形状偈曰：证明善童子，时不离如影，低耳闻修善，无不记微善；证明恶童子，如响应声体，留目见造恶，无不录小恶。"[19] 此经还称阎魔王的本地菩萨即地藏菩萨，"阎魔王国……有同生神魔奴阇耶（同生略语），左神记恶形，如罗刹常随不离，悉记小恶；右神记善形，如吉祥常随不离，皆录微善；总名'双童'。亡人先身若福、若罪诸业，皆书尽持奏与阎魔法王，其王以簿推问亡人，筹计所作随恶、随善而断分之"[20]。按《佛说地藏菩萨发心因缘十王经》，人死亡之后，再次轮回之前，于冥途中，要先后经过冥土十王（也称十殿冥王）——秦广王、初（楚）江王、宋帝王、五官王、阎魔（罗）王、变成（卞城）王、太山（泰山）王、平等王、都市王、五道转轮王的善恶审判。而善童子的职责为记录亡者生前所修善事，恶童子则记录亡者生前造下的恶行，以此作为审判亡人的依据。敦煌卷子中有善恶童子的记录，如英藏 S.2204《董永变文》："好事恶事皆抄录，善恶童子第抄将。"善、恶童子胁侍地藏的三尊图像，与地藏菩萨拔除地狱罪苦众生的职责密切相关。地藏十王图像（亦称"地藏十王厅"）是表现地藏主持冥府审判的变相[21]。

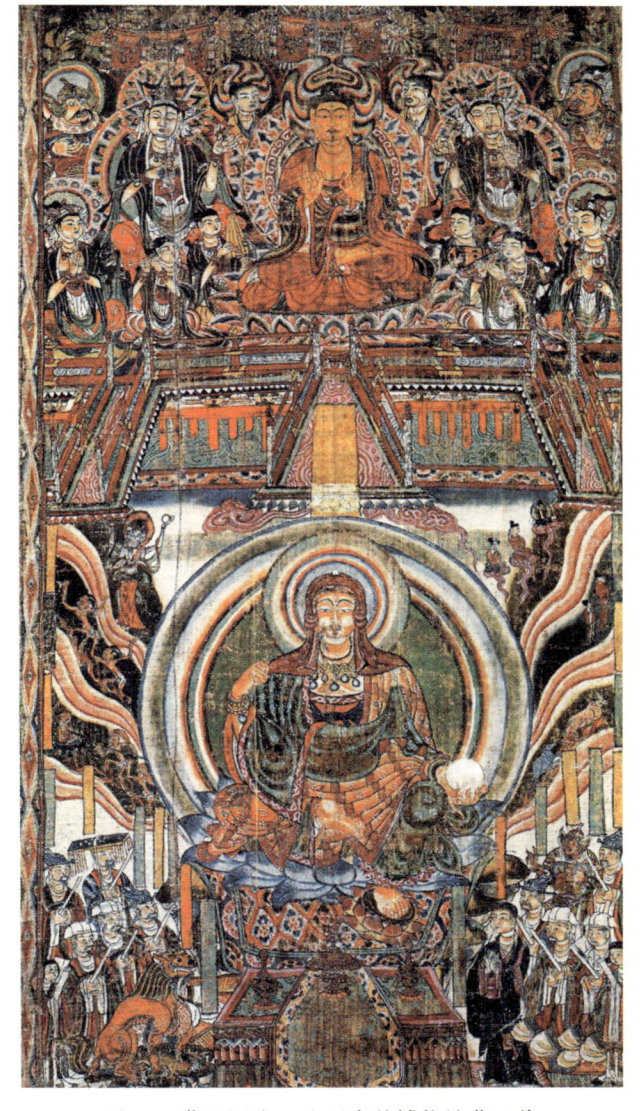

图 10 藏经洞出，法国吉美博物馆藏五代
《地藏十王图及净土图》绢画

尽管《佛说地藏菩萨发心因缘十王经》中仅在描述五官大王与阎魔王时提及善、恶童子，但从已知图像存例看，善、恶童子可胁侍十王中的任何一位，也可胁侍地藏。在敦煌地藏十王图中，若十王像有善、恶童子胁侍，则主尊地藏身旁一般不复置这两胁侍。如法国吉美艺术博物馆

---

[19]（唐）藏川述：《佛说地藏菩萨发心因缘十王经》，《新编卍续藏经》第 150 册，台北：新文丰出版公司，1984 年，第 771 页。

[20]（唐）藏川述：《佛说地藏菩萨发心因缘十王经》，《新编卍续藏经》第 150 册，台北：新文丰出版公司，1984 年，第 771 页。

[21] 罗华庆：《敦煌地藏图像和"地藏十王厅"研究》，《敦煌研究》1993 年第 2 期。

藏、藏经洞出太平兴国八年（983年）《地藏十王图》绢画，主尊地藏披帽，持锡杖，顶上出六道光芒，现六道图像。两侧为十王，每王的案头摊开案卷，两侧都有头梳双垂髻，上袍下裙，双手举书卷的善、恶童子[22]（图11）。法国吉美博物馆藏、藏经洞出北宋《地藏十王图》绢画，地藏披帽，持锡杖与宝珠，两侧十王像，九位王身旁各有头梳双髻，拱手笼袖中不持物的善、恶童子像[23]（图12）。若十王没有善恶童子胁侍，则主尊地藏会配置此二童子。如敦煌莫高窟第384窟甬道顶五代地藏十王图壁画，地藏披帽，半跏坐莲台，两侧下方分立捧卷薄的善、恶童子，壁画两侧各绘纵向分布的5位冥王坐像[24]（图13）。据相关研究，莫高窟第8窟主室南壁上部中段（门上）的晚唐

图11 藏经洞出，法国吉美博物馆藏太平兴国八年（983年）绢画《地藏十王图》

图12 藏经洞出，法国吉美博物馆藏北宋绢画《地藏十王图》

---

[22] 星云大师总监修，罗世平、如常编：《世界佛教美术图说大辞典：绘画1》，高雄：佛光山宗委会出版社，2013年，第336页。

[23] 星云大师总监修，罗世平、如常编：《世界佛教美术图说大辞典：绘画1》，高雄：佛光山宗委会出版社，2013年，第337页。

[24] 段文杰：《敦煌石窟鉴赏丛书》第3辑第7册，兰州：甘肃人民出版社，1996年，第35页。

壁画可能是目前可考年代的最早地藏十王图[25]。此窟地藏十王壁画，主尊地藏上部两侧各绘善、恶童子，童子着大袖袍服、梳双垂髻、双手抱卷，脚踩云头，地藏西侧五王无胁侍，东侧五王已毁[26]。

综上所述，慈云岭1号龛二侍从善、恶童子为冥间神祇，地藏与善、恶童子三尊图像应为地藏与十王信仰相结合的产物，胁侍持卷簿，用以记录亡人的点滴善行与恶业。浙江黄岩灵石寺西塔四层北部天宫出5卷五代至北宋（10世纪）的《佛说预修十王生七经》墨卷图经，说明当时两浙地区冥府十王信仰的流行[27]。慈云岭1号龛的地藏三尊与六道雕刻，既表明地藏拯救六道众生，尤其是地狱道的悲悯，也有以冥府审判的秋毫洞见，来达成劝世人多做善事，少做或莫做恶事，以求不堕恶道的教化意义。

图13 莫高窟第384窟甬道五代《地藏十王图》壁画

8世纪的唐代已经出现观音与地藏二尊合为一龛的造像，这种合龛在龙门与巴蜀石窟中常见[28]。有观点认为"正是观音与地藏的组合，才进一步出现了观音与善、恶童子的组合"[29]，即善、恶童子胁侍观音，是参照善、恶童子胁侍地藏的图像而来。

四、慈云岭1号龛像的特点和相关问题探讨

二胁侍善、恶童子体态适中，表情含蓄，衣着较为贴体，胸腹部下垂的裙带，不同于前述敦煌藏经洞出绘画童子的呈两条垂直下落，而是呈单条"S"形摆动下落。后者恰为五代十国杭州摩崖窟龛大中型菩萨像的服饰特征（慈云岭3号龛中的二立胁侍菩萨像就是如此），"杭州样式"的元素之一[30]。另外，两胁侍头髻的形状也与藏经洞出绘画双童子像的双丫髻或双垂髻有所不同。尽管杭州吴越国石刻菩萨、天王像中未见双髻或双鬟髻，但本龛两童子发髻贴近头部后掠，与吴越

---

[25] 郭俊叶：《敦煌晚唐"地藏十王"图像补说》，《华夏考古》2011年第4期。窟龛雕刻中，四川绵阳北山院摩崖9号龛亦系晚唐时期地藏十王作品。见张总：《四川绵阳北山院地藏十王龛像》，《敦煌学辑刊》2008年第4期。

[26] 郭俊叶：《敦煌晚唐"地藏十王"图像补说》，《华夏考古》2011年第4期。

[27] 该墨书经卷（含十王插图）现藏台州市黄岩区博物馆。

[28] 张总：《地藏信仰研究》，北京：宗教文化出版社，2003年，第348、349页。

[29] 李翎：《中国国家博物馆藏〈十一面观音变相〉的阐释》，《中国国家博物馆馆刊》2012年第2期。

[30] 赖天兵：《吴越国石刻佛教造像的造型及组式》，《石窟寺研究（第9辑）》，北京：科学出版社，2019年，第161、162页。

国摩崖窟龛菩萨像发髻[31]似有共通之处。

一般认为，晚唐至南宋沙门形地藏形象以被帽形态为主[32]。本龛为不被帽沙门形，浙江金华万佛塔地宫出土的两尊金铜地藏像亦为半跏趺坐不被帽沙门形[33]。故不被帽半跏趺沙门形地藏大抵是吴越国所流行的地藏菩萨样式。不被帽的地藏造型在两浙地区延续至宋元。本龛地藏像的雕制工艺也十分精湛，袈裟折襞洗练流畅，质感强烈。龛内云头绕向龛楣，云上化现六道众生来表现六道轮回，可以说是别具匠心[34]。地藏作沉思状，表情深沉坚定，充分展现了《地藏十轮经》所描述"安忍不动犹如大地，静虑深密犹如秘藏"[35]的境界（图14）。

图14 慈云岭第1龛主尊
（作者摄）

地藏与善、恶童子的地藏三尊雕塑存例极少，莫高窟第491号西夏窟的原三尊彩塑很可能是一例[36]。五代十国遗世的地藏三尊雕塑已知仅本龛一组，龛的摩崖雕刻规模不小，龛底到龛楣的六道轮回浮雕，总高达390厘米[37]。吴越国应比较注重这样的地藏三尊以及地藏三尊与六道图像的组合，地藏三尊强调地藏的地狱拯救职能，与冥府十王图像一并被信众接受。绘于浙东地区南宋至元（13～14世纪），现藏日本京都庐山寺的绢本设色《地藏菩萨像》，地藏为不被帽半跏趺坐沙门形，地藏台座靠背左右的胁侍，双髻裹红色绣花头巾，前方饰火焰宝珠，内着白色交领衣，外着交领宽袖服，双手笼袖中捧大簿册，簿册封面分别题

---

[31] 赖天兵:《吴越国石刻佛教造像的造型及组式》，《石窟寺研究（第9辑）》，北京：科学出版社，2019年，第160、161页。

[32] 张总:《地藏信仰研究》，北京：宗教文化出版社，2003年，第351页。

[33] 中国社会科学院考古研究所浙江工作队：《杭州慈云岭资贤寺摩崖龛像》，《文物》1995年第10期；浙江省文物管理委员会编：《金华万佛塔出土文物》，北京：文物出版社，1958年，第5、11、12页。

[34] 巴蜀石窟与敦煌藏经洞出绘画则多以在地藏身两侧或头顶两侧各出的三道毫光中的图像来表现六道众生。

[35] 玄奘译：《地藏十轮经》，《大正藏》第13册，第722页上。

[36] 张小刚：《莫高窟第491窟塑像尊格考辨》，《敦煌研究》2022年第2期。

[37] 史岩：《杭州南山区雕刻史迹初步调查》，《文物参考资料》1956年第1期。

"掌善簿"与"掌恶簿",前方有十王中的三王及道明和尚立像[38](图15)。笔者检索到善、恶童子胁侍地藏的较晚实例为陕西榆林市悬空寺第2窟东侧屏柱西壁面下部的明代壁画《地藏十王图》,善、恶童子手捧大卷簿,着广袖长衫与长裙,而地藏已是头戴五叶冠的形象[39]。据相关研究,明中后期,道明、闵公胁侍金地藏的九华山"地藏三尊"兴起,后者在清代甚为流行[40]。

翻译:侯然

图15 浙东地区南宋至元(13～14世纪)绢画《地藏菩萨像》,日本京都庐山寺藏

---

[38] 奈良国立博物館编:《聖地寧波——日本仏教1300年の源流～すべてはここからやって来た～》,奈良国立博物館,2009年,第88页。

[39] 石岩刚主编:《陕北石窟》,《中国石窟文化丛书(第一辑)》,上海:上海交通大学出版社,2022年,第232、233页。

[40] 尹文汉、张总:《九华山"地藏三尊"图像的形成》,《故宫博物院院刊》2015年第4期。

合川涞滩二佛寺大佛形象与补塑手印分析
——兼论川渝宋代石窟与陕北宋金石窟的关系

童瑞雪　蔡诗雨

内容摘要：合川涞滩二佛寺大佛右手原施无畏印，后补塑为"二指上举"手印。根据大佛右手的补塑工艺，手腕处贴金、妆彩痕迹指示的时间线索，以及"二指上举"手印在汉地造像中的发展谱系，推测该右手补塑于南宋早中期。涞滩大佛的造像风格及补塑右手的造型可能受到了陕北地区宋金造像的影响。川渝部分宋代造像也似与陕北宋金造像有一定联系。两宋之际，受战乱影响而南下的移民可能引发了此种文化交流。与开凿石窟相关的造像补塑、妆彩、贴金等活动，往往也保留了石窟营造过程中的历史信息，值得引起进一步的关注。

关键词：涞滩二佛寺　大佛手印　补塑　川渝宋代石窟　陕北宋金石窟

An Analysis on the Image of the Giant Buddha and the Reproduced Right Hand with a Mudra in the Erfo Temple in Laitan, Hechuan:
With a Discussion on the relationship Between the Song Dynasty Grottoes in Sichuan–Chongqing and the Song–Jin Period Grottoes in Northern Shaanxi

Tong Ruixue　Cai Shiyu

Abstract: The right hand of the Great Buddha, in the Erfo Temple in Laitan, Hechuan, originally performed a fearless gesture, but reproduced as a "two finger raised" gesture in later period. According to the restoration process of the Buddha's right hand, the time clues indicated by the traces of gold and makeup on the wrist, and the development genealogy of the "two fingers raised" gesture in Han regions, it is speculated that the right hand was restored in the early and middle

作者：童瑞雪，四川成都，610211，四川大学考古文博学院；
　　　蔡诗雨，北京，100871，北京大学考古文博学院。

period of the Southern Song Dynasty. The statue style of the Laitan Buddha and the shape of the restored right hand may have been influenced by the Song and Jin statues in northern Shaanxi. Some Song Dynasty statues in Sichuan and Chongqing also seem to have a certain connection with the Song and Jin statues in northern Shaanxi. During the Song Dynasty, immigrants who moved south due to war may have triggered this cultural exchange. The activities of statue restoration, makeup, and gilding related to the excavation of caves often retain historical information in the process of cave construction, which deserves further attention.

Key words: Laitan Erfo Temple, Buddha's mudra, restoration, Song Dynasty caves in Sichuan and Chongqing, Song and Jin caves in northern Shaanxi

一、问题缘起

重庆市合川区涞滩古镇二佛寺，坐落在渠江西畔、鹫峰山间，古称鹫峰寺，现分上殿与下殿两个区域。上殿为僧人礼拜、起居的院落，下殿为摩崖造像场所，上、下殿之间有小路和阶梯连通。下殿摩崖造像多分布在北、南、西面三处崖壁上，少数在北岩和西岩顶部的独立岩体上。经统计，二佛寺造像共计约42龛（组）、1760余尊，其中多系禅宗题材造像。

涞滩二佛寺主尊为一倚坐大佛，连座高13.7米。位于北岩中部偏东，是下殿造像群的中心。佛头至肩部为圆雕，肩部以下为高浮雕。头顶有螺发和肉髻，额有白毫，面长圆，弯眉细目，神情严肃，颈有三道蚕纹。内着僧祇支，于腰腹部束带打结，中衣双领下垂，右衣角掖于内，上衣覆搭右肩后，从右肘下绕出横搭于左肘[1]。下着裙，裙腰外翻，跣足，右手腕装饰卷云纹腕钏。左手抚左膝，右手举右肩前。右手掌心朝前，食指与中指并拢上举，其余手指屈向掌心（图1）。

前贤根据南岩和西岩上保存的南宋题刻与造像风格，认为二佛寺造像多开凿于南宋时期，另有少部分为明清时期补造[2]。近期，范丽娜女士进一步指出二佛寺的宋代造像可细分为三期，大佛属于第一期，是最早开始规划建造的，年代上限为入宋以后，下限应早于大规模造像的淳熙至嘉泰年间（1174～1204年）[3]。她还指出大佛的头部特征和神态与陕北地区北宋晚期的佛像更接近。米德昉先生也曾分析道："涞滩二佛寺所见淳熙年间造像，尽管在衣纹处理上与后期文家样有一定的相似性，但佛尊凸起的肉髻、略长的脸型、额头中央'人'字形发髻等特征倒是与陕北、天水

---

[1] 根据陈悦新的研究，这样的佛衣披覆方式可称为"中衣搭肘式"。参见陈悦新：《佛衣与僧衣概念考辨》，《故宫博物院院刊》2009年第2期。

[2] 黄理：《涞滩石刻》，重庆：重庆出版社，2012年；刘长久：《中国西南石窟艺术》，成都：四川人民出版社，1998年，第130～139页。

[3] 大佛和二弟子为第一期，弟子可能经过了后代补塑；南岩与西岩的主体造像，北岩东区善财、龙女胁侍以及大多数罗汉像为第二期造像，时代可能在南宋前期；北岩千佛、十地菩萨等为第三期造像，时代可能在南宋末年前后。参见范丽娜：《合川涞滩二佛寺宋代石刻造像考察》，《艺术史研究（第二十辑）》，广州：中山大学出版社，2018年，第302～311页。此外，此文还以附录形式收录了涞滩二佛寺下殿与崖壁现存的题记与碑刻资料，可供参考。

图1 涞滩大佛近期修复前全景照和上身照
（采自黄理：《涞滩石刻》）

等北方一系的宋代造像比较接近，说明此处定非文氏所造，应由其他匠师完成。"[4]

2018～2019年，笔者有幸参与了由孙华先生主持的涞滩二佛寺造像的考古调查工作。从现场情况看，大佛整体上保持着宋代始凿时的造型，但局部区域存在后期修补、妆彩与贴金痕迹，大佛右手处便是最突出的区域之一。根据补塑前的大佛右手遗存，可知原右手手印很可能为无畏印式[5]（图2）。

那么，大佛右手的补塑时间大概在何时？补塑时是否参考了与原形不同的形象？补塑前后主尊手印的不同，是否意味着大佛身份的转变？大佛原型或补塑的右手造型又是否与前人提及的陕北地区有一定联系？

本文先从大佛补塑右手处保留的历史信息出发，去推测补塑的大致时间，又通过梳理与

图2 涞滩大佛右手补塑前后三维扫描图（刘嵩供图）
1、2.为补塑后右手三维扫描图
3、4.为补塑前右手三维扫描图

---

[4] 米德昉：《宋代文氏一系工匠与宝顶山石窟寺的营建》，《敦煌研究》2020年第4期。

[5] 胡文和与黄理先生曾在相关论著中提及掉落于地的大佛补塑前右手，并以此推断原大佛是无畏印的弥勒佛，后因手印改变，大佛身份转变为了释迦牟尼。范丽娜则首次披露了大佛被补塑前右手的照片，亦判断涞滩大佛原身份为弥勒佛。参见胡文和：《巴蜀佛教雕刻艺术史》下册，成都：巴蜀书社，2015年，第630页；黄理、任进、杨旭德：《合川涞滩摩崖石刻造像》，《四川文物》1989年第3期；范丽娜：《合川涞滩二佛寺宋代石刻造像考察》，《艺术史研究（第二十辑）》，广州：中山大学出版社，2018年，第302页。

大佛原型、补塑右手造型相似的佛像材料,结合历史背景分析等,尝试对大佛的补塑时间和形象渊源做进一步解答,不当之处敬请方家教正。

二、涞滩大佛右手补塑时间初步分析

首先,我们将大佛的原右手与补塑右手进行三维扫描后,通过数码拼合等手段,较直观地看到了补塑前后大佛右手尺寸和造型的具体异同(图3)。

从图3可知,原右手与补塑后右手的手掌轮廓能大致对立,手掌中的纹路线无明显错位,从食指到小指处四指指宽与伸直趋势等亦较一致。二者较明显的区别在于,原手掌似比补塑后右手略短、略窄、略厚(部分差异可能是因原右手已残损导致),原右手拇指有向左上方伸直的趋势,而补塑后右手拇指则向右曲向手心。整体来看,补塑后右手与原右手的相似度较高,补塑右手与佛身的比例亦较协调。因此,初步推测该右手的补塑时间并不晚,补塑者可能是具有较高修补技艺的古代匠人。

其次,根据最新检测结果可知,补塑右手的材质并非石质,而主要是枫杨木,工艺也不是一体塑成,而是由下部底座和上部手两部分构成。底座先安装在手臂上,手掌再通过榫卯与底座相连接。手部用泥巴塑形,中掺稻草,后被贴金覆盖,1980年前后又用石膏补形,压住了贴金。从手与手臂交接处看,目前仍存至少三四层贴金,贴金下为红色颜料[6]。由此可知,补塑的右手安装到大佛身上的年代,应不晚于手腕处残存的最早一次贴金和其下的红色彩绘时间。因而,进一步探究贴金和彩绘的时间尤其关键。

通过梳理二佛寺下殿中保留的多则与历史上妆修活动相关的题记与碑刻,可知大佛建成后,至少经历了7次妆饰活动(表1),其中明代4次,清代2次,民国1次[7]。

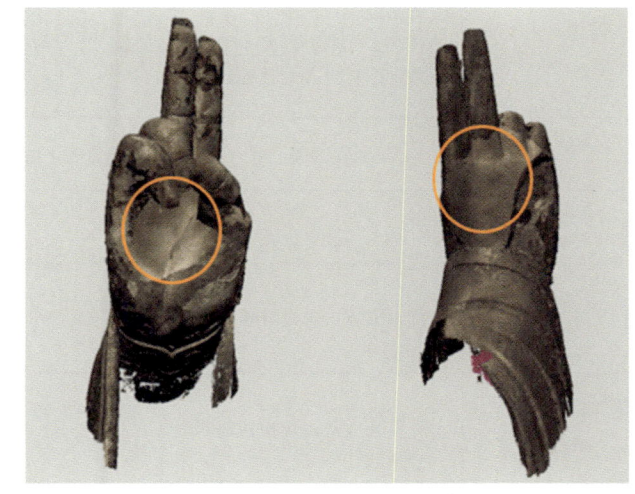

图3 涞滩大佛右手补塑前、后拼合效果图(圈中灰亮、凸起部分为原右手)

(刘嵩供图)

---

[6] 上述信息承蒙北京大学考古文博学院孙华先生见告,谨致谢忱。
[7] 依托涞滩二佛寺抢救性保护工程进行的最新一次贴金修复工作未纳入统计。与历次妆修活动相关的题记与碑文原文参见黄理:《涞滩石刻》,重庆:重庆出版社,2012年,第117~120、133~135、140~142页;范丽娜:《合川涞滩二佛寺宋代石刻造像考察》,《艺术史研究(第二十辑)》,广州:中山大学出版社,2018年,第325~329页。

表1　涞滩二佛寺主尊历次妆金信息表

妆饰时间	妆饰范围	资金	捐资及参与人	记录来源与位置
成化二十三年（1487年）	捐金装饰，佛像晃耀		十方檀越	《重修鹫峰禅寺记》二佛寺下寺大殿内
万历十六年（1588年）	塑装上□□□装雕诸天罗汉，仍贴地藏十王		僧德听，引进僧德云、行朝，弟德容、羽□、□行、□行、祈行、诗招，住持成才，俗侄张银、张憬、张恒、张镐、张朝臣、董凤翔，匠汪正甫、刘养浩装贴	《修□□装像记》北岩阿难和大佛之间
万历二十一年（1593年）	大佛圣像一尊、阿难一尊、十地菩萨十二尊，地藏十王、目莲共十四尊、并天花板盖一副	银三十六两	隆市里信吏张承宗，同缘谈氏四、谈氏七，男妇一阳、张柱阳，庞氏，孙张间政、张辅成，侄张一阳、张春阳、张三阳、陈羽霄，引进僧宗锡、德容、行潮	《妆大佛碑》北岩善财和二十二罗汉像之间
崇祯十三年（1640年）	金装二佛一尊	银一百七十两	合州宋坝里信士刘芳先、姚氏	明崇祯十三年题记北岩龙女像左上侧
嘉庆三年后（1798年后）	募装二佛法身（后金容日就剥落）		善士	《重装二佛金身碑记》二佛寺上殿左侧
道光十二年（1832年）	复以重装二佛金身独任之	银三百余两	华银山伏虎寺住持僧觉鉴，徒昌祇、烈言、孙隆、衍振、隆居刚、曾孙能动、愚慎、玄孙仁勇等	《重装二佛金身碑记》位置同上
民国七年（1918年）	大佛重装金身，众相各施彩画	银一千五百余两	世荣刘新春、同缘蒙氏。朱本张、孙鸿才、曾孙绍清，僧先吉、徒觉法、觉照，侄比丘觉宣	《补修二佛殿碑记》二佛寺上寺殿内

上表中前两次妆饰活动，虽未明言妆金，但根据"佛像晃耀"和"装""贴"等用语，推测很可能都包括了对大佛的贴金事项。第3次妆饰活动，暂不确定是妆金还是妆彩。后4次则明确记录为妆金活动。其中，第四、五次妆金活动之间，相距近160年。第六、七次妆金的时间，距离现在也已超过百年。在近期的大佛贴金修复工作展开前，早期贴金恐已大部分剥落。我们在现场使用100左右倍数的显微镜观察，发现补塑右手与大佛脸部等处多只能见到3层贴金，或许分别对应民国和清代道光、嘉庆年间的3次妆金。与此同时，贴金之下还可清晰地见到红色颜料（图4）。由此可知，补塑右手处的最下层贴金很可能不早于目前文献记载的最早贴金时间，即成化二十三年（1487年）。

此外，根据目前文保人员采样检测彩绘颜料的结果可知，右手手腕处至少经历过3次重绘，其中，红色彩绘的成分主要为传统矿物颜料中的朱砂[8]。朱砂在二佛寺彩绘中的运用，除了右手腕之外，还见于十地菩萨头

图4　涞滩大佛修复前残存金箔和红色颜料情况
（笔者摄）

---

[8] 李思凡、郭宏、陈坤龙：《重庆涞滩二佛寺石刻彩绘颜料分析》，《中国文化遗产》2020年第6期。

冠处，两处彩绘时间应大致同时。再由目前二佛寺造像的分期结果，可知十地菩萨很可能完工于大规模造像时期的第三期，即南宋晚期前后。因此，右手手腕处的红色颜料应绘制在十地菩萨等开凿完成之后、上述最早的贴金记载之前，即晚于南宋晚期、早于明成化二十三年（1487 年）。

由上便可以初步推知，大佛现右手的补塑时间，在大佛开凿完成之后、涂抹底层红色颜料之前。与此对应的最宽泛的时间范围为北宋末年至明成化二十三年（1487 年）之间，更为具体的时间还需要结合其他因素进行考察。

三、右手补塑前后涞滩大佛的形象分析

汉地现存的大佛，身份以释迦牟尼佛和弥勒佛为主，并有阿弥陀佛、卢舍那佛和观世音、文殊、普贤菩萨等。据笔者统计，《中国大佛》一书收录的各时期 13 米以上的倚坐大佛共有 15 例。其中，大佛手印为一手抚膝、一手施无畏印的共 6 例，数量最多；其次是双手抚膝或双手置双膝上，共 5 例；一手抚膝、另一手施说法印（部分手指略弯曲）的有 2 例；其余双手风化残损或手印不明[9]。又根据前贤研究，以"倚坐、左手抚膝、右手施无畏印、披覆中衣搭肘式佛衣"为特征的中古时期佛像，多自铭为"弥勒"，故此种造型应可作为弥勒像的判断标准[10]。这样看来，涞滩大佛原型为弥勒佛应无异议，且其手印采用了中古以来弥勒佛像中最为常见的一手抚膝、一手施无畏印。

涞滩大佛经补塑后的右手变为"二指上举"，与上述分析中较为流行的手印均有一定出入。其出现是否有特定的历史背景，尚需结合该手印的演变过程作进一步解读。

在汉地造像或壁画材料中，此种手印的使用情况可大致分为四个阶段。南北朝时期，"二指上举"手印开始出现于少量佛、菩萨造像中，可能带有一定的说法含义（图 5）。隋唐五代时期，"二指上举"手印较多出现在不同地域的各类佛像中，壁画和雕塑形式均有，题材有释迦、弥勒、炽盛光佛等多种，如敦煌、四川、云南石窟和金铜佛像中的案例（图 6）。这些案例中，与涞滩大佛身份、姿势、体量最为相近者为阆中大像山东山大佛。与此同时，还有少部分菩萨、弟子与维摩诘像在使用此类手印[11]。从图像场景看，佛像使用"二指上举"手印时，多可理解为类似维摩诘说"不二法门"的说法场景，但其作为说法印使用的流行程度依然较为有限。宋金元时期，"二指上举"手印较多且集中地出现在陕北坊州、鄜州、延州地区，如黄陵双龙万佛寺（又称万安禅院）、

---

[9] 吕立春总摄影，顾美华编撰：《中国大佛》，上海：上海古籍出版社，1994 年。

[10] 陈悦新：《河南浚县大佛的年代》，《文物》2013 年第 9 期；李静杰：《唐宋时期三佛图像类型分析——以四川、陕北石窟三佛组合雕刻为中心》，《故宫学刊》2008 年第 1 期。

[11] 如莫高窟 217 窟龛顶四菩萨之一，第 103 窟东壁维摩诘变中的文殊菩萨，第 407 窟比丘，第 9 窟北壁中间维摩诘等。参见中国壁画全集编辑委员会：《中国壁画全集·敦煌·盛唐》，天津：天津人民美术出版社，1989 年，第 4、127 页；中国壁画全集编辑委员会：《中国壁画全集·敦煌·隋》，天津：天津人民美术出版社，1991 年，第 73 页；敦煌研究院主编：《敦煌石窟全集·法华经卷》，上海：上海人民出版社，2000 年，第 237 页。

图 5　南北朝时期"二指上举"手印造像案例

1. 麦积山第 127 窟正壁龛右侧菩萨　2. 云冈第 11 窟中心塔柱南上层中央弥勒菩萨
3. 巩县石窟寺出土北朝佛像　4. 成都商业街 3 号背屏式造像

（采自中国石窟雕塑全集编辑委员会编：《中国石窟雕塑全集·2·甘肃》、《中国石窟雕塑全集·3·云冈》；巩义市文物保护管理所：《巩县石窟寺新发现》；四川博物院、成都文物考古研究所、四川大学博物馆：《四川出土南朝佛教造像》）

图 6　隋唐五代时期"二指上举"手印佛像案例

1. 莫高窟第 45 窟西壁龛内主尊释迦佛　2. 大英博物馆藏斯坦因敦煌绘画炽盛光佛　3. 阆中大像山东山大佛
4. 剑川石钟山石窟第 14 窟主尊弥勒　5. 五代青铜如来倚坐像

（采自中国石窟雕塑全集编辑委员会编：《中国石窟雕塑全集·1·敦煌》；林树中等：《海外遗珍·中国佛教绘画》；符永利、蒋晓春、张帆：《阆中大像山石窟的形制、题材与时代》；罗世平主编：《云南剑川石钟山山石窟》；金维诺主编：《中国寺观雕塑全集·5·金铜佛教造像》）

高县石泓寺、子长钟山、安塞樊庄、甘泉石宫寺石窟等处（图 7）[12]。此区域持此手印的造像以倚坐弥勒佛为主，造像样式较为固定，多出自介氏工匠班底，似已形成一种地域特征。此外，在四川、

---

[12] 除图 7 案例外，还如子长钟山石窟第 10 窟东壁涅槃造像上部释迦，黄陵双龙万佛寺第 1 窟前壁十方佛、甬道南壁启棺说法释迦佛、北壁阿育王施土缘中释迦佛、北壁立佛，安塞甘泉石宫寺第 5 窟后壁坐佛造像等。参见中国石窟雕塑全集编辑委员会编：《中国石窟雕塑全集·5·陕西·宁夏》，重庆：重庆出版社，2001 年，第 41、45 页；石建刚：《延安宋金石窟研究》，兰州大学博士学位论文，2013 年，第 30、35、65、70 页等。

云南、敦煌、广西等地也出现了多例相似手印的造像或壁画图样，手印使用者有佛像（图8）、菩萨与其他胁侍，大部分手印方向指上，也有部分指向别处[13]。可见此时期这一手印的案例数量有所增长，分布地域已较为广泛，流行程度有所上升，使用者身份较为多元，而佛像在此时已成为此类手印的主要使用者。根据造像场景可知，该手印除了表示说法含义外，似乎还多出了指示方向的作用。明清时期，此类手印很少出现，个别案例如罗汉指向旁侧的手印[14]。

通过上述梳理可知，在四川地区的大佛中，与涞滩大佛的倚坐姿势和补塑右手造型最为一致的为阆中大像山东山大佛。但根据大像山大佛周边残存的追溯性题记和造像整体风格看，该大佛开凿年代大致在中唐时期[15]，这与涞滩大佛的建造时间相距三百年左右。从造像特征看，大像山大佛与涞滩大佛也有诸多不同，比如面部和肩部更宽，身体更具肉感，衣纹也更厚重等。因此，尽

图7 宋金时期陕北地区"二指上举"手印倚坐佛案例
1. 陕西鄜县石泓寺第2窟左壁弥勒 2、3. 陕西黄陵双龙万佛寺弥勒 4. 陕西子长钟山石窟第三窟基坛右部佛
（采自中国石窟雕塑全集编辑委员会编：《中国石窟雕塑全集·5·陕西·宁夏》）

---

[13] 除图8案例外，还如：四川大足石刻宝顶山大佛湾第17龛报恩经变主尊释迦佛、石篆山第2龛志公、北山佛湾第136窟男侍者、安岳圆觉洞第10龛拈花微笑释迦佛等；广西叠彩山摩崖造像第17、18龛主尊释迦佛；敦煌莫高窟第76窟八大灵塔之第七塔中的胁侍弟子、榆林窟第38窟东壁北门的龙女等。参见中国石窟雕塑全集编辑委员会编：《中国石窟雕塑全集·5·大足》，重庆：重庆出版社，1999年，第39、94、132、136页；中国石窟雕塑全集编辑委员会编：《中国石窟雕塑全集·9·云南、贵州、广西、西藏》，重庆：重庆出版社，2001年，第129页；段文杰主编：《中国敦煌壁画全集·五代·宋》，天津：天津人民美术出版社，2006年，第166、188页。

[14] 山东长清灵岩寺四十罗汉之三十。参见中国寺观雕塑全集编辑委员会编：《中国寺观壁画雕塑全集·五代宋寺观造像》，哈尔滨：黑龙江美术出版社，2005年，第85页。

[15] 符永利、蒋晓春、张帆：《阆中大像山石窟的形制、题材与时代》，《考古与文物》2018年第5期。

图8 宋金时期四川、云南、敦煌、广西地区"二指上举"手印佛像案例
1. 大理崇圣寺千寻塔出土金质说法佛坐像 2. 五个庙第1窟弥勒经变主尊
3. 大足宝顶小佛湾祖师法身经目塔下层佛像 4. 广西叠彩山摩崖造像第20号龛坐佛群像
（采自云南省博物馆编：《佛国遗珍：南诏大理国的佛陀世界》；张宝玺主编：《甘肃石窟艺术壁画编》；胡文和：《佛教美术全集·9·安岳大足佛雕》；中国石窟雕塑全集编辑委员会编：《中国石窟雕塑全集·9·云南·贵州·广西·西藏》）

管二者手印与姿势、体量等十分相似，但仍难以推定前者对后者存在影响关系[16]。

与涞滩大佛开凿年代较为接近的宋金时期，陕西、四川、云南、广西多地出现了数量较多的"二指上举"手印案例，故于此时参考此种手印来补塑涞滩大佛的可能性较大。不过，此时出现在四川地区的造像身份较为纷杂，部分手印也有一定变形，与涞滩大佛补塑右手的相似度有限。云南大理国时期崇圣寺千寻塔中使用此手印的金铜佛像，为密教五方佛中的不空成就佛，与涞滩二佛寺的造像题材也无关联。广西地区的相关佛像为结跏趺坐佛或多佛题材，亦非倚坐弥勒佛。唯陕北地区使用"二指上举"手印的佛像，其神情、体态、服饰特征与身份等，与涞滩大佛的相似度较高。故这一时期中，与涞滩二佛寺之间存在某种造像渊源关系的地域，可能要数陕北地区。

陕北地区使用"二指上举"手印的佛像样式较为固定，案例数量较多，时代也早于涞滩，因此推测涞滩方面是受其影响者。前文也已提到，研究涞滩大佛造型的学者曾指出，大佛肉髻、发髻、脸型、面部神情等均不似出自川渝本地工匠之手的同时期造像，更似北方佛像常见的严肃神态。若然，巴蜀地区与陕北之间，应该在这一时期存在一定程度的人口流动与文化交流。

四、涞滩大佛等川渝宋代造像与陕北宋金石窟的关系

根据《中国移民史》可知，北宋末年靖康之乱以后北方人口的大规模南迁，是继西晋永嘉之乱、唐后期五代这两次移民浪潮之后，规模最大、对南方地区影响最为深远的一次。其中，不少

---

[16] 值得注意的是，《东山大像精舍何居士记》碑文中记录"阆中大佛"所在福昌院的驻锡僧空政，曾有至长安的经历，后何叟于其主持的佛寺处观崖建像时，或许也参考了他的意见。故笔者猜测此种手印的佛像，或许在唐代时就与北方地区存在一定联系。碑文内容参见蒋晓春、符永利、罗洪彬，等：《嘉陵江流域石窟寺调查及研究》，北京：科学出版社，2018年，第144页。

陕甘移民涌入四川地区，其后裔也世代定居在巴蜀区域。无独有偶，涞滩二佛寺所在的合川地区，接收移民的数量多达9例，较其他府州更高[17]。(万历)《重庆府志》中记录的合川董氏家族，便经历了自宋高宗南渡后徙居合川，至明代发展为万户侯的过程[18]。这应是两宋之际诸多南迁的北方移民家族的缩影。可以想象，南迁移民的身份多种多样，除了史料常载的皇室、政客、军队等，也应有不少失载于史籍的普通流民，其中很可能有与石窟开凿相关的工匠与僧俗人群等。目前虽暂未在四川地区宋代石窟造像中，发现与陕北地区人群的直接联系，但部分题记显示出此时川渝间存在外籍工匠、造像主或游宦人士。如大足北山佛湾第136窟的匠人为"颍川镌匠胥安"[19]，资阳乐至岩松山第8窟的造像主为"信仕弟子陇西李宗良"[20]，自贡荣县大佛崖第5龛游记为"荣守太史公陇西李灵仁父书"[21]等。陕北地区的工匠中，影响最大的介氏家族，其活动范围似乎也并不限于鄜延之地，如甘肃庆阳北石窟寺第165窟的罗汉像很可能就出自其家族成员之手[22]。介氏家族在北宋灭亡后不知所踪，或许是因受宋金战乱影响，南下避难去了。

此外，学界普遍认为，四川地区唐宋石窟中的部分造像，虽与陕北地区宋金时期造像存在一定的时间差和细节差异，但在某些造像特征、构图要素、题材组合与思想内涵方面有着较为一致的面貌。比如涞滩二佛寺大佛两侧的十地菩萨，在陕北钟山、城台与黄陵双龙千佛洞等石窟中均有相关表现，都是华严修行思想的个性化表现[23]。又如两地的僧伽系列造像，无论是三圣、三尊式组合还是僧伽与弥勒、观音的组合，均根据僧伽在长安地区的事迹创作而成，属于同源序列[24]。再如川渝入宋以后的水月观音造像中，出现的山石装饰，配置取经图或善财龙女的做法，亦是陕北地区水月观音造像的流行样式[25]。还如两地的观音救难像中，四川的立姿观音、陕北的游戏坐观音以及各类救难场景等，均可在敦煌地区找到相似的图像粉本，可视为相近的发展序列[26]。由此可见，四川与陕北两地石窟之间的文化联系，应在较长时期内存在于多个方面。当然，多数时候这

---

[17] 葛剑雄主编：《中国移民史·第4卷·辽宋金元时期》，上海：复旦大学出版社，2022年，第246、370～373页。

[18] 王乾章的《重建岁寒亭记》和舒表的《重修岁寒亭碑记》，参见（明）张文耀修，邹廷彦纂：（万历）《重庆府志》卷七十五"艺文志"，北京：国家图书馆出版社，2020年，叶22a～27b。

[19] 李红霞：《大足北山第136窟造像浅析》，《长江文明》2017年第3期。

[20] 龙显昭主编：《巴蜀佛教碑文集成》，成都：巴蜀书社，2004年，第173页。

[21] 四川省文物考古研究院编：《四川散见唐宋佛道龛窟内容总录·自贡卷》，北京：文物出版社，2017年，第40页。

[22] 石建刚、袁继民：《延安宋金石窟工匠及其开窟造像活动考察——以题记所见工匠题名为核心》，《丝绸之路研究集刊（第二辑）》，北京：商务印书馆，2018年，第253～279页。

[23] 丰悦华：《华严十地图像特征与信仰浅析》，《丝绸之路研究集刊（第八辑）》，北京：社会科学文献出版社，2022年，第379～392页。

[24] 张亮、杨潇：《长安传统与泗州样式：唐宋僧伽造像的两个序列》，《敦煌研究》2023年第3期。

[25] 龙红、邓新航：《巴蜀石窟唐宋水月观音造像艺术研究——兼与敦煌、延安水月观音图像的比较》，《大足学刊（第四辑）》，重庆：重庆出版社，2020年，第121～125页。

[26] 李冠緻：《四川内江新发现摩崖浮雕观音救难图像考察》，《敦煌研究》2019年第6期；李静杰：《乐至与富县石窟浮雕唐宋时期观音救难图像分析》，《故宫博物院院刊》2012年第4期。

种联系可能并非直接传播导致，而是经过了不少中间环节的间接联系。

考虑到此种多元化的人口流动与文化交流的历史背景，涞滩二佛寺大佛的整体面貌与补塑右手的造型，与陕北地区具有一定的相似性，便更容易理解了。若上述推论成立，加上文化传播会有滞后性的考量，可进一步推测涞滩大佛右手的补塑时间，或在大佛开凿完成后不久、二佛寺大规模造像停止前的南宋早中期[27]。这一时间断限也符合前文推断出的早于红色颜料和贴金层的时间范围。

五、余　论

如若上文分析成立，涞滩大佛右手的补塑时间在大佛开凿完成不久后的南宋早中期前后，那么此时二佛寺的第二、三期造像已经建成或正在开凿当中。大佛周边应该会多出不少表现禅宗传法与净土思想题材的造像，如历代祖师传法像、善财与龙女、罗汉群像、药师像等。大佛右手的补塑者为何会放弃原来的无畏印，而将大佛补塑为"二指上举"手印？

第一种情况，匠人有意按照大佛原为弥勒佛的身份进行补塑。由于此时使用"二指上举"手印的倚坐佛大多为弥勒佛，那么该手印既能满足原涞滩大佛的身份特征，也更符合当时的流行趋势。第二种情况，匠人有意模糊此前弥勒大佛的造像传统，使涞滩大佛能更灵活地与周边题材进行组合解读。二佛寺主尊若为施无畏印的弥勒，很可能被认为与唐代巴蜀地区的倚坐大佛相似，主要表现为弥勒下生的净土思想。但若将主尊手印改为"二指上举"式手印，则比无畏印更具说法意味，与寺内其他造像进行组合时，更能统摄整个造像场景，更直白地表达了禅宗说法、传法的造像内涵[28]。又由于宋金时期使用"二指上举"手印的佛像身份较多样，所以也不排除随着时间的推移，人们对大佛身份的理解已产生变化的可能。此类情况在石窟后期题记中较为常见。如前述万历年间装彩记中出现两次的"地藏十王"中的"十王"，可能是对地藏附近罗汉造像的误判，但体现了明代人的认识。因而，从后代妆修活动中，也可窥见闪耀在修补技艺之外的古人思想的变化。

正如目前学者们所呼吁的，未来石窟寺的研究与保护工作，仍然需要加强对石窟营造活动中补塑、重妆、贴金等后期工序的关注[29]。这不仅有助于理解石窟营造过程中的各类工艺与整体设计，或许还有利于发掘出物质活动背后蕴藏的文化交流与思想演变信息。

附记：本文写作过程中得北京大学考古文博学院孙华教授指导，文中三维扫描图片均由贵州师范大学贵州省信息与计算科学重点实验室刘嵩副教授提供，谨致谢忱！

---

[27] 川渝宋代石窟的开凿和相关佛事活动在南宋中期以后基本停止，可能受到了宋蒙战争的破坏与阻滞。

[28] 涞滩二佛寺造像整体表达的是禅宗传法、净土济世等思想，参见范丽娜：《合川涞滩二佛寺宋代石刻造像考察》，《艺术史研究（第二十辑）》，广州：中山大学出版社，2018年，第311～325页。

[29] 董华锋：《巴中南龛李思弘重妆龛像及相关问题研究》，《敦煌研究》2019年第5期。

早期佛教艺术与无偶像论

〔美〕苏珊·L·亨廷顿 著　何志国　岳书棋 译

内容摘要： 由法国富歇（Foucher）提出、被西方学界几乎公认的印度早期佛教无偶像论，并没有可靠的考古、铭文和文献材料支撑。所谓"无偶像"的叙事作品，实际上体现了佛教以圣地瞻仰、礼拜为核心的实践活动，窣堵坡、圣树、宝座等所谓"象征物"并非用来代替佛陀及生活事件，而是圣地朝拜的神圣核心。围绕"无偶像论"及佛像"起源"的概念的争论，实际上是笼罩在19世纪末、20世纪初西方帝国主义和印度民族主义之间的斗争。

关键词： 印度早期佛教艺术　无偶像论　圣地崇拜

Early Buddhist Art and the Theory of Aniconism

Susan L. Huntington, Translated by　He Zhiguo　Yue Shuqi

Abstract: The theory of early Indian Buddhism without idols, proposed by Foucher of France and almost universally recognized by Western academia, lacks reliable archaeological, inscription, and literary materials to support it. The so-called "No Idol" narrative works actually reflect the practical activities of Buddhism centered on pilgrimage and worship in holy sites. The so-called "Symbolic Objects" such as stupas, sacred trees, and thrones are not used to replace Buddha and life events, but rather the sacred core of pilgrimage in holy sites. The debate surrounding the concepts of "No Idol Theory" and the "Origin" of Buddha statues is actually a struggle between Western imperialism and Indian nationalism in the late 19th and early 20th centuries.

Key words: Early Buddhist Art in India, aniconism, worship of the holy land

---

作者：〔美〕苏珊·L·亨廷顿，美国俄亥俄州立大学艺术史教授。
译者：何志国，南通大学特聘教授，华东师范大学教授；
　　　岳书棋，拉萨师范高等专科学校助教，华东师范大学硕士。
＊译者注：摘要和关键词为译者所加。图4～7为译者替换较清晰的照片。需要特别指出的是，西方学者对于印度早期无佛像时期存在佛陀象征物和佛陀圣地崇拜之争。虽然本文提出的印度早期无佛像时期佛教信仰存在佛陀圣地崇拜的观点富有启发性，但是，该文忽略了印度早期存在佛足印的事实。该文并不代表译者观点。

图 1　礼拜法轮，约 1 世纪初

19 世纪末 20 世纪初，欧洲和印度的学者对于现存早期佛教艺术缺少历史上释迦牟尼佛的拟人化表现感到困惑。人们推测，早期佛教艺术要么完全避开了佛陀形象，要么喜欢使用符号指代佛陀及其生命中的重要事件。例如，早期浮雕描绘特定的树被解释为象征佛陀在菩提伽耶（Bodh Gaya）的菩提树下觉悟（图 5）；同样，描绘代表佛法的车轮经常被认为是佛陀在鹿野苑（Sarnath）初次说法的象征性表现（图 1）。这种回避佛像或用符号代替佛像的做法被称为"无偶像论"（Aniconism）。

近百年来，无偶像论对早期佛教艺术的解释被广泛接受。20 世纪初，阿尔弗雷德·福歇（Alfred Foucher）首次阐明了这个理论[1]。他的想法基于这样的假设：最早的佛像产生于古印度的犍陀罗地区，时间约在公元纪年前后，也就是佛陀去世后的五百多年。他猜测，犍陀罗地区的印度艺术家引进了古典希腊优越的雕塑传统，促进了佛像的拟人形象出现[2]。很自然地，印度人对这种需要西方影响来促进佛像产生的观点感到不满。阿南达·库马拉斯瓦米（Ananda Coomaraswamy）在《艺术公报》（Art Bulletin）上提出了疑问。他在一篇经常被引用的文章中宣称，创作佛像的动力，植根于印度的本土信仰和雕塑传统[3]。同时，库马拉斯瓦米接受了福歇的无偶像论，用来解释早期佛教艺术中没有佛像出现的原因。

考虑到佛教的一些基本性原则，学者们不难对早期佛教艺术中的佛像缺失提出解释。一位作者指出："佛陀根本没有出现过，事实上他已经圆寂（涅槃）。"[4] 因此把无偶像论的概念与佛教的本

---

[1] Alfred Foucher. *The Beginnings of Buddhist Art, in His The Beginnings of Buddhist Art and Other Essays in Indian and Central-Asian Archaeology*. Paris: Paul Geuthner, 1917, pp. 1-29. 这篇文章最初发表在 Journal Asiatique, 1911.

[2] Alfred Foucher. *The Greek Origin of the Image of the Buddha*. Beginnings of Buddhist Art, pp. 111-137. 这篇文章最初是在吉美博物馆（Musée Guimet）的一次演讲中提出的，并发表在 Bibliotheque de vulgarisation du Musee Guimet (38), 1913, pp. 231-272.

[3] Ananda K. Coomaraswamy. *The Origin of the Buddha Image*. Art Bulletin, 1927(9), pp. 287-328. 库马拉斯瓦米（Ananda K. Coomaraswamy）提出并随后出名的观点，实际上是由维克多·戈卢博（Victor Goloubew）对福歇（Foucher）观点的评论中提出的，戈卢博（Goloubew）发表于 Bulletin de l'Ecole Francaise d'Extreme-Orient, 1924(23), pp. 438-454. esp. 451. 库马拉斯瓦米也在一篇较短的文章中提出了他的观点，比那篇更权威的文章早了一年。参见 Ananda K. Coomaraswamy. *The Indian Origin of the Buddha Image*. Journal of the American Oriental Society, 1926(46), pp. 165-170.

[4] Richard F. Gombrich. *Precept and Practice: Traditional Buddhism in the Rural Highlands of Ceylon*. Oxford: Clarendon Press, 1971, p112.

质——物质形态存在的停止相联系。另一位学者引用了《经论》(Suttanipata) 的一段诗，"他熄灭了所有欲望，而诉诸于虚无"[5]。表明无佛像的艺术现象可能与佛陀对自我存在的超越有关。该作者进一步指出，"火焰被风吹灭后便无迹可寻；纵然是智者，从形名之中解脱出来后亦将消散"[6]。由此得出结论：早期佛教艺术中拟人形象的佛像缺席，反映"用视觉形式和人类形态去表现真实的涅槃本质是不可思议的"[7]。虽然这些观念是佛教思想的核心，但它们可能与无偶像的现象无关。尽管这些句子在佛教经典中反复出现，不过并没有直接指出佛陀是否应该按照人形加以表现。

无偶像论对早期佛教艺术的解释，深深植根于存在已久的佛教教义、制度和宗派历史中，任何对这一理论的侵蚀都有可能摧毁几十年来建立起来的学术基础。人们通过一些案例坚定地接受了所谓在偶像创造之前存在一段无偶像时期的观点，但为了适应该理论，另一些可靠的考古、铭文和文献证据被摒弃[8]。

然而，一项基于考古、文献和铭文证据的分析对故意回避佛像的说法提出了质疑。例如，无偶像论的理论基础之一认为，早期佛教艺术反映了"小乘佛教"的教义[9]，因为"小乘"佛教徒禁止创作以人形表现佛像的艺术作品。该理论支持者辩称，在基督纪元早期，大乘佛教开始繁荣时，创造拟人佛像的活动自此开始。不过，一位受尊敬的佛教学者最近根据文献指出，如同大乘佛教一样，小乘佛教可能也乐于接受佛教偶像的造像[10]。另一位杰出的佛学家得出的结论是，将佛像仅仅与大乘佛教联系起来是不正确的，"几乎所有的小乘佛教学派都对佛像和佛像崇拜非常感兴趣"[11]。事实上，在整个佛教文献中，学者们仅能找到一条间接有关禁止制作佛像的规定，而且这只限于一个佛教派别[12]。

考古学的证据也挑战了无偶像论的支柱之一，即长期以来坚信的、佛像最初是在大约1世纪

---

[5] David L. Snellgrove. *The Image of the Buddha.* Paris: UNESCO, 1978, p23.

[6] David L. Snellgrove. *The Image of the Buddha.* Paris: UNESCO, 1978, p23.

[7] David L. Snellgrove. *The Image of the Buddha.* Paris: UNESCO, 1978, p24.

[8] 例如，众所周知，阿富汗马兰发现的黄金镶嵌红宝石舍利盒，通常定为约2世纪，尽管周围几乎无可争议的科学证据表明，它是大约公元前1世纪初制作的。对舍利盒年代的争议仅仅是基于这样的假设：直到公元最初的几个世纪，佛像才被引入佛教艺术创作中。因此，任何带有佛像的作品都是相对较晚时期的作品。参见 Susan L. Huntington (with contributions by John C. Huntington). *Art of Ancient India.* Tokyo and New York: John Weatherhill, 1985, pp. 629-630.

[9] 在这里，我不希望解决与小乘佛教相关的问题，但在广义上，它指小乘佛教和其他巴利文字基础上的非大乘佛教传统。

[10] Lewis R. Lancaster. *An Early Mahayana Sermon about the Body of the Buddha and the Making of Images.* Artibus Asiae, 1974, p291.

[11] Gregory Schopen. *Mahayána in Indian Inscriptions.* Indo-Iranian Journal. 1979(1), p16.

[12] 对偶像禁令的暗示出现在说一切有部（sarvāstivādin）的戒律(vinaya)中，参见 John C. Huntington. *The Origin of the Buddha Image: Early Image Traditions and the Concept of Buddhadarsanapunya, in Studies in Buddhist Art of South Asia.* New Delhi: Kanak, 1985, p27.

或 2 世纪的贵霜时期创作的。最近，一些属于前贵霜时期的佛像雕塑已经被确认[13]。这些前贵霜时期的佛像雕刻削弱了贵霜赞助者引入拟人化佛像的理论。这些早期图像材料证明，佛像与所谓的无偶像浮雕是在同一时期制作的，由此可见，浮雕中佛像的缺席，并不能归因于当时普遍禁止佛像创作。

最近的历史、艺术史和文献证据与传统的无偶像理论之间的分歧不断扩大，从而产生了很多问题：现在是否仍然可以认为，前贵霜时期浮雕没有出现佛陀偶像就反映了有意避免对他的表现？对于早期浮雕中的佛像缺失，还有其他的解释吗？最近确认的前贵霜时期佛像与这一时期的其他艺术遗迹是否协调？更重要的是，如果前贵霜时期上百件浮雕的主题没有隐晦地提及一个从未出现过的佛像，那么，它们会传达什么样的信息？

现在，笔者带着上述这些问题探讨印度早期佛教艺术，并对这些雕刻内容提出新的解释。所谓"无偶像"浮雕展示了各种主题，包括抽象的动物、树叶图案、自然精神和叙事场景等主题。其中，叙事场景对无偶像问题研究最为重要，因为绝大多数场景表现的是历史上释迦牟尼（公元前 560～前 480 年）日常生活中的事件（佛传故事），或者他前世的故事（本生故事）[14]。

本文通过关注一种类型的表征，初步介绍了笔者的一些发现。具体来说，笔者将研究一种浮雕，它通常被认为是描绘佛陀生活中的场景，然而，佛陀并没有被描绘出来[15]。可能这些作品中的大多数（如果不是全部的话）根本不代表佛陀生活中的事件，而是描绘了佛教圣地崇拜。尽管有些浮雕可能描绘了佛陀在世时在圣地所做的奉献，但其中大部分可能展示了佛陀去世后人们所崇拜的地点。更进一步，笔者希望表明，所谓无偶像的象征符号，如空宝座、圣树、法轮和窣堵坡（包含舍利的覆钵形建筑），并不是浮雕制作者打算代替佛像的，而是这些圣地礼拜的神圣核心，所以浮雕本质上表现的是"肖像"，因为它展示了与之相关的信徒朝圣和礼拜的实践[16]。

关于佛陀初次说法的标志性图像有两种类型：即偶像和无偶像，由此可见它们在视觉形式和主题上的差异。无偶像的类型可以在 1 世纪桑奇（Sanchi）的一幅浮雕上看到，一个大轮子是整个构图中心（图 1）。这个轮子就是佛教法轮，常与佛陀初次说法有关，据说佛陀在那次说法中转动了法轮。因此，像这样通常被认为是佛陀初次说法的作品，并没有以拟人化的形象出现。另一种

---

[13] 注意到这些佛像的学者们，把佛像出现的时间提前了，但是对早期佛教艺术中存在的"无偶像"阶段没有疑问。参见 J. E. van Lohuizen-de Leeuw. *New Evidence with Regard to the Origin of the Buddha Image, in South Asian Archaeology*. Berlin: Dietrich Reimer Verlag, 1981, pp.377-400. Domenico Faccenna. *Excavations of the Italian Archaeological Mission (IsMEO) in Pakistan: Some Problems of Gandharan Art and Architecture, Central Asia in the Kushan Period-Proceedings of the International Conference on the History, Archaeology, and Culture of Central Asia in the Kushan Period*, 1974, pp. 126-176. esp.174.

[14] 关于佛陀本生的故事解释，也需要根据新证据进行大量的修改，这将是笔者长期研究的一个重要组成部分。

[15] 这项完整的、长达一本书的研究包括对艺术遗迹、相关铭文和早期佛教文本材料的彻底重新检查。

[16] 有人可能会争辩说，反过来，使用一个空的宝座、一个轮子、一棵树或其他非象征性的物体作为主要的崇拜焦点，这本身就是一种无偶像论的证明，也就是说，对象征物的崇拜可以被视为佛像的替代品。然而，笔者相信这些物品可能是用来纪念佛陀的生活事件，而并不是用来描述事件的。因此，他们不需要一个拟人化的佛像出现。

2～3世纪巴基斯坦犍陀罗地区的浮雕属于"偶像"类型，宝座上有一尊坐佛（图2）。就像大多数佛像一样，这尊佛陀偶像的年代比大多数"无偶像"图像要晚。在这个犍陀罗浮雕上，佛陀与五个苦行僧和下面法轮两侧的双鹿相组合。这些典型画面代表了佛陀在贝拿勒斯的鹿野苑向五名外道初次说法的场景。另外，还有三个衣着与众不同的人物也出现在这次说法中，尽管在这个场景中他们的出现并非必需。

关于真实描绘佛陀生活事件的浮雕有两个观察结果：（1）浮雕作品表现的地点是事件发生的地点；（2）作品中所描绘的活动时间是事件发生的时间。而在"无偶像"类型的浮雕中，这两种情况通常不存在，甚至未予暗示，比如展示法轮的场景。早期学者假设这样的作品记录了佛陀一生的事件，尽管佛陀没有出现，但作品中存在的其他元素表明另一项活动正在发生。在没有考虑相反证据的情况下，他们得出结论：这些作品代表了佛陀缺席的生活场景。

佛陀生活事件中明确显示地点和时间是理解无偶像浮雕问题的关键，这可以通过研究最近发现的阿玛拉瓦蒂（Amaravati）的图像来阐明（图3）。这个2世纪的雕刻既没有描绘象征物，也没有直接描绘佛陀。相反，它展示的显然是一个放在宝座上的佛像。浮雕的焦点是一个长方形宝座，后面是一棵通过树叶形状识别出来的菩提树。宝座上圆形背屏的前面有一尊坐佛，右手施无畏印，座下还有一对脚印。在画面的最右侧和后方，可以看到有屋顶的建筑或亭子的一部分。在画面中央宝座和树的两侧是一对雕像（观者左边的雕像已经严重损毁），这些雕像半跏趺倚坐在中央宝座两侧的平台上，人物右手持拂于右肩。

图2　释迦牟尼佛陀的第一次说法
（来自拉合尔博物馆）

图3　礼拜佛像
（来自阿玛拉瓦蒂遗址博物馆）

毫无疑问，这个浮雕代表了一个特定的场所，右后方的建筑明显地暗示了浮雕的设置，这显然是现场描绘的一部分。很明显，这个场景不是表现佛陀的生活事件，因为佛陀不在场，他（或者另一尊佛像）被特意描绘在一个图像中。这个场景没有表现佛传故事，人们甚至不能确定被描绘的地方是佛传故事的发生地。菩提树的存在可能暗示地点是菩提伽耶，但是，众所周知，释迦牟尼佛的菩提树象征着觉悟、证道，因而被整个佛教世界到处供奉。圆形背屏中的佛陀没有表现触地印，而这种手势代表了他在菩提伽耶即将证道的特征，这些表现提供了进一步的证据——这个地点不是菩提伽耶。人们只能说这一场景代表了一处佛教圣地。关于该事件发生的时间，图像表明这个场景可能发生在佛陀去世之后[17]。学者们假设所有讨论的早期浮雕类型——包括"偶像"和"无偶像"的例子，都是为了表明佛陀在世期间的一个事件，但很明显，笔者认为存在另一个选项：至少有一些所谓"无偶像"场景描绘了佛教圣地被大众参观礼拜，这样的话，很可能就是在佛陀去世之后。这类"无偶像"雕刻中的许多特征，比如桑奇浮雕中虔诚的礼拜者（图1），清楚地表明了这一点。

最有力的、也许是最明确的证据，显示在对法轮的崇拜（图1）和众多其他所谓的"无偶像"浮雕，都是对圣地的表现。在这些地方，信徒对圣地进行朝拜（而不是佛陀生活中的事件）。一位批评者认为笔者的理论"没有意识到在巴尔胡特（Bharhut）的大量铭文中明确指出，这些表现的就是佛陀生活中的事件"[18]。恰好相反，仔细研究铭文就会发现，它们有力地支持了笔者的论点，因为许多铭文清楚地表明了地点，而不是事件。事实上，我认为正是对地点和事件的混淆造成了人们对许多早期浮雕的误解。

来自巴尔胡特（Bharhut）的几个例子阐明了这些有关混淆的问题。其中最无可争议的一个例子是，公元前1世纪的一幅圆形浮雕上刻有一棵树，树前有一个祭坛，一对夫妇和两个孩子在礼拜供奉（图4）。这个浮雕上的铭文写着"bhagavato Vesabhunā bodhi sālo"，即"神圣的毗舍浮佛（Viśvabhu）的菩提树，一棵娑罗（Sāla）树"[19]。铭文清楚地表明，该场景表现了毗舍浮佛的觉悟证道之树，毗舍浮佛是时间上先于释迦牟尼成道的佛陀

图4 毗舍浮佛菩提树
（来自印度博物馆）

---

[17] 这一场景或许显示出对佛陀生前的崇敬，而非崇敬去世后所创造的佛像。然而，这似乎不太可能，因为似乎大多数其他崇拜场景显示的建筑和特色，是在佛陀去世很久之后才添加到了神圣场所。

[18] 参见 Pratapaditya Pal's. *Review of Huntingt and Huntington*. Art of Ancient India in Arts of Asia, 1987(3), p128.

[19] Ernst Waldschmidt and Madhukar Anant Mehendale. *Corpus Inscriptionum Indicarum*. Ootacamund: Government Epigraphist for India, 1963, pp. 83-84.

之一。换句话说，浮雕刻画了证道发生时的树，而不是毗舍浮佛的证道事件。铭文暗示了树木扎根的位置，圆形浮雕中的人物和其他元素表明了正在发生活动的地点。圆形图案上绘制树和一个供奉祭品的祭坛，人们在树上覆盖花环、献祭品、跪拜。很明显，浮雕图像说明，这是在毗舍浮佛觉悟之后圣地举办的祭祀活动。此外，这个场景显然是对佛教的虔诚颂扬。从其服装可以看出，这些人物都是世俗礼拜者。

巴尔胡特栏杆上另外几幅有铭文的浮雕展示了一些过去佛的树，这些浮雕象征着位于圣地的圣树，而不是证道的事件。这些作品中刻画最细致的是一座精心制作的寺庙，里面有一棵释迦牟尼（Sakyamuni）的菩提树（图5）。这块公元前1世纪的嵌板通常被认为表现了释迦成道，而佛陀庄于无偶像的禁令而缺席。然而，嵌板铭文为"bhagavato Sakamunino bodho"[20]，意思是"神圣的释迦牟尼的菩提（树）"。因此，也可以确认上述铭文与毗舍浮佛（Viśvabhu）的菩提树含义相仿[21]。

这幅作品描绘了有树的平台、一座建筑，还有礼拜者。现存文献或考古资料中没有任何证据表明，佛陀在圣树下冥想时有任何寺庙存在。确实，阿育王（公元前272～前231年）被认为在菩提伽耶建造了第一个重要的寺庙，因此作品中的寺庙表明该遗址在阿育王时期或更晚的时期。此外，考察浮雕上的人物活动可以发现，它表现了供奉者，特别是信徒们在礼拜圣地的情景。因此，虽然可以肯定，浮雕描绘的是佛陀在菩提伽耶证道的菩提树，但所描绘的并不是成道事件本身。

对巴尔胡特其他铭文的综合研究可以证实，许多通常被认为是佛陀生活事件的铭文，实际上是对圣地的描述，

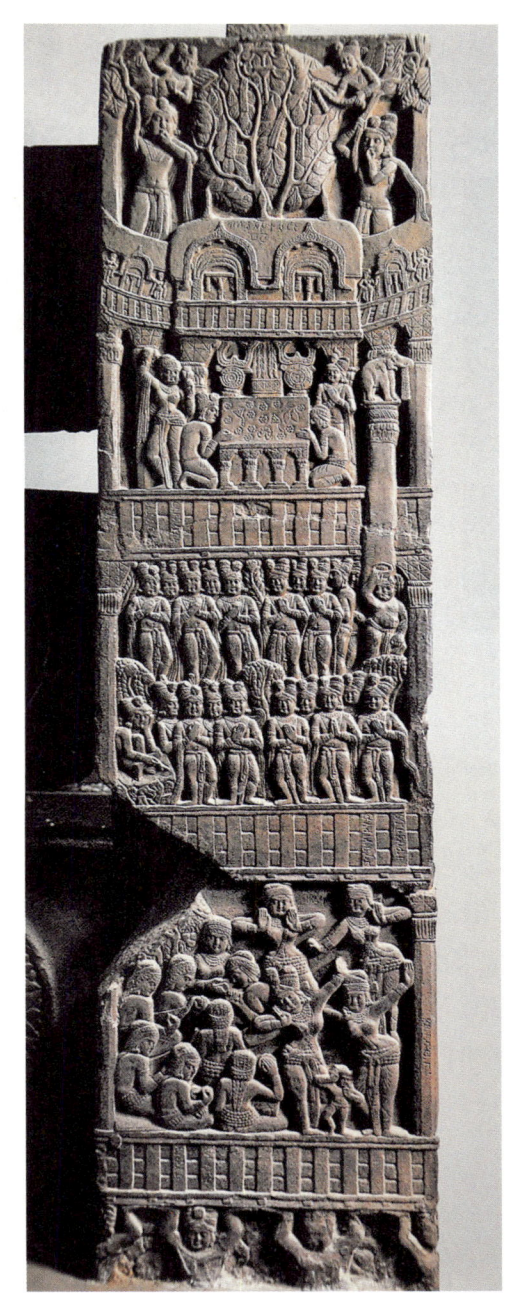

图5 释迦牟尼佛的菩提树
（来自印度博物馆）

---

[20] Ernst Waldschmidt and Madhukar Anant Mehendale. *Corpus Inscriptionum Indicarum*. Ootacamund: Government Epigraphist for India, 1963, pp. 95-96. inscription B23 on pl.37.

[21] 这段铭文与毗舍婆佛之树铭文之间的相似性，暗示了菩提一词是指觉悟的树，而不是觉悟事件。因为一个莫名其妙的原因，吕德斯（Luders）将铭文翻译为"神圣的释迦牟尼（Sakyamuni）菩提树周围的建筑"。然而，这句铭文与他在"菩提树铭文"一章中所研究的铭文是完全平行的。在那一章中，他正确地将类似的铭文翻译为指代各种佛陀的菩提树。参见 Luders. *Bharhut Inscriptions*. pp. 82-86.

图6 桑卡西亚（Sankasya）的祈祷
（来自印度博物馆）

以及在这些场所进行的虔诚礼拜。在过去的一个世纪里，研究铭文的主要学者跟笔者一样阅读了这些铭文[22]。尽管如此，那些讨论艺术的人总是误解铭文内容（如果他们查阅过铭文的话），认为铭文指的是佛陀的生活事件。因此，他们对浮雕中所展示的活动和主题的识别有限，即符合佛陀缺席的生活场景的假设。即使吕德斯（Heinrich Luders）仔细阅读和分析了这些铭文，他仍然将其中一章命名为"与佛陀生活场景相关的铭文"，尽管他自己对铭文的翻译并不支持这些表现佛陀的生活事件[23]。

另一个引起误解的是，所谓无偶像作品的例子是巴尔胡特的一件没有铭文的雕刻，传统上被认为是佛陀从忉利天（Tráyastrimiśa）降至桑卡西亚（Sankasya）（图6）。对于这幅大约公元前1世纪的浮雕作品中心表现的是佛陀下降时使用的阶梯，通常的解释是，由于假定的无偶像禁令，佛陀没有出现在作品中。然而，笔者认为类似的浮雕描绘的是地点而不是佛陀的生活事件，这样的解释也许能更好地阐释浮雕所描绘的内容。在佛教随处可见的绕行仪式中，这些人物似乎是按顺时针方向环绕阶梯移动的。据前往桑卡西亚朝圣的佛教徒描述和考古证据表明，早在公元前3世纪，桑卡西亚已经成为主要朝圣中心，而一组真正的阶梯，可能就是这幅浮雕中描绘的梯子，才是礼拜的焦点。关于阶梯，7世纪的中国朝圣者玄奘注意到："数百年前，犹有阶级，逮至今时，陷没已尽。诸国君王悲慨不遇，垒以砖石，饰以珍宝，于其故基，拟昔宝阶，其高七十余尺，上起精舍。精舍中有石佛像，而左右之阶有释、梵之像，形拟厥初，犹为下势。"[24]

因此，曾有一段时间，桑卡西亚的礼拜核心显然是印度早期王朝建造的一组阶梯。由于缺少

---

[22] 除了吕德斯（Luders），参见 Alexander Cunningham. *The Stupa of Bharhut: A Buddhist Monument Ornamented with Numerous Sculptures IIlustrated of Buddhist Legend and History in the Third Century B.C..* London: W. H. Allen and Co.Varanasi: Indological Book House, 1962. Benimadhab Barua. *Barhut*. Calcutta: University of Calcutta, Patna: Indological Book Corporation, 1979. 阿南达·库马拉斯瓦米（Ananda K. Coomaraswamy）是个例外，参见 Ananda K. Coomaraswamy. *La Sculpture de Bharhut, Annales du Musee Guimet, Bibliotheque d'Art*. Paris: Vanoest, 1956. 在展示过去佛菩提树的浮雕中，他解释说，除了毗舍浮佛（Viśvabhu）的例子，菩提树是指各自佛陀的觉悟而不是树。

[23] 事实上，吕德斯（Luders）在他的文本中甚至质疑将一些场景解释为生活事件。参见 Luders. *Bharhut Inscriptions*, p96. 其中他讨论了如图5所示的浮雕，并质疑了早期学者将浮雕解释为佛陀证道。

[24]（唐）玄奘撰，辩机编次，芮传明译注：《大唐西域记译注·卷第四·从波理夜呾罗到劫比他等十国·劫比他国》，北京：中华书局，2019年，第351、352页。

佛陀，所以，巴尔胡特雕像并不是表现佛陀生平事件，似乎是从阶梯下降的地方，展示了在桑卡西亚圣地的礼拜场景。

另一幅大约公元前1世纪、来自巴尔胡特的石雕嵌板，展示了印度早期佛教浮雕艺术中常见的一个主题——窣堵坡（图7）。佛陀死后不久，火化后的遗骸被分散供奉在八个窣堵坡中，早期艺术中窣堵坡通常被认为描绘了著名的佛陀涅槃。然而，就像上面已经讨论过的其他浮雕一样，在作品中出现的世俗礼拜者表明，雕刻的主题是前往佛陀遗物所在圣地的朝拜行为。左侧柱顶的狮子表明这个窣堵坡遗址大约出现在公元前3世纪之后，当时阿育王在佛教圣地竖立了许多类似石柱。巴尔胡特和其他遗址的许多浮雕显示了一个轮子、一棵树、一座佛塔、一根柱子或其他类型的纪念碑，我认为这些也应该被解释为对地点的描述，而不是缺失佛陀的生活事件。至少在公元前3世纪的阿育王时代，许多与佛陀有关的地方已经成为圣地，在那里建立了神龛、柱子或其他纪念碑。在这些作品中，几乎一成不变的奉献者和崇拜者表明，这并不是表现佛陀生活中的历史事件，而是在进行"瞻仰"活动——"看到"一处圣地、人与物的活动以及相关的虔诚实践[25]。

由于许多早期浮雕表现的重点都是特定的圣地，前往这些地方朝圣的重要性，形成了理解早期佛教艺术

图7　佛教窣堵坡前的祈祷
（来自印度博物馆）

的重要背景。佛陀在临终之时，指示他的追随者去朝圣他生命中四个主要事件的地点：出生、成道、初说法和涅槃之地[26]。在公元前3世纪，这种朝圣行为由阿育王推广，在《阿育王传》中，他的虔诚之旅名垂千古[27]。书中还记录了阿育王用建筑和艺术创作来装饰佛教圣地的著名事迹，其中一些可能被描绘在"无偶像"的作品中。事实上，一切有争议的浮雕中都有世俗礼拜者的存在，这支持了一种理论，即它们记录了一种世俗崇拜的实践。许多浮雕特别描绘了信众在进行佛教的绕行仪式，这可以通过人物的描绘来确定，他们在一个庄严的圣物周围行走时，仿佛在一个

---

[25] 这些地方不一定与释迦牟尼佛有关，但可能与过去佛或其他的著名佛教人物有关。

[26] T. W. Rhys Davids trans.*The Maha-Parinibbana Suttanta. in Buddhist Suttas, Sacred Books of the East*. Oxford: Oxford University Press, 1881; reprint, Delhi: Motilal Banarsidass, 1968, p90.

[27] John S. Strong. *The Legend of King Asoka: A Study and Translation of the Asokavadana*. Princeton: Princeton University Press, 1983.

图8 佛教徒环绕礼拜带有法轮的石柱

空间中转动（图8）。

将浮雕重新解释为描绘地点而非事件，直接涉及浮雕中出现的各种物体，如轮子、圣树、窣堵坡或柱子等，是否是佛陀的"象征性"表现。如果我们指出这些浮雕可能代表着圣地，就可以推断艺术家们会在每个地方描绘崇拜的重点。比如，菩提伽耶可能显示为寺庙或圣树（图5）；在鹿野苑，法轮或围绕法轮的庙宇可能被描绘出来[28]；佛陀涅槃的地方，或者供奉舍利的地方，可以通过一个窣堵坡来表明。同样，对于其他圣地，也可以通过它们最具典型或具有识别性的特征来加以表现。

放置在佛教圣地的物品本身就值得供奉，而不仅是代替被禁止的拟人化佛像，在斯里兰卡佛教中看到的现象证明了这一点。这种现象很可能来源于印度，也许是在早期佛教时期（约公元前2世纪至公元1世纪）。因为人们相信佛陀曾三次造访他们的岛屿，斯里兰卡佛教徒崇敬佛陀到访或休息的地方，以及一些收藏他遗物的地方，连同其他一些圣地，均已编入对十六大圣地的崇拜，这是斯里兰卡朝圣的核心，构成了该国文学和艺术的中心主题。斯里兰卡的大多数佛教寺庙都有对这十六处遗址的描绘或雕刻，这个主题通常出现在其他类型载体上，如佛教书籍的封面（图9）。乍一看，这样的描绘可能被理解为佛陀的象征性表现，因为它们展示了圣树、窣堵坡或足迹。然而，在斯里兰卡，这些图像毫无疑问是在表现圣地。

前往佛教圣地朝拜的重要性，也从佛教文献中得到了证实，这些文献描述了三种类型的遗物，据说佛陀死后留下了：（1）Sariraka（身体的碎片，舍利）；（2）Paribhogaka（他使用过的东西）；（3）Uddesaka（引起回忆的东西，描述或图像）[29]。舍利（Sariraka）的含义非常清楚——佛教徒不仅将其视为佛祖的骨灰，也指身体其他部分，如一根头发、一颗牙齿、一块残骨或指甲。装着这些圣物的小容器成为佛教徒崇拜的重要中心，据说在整个佛教世界都能找到装着这些遗物的遗迹和圣地。第二种类型遗物（Paribhogaka），包括他的袈裟、乞钵、头巾以及他坐过的椅子或座位等，最重要的物品是菩提伽耶的菩提树。但佛陀到访、休息或经过的任何地方都被认为是与佛陀

---

[28] 将法轮作为主要崇拜对象的场景不一定是指鹿野苑，因为佛陀曾在许多地方说法。因此，图1描绘的场景不一定是鹿野苑。

[29] 第四种遗物（Dhammacetiya），有时也被引用，指的是教义提醒，如书面和口头的正典文本。参见 Stanley J. Tambiah. *Famous Buddha Images and the Legitimation of Kings: The Case of the Sinhala Buddha (Phra Sihing)in Thailand, Res.*Autumn, 1982, 5n, p4.

图 9　斯里兰卡的十六大朝圣地（最左边的窣堵坡没有在照片中显示）
（来自洛杉矶现代艺术博物馆）

有关的东西（Paribhogaka）。第三种类型遗物（Uddesaka）尤其指佛像。

无偶像论认为，佛陀形象应该是最重要的，而其他的描绘，如菩提树，只是佛像次要形象的替代品。但是，在佛教背景下，舍利（Sariraka）和佛陀使用过的物品（Paribhogaka）才是首要的，它们为圣地瞻仰和礼拜提供了主要动力。在《大王统纪》（Mahavamsa）中，佛陀曾说过这样的话："记住我曾用过这些东西，你们要向它们致敬。"[30] 在《大般涅槃经》中，佛陀进一步解释道，这些地方应该被瞻仰和赞美，任何在朝圣途中心满意足死去的人都会在天堂重生[31]。在斯里兰卡的寺院中，最重要的就是舍利，它被供奉在大塔之中，这是寺院规划的核心位置。第二重要的是菩提树，事实上，斯里兰卡的每个寺院都至少有一棵菩提树。第三重要的是存放佛像的地方（Pratimaghara）。因此，佛像和佛殿远不如斯里兰卡寺庙的窣堵坡和菩提树重要[32]。

虽然斯里兰卡的证据并不能证明印度早期佛教遗物也存在类似的地位，但笔者相信，西方学者大大低估了舍利（Sariraka）和佛陀有关物品（Paribhogaka）的重要性，它们给予了在早期佛教语境中缺乏佛像的首要地位。笔者认为，圣树、窣堵坡和其他与佛陀有关的圣迹本身就无比重要，而对形象的崇拜是次要的。这个观念在《分别论》（Vibhanga，南传七论之一，译者注）中得到表达，其中指出，一个人通过观看窣堵坡中的佛陀遗物或菩提树，就可以获得佛陀般若（Buddhalambanapiti，通过观看或思念佛而获得的欢欣或狂喜），但没有提到一个人可以通过观看佛像而获此功德[33]。将观看圣树、窣堵坡以及其他类似形式作为其他事物的替代物或符号，就会误

---

[30] Wilhelm Geiger trans. *The Mahavamsa or the Great Chronicle of Ceylon*. London: Luzac and Co. for the Pali Text Society, 1964, p7.

[31] T. W. Rhys Davids trans.*The Maha-Parinibbana Suttanta*. in Buddhist Suttas, Sacred Books of the East. Oxford: Oxford University Press, 1881; reprint, Delhi: Motilal Banarsidass, 1968, p91.

[32] Walpola Rahula. *History of Buddhism in Ceylon: The Anuradhapura Period, 3rd Century B.C.-10th Century A.C.*, 2nd ed. Colombo: M. D. Gunasena and Co., 1966, pp.120-121.

[33] Walpola Rahula *History of Buddhism in Ceylon: The Anuradhapura Period, 3rd Century B.C.-10th Century A.C.*, 2nd ed. Colombo: M. D. Gunasena and Co., 1966, pp.126-127.

解它们在佛教体系中的内在重要性。

　　从本质上讲，笔者认为印度早期的佛教艺术并不像近几十年以来所假设的那样，主要关注释迦牟尼佛的生平。相反，重点是放在对佛教圣地虔诚奉献的修行实践上。显而易见，从文献中可以看出这种功德来自瞻仰佛陀圣迹。而且，笔者相信，把这种艺术遗存保留了下来。而这些神圣的地方（尤其是"宝座"）被认为隐藏着强大的力量，这也是整个佛教世界众所周知的。

　　许多留存至今的早期佛教浮雕并不是独立的图像，而是作为重要佛教建筑的装饰部分。所以，这些浮雕本身并不是纪念碑的焦点，仅仅在建筑体系中起到辅助作用。大多数情况下，浮雕被安置在栏杆和大门上，或者在某些情况下，成为窣堵坡外面的一部分。在这些图像的辅助但又至关重要的角色中，它们有助于传达和强化其所装饰纪念碑的中心意义。考虑到这些建筑物具有重要佛教遗物的存放或装饰功能、描绘礼拜者朝拜类似地点，从而成为主要的艺术主题之一是不足为奇的。此外，由于对佛陀遗物崇拜是一项与在家信徒相关，而非与僧人相关的活动，所以将俗人礼拜者作为重要主题纳入雕刻中确实也是合适的[34]。

　　如果这里提供的解释是合理的，人们会问，这些艺术遗迹为什么会被很多人误解如此之久？无偶像的观点是如何产生的？又提出了哪些证据来验证回避佛像出现的观点？该理论是如何不断被强化的？为什么它从未受到质疑？该理论的发展史提供了一些答案。尽管19世纪的研究者注意到印度早期佛教艺术中缺少佛像，但富歇是第一个提出无偶像理论的学者。在20世纪早期，富歇指出："我们注意到，当我们考察古代印度石匠在全力以赴进行雕刻时，发现他们非常勤奋地从事着一项奇特的事业，即在没有佛陀出现的情况下表现佛陀的生活。"[35]富歇进一步断言："这是不正常、但无可争辩的事实，每一部撰写的佛教艺术史都将在开始时需要加以说明。"[36]他把这种现象描述为一种"可怕的禁忌，"[37]他从浮雕中读到了一个不熟悉早期佛教实践的现代欧洲学者可能期盼出现的东西。他认为缺乏佛像反映了一种不正常的现象，这一前提成为下述观点的基石，即这些早期佛教徒创造的艺术是被刻意回避佛像的替代品。

---

[34] 佛陀死后，他的遗物被委托给俗人，而不是僧侣，虽然佛教僧侣也尊敬佛祖的遗物，但对它们的虔诚祈祷活动是俗人的独特特征。古印度国王之间曾争夺佛陀遗物。参见 T. W. Rhys Davids trans. *The Maha-Parinibbana Suttanta. in Buddhist Suttas, Sacred Books of the East*. Oxford: Oxford University Press, 1881; reprint, Delhi: Motilal Banarsidass, 1968, p90, pp.131-136.

[35] Alfred Foucher. *The Beginnings of Buddhist Art, in His The Beginnings of Buddhist Art and Other Essays in Indian and Central-Asian Archaeology*. Paris: Paul Geuthner, 1917, pp.1-29. 这篇文章最初发表在 Journal Asiatique, 1911. p4.

[36] Alfred Foucher. *The Beginnings of Buddhist Art, in His The Beginnings of Buddhist Art and Other Essays in Indian and Central-Asian Archaeology*. Paris: Paul Geuthner, 1917, pp.1-29. 这篇文章最初发表在 Journal Asiatique, 1911, p5.

[37] Alfred Foucher. *The Beginnings of Buddhist Art, in His The Beginnings of Buddhist Art and Other Essays in Indian and Central-Asian Archaeology*. Paris: Paul Geuthner, 1917, pp.1-29. 这篇文章最初发表在 Journal Asiatique, 1911, p7.

最终，富歇所期望的衡量标准，让他和他的追随者忽略了早期佛教艺术所反映的内在含义。对艺术主题内容误解的问题，与描述"无偶像"这一艺术现象的术语有着千丝万缕的联系，并一直延续至今。"无偶像论"是根据它不是什么来定义的一种现象的术语，学者们过于关心他们认为艺术中应该有什么，而不是实际存在的东西。富歇相信浮雕上的场景是为了体现佛陀生活中的片段，所以佛像的缺失当然让他感到困惑。富歇和他的追随者们据此推断，浮雕中的物体，如树木、窣堵坡和宝座，都是为了象征一些没有显示出来的东西，即佛陀的拟人化表现。他们因此偏离了早期佛教艺术真正的内在含义。

尽管几乎所有支持无偶像论的作者都认为，有宗教禁令反对创造佛像，但富歇本人明确表示，他不知道有文献禁止这种做法[38]。富歇尝试了很多解释，最后得出的结论是："表面上看，这种想法很简单，但是在印度，这种解释是足够的：'如果他们不这样做，那是因为他们没有这样做的习惯。'"[39] 他的解释缺乏说服力，但很难想象，他提出的理论是如何生根、被一代代学者如此顽强地接受。事实上，无偶像论的发展和狂热倡导构成了思想史上一个有趣的篇章，涉及一系列政治、社会和文化因素。例如，如果第一尊佛像是在哪里制作的问题没有引起如此激烈的争论，那么，无偶像论是否能够在艺术史著作中获得神圣化的地位值得怀疑。富歇和他的西方追随者认为，最初的佛像是在受希腊罗马影响的犍陀罗地区创造的，因此宣称佛像的概念本质上起源于西方[40]。阿南达·库马拉斯瓦米（Ananda Coomaraswamy）和他的印度民族主义同情者，也许是为了挣脱西方帝国主义的枷锁，宣称佛像完全起源于印度秣陀罗地区[41]。回顾过去，这些争论可以作为20世纪欧洲和印度学者两极分化的政治议题来看待。然而，每个文化阵营都急于宣称自己对佛教艺术的贡献是最重要的，以至于忽略了其他可能更重要的问题。事实上，在整个辩论过程中，笔者认为一个更根本的问题从未被提及：真的有一个无偶像时期吗[42]？

由于无偶像时期的观点从未受到质疑，因此，近一个世纪以来，与无偶像论相关的偏见已经渗透进了艺术史的思考之中。无偶像论理念已经彻底深入到学术思想中，导致学者们误读铭文，

---

[38] Alfred Foucher. *The Beginnings of Buddhist Art, in His The Beginnings of Buddhist Art and Other Essays in Indian and Central-Asian Archaeology*. Paris: Paul Geuthner, 1917, pp.1-29. 这篇文章最初发表在 Journal Asiatique, 1911, p7.

[39] Alfred Foucher. *The Beginnings of Buddhist Art, in His The Beginnings of Buddhist Art and Other Essays in Indian and Central-Asian Archaeology*. Paris: Paul Geuthner, 1917, pp.1-29. 这篇文章最初发表在 Journal Asiatique, 1911, p7.

[40] 富歇（Foucher）的观点，参见 *The Greek Origin of the Image of the Buddha*.

[41] 关于库马拉斯瓦米（Coomaraswamy）的争论，参见 *The Origin of the Buddha Image*.

[42] 笔者的全部研究的一个重要方面，将是对无偶像论的史学研究，即理念开始被提出、延续并最终被推崇的知识、社会和政治过程。笔者希望通过考察富歇著作中这一思想的起源，追溯"无偶像论"及佛像"起源"的概念，展示这些问题是如何被西方帝国主义和印度民族主义所笼罩。通过研究无偶像论为何在学术思想中如此根深蒂固，以及为什么它会被如此坚定地捍卫，笔者也希望通过探索学术与政治、社会和文化进程之间的关系，对19～20世纪的思想史做出贡献。

忽视证实早期佛像传统的文献证据，甚至对证实早期佛像存在的科学考古资料表示怀疑。也许影响最严重、最深远的是在图像解释领域，在这方面，学者们误解了图像主题，以及雕刻图像所装饰纪念碑的整体信息。假设笔者在整个研究中提出的观点是有效的，那么，以往得出的结论将需要重新审查，甚至可能要对几乎所有的上述研究领域进行修订[43]。

笔者曾说过，特定类型作品中的主题（例如窣堵坡、圣树、宝座），不是其他事物的替代品或象征，而是佛教徒虔诚礼拜的重要对象。虽然这些早期的浮雕不包含佛像，但这种缺失不能解释为无偶像的禁令，或认为这些常见的图像反映了对佛像的替代。这些雕刻表达了这一时期佛教实践的核心观念，特别是与世俗者的热衷崇拜有关，也与最近证实的印度早期佛像的存在完全一致。

尽管所谓的"无偶像"时期在许多世纪前就结束了，但佛教对圣地和朝圣的强调从来没有减弱过。13世纪的僧人曲吉贝（Dharmasvamin）[44]在菩提伽耶之行后曾留下一份记录，该记录对无偶像问题尤其有趣。就像早期前往圣地的朝圣者一样，曲吉贝并没有在菩提伽耶找到活佛。相反，他所描述的与我们看到的所谓"无偶像"浮雕并无不同，因为他说："院子里放着释迦牟尼的空宝座……在其前面有永恒供奉的灯盏。"[45]今天，这个神圣的地方就像2500年来一样依然空着。自从伟大的圣哲坐在那里深度冥想以来，就像无数拜访过菩提伽耶的朝圣者一样，我们不能指望在那里见到他的肉身。然而，我们不应该因为看到一个空的座位而失望，因为神圣的力量仍然能引起共鸣，站在佛陀座位前的任何人都能感受到那种力量，并被佛陀觉醒那天的圣树所庇护。

非常感谢米兰达·肖（Miranda Shaw）阅读了这篇手稿，并提出了许多睿智而有价值的建议。

该文发表于《艺术学刊》第49卷第4期，1990年，第401～408页。

---

[43] 此时，笔者无法预测是否真的有一些图像需要一个佛像，并且必须被视为真正的"无偶像"，因为它们使用了一个象征物来代替本应是拟人化的佛像表现。然而，即使有少数图像是真正的无偶像，但绝大多数都不是，"无偶像"的作用被过分强调，最终导致了对大多数现存艺术的误读。

[44] 恰译师曲吉贝，又名Chag Lotsaba Chosrjedpal，藏族僧人，著有《13世纪一个藏族僧人的印度朝圣之旅：恰译师曲吉贝传》，译者注。

[45] George N. Roerich trans. *Biography of Dharmasvamin* (*Chag lo tsa-ba Chos-rje-dpal, A Tibetan Monk Pilgrim*). Patna: K. P. Jayaswal Research Institute, 1959, p71.

新疆壁画中的佛树组合图像研究

史浩成

内容摘要：新疆壁画中存有大量的佛树组合图像，这些图像自4世纪起一直延续至10世纪前后。这些佛树组合图像在不同的故事图像背景下有着不同的象征意义，分别表现了佛陀自诞生、悟道、说法，到最后涅槃等圣树图像。佛树组合图像的研究对于新疆佛教壁画的演变具有一定的意义，故此，本文以新疆地区所发现的佛树组合图像为研究对象，使用考古类型学、图像分析、历史文献和情景复原等方法，分析得出其佛陀图像程式化，圣树图像多样化以及组合图像本土化的特点，并深入探讨此类图像在中国其他地区的延续，研究其佛树组合图像本土化的发展趋势以及其动态发展的特征。

关键词：佛教壁画　圣树　新疆石窟寺　本土化

A Study on the Combination of Buddha and a Tree Images in Xinjiang Murals

Shi Haocheng

Abstract: There are a large number of combined images on Buddha and a tree in Xinjiang murals from the 4th century to the 10th century CE. These combined images of Buddha and a tree have different symbolic meanings in the background of different narrative images, showing the Buddha's birth, enlightenment, teaching, and entering the nirvana respectively. The study of Buddha and a tree composite images has certain significance for the evolution of Xinjiang Buddhist murals. Therefore, this paper takes the Buddha and a tree composite images found in Xinjiang as the research object, and uses archaeological typology, image analysis, historical documents and scene restoration methods to analyze and derive the characteristics of the stylized Buddha images, the diversified sacred tree images and the localization of composite images. The author also deeply explores the continuation of such images in other regions of China, and studies the development trend of the localization of the Buddha and a tree composite images and the characteristics of their dynamic development.

作者：史浩成，北京，100081，中央民族大学。

Key words: Buddhist murals, sacred trees, Xinjiang grottoes, localization

一、研究概况

佛陀的生平都是与圣树密不可分，自诞生、悟道、说法，到最后涅槃等都是在圣树下进行。佛陀与圣树组合图像，本文称为佛树组合图像，是指佛陀图像与圣树图像组合而形成的图像，此类组合图像表现出佛陀在圣树下诞生、悟道、说法以及涅槃等场景。在新疆壁画中大量发现此类组合图像，而这些组合图像基本上集中于新疆的石窟寺中，以石窟寺壁画的形式展现。针对佛树组合图像的研究有赵声良在研究敦煌壁画风景画时涉及了圣树图像，对圣树图像进行造型的分类研究，提出其已出现形式化现象[1]。冯贺军、李玉珉、李静杰和苏铉淑的研究中涉及河北地区造像中的佛树组合图像。苏铉淑以东魏北齐时期的双树纹造像为中心分析其形制特征以及"龙树"像[2]。冯贺军[3]和李静杰[4]探讨了龙树、思惟龙树和弥勒菩萨的相关问题，为研究佛树组合图像提供了参考。姚崇新在研究巴蜀佛教石窟造像时涉及佛树组合图像，提出菩提双树与天龙八部和六拏具一样，经历了一个由显教入密教的过程[5]。冉万里对洛阳地区北魏石刻艺术中作为背景衬托的银杏树图像进行研究，其作为圣树题材与佛造像相配合使用，从而形成了特殊的中国本土化佛树组合图像[6]。刘芊也针对北朝石刻中的佛教圣树图像进行研究，探讨其受中亚游牧民族艺术、鲜卑艺术、高句丽艺术以及南朝艺术等影响[7]。宋艳妮和晏丹丹分别对北魏至隋代敦煌壁画中的圣树图像[8]和中国早期佛教圣树图像进行了系统梳理[9]，分析其源自印度，传入中国后发生了改变，展示出本土化的特征。

由上研究可以看出，对于佛教圣树图像的研究较为全面，从时间、地域、造型和艺术等方面都有比较系统的研究，但对新疆壁画中的佛树组合图像的研究较少，故此存在一定的研究空间。本文以新疆壁画中的佛树组合图像为研究对象，使用考古类型学、图像分析、历史文献和情景复原等方法，对新疆壁画中的佛树组合图像进行分类研究，解析不同圣树图像所对应的圣树名称与意义。其次，从佛陀图像和圣树图像入手探讨佛树组合图像的特点。最后，通过梳理新疆壁画以

---

[1] 赵声良：《敦煌壁画风景研究》，北京：中华书局，2005 年，第 82、83 页。
[2] 〔韩〕苏铉淑：《东魏北齐庄严纹样研究——以佛教石造像及墓葬壁画为中心》，北京：文物出版社，2008 年，第 198 页。
[3] 冯贺军：《曲阳白石造像》，北京：紫禁城出版社，2005 年。
[4] 李静杰：《定州白石佛像艺术中的半跏思惟像》，《收藏家》1998 年第 4 期。
[5] 姚崇新：《巴蜀佛教石窟造像初步研究》，北京：中华书局，2011 年，第 243 页。
[6] 冉万里：《洛阳北魏石刻艺术中银杏树样式的确立及其影响——兼论北朝以后佛教石刻及绘画艺术中的树木形象》，《西部考古（第 21 辑）》，北京：科学出版社，2021 年，第 198～279 页。
[7] 刘芊：《北朝石刻佛教圣树图像的艺术渊源与流变》，《美术学报》2019 年第 4 期。
[8] 宋艳妮：《北魏至隋代敦煌壁画中树木图像的演变研究》，中国美术学院硕士学位论文，2019 年。
[9] 晏丹丹：《中国早期佛教圣树图像研究》，华东师范大学硕士学位论文，2019 年。

外的佛树组合图像来看，此类图像的延续与发展，从而深入探讨此类图像的本土化问题。

二、佛树组合图像的分类

新疆壁画中的佛树组合图像数量较多，且组合形式多样，根据佛陀图像和圣树图像的组合，具体可分为以下五类组合图像。

（一）画中坐佛与无忧树图像

画中坐佛与无忧树图像是指画中画的佛陀在无忧树下诞生的图像，在佛传故事中摩耶夫人在蓝毗尼苑园中的无忧树下，站着从右胁生出男婴，即释迦牟尼。在克孜尔石窟第205窟的右甬道内侧壁有1处画中坐佛与无忧树图像（图1），图像年代为7世纪。此图像是一幅画中画，图像是阿阇世王灵梦入浴的场景，行雨大臣手持的帛画中描绘的正是佛陀树下诞生的场景。此帛画中所绘为无忧树，而无忧树旁是一坐佛传法的场景，二者相互组合，构成了画中坐佛与无忧树图像。

图1 克孜尔石窟第205窟的画中坐佛与无忧树图像
（采自新疆龟兹石窟研究所：《克孜尔石窟内容总录》）

（二）佛传坐佛与菩提树图像

佛传坐佛与菩提树图像描绘的是佛传故事中释迦牟尼在菩提树下降魔成道的场景，关于菩提树之外观，《修行本起经》中："其地平正，四望清净，生草柔软，甘泉盈流，花香茂洁，中有一树，高雅奇特，枝枝相次，叶叶相加，花色蓊郁，如天庄饰，天幡在树顶，实则为元吉，众树本中王。"此类图像在克孜尔石窟第76窟主室右壁存有2处（图2），图像中佛陀盘坐于菩提树下，周围围绕妖魔，企图干扰佛陀修行，其年代为5世纪。此外，在库木吐喇石窟的第23窟[10]主室右壁亦有此类图像，其年代为

图2 克孜尔石窟第76窟的佛传坐佛与菩提树图像
（采自新疆龟兹石窟研究所：《克孜尔石窟内容总录》）

---

[10] 新疆龟兹石窟研究所：《森木塞姆石窟内容总录》，北京：文物出版社，2008年，第69页。

7世纪，此图像由坐佛与其背光后的菩提树共同形成一佛一树的佛树组合图像模式。

（三）说法坐佛与菩提树图像

说法坐佛与菩提树图像指的是佛陀在菩提树下讲经说法的场景，菩提树又称作佛树、觉树、道树、道场树、思维树等，指的是出现在佛教经典中诸佛修得佛果之处的树木，也有的专指释迦牟尼得佛果之处的树木。在克孜尔石窟的第207窟[11]主室右壁描绘有佛陀在竹园中讲经说法的场景，图像中说法坐佛在菩提树下进行布施说法。不仅如此，在俄国圣彼得堡艾尔米塔什博物馆所藏的森姆塞姆石窟壁画中亦有一幅说法坐佛与菩提树图像（图3）。阿艾石窟中也存有1处[12]说法坐佛与菩提树图像，图像中坐佛背后为菩提树，坐佛两旁为菩萨。吐峪沟石窟中的第12、20、38、44窟（图4）中均绘有说法坐佛与菩提树图像，此图像是由中央的坐佛，坐佛背后的菩提树以及坐佛两旁的菩萨，这些共同组合成一佛一树二菩萨的图像模式，而这种说法坐佛与菩提树图像模式在七康湖石窟的第4窟[13]中也有发现。此外，在苏巴什东佛寺壁画[14]中存有一处说法坐佛与菩提树图像，上述这些图像的年代基本集中于7世纪前后。与吐峪沟石窟和七康湖石窟图像不同的是，此图像中菩提树居中，两旁分别绘有坐佛和菩萨，构成了一佛一树一菩萨的组合图像模式。

图3　俄国圣彼得堡艾尔米塔什博物馆所藏森姆塞姆石窟说法坐佛与菩提树图像
（采自《中国新疆壁画艺术》编辑委员会：《中国新疆壁画艺术（五）》）

图4　吐峪沟石窟第12窟中的一佛一树二菩萨图像模式
（采自中国社会科学院考古研究所边疆民族考古研究室、吐鲁番学研究院、龟兹研究院：《新疆鄯善县吐峪沟东区北侧石窟发掘简报》，《考古》2012年第1期）

---

[11] 新疆龟兹石窟研究所：《克孜尔石窟内容总录》，新疆：新疆美术摄影出版社，2000年，第234页。

[12] 新疆龟兹石窟研究所：《库车阿艾石窟第1号窟清理简报》、《阿艾石窟的壁画内容及历史背景》，《新疆文物》1999年第3、4期。

[13]〔德〕格伦威德尔著，赵崇民、巫新华译：《新疆古佛寺：1905～1907年考察成果》，北京：中国人民大学出版社，2007年，第571～573页。

[14] 冉万里：《新疆库车苏巴什佛寺遗址调查与发掘的初步收获》，《西部考古（第十八辑）》，北京：科学出版社，2019年，第250～308页。

（四）因缘佛像与龙华树图像

因缘佛像与龙华树图像是指各种以因缘故事为背景，描绘佛陀坐或站在龙华树下的图像。此类图像是目前新疆壁画中发现数量最多的一类，数量可达上百处。龙华树，又作那伽树、龙华菩提树，花为纯白色，每朵花有四个花瓣，花开之时，香气袭人，其果子像胡桃，橙色，中间长满了种子。在《增一阿含经》中记载："去鸡头城不远，有道树名曰龙华，高一由旬，广五百步。时弥勒菩萨坐彼树下，成无上道果。"根据目前发现此类图像中佛像的姿势，具体可分为因缘坐佛与龙华树图像和因缘立佛与龙华树图像两类。

1. 因缘坐佛与龙华树图像

因缘坐佛与龙华树图像是新疆壁画中数量最多的一类佛树组合图像，此类图像基本在克孜尔石窟（图5）、库木吐喇石窟[15]、森姆塞姆石窟[16]、克孜尔尕哈石窟[17]以及托乎拉克艾肯石窟[18]中的菱格因缘故事画中都有所发现，并且此类图像在菱格因缘故事画中都是多次出现，且时代跨度大，自4世纪一直延续至10世纪前后。各个图像相交平行排列，形成了多层次的组合图像。因缘坐佛与龙华树图像中一般是在菱格框中以因缘故事为背景，坐佛居于图像正中，坐佛一侧绘制与因缘故事有关的人物形象，坐佛背光后则是龙华树，由此形成了一种菱格式的佛树组合图像模式。

2. 因缘立佛与龙华树图像

因缘立佛与龙华树图像是数量较少的一类图像，此图像在库木吐喇石窟的第34窟（图6）、克

图5　克孜尔石窟第38窟中的因缘坐佛与龙华树图像
（采自新疆龟兹石窟研究所：《克孜尔石窟内容总录》）

图6　库木吐喇石窟第34窟中的因缘立佛与龙华树图像
（采自新疆龟兹石窟研究所：《森姆塞姆石窟内容总录》

---

[15] 王卫东：《库木吐喇石窟内容总录》，北京：文物出版社，2008年。
[16] 新疆龟兹石窟研究所：《森姆塞姆石窟内容总录》，北京：文物出版社，2008年。
[17] 王卫东：《克孜尔尕哈石窟内容总录》，北京：文物出版社，2009年。
[18] 新疆龟兹研究院：《托乎拉克艾肯石窟考古勘察简报》，《吐鲁番学研究》2010年第1期。

孜尔尕哈石窟的第31窟[19] 这两处石窟中出现,时代为7世纪前后。这类石窟不同菱格式的佛树组合图像模式,而图像是在长方形平行横框中以因缘故事为背景,立佛位于图像正中,立佛两侧绘有与因缘故事相关的人物形象,立佛背光后是巨大的圆朵形龙华树,而这种图像常多个并排出现,形成连续性的因缘故事图像。

(五)涅槃佛与娑罗双树图像

涅槃佛与娑罗双树图像描绘的是释迦牟尼在双娑罗树下涅槃的场景,图像中两棵娑罗树,表达了高僧对佛陀涅槃再生的祈愿。据《大般涅槃经疏》记载:"娑罗双树者,一方二株,四方八株,悉高五丈,四枯四荣。下根相连,上枝相合,其叶丰蔚,华如车轮,果大若瓶,味甘如蜜。"[20] 涅槃佛与娑罗双树图像在克孜尔石窟的第38、58、80、114、161、171窟(图7),库木吐喇石窟的第16、45窟[21],森姆塞姆石窟的第30、44窟[22],以及克孜尔尕哈石窟的第15窟[23]中均绘有此图像,这些图像年代为4至9世纪前后。涅槃佛与娑罗双树图像是以涅槃佛为图像中心,涅槃佛背光后两侧为娑罗双树,娑罗双树周围则是众弟子、菩萨以及天王等人物形象,图像中以涅槃佛为主体形成了一佛双树多人物的佛树组合图像模式。

图7 克孜尔石窟第38窟中的涅槃佛与娑罗双树图像
(采自新疆龟兹石窟研究所:《克孜尔石窟内容总录》)

三、佛树组合图像的特点

新疆壁画中的佛树组合图像是由佛陀图像和圣树图像这两种图像相互组合而形成,在图像组合过程中可以看出佛陀图像表现出程式化的特点。圣树图像中同一象征意义的圣树,亦展示出不同的样式。组合图像在上述两类图像的特点上呈现出特有的图像模式,体现出其本土化的特点。

(一)佛陀图像的程式化

从新疆壁画中的佛树组合图像中佛陀图像的姿势来看,具体可以分为两类,一是坐佛图像,

---

[19] 王卫东:《克孜尔尕哈石窟内容总录》,北京:文物出版社,2009年,第72页。
[20] (隋)灌顶撰:《大正新修大藏经》(以下略称《大正藏》)第37册,台北:佛陀教育基金会出版部,1990年,第26页。
[21] 王卫东:《库木吐喇石窟内容总录》,北京:文物出版社,2008年。
[22] 新疆龟兹石窟研究所:《森木塞姆石窟内容总录》,北京:文物出版社,2008年。
[23] 王卫东:《克孜尔尕哈石窟内容总录》,北京:文物出版社,2009年。

二是立佛图像。坐佛图像大部分都是以菱格因缘故事画的形式出现，其中坐佛图像的构图与造型基本相差不大，佛陀图像都是位于整个佛树组合图像的正中位置。坐佛双脚交叉端坐于坐台之上，坐佛头部有一圈背光，坐佛整体外又环绕一圈背光，坐佛头瞥向一侧或正视前方，大部分坐佛都身披右袒肩袈裟，坐佛束发髻（图8）。立佛图像中佛陀的背光、穿着和发式基本与立佛一致，唯一不同的是佛陀双脚分开站立于地面（图9）。由上可见其佛陀图像的绘制都统一遵循一定的程式，各个图像中的佛陀都是居中绘制，并参照统一标准来完成佛陀形象的绘制工作，这反映出的正是其图像的程式化特点。

图8 克孜尔石窟第196窟中的坐佛图 　　图9 库木吐喇石窟第34窟中的立佛图像

（二）圣树图像的多样化

新疆壁画中的圣树图像相对抽象，通过其树叶、花朵以及果实的样式无法辨析具体的圣树品种，但是根据佛树组合图像的整体背景和描绘场景，并结合相关佛教典籍还是可以辨别出不同的圣树。圣树图像中圣树的空间位置相对统一，一般位于佛陀身后（图10），但其圣树中的点状物形态不一，有圆点式、长点式、菱形式和花式等多种样式，其树叶有菱形状叶片和花状叶片等，叶片颜色有白色、蓝色、墨绿色等，树上的中心果实比较清晰，一般为白色的点状物，它们相互组合呈拱状分布于佛陀背光后（图11）。从上述可知，圣树图像的样式多样化，并无统一的绘制样式，其图像注重圣树树叶和果实的彩色表现，整体形式多样，这说明其图像具有多样化和随意性的特点。

图10 克孜尔石窟第171窟中的圣树图像 　　图11 库木吐喇石窟第23窟中的圣树图像

（三）组合图像的本土化

新疆壁画中的佛树组合图像除了佛陀图像和圣树图像以外，还有一些辅助性的元素，它们组合构成了这类组合图像。在这些佛树组合图像中有一佛一树一菩萨、一佛一树二菩萨、一佛双树多人物等多种图像模式，这种图像的构图模式是较早出现于新疆地区，后期传入中国其他地区。组合图像中以菱格方框为背景所绘制的佛树组合图像也是新疆壁画中所特有的图像模式，多个菱格相互平行交错，形成多幅合并的佛树组合图像（图12），这种组合图像的布局构图也是新疆地区

图 12　克孜尔石窟第 171 窟中的多幅合并佛树组合图像

壁画中所特有的形式。综上所述，可以看出新疆壁画中的佛树组合图像的表现形式、布局构图、组合方式等都具有中国本土化的特点。

四、佛树组合图像的延续

新疆壁画中的佛树组合图像随着佛教传入中国其他地区，其随之也发生了一定的改变，但在石窟寺壁画中所呈现出的图像构图模式仍是以佛陀图像为主、圣树图像为辅的图像模式。在敦煌石窟、龙门石窟等石窟寺中的佛树组合图像是以一佛双树为主的形式呈现，也有一佛一树的图像形式，其中一佛双树的组合图像模式成为主流。上述这两种图像形式也一直流传至中原其他地区的佛教寺院壁画、佛教造像碑刻和其他佛教遗存之中，由此形成了不同形式的佛树组合图像。根据其佛树组合图像的不同载体，具体可以分为造像碑刻和舍利容器这两大类。

（一）造像碑刻中的佛树组合图像

造像碑刻中的佛树组合图像是目前数量最多，也是较为常见的图像形式。在造像碑刻中塑造出佛树组合图像在北朝至隋唐时期已经成为一种流行趋势。依据其佛树组合图像所依附的造像碑刻材质，具体可分为石质、泥质、金铜和碑刻这四类。

1. 石质造像中的佛树组合图像

石质造像中佛树组合图像是目前发现数量较多的一类，其表现形式多样。在云冈石窟第二期中就存有大量的这类佛树组合图像[24]，其造像雕刻出佛陀树下诞生、悟道、说法，到最后涅槃等各个场景，其图像模式还是保留一定新疆壁画的特点，部分存有一佛一树、一佛一树二菩萨、一佛双树等图像模式。与其不同的是，云冈石窟中存有双佛一树的佛树组合图像模式（图 13）。在北齐邺城中出土大量龙树背屏石质造像[25]，这些造像仍是以一佛一树、一佛一树二菩萨或是一佛一树二菩萨多弟子（图 14）等组合的图

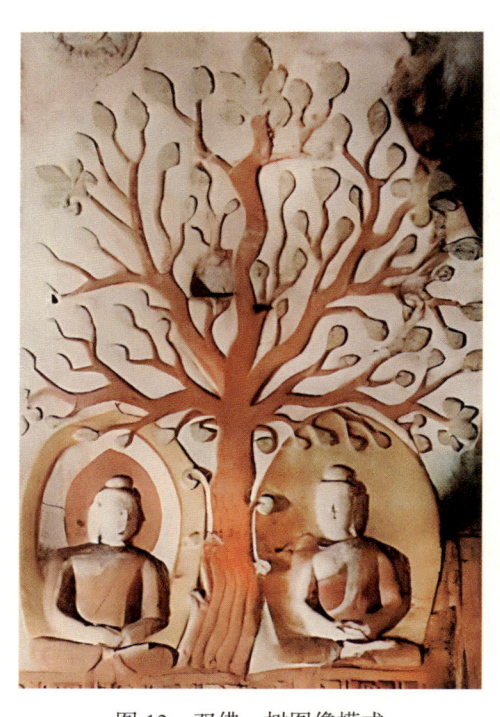

图 13　双佛一树图像模式

---

[24] 刘芊：《北朝石刻佛教圣树图像的艺术渊源与流变》，《美术学报》2019 年第 4 期。

[25] 中国社会科学院考古研究所、河北省文物研究所：《邺城北吴庄出土佛教造像》，北京：科学出版社，2019 年。

像模式出现，但其图像的中心还是以一佛一树为主。在龙门石窟[26]中的石质造像仍是保留上述的图像模式。可见佛树组合图像模式基本确定，只是在不同地区有着略微的改变。

2. 泥质造像中的佛树组合图像

泥质造像中的佛树组合图像主要指的是唐代出土善业泥中的图像，善业泥中的图像一般是以佛像为中心，圣树作为善业泥的背景图像。这类善业泥在陕西西安白庙村[27]、扶风凤泉寺（图15）等遗址中均有发现，且数量较多。此外，在西安博物院[28]和中国国家博物馆藏（图16）唐代善业泥中也有发现此类图像模式，这类图像中以佛陀图像为中心，佛陀两侧为二菩萨形象，圣树图像为背景衬底，其中圣树一般以双树的形式出现，由此构成了一佛双树二菩萨的图像模式，这也是此类佛树组合的特殊所在，并且

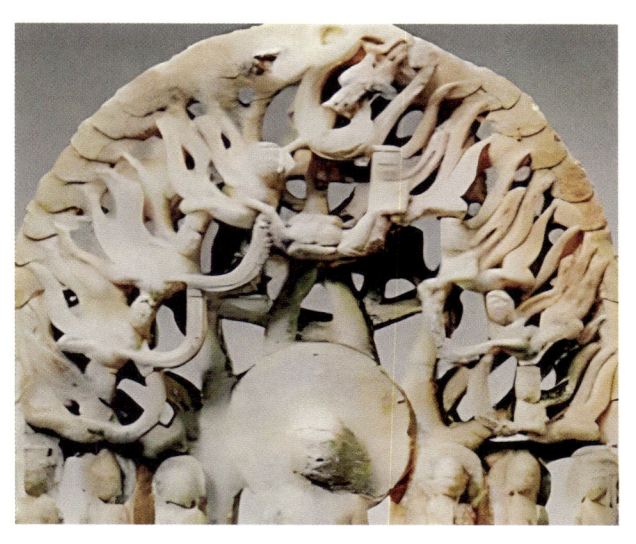

图14　一佛一树二菩萨多弟子图像模式

图15　陕西扶风凤泉寺出土的唐代善业泥
（采自陈亮：《长风出土的唐善业佛及相关问题》，《文博》2002年第2期）

图16　中国国家博物馆馆藏唐代善业泥
（采自吕章申主编：《中国古代佛造像艺术》）

---

[26] 龙门文物保管所、北京大学考古系：《中国石窟·龙门石窟（一）》，北京、东京：文物出版社、株式会社平凡社，1991年。

[27] 冉万里、沈晓文、贾麦明：《陕西西安西白庙村南出土一批唐代善业泥》，《考古与文物》2019年第1期。

[28] 奈良国立博物馆：《平城遷都一三〇〇年記念——大遣唐使展》，東京：大日本印刷，2010年，第111页。

这种佛树组合的图像模式也在佛教碑刻和舍利容器中的组合图像中有所发现,由此可见其图像模式在唐代逐渐成为一种主流的佛树组合图像模式。

3. 金铜造像中的佛树组合图像

金铜造像中的佛树组合图像是指金铜佛造像使用圣树作为背屏装饰,此类图像自魏晋南北朝时期就已经出现。日本藏北齐武平元年(570年)鎏金铜造像,佛像背屏整体呈双树缠绕状态,中部为佛陀形象(图17)。美国波士顿美术馆藏隋开皇十三年(593年)金铜阿弥陀诸尊造像中以双树为背屏,阿弥陀佛居中于中央,其两侧为二菩萨,它们一同形成了三尊一铺的金铜造像模式(图18),而其中的佛树组合图像模式,也是延续之前的一佛双树的图像模式。由此可知,一佛双

图 17　日本藏鎏金铜造像
(采自ロンドンギャラリー株式会社、福井國立美術館、株式会社生活の友社:《〈シルクロードと東アジアの仏教美術〉展》)

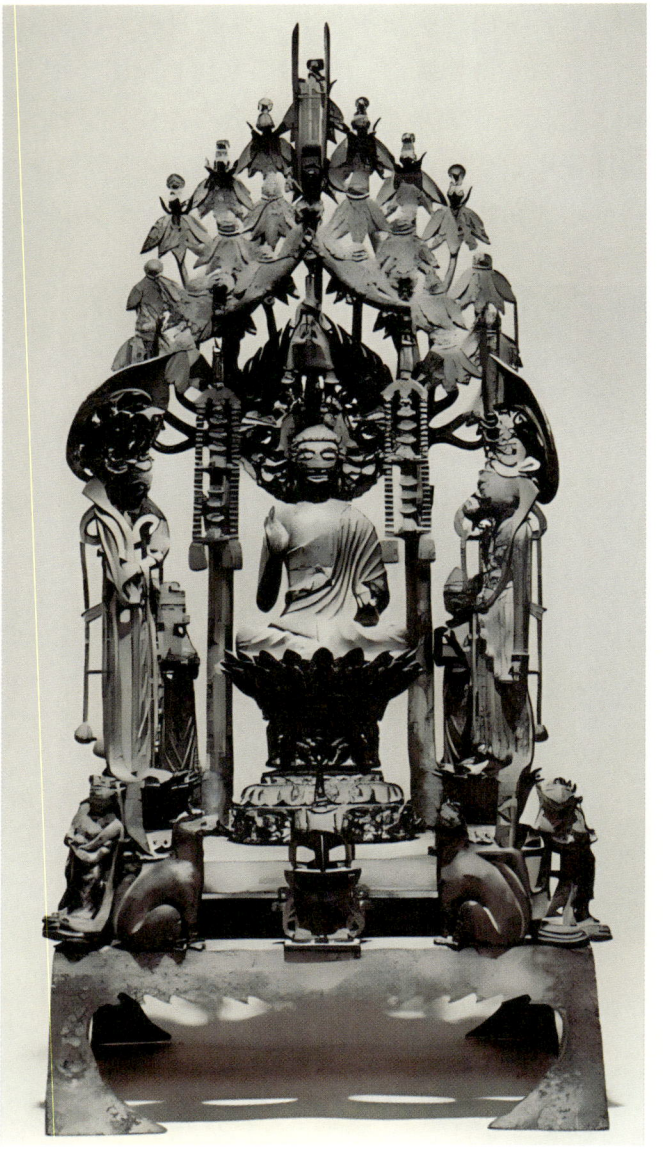

图 18　美国波士顿美术馆藏金铜阿弥陀诸尊造像
(采自百橘明穗、中野徹:《世界美術大全集・東洋編》第4卷《隋・唐》)

树的佛树组合图像模式已在此时期形成了一定的规制。

4. 佛教碑刻中的佛树组合图像

佛教碑刻中的佛树组合图像是指造像碑上雕刻有佛树组合图像，此类图像目前发现的数量较多，魏晋南北朝时期所发现的数量最多。这些造像碑上的佛树组合图像占据造像碑的大部分空间，图像中佛陀与圣树的大小比例基本相差不大，有的造像碑中圣树的空间面积甚至超过了佛像的空间面积。陕西延安西魏大统十一年（545年）造像碑上雕刻的佛树组合图像（图19）中的娑罗双树，双树分立于佛陀两侧，高大挺拔，其空间面积将近半个造像碑，在日本大阪市立美术馆藏西魏四面像碑[29]上雕刻的佛树组合图像也是如此。陕西铜川耀州区药王山西魏释迦多宝对坐造像碑的佛树组合图像（图20）中的圣树的比例基本与佛陀的比例相同，与此类图像相同的还有隋大业四年（608年）的杨元贤等造像碑[30]、甘肃天水麦积山石窟第133窟中的第10号造像碑[31]等。综上所述，可以看出佛教造像碑刻中的佛树组合图像在继承一佛双树的图像模式基础上，对于佛陀和圣树图像的比列进行了修改，打破了新疆壁画中所见的"佛大树小"，构图比例，使之呈现出的是"佛小树大"，甚至是"佛树同大"的图像比例和空间占比，这也说明了此类图像在组合图像的比例和空间构图上的本土化。

图19　陕西延安西魏大统十一年造像碑
（采自延安市文物研究所：《延安石窟菁华》）

图20　陕西铜川耀州区药王山西魏释迦多宝对坐造像碑
（采自张燕：《陕西药王山碑刻艺术总集》第二卷《西魏造像碑》）

（二）舍利容器中的佛树组合图像

舍利容器中的佛树组合图像是指舍利容器上绘制的佛像故事图像，此类图像在唐代开始盛行，且与佛陀涅槃题材相关。陕西庆山寺佛塔地宫出土的释迦如来舍利宝帐（图21）帐檐四角装饰银

---

[29] 大阪市立美术馆：《大阪市立美术馆——山口コレクション中国影刻》，东京：图书印刷株式会社，2013年，第64～67页。

[30] 中山博物馆：《造像与造像碑》，南投：文心文化事业股份有限公司，2007年，第423页。

[31] 中国石窟雕塑全集编辑委员会：《中国石窟雕塑全集2甘肃》，重庆：重庆出版社，2000年，第20页。

图 21　庆山寺佛塔地宫释迦如来舍利宝帐（采自赵康民：《武周皇刹庆山寺》）

图 22　释迦如来舍利宝帐中的遗教说法图

叶菩提树，宝帐四周有线刻图案，分别是"遗教说法""双林灭度""荼毗图""八王分舍利"，这些图像中大部分有佛树组合图像，多为一佛双树多人物的图像模式（图22），整个图像的中心是以佛陀为主，圣树则是作为辅助性的装饰图像，其中圣树图像整体对称，树干隐约可见，树冠上的树叶十分清晰，与真实树叶的形态基本相差无几。在陕西铜川耀州区发现的仁寿四年（604年）舍利石函[32]、陕西宝鸡法门寺塔基地宫出土的鎏金如来说法盘顶银宝函[33] 上均发现有佛树组合图像，其图像模式与陕西庆山寺佛塔地宫出土的释迦如来舍利宝帐一致，都是以佛陀图像为中心进行构图。由上可以看出，舍利容器上的佛树组合图像模式在一定程度上继承了新疆壁画中佛树组合图像模式，只是在圣树图像的表现手法更加具象化，并且这种图像形式在唐代开始逐渐盛行，成为主要的佛树组合图像形式之一。

五、小　　结

新疆壁画中的佛树组合图像自4世纪出现后，形成了多种的组合图像，这些组合图像以不同的佛传和因缘故事背景各自表现出不同的圣树图像。随着佛树组合图像的不断传播与发展，其中佛陀图像出现了程式化现象，而圣树图像则是以抽象化的表现形式，展现出多样化，这使得二者结合形成的组合图像有着本土化的特点。在图像模式上出现了一佛一树、一佛一树二菩萨的图像

---

[32] 冉万里：《洛阳北魏石刻艺术中银杏树样式的确立及其影响——兼论北朝以后佛教石刻及绘画艺术中的树木形象》，《西部考古（第21辑）》，北京：科学出版社，2021年，第238页。

[33] 陕西省考古研究院、法门寺博物馆、宝鸡市文物局，等：《法门寺考古发掘报告》，北京：文物出版社，2007年，第156～159、162～165、231、235页。

结构，在图像布局上则是以固定的组合程式进行绘制佛树组合图像，在图像表现上主要是以抽象化和具象化相结合的手法对其进行绘制。

佛树组合图像在传入中国其他地区之后，其图像载体不再是以壁画为主，还有佛教造像碑刻和舍利容器等均有体现此类图像。这些图像在延续新疆壁画中佛树组合图像模式的基础，强化一佛双树的图像布局，在一佛双树的图像布局之上，逐渐演变成一佛双树二菩萨或是一佛双树二菩萨多人物的图像布局。除此之外，这些图像也强化了组合图像中佛陀和圣树的比例和面积，形成了"佛树同大"的图像比例和空间面积，这些都反映出了佛树组合图像不断向着本土化发展的趋势以及其动态发展的特征。

中古中国单层方塔形象的考古学研究

戴 恬

内容摘要：单层方塔由印度覆钵塔进入汉地后经改造而成，主要流行于唐及以前的中古时期，其本身的生成、演化过程也是佛教中国化的一个侧面。本文以考古学方法对中古中国单层方塔的各类图像与实物进行类型分析，进而对其生成脉络、局部形制等相关问题展开研究，并以吴越"阿育王塔"形制的生成及其与中古中国单层方塔的关系作为附论。

关键词：中古中国　单层方塔　佛教中国化　阿育王塔

An Archaeological Study on Single-story Square Stūpa in Medieval China

Dai Tian

Abstract: The single-story square stupa, which was transformed from the Indian stupa after it entered China, was mainly popular in the medieval period. Its generation and evolution process is also an aspect of the sinicization of Buddhism. This paper uses archaeological methods to analyze the various images and objects of single-story square stupa in medieval China, and then studies its generation context, detailed form and other related issues. The generation of the form of the Wuyue "Ashoka Stupa" and its relationship with single-story square stupa in medieval China are used as supplementary discussions.

Key words: Medieval China, single-story square stupa, sinicization of buddhism, Ashoka Stupa

一、绪　论

本文讨论对象为南北朝—隋唐时期具有单层方形塔身之塔。而流行于五代以后的"阿育王塔"（即宝箧印塔），鉴于其与中古中国单层方塔具有继承性也有新因素及自身形制的固定性，本文将相关问题作为附论。

作者：戴恬，北京，100871，北京大学考古文博学院。

印度窣堵波（stūpa）始为低矮的半球形（图1），在传入汉地的过程中，受到了不同文化、艺术传统的改造。相比于楼阁塔，同样在早期被中国化的单层方塔尚未成为主流关注的对象。较早讨论的是梁思成[1]、刘敦桢[2]等营造学社成员，及以村田治郎为代表的外国学者[3]。村田的论述已较完整，其基本观点为：印度覆钵塔在犍陀罗地区加高、加上方形台基，且已经有在基部开龛的倾向（图2）；佛塔初入新疆地区，应还与覆钵塔相类似，并未见有更加汉化的塔形；南北朝进一步发展，开始使用方形塔身，这可能也与中国古代建筑的方形平面有关；其后演变是覆钵渐渐变小，更强调水平的屋顶、相轮塔刹及四角装饰，吴越王宝箧印塔便是受此影响演化而来。此外，在中国式屋顶上加塔刹是另一种单层塔的表现形式。

张驭寰[4]、李玉珉[5]、唐仲明[6]等也曾概述单层方塔的整体发展、内涵等问题。苏铉淑则以类型学方法做了较系统的整理，分类依据为覆钵顶的有无与大小、塔与其他图像的组合、塔刹形制等，并研究了相关的文化关系；指出塔形纹进入隋唐则逐渐衰落，大部分为攒尖顶单刹塔[7]。

以塔为切入点讨论文化交流更常见。《龙门石窟雕刻粹编·佛塔》通过比较得出，龙门主要继

图1　桑奇大塔
（采自〔日〕宫治昭著，李萍译：《犍陀罗美术寻踪》）

图2　加尔各答博物馆藏奉献塔
（采自〔日〕宫治昭著，李萍译：《犍陀罗美术寻踪》）

---

[1] 梁思成：《图像中国建筑史》，北京：生活·读书·新知三联书店，2011年，第117～119页。
[2] 刘敦桢：《中国之塔》，《刘敦桢全集·第四卷》，北京：中国建筑工业出版社，2007年，第79～91页。
[3] 村田治郎：《支那の佛塔》，東京：冨山房，1940年。
[4] 张驭寰：《关于我国"阿育王塔"的形象与发展》，《现代佛学》1964年第4期。
[5] 李玉珉：《中国早期佛塔溯源》，《故宫学术季刊》1989年第3期。
[6] 唐仲明：《中原地区北朝佛塔研究》，《考古》2016年第11期。
[7] 〔韩〕苏铉淑：《东魏北齐庄严纹样研究——以佛教石造像及墓葬壁画为中心》，北京：文物出版社，2008年；〔韩〕苏铉淑：《古代东亚诸国单层方塔研究——兼探6～7世纪中韩日文化交流》，《文物》2010年第11期。

承了云冈二期的做法，新变化是应用叠涩、塔刹矮小、覆钵与受花有简略趋势[8]。黄春和、王瑞霞等学者在论述青州造像宝塔图案的来源时，强调了与西北的往来[9]。对于青州造像与邺城（及定州）的相互关系，学者们持有不同的观点。李静杰认为北齐白石佛像背屏上部方塔是接受了邺都如响堂山石窟的因素，又影响了青州，但二龙或二飞天拱护方塔的形式是青州创造[10]。唐仲明指出青州佛塔样式来源于北魏中原，但它的布局主要受到了北齐邺城的影响[11]。罗世平则推测响堂山塔形窟龛的具体雕刻样式与新传入的"南海塔样"有关[12]。

此外是针对个别材料的文章。松原三郎发现圆顶方形石塔（"四面像"）特别流行于西魏北周，至唐代圆顶退化；并区分了圆顶与仿木构屋顶四面像，其中后者的题刻是"天宫像"[13]。陈奕恺指出覆钵塔在云冈、龙门石窟多为单层，并针对图案细节——如三根塔刹的渊源、受花形制及其与化生观念的关系等做了论述[14]。赵立春[15]、王中旭[16]等各自梳理了响堂山、灵泉寺塔形窟龛的相关材料。更多具体的研究，待后续讨论详及。

概言之，关于单层方塔起源、发展的基本叙述尚不超出村田治郎所建立的框架，但学者们在框架内用更多的材料做了更细的分类，并对文化交流、内涵及局部形制研究等方面展开论述。不过，还有一些问题未能详尽，故本文意欲在系统整理材料的基础上，进行一些"补遗"。本文视塔形为整体的图像，并不对具体的建筑构件详加分析，而将从考古学角度探讨中古中国单层方塔形制的生成或发展演变问题，透视佛教中国化的大布局。

二、中古中国单层方塔材料简述

本文分析所用的单层方塔形象材料在北魏有四十余件[17]，东魏北齐约一百二十件，西魏北周十余件，南朝近十件，隋唐一百八十余件，载体多样。

---

[8] 龙门石窟研究所：《龙门石窟雕刻粹编·佛塔》，北京：中国大百科全书出版社，2002年。

[9] 黄春和：《青州龙兴寺石佛造像背光上的佛塔》，《文物天地》1999年第5期；王瑞霞：《龙兴寺遗址出土佛教造像上的塔形探源》，《潍坊教育学院学报》2002年第1期。

[10] 李静杰、田军：《定州系白石佛像研究》，《故宫博物院院刊》1999年第3期；李静杰：《青州风格佛教造像的形成与发展》，《敦煌研究》2007年第2期。

[11] 唐仲明：《青州造像所见佛塔之样式、渊源与功能初探》，《中原文物》2007年第4期；唐仲明：《东魏北齐响堂与青州造像比较研究》，《华夏考古》2013年第4期。

[12] 罗世平：《青州北齐造像及其样式问题》，《美术研究》2000年第3期。

[13] 松原三郎：《増訂中国仏教彫刻史研究——特に金銅及び石窟造像以外の石仏についての論考》，東京：吉川弘文館，1966年，第161～169页；松原三郎：《中国仏教彫刻史論》，東京：吉川弘文館，1995年，第151～155页。

[14] 陈奕恺：《略论北魏时期云冈石窟、龙门石窟浮雕塔形》，《龙门石窟一千五百周年国际学术讨论会论文集》，北京：文物出版社，1996年，第220～251页。

[15] 赵立春：《响堂山北齐"塔形窟龛"》，《中原文物》1991年第4期；赵立春：《响堂山北齐塔形窟述论》，《敦煌研究》1993年第2期。

[16] 王中旭：《河南安阳灵泉寺灰身塔研究》，中央美术学院硕士学位论文，2006年。

[17] 使用约数是缘于部分材料年代存在争议，下同。

（一）中古中国单层方塔基本类型

1. 平面单层方塔

以雕刻、绘画等方式表现的单层方塔，可做以下类型分析。

①根据所呈现的方向，可分为两型：A 型，呈现正面形象，自北魏起的塔形龛（图 18-1）、多数唐代造像上方雕刻塔（图 18-33、18-34）为此型；B 型，呈现塔的两面，多数南北朝晚期造像上方雕刻塔（图 18-13）为此型。

②根据塔基形制，可分为两型：A 型，塔基下无莲花装饰，塔形龛、多数北魏及唐代造像材料（图 3、12）、部分东魏造像材料（图 18-12）为此型；B 型，塔基下有莲花装饰，一般为莲花搭配二、三级基座，始于北魏晚期（图 4），多数南北朝晚期造像材料（图 18-11）为此型。

③根据塔檐塔顶形制，可分为两型。A 型，水平塔檐，常置覆钵顶，见于各阶段，可分为四式。

AⅠ式，无明显檐部突出。见于云冈石窟（图 18-1）、太和廿一年（497 年）侯颢造释迦坐像、正始元年（504 年）西安清信女母子造像的背面塔刻与其如出一辙（图 3）。

AⅡ式，平板塔檐。塔例见于云冈石窟第 14 窟（图 18-3）、龙门莲花洞 N92（图 18-4）。

AⅢ式，素面叠涩塔檐，层数约为二至五层，始于龙门北魏晚期（图 18-5）。东魏北齐以二层叠涩为最（图 18-18），南朝以三层叠涩居多（图 18-10、18-11），正反叠涩使用较少。

AⅣ式，隋唐以后叠涩檐变化多样：或正反叠涩檐上又接叠涩檐，可累积七、八层；或二层叠涩檐之上有略大的刹座，有向重檐发展的倾向，且檐上装饰联珠纹等（图 18-23、18-25）。

B 型，表现汉式建筑屋顶，无覆钵或有小覆钵，多见于北魏与唐代（图 5、18-7、18-8、18-

图 3　西安雁塔区清信女母子造像背面

（采自孙福喜：《西安文物精华·佛教造像》）

图 4　大都会博物馆藏永熙三年造像背面拓片局部

（采自〔瑞典〕喜仁龙著，赵省伟主编，栾晓敏、邱丽媛译：《西洋镜：5～14 世纪中国雕塑》）

图 5　大仓集古馆藏涿县桓氏供养石佛立像背面

（采自金申：《中国历代纪年佛像图典》）

32），北魏者具体形制较不确定，唐代基本为攒尖顶。

④根据山花蕉叶可分为三型：A 型，阶梯状山花蕉叶，见于北魏汉式建筑塔形（图 5、18-7）；B 型，植物纹山花蕉叶，北魏更流行忍冬纹（图 3），南北朝晚期更流行叶片状（图 6），隋唐或简略或卷草变化多样（图 18-28）；C 型，为边缘卷曲的尖拱形，形如如意云头纹，部分在其中加入圆形，又类似于"火焰宝珠"，或径直表现为火焰宝珠纹，后节详论。山花蕉叶在设置方面的大体变化趋势为：从设于塔的四角到设于塔的四角与四边中间，各叶之间或有连接。

⑤根据塔刹排列方式可分为三型：A 型，单根塔刹，流行于各阶段（图 18-5）；B 型，山字形塔刹，流行于北朝（图 18-4）；C 型，三根或多根平行塔刹[18]，主要见于南朝（图 18-10、18-11），东魏北齐亦有使用（图 18-13）。

⑥具体刻画塔刹的，可根据塔刹样式分为三型：A 型，表现相轮、刹杆、三宝标等基础构件，少加装饰，较流行于南北朝（图 18-1）；B 型，刹座装饰莲花，刹杆根部常系有飘扬的卷草等植物纹，若是"山"字形刹则有弯折变化，常见于东魏北齐青州造像上方塔（图 7）、响堂山塔形窟龛（图 18-16、18-17）中，二者可能接受了相近的外来影响；C 型，省去刹杆[19]，直接以葫芦、宝珠、莲花等为刹，或以重叠的几圈植物纹等表示相轮，多见于唐代（图 18-25～18-29）。

⑦非单独构图的塔形，根据塔周组合可分为三型：A 型，二飞天奉塔，始见于北魏，流行较广。青州造像从北魏至唐代基本使用飞天承托宝塔的式样（Aa 型，图 6），南朝飞天则面向佛塔但不直接与塔接触（Ab 型，图 18-11），是这两地在图像模式上的重要特点；唐代新出现飞天背对佛塔、呈离散状的形制（Ac 型，图 18-34）；B 型，二龙奉塔（图 8、18-19），始见于北朝晚期，主要流行于青州地区之外的北朝地区[20]；C 型，塔下存在其他托塔形象，如兽面（图 12）等，见于北朝末至唐代。

2. 实体单层方塔

---

[18] 部分印度覆钵塔的周围存在四根立柱，例如 Rahman Abdur, *Butkara III: A Preliminary Report*. Ancient Pakistan, 1991, vol. 7, pp. 152-163, Pl.10。这种形制或许影响到了南北朝晚期的佛塔形象，部分 C 型塔刹明确表现为中部一刹、四角各又一刹，该四"刹"也可能是覆钵四周的立柱；后文提及部分方塔塔身四角之柱大概也与此间接相关。

[19] 可能与佛塔建筑的变化有关。早期佛塔中部有贯通的刹柱，刹柱伸出塔顶的部分为外部可见的塔刹，但唐以后部分佛塔（特别是单层塔）去除了中心刹柱，则塔刹更多只是象征物，外观也发生变化。

[20] 值得注意的是，青州自北魏起便常将单条飞龙置于顶部，周围或有两排飞天，后流行佛座两边的倒龙，临朐又有龙位于塔下的例子，却总不见双龙托塔形象。

李静杰、齐庆媛系统梳理过"双龙拱珠"的图像，一类为双龙相向而立并分别拱起莲花宝珠，其文认为这种构图可能与汉代二龙拱璧图像有关，典型遗物有西安所出画像砖（《二龙系珠与二龙拱珠及二龙戏珠的图像系谱》，《石窟寺研究（第 6 辑）》，北京：科学出版社，2015 年，第 202～254 页）。陕西北魏造像碑上最流行的装饰之一便是双龙（胡文和：《陕西北魏道（佛）教造像碑、石类型和形象造型探究》，《考古与文物》2007 年第 4 期），双龙拱卫一建筑的形式也已存在。目前纪年最早的双龙奉塔材料是故宫博物院藏西魏大统九年（543 年）王待庆造阿弥陀佛像，这种图像模式的源头可能在关中地区。

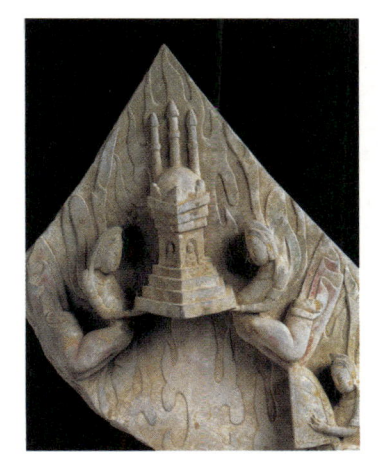

图 6　龙兴寺造像残件
（采自《保利藏珍》编辑委员会：
《保利藏珍·石刻佛教造像精品选》）

图 7　龙兴寺造像顶部
（采自中华世纪坛、青州市博物馆：
《青州北朝佛教造像》）

图 8　北吴庄造像顶部
（采自中国社会科学院考古研究所、
河北省文物研究所：
《邺城北吴庄出土佛教造像》）

现存规模尚小的实体塔遗存始见于北朝晚期[21]，唐更多见。可做以下类型分析。

①根据开门数量，可分为两型：A 型，四面开门，多数北朝晚期塔（图 18-20）、少数隋唐塔属此型（图 17）；B 型，一面开门（主要是南面），多见于唐代（图 18-37）[22]。

②根据塔檐塔顶形制，可分为两型：A 型，叠涩或正反叠涩塔檐，其上常有覆钵，多见于北朝晚期；B 型，攒尖顶，多见于唐代。其中 A 型可分为两式：AⅠ式覆钵较大，流行于北周（图 18-20）；AⅡ式覆钵较扁平，数量少，见于隋唐（图 18-22）。B 型又可分为两亚型：Ba 型以叠涩构成攒尖顶，多为砖塔（图 18-35）；Bb 型为仿木构攒尖顶（图 18-38），多为石塔，门两边往往有力士或天王形象，雕刻纹饰多。

（二）中古中国单层方塔的分组与分期

对所收集材料中年代及特征较清楚者，根据以上内容进行型式排比，可归纳分组如表 1、表 2 所示，部分年代模糊或不典型的塔例于后文简述。

本文将中古中国单层方塔发展的总体演进分为三个阶段（图 18[23]），各阶段不是非此即彼的关系，而是存在部分重叠过渡的时间。且需注意不同载体形象有各自内部的演进脉络，分期并非完全同步，三期时间仅是从宏观处大略言之。

---

[21] 疑似实体小塔的西安博物院藏"北魏亭阁式造像塔"，系仿木构攒尖顶建筑，然而攒尖顶已残，且似乎无法放置覆钵、塔刹等物，属于佛塔还是只是在汉式亭阁四面开龛，无法确定（北朝有汉式房屋四面像，自铭为天宫，而非佛塔，参见前述松原三郎的考证）。材料见王长启：《礼泉寺遗址出土佛教造像》，《考古与文物》2000 年第 2 期。

[22] 关于塔从四面开门转变为一面开门的原因，张家泰认为是早期塔在寺院中心，四门便于礼佛，而唐以后塔建于寺后，南面辟门即可，且单层塔在唐代多是墓塔，甚至不需真门。张家泰：《登封少林寺唐萧光师塔考——兼谈六角形唐塔的有关问题》，《中国历史博物馆馆刊》1980 年总第 2 期。

[23] 图中，1~3、6~8、12~14、19、22、32~34 为笔者绘制。各材料来源除图中注明外参见文末附注。

表 1 中古中国平面单层方塔代表性材料类型

组别	材料出处	平面单层方塔形象						
		呈现方向	塔基	塔檐塔顶	山花蕉叶	塔刹排列	塔刹样式	塔周组合
1(1)	云冈石窟	A B	A	AⅠ AⅡ	B	A B	A	
	侯颢造释迦坐像（497年）	A	A	AⅠ	B			
	西安清信女母子造像（504年）	A	A	AⅠ	B	B	A	
	药王山藏北魏谢永进造像碑	A	A	AⅢ		A	A	
	龙门北魏石窟（其一纪年528年）	A	A	AⅡ AⅢ	B	A B	A	
	大都会艺术博物馆藏永熙三年（534年）造像	B	B	AⅢ		A	A	
1(2)	大仓集古馆藏涿县桓氏供养石佛立像	A	A	B	A	A		
	莫高窟北魏第257窟南壁	A	A	B	A	A	A	
	青州龙兴寺法想造弥勒三尊像（507年）	B	B	B？		B	A	Aa
	京都藤井有邻馆藏魏氏造铜佛像（522年）	B		B			A	Ab
	大都会艺术博物馆藏正定铜佛像（正光年间）	B	B	B		B	A	Ab
2(1)	青州地区东魏北齐造像（其二纪年536、564年）	A B	A B	AⅢ	B C	A B C	A B	Aa C
	东魏北齐白石系造像（纪年范围546～573年）	B	A B	AⅡ AⅢ	B C	A B C	A	Aa B C
	瑞特保格博物馆藏长垣大吴村静颐等造像（542年）	A	B	AⅢ	B	A	A	Ab
	故宫博物院藏王待庆造像（543年）	B	B	AⅢ	B			B
	河清元年（562年）三尊佛碑像	B	B	AⅢ	B	A		Ab
	宾夕法尼亚大学博物馆藏造像碑（575年）	B	B	AⅢ	B	A	A	B
	旧金山亚洲艺术博物馆藏隋白石像（595年）	B	B	AⅢ	C	A	A	B
	小南海石窟中窟（550～556年）	B	B	AⅢ	B	B	A	Aa
	南响堂石窟第七窟门楣	B	B	AⅢ	C	B	A	Ab
	水浴寺石窟西窟	B	B	AⅢ	C			Ab
	响堂山塔形窟龛	A	A	AⅢ B？	B C	B C	B	

续表

组别	材料出处	平面单层方塔形象						
		呈现方向	塔基	塔檐塔顶	山花蕉叶	塔刹排列	塔刹样式	塔周组合
2(2)	德基15号金铜佛背屏顶部插件	B	B	AⅢ	B	C	A	Ab
	成考所西安路3号背屏式造像（530年）	B	A	AⅢ	B	C	A	Ab
	成考所西安路4号背屏式造像（545年）	B	B	AⅢ	B	C		Ab
	成考所商业街7号背屏式造像	B	A	AⅢ	B			Ab
	汶文所2号背屏式造像	B	B	AⅢ	B	C	A	Ab
	川博1号造像碑	B	A	AⅢ		C	A	Ab
3	林旺石窟（587年）	A	A	AⅣ	B	A	A	
	灵泉寺灰身塔（纪年范围590～727年）	A	A	AⅢ AⅣ B	B C	A	A C	
	南响堂石窟第一窟南壁下层隋唐塔形龛	A	A	AⅢ		C	A	
	莫高窟隋唐石窟	A	A B	AⅢ AⅣ B	B C	A	A	
	龙门唐代石窟	A	A	AⅢ AⅣ B	B	A	A C	
	神通寺西南千佛崖塔形龛	A	A	B	B	A	A	
	夹江千佛岩C区塔形龛1～6号	A	A	B		A	A C	
	安岳石刻塔形龛（卧佛院、舍身岩）	A	A	B	B	A	C	
	山中商会收藏山西造像碑（664年）	A	A	B		A		Ab C
	弗利尔美术馆藏造像碑（667、681年）	A	A B	B	B	A	C	Ac B C
	浜松美术馆藏造像碑（676年）	A	A	B		A		Ac
	东京书海社收藏造像碑（679年）	A	A	B		A	C	Ac C
	万涅克收藏山西造像碑（680年）	A	A	B	B			B C
	东京艺术大学藏造像碑（685年）	A	A	AⅡ		A	C	Ab
	驼山石窟第1窟龛楣（702年）	A		AⅢ	B	A		Aa
	青州龙兴寺唐代造像	A	A	B		A		
	湖南衡阳长沙窑模印小塔	A	A	B		A		
	敦煌捺印版画	A	A	AⅢ B	B C	A	A	

表 2　中古中国实体单层方塔代表性材料类型

组别	材料出处	实体塔 开门数量	实体塔 塔檐塔顶
一	西安雁塔区夏家庄石塔	A	AⅠ
	药王山藏石塔	A	AⅠ
	弗利尔美术馆藏石塔	A	AⅠ
	浜松市美术馆藏石塔	A	AⅠ
	东京艺术大学藏石塔	A	AⅠ
	大阪市立美术馆藏石塔	A	AⅠ
	西安雷寨村石塔（584年）	A	AⅠ
	灵泉寺道凭法师塔	B	AⅠ
	北吴庄出土石塔	A	AⅠ
	西安张士信造像石塔（589年）	A	AⅡ
	奈良大和文华馆藏石造四面像	A	AⅡ
二	神通寺四门塔（611年）	A	Ba
	少林寺塔林（纪年范围689～791年）	B	Ba
	法王寺唐塔	B	Ba
	涞水水北村唐塔（712年）	B	Bb
	法门寺地宫出土小塔	A	Ba　Bb
	灵泉寺玄林塔（749年）	B	Ba
	长清灵岩寺唐塔（约天宝年间）	B	Ba
	炳灵寺第三窟唐塔	B	Bb
	房山唐塔	B	Bb
	赣州大宝光塔（819～853年）	B	Bb
	安阳修定寺塔	B	Ba
	平顺明惠大师塔（878年）	B	Bb

第一期为单层方塔的初步发展时期，包括第1（1）、1（2）组材料，约为5世纪末之后的北魏时期。塔的方向以呈现正面为主，少量表现两面；塔基多为简单形式，稍晚开始出现下方莲瓣；塔刹多"山"字形刹与单刹，刹身以相轮宝珠为主要形式，少数以锥状、三宝标等表示。第1（1）组材料具大覆钵，山花蕉叶以卷草状为主，塔檐由无发展为平板塔檐与叠涩塔檐（图3、4、18-1～18-6）；第1（2）组具汉式建筑四面坡顶，覆钵无或较小，山花蕉叶无或为阶梯状（图5、18-7、18-8）[24]。

---

[24] 相传出自山西芮城的西魏大统十三年（547年）造像碑，佛龛上部的塔为正面汉式建筑形象，塔基下有莲瓣，单根塔刹（或三根？），两侧有飞天（图18-9）。东西魏、北齐周其他造像上的塔例没有表现木结构的塔檐，且多为表现两面，或可认为此例是"非中心"地区的形象稍有滞后。材料见梁思成：《中国雕塑史》，北京：生活·读书·新知三联书店，2011年，第87页。

第二期单层方塔数量显著增长，包括平面第 2（1）、2（2）组与实体塔第一组材料（图 18-10～18-22），主体年代为 6 世纪 30 年代至下叶。塔基下的莲瓣渐渐成为流行形式；塔檐基本使用叠涩；山花蕉叶有叶片状、卷草状、如意云头状或类火焰宝珠状等形式；塔刹有单根、平行多根、"山"字形刹，样式除相轮、宝珠外，约在 6 世纪中叶时青州与响堂山出现了 B 型新样[25]；塔周组合以飞天、双龙奉塔占主导；平面以两面为主，实体多四面开门，覆钵较大，渐有扁平趋势。其中第 2（2）组即南朝材料的内部统一性更强，以平行塔刹、覆钵不显、两侧飞天不直接托塔为突出特点[26]。在平面、实体塔中，邺城定州系白石造像中均可见方塔四角处有立柱的例子（图 8、10），为一特色。

响堂山塔形窟外的仿木结构檐（图 11）为本期塔檐特例。石窟之前搭建窟檐，是自北魏以来的常见做法，在响堂山亦不只是塔形窟的专属[27]。离开仿木构前檐，塔形窟仍然是塔形窟，北响堂第九窟塔形龛（图 18-16）与响堂山刻经洞外立面（图 18-17）的塔刹部分十分接近，前者便是后者去掉窟檐的原貌。总之，从南北朝后期百余例材料来看，单层方塔中是不流行木构塔檐的，响堂山塔形窟的檐部是属于"石窟窟檐"的脉络，而非"单层方塔塔檐"的脉络。

第三期为单层方塔的中国化完成期，包括平面第 3 组与实体塔第二组材料，约属隋唐，时段较难进一步细分。形象、载体多样化，材料分布也更广（图 12～17、18-23～18-38）。塔基下的莲瓣不再流行，部分于中部设置踏道；叠涩做法进一步成熟，可见复杂装饰；山花蕉叶主要为类火焰宝珠状和卷草纹；覆钵在塔形龛中仍常见，趋向扁平、变形、装饰性增强；攒尖顶形象兴盛，成为方塔的重要组成部分；塔刹基本为单根，刹身有葫芦、莲花宝珠、仰月宝珠等新的表现；实体塔多一面开门，可能也是背屏上平面形象由两面对称转为呈现正面的原因。

灵泉寺灰身塔中具有较大刹座、近似于重檐的形式主要见于唐代；在实体单层方塔里重檐的实物较少，可见较早者出现在天宝年间，如灵泉寺玄林塔、长清慧崇塔（图 18-36）。平面与实体塔的演变脉络间隐隐存在着对应关系，前者或可补充后者的逻辑链条，唐代重檐单层塔的出现，可能与前述的叠涩形式多样化、较大刹座的渐渐流行有关。

（三）类型分析应用案例：嵩岳寺塔塔形龛

嵩岳寺塔为密檐塔，塔身第一层雕刻八个单层方形塔形龛，关于其年代，主要有北魏、北齐、

---

[25] 另如天龙山石窟第 12 窟外立面二塔形龛（图 18-15），其上的宝珠刹身（C 型样式）是较晚的做法，但尚有较大覆钵，报告推测其时代为北齐至隋。见李裕群、李钢：《天龙山石窟》，北京：科学出版社，2003 年，第 84～86 页。

[26] 此外亳县造像碑（图 9）虽使用北齐年号，但离北方的造像中心较远，也受到了南朝塔形的辐射，飞天呈现相似特点。材料见韩自强：《安徽亳县咸平寺发现北齐石刻造像碑》，《文物》1980 年第 9 期。自蜀入西魏，南朝造像对西魏、特别是北周造像也产生了影响，麦积山第 140 窟窟顶方塔也基本类同南朝样式，材料见张铭：《麦积山第 140 窟天人佛塔图考析》，《敦煌研究》2023 年第 3 期。

[27] 参见彭明浩：《云冈石窟的营造工程》附录二《云冈石窟窟檐建筑》，北京：文物出版社，2017 年，第 274～295 页；李文生、李小虎：《龙门石窟所表现的北魏建筑》，《敦煌研究》2011 年第 1 期；钟晓青：《响堂山石窟建筑略析》，《文物》1992 年第 5 期。

图9　亳县造像碑局部
（采自杨超杰、严辉：《安徽亳县咸平寺发现北齐石刻造像碑》）

图10　北吴庄石塔
（采自中国社会科学院考古研究所、河北省文物研究所：《邺城北吴庄出土佛教造像》）

图11　南响堂石窟第7窟
（采自钟晓青：《响堂山石窟建筑略析》）

图12　巴黎万涅克收藏调露元年造像碑
（采自〔瑞典〕喜仁龙著，赵省伟主编，栾晓敏、邱丽媛译：《西洋镜：5～14世纪中国雕塑》）

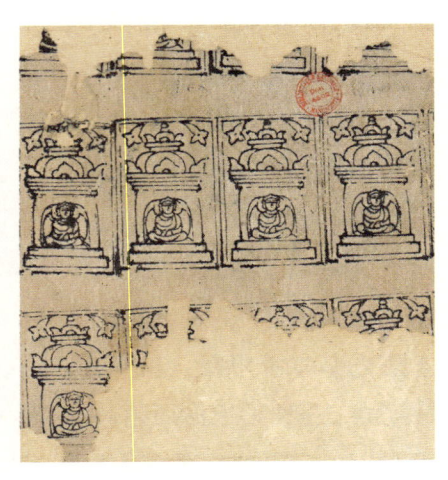

图13　敦煌文献 P.4514（18）捺印佛塔像

图14　长沙窑贴花装饰
（采自周世荣、冯玉辉：《湖南衡阳南朝至元明水井的调查与清理》）

图15　莫高窟隋第276窟西坡单层塔
（采自敦煌研究院：《敦煌石窟全集21》）

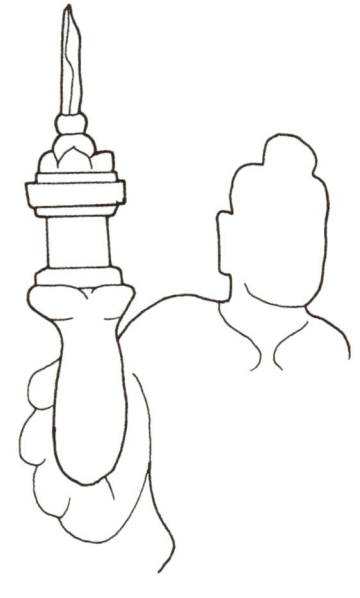

图16　龙门石窟1068窟天王托塔
（采自杨超志、严辉：《龙门石窟雕刻粹编·佛塔》）

图17　法门寺地宫鎏金铜浮屠
（采自陕西省考古研究院、法门寺博物馆、宝鸡市文物局：《法门寺考古发掘报告》）

唐等观点。《嵩岳寺碑》[28]记载："正光元年，榜闲居寺，广大佛刹，殚极国财……十五层者，后魏之所立也。"又："仁寿一载，改题嵩岳寺，又度僧一百五十人。逮豺狼恣睢，龙象凋落，天宫坠构，劫火潜烧。"可知嵩岳寺塔原建于北魏，隋唐之际受火，所幸至盛唐时又"重宝妙庄，就成伟丽"。那么，唐代塔是重修还是重建，就成了北魏说与唐代说的主要分歧。至于地宫，主要存有唐代遗物（有开元纪年），但也有北魏造像，对地宫与塔修建次序的解读同样有两说[29]。北齐说[30]无明确文献与考古证据，主要依据塔形龛形制，但其做比较时却将响堂山石窟的塔形龛全视为北齐遗物，忽略了隋唐补凿的情况。钟晓青也曾依据塔形龛旁火珠柱的形制判断年代，其所举的相似材料均未早至北魏，甚至多有隋唐者，但还是以"由简洁到繁缛"的风格规律将嵩岳寺塔的火珠柱年代排在北魏[31]。

据最新嵩岳寺塔砖热释光年代测定结果，样本砖烧成于北魏时期，在唐代早期经过了二次高温火烧[32]，与《嵩岳寺碑》可相互印证。本文认为，既已历经大火，那么不管唐代是重建还是重修，现位于第一层外表的八个塔形龛，都有可能为唐代雕修。分析如图19所示。

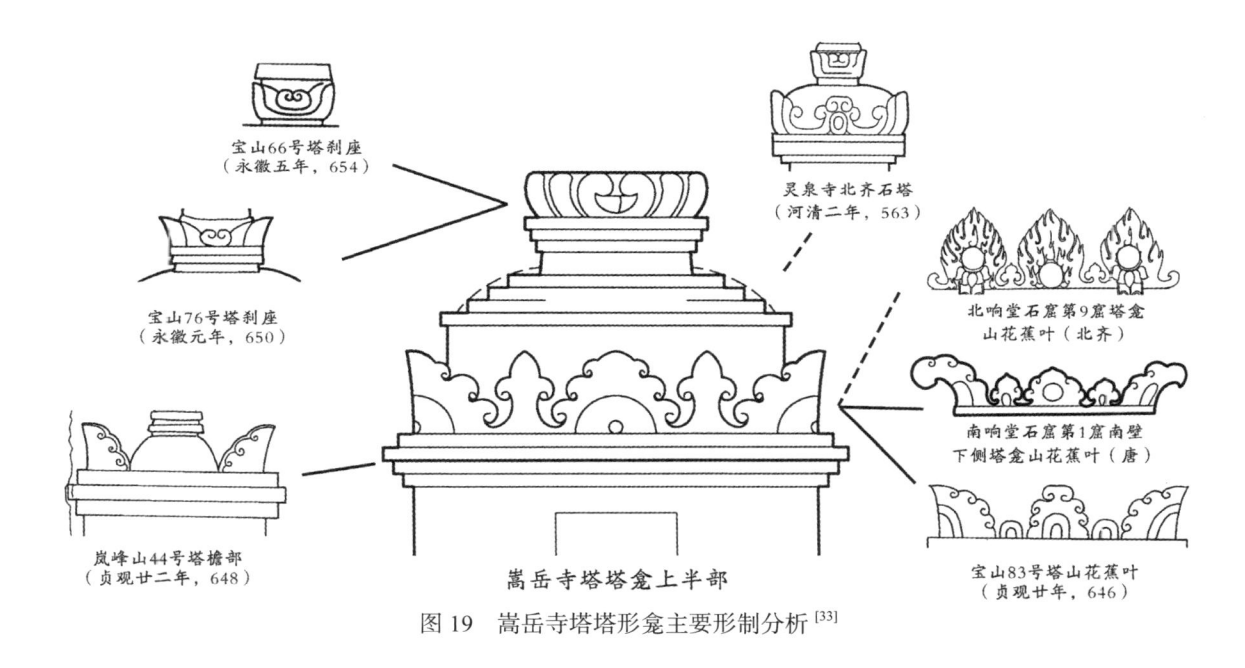

图19 嵩岳寺塔塔形龛主要形制分析[33]

---

[28]（清）董诰等：《全唐文》卷二六三《李邕·三·嵩岳寺碑》，北京：中华书局，1983年，第2673～2675页。

[29] 曹汛：《嵩岳寺塔建于唐代》，《建筑学报》1996年第6期；萧默：《嵩岳寺塔渊源考辨——兼谈嵩岳寺塔建造年代》，《建筑学报》1997年第4期。

[30] 徐永利：《塔中之塔——嵩岳寺塔形制探微》，《全球视野下的中国建筑遗产——第四届中国建筑史学国际研讨会论文集》（《营造》第四辑），上海：同济大学，2007年，第309～316页。

[31] 钟晓青：《火珠柱浅析——兼谈嵩岳寺塔的建造年代》，《北朝史研究：中国魏晋南北朝史国际学术研讨会论文集》，北京：商务出版社，2004年，第517～532页。

[32] 河南省文物建筑保护研究院：《嵩岳寺塔》，北京：科学出版社，2020年，第120～122页。

[33] 材料出处可参考文末附注及下文山花蕉叶部分。

第一，该塔形龛使用正反叠涩塔檐。经统计，在本文第一、二期的百余例使用AⅢ式叠涩檐的平面单层方塔形象中，第一期只有2例使用正反叠涩，第二期的实体塔有5例使用，这些材料年代都为北朝晚期，而无北魏。第三期二十余例AⅢ式叠涩檐塔中，使用正反叠涩塔檐的就有12例，可证此特征更流行于隋唐；且以灵泉寺、龙门石窟为主要流行区域，与嵩岳寺塔空间相近。

第二，该塔形龛的山花蕉叶，于角部、中部共三处设"类火焰宝珠"形状，间隔处设一变形的如意云头纹（或视为某种植物纹）。这种形制的具体发展可见下文山花蕉叶部分（图32），其在北齐塔中尚是发源、发展阶段。嵩岳寺塔塔形龛山花蕉叶的成熟程度与灵泉寺唐代灰身塔更为接近后者极为频繁地使用一边三叶、间隔装饰的此类山花蕉叶，而隋唐补凿的南响堂第一窟南壁下层塔形龛、北响堂石窟天宫路上部塔形龛（图32-10），山花蕉叶也与这种形制吻合。

第三，该塔形龛使用卷草纹刹座。这种形制亦源于第二期，但仍仅见个例，即灵泉寺道凭法师塔。至第三期，灵泉寺灰身塔中模仿道凭塔而雕的卷草纹刹座已不在少数。

据勘测报告，还可知塔形龛表面有粉饰层，粉饰层亦被认为非北魏原物[34]。综上，就塔形龛所反映的单层方塔形制，并非北魏之物；将各部分特征分而视之，勉强可上溯至北齐时期，但北齐说并无历史证据；合而视之，塔形龛应是嵩岳寺受火后于唐代时雕修。

（四）其他未涉及材料

新疆地区还有一些年代、性质甚至特征较为模糊的塔，具有地方特殊性，考古工作也尚未深入，不易归入本文系统，下文亦较少涉及，故在此仅简要介绍部分有代表性的材料。

苏巴什单层塔为犍陀罗式，但方基尤为高大，上有逐层收缩的方形平台，圆顶覆钵较小（图20），周围还有柱洞，可能原有木结构[35]。交河故城一百零一塔的中心土塔为方基上接五根方柱（图21），被部分学者认为是唐代的阿育王塔形象[36]，常被作为单层方塔的一类来讨论；另一种主流意见则认为它表现的是金刚宝座塔[37]；或将其年代定为9世纪以后的回鹘时期[38]。克孜尔石窟壁画中的单层塔，均是正面形象，部分塔身略表现出弧形线条（图22）；然而柏林亚洲艺术博物馆藏克孜尔木塔残件（图23），经考察可两两竖立拼合成直角[39]，说明可能来源于方形塔身。该馆又有在库木吐喇、图木舒克、胜金口等地零星发现的小型木质单层方塔，具体年代不能断定，但除覆钵、大相轮等当地已有风格外，胜金口的小塔系攒尖顶建筑，结合塔身绘制内容判断，其可能受到了唐风影响（图24）。

---

[34] 杜启明：《登封嵩岳寺塔勘测简报》，《中原文物》1987年第4期。

[35] 林立：《西域古佛寺：新疆古代地面佛寺研究》，北京：科学出版社，2018年，第48～66页。

[36] 张驭寰：《中国佛塔史》，北京：科学出版社，2006年，第69页；杨富学、王书庆：《敦煌文献P.2977所见早期舍利塔考——兼论阿育王塔的原型》，《敦煌学辑刊》2010年第1期。

[37] 萧默：《天竺建筑行纪》，北京：生活·读书·新知三联书店，2007年，第43～45页。

[38] 林立：《西域古佛寺：新疆古代地面佛寺研究》，北京：科学出版社，2018年，第128页。

[39] 魏正中、赵蓉：《伽蓝遗痕——克孜尔石窟出土木制品与佛教仪式关系的考古学观察》，《敦煌研究》2020年第1期。

图 20　苏巴什西寺南部大塔
（采自 Douldour-Âqour et soubachi: pianches）

图 21　交河故城塔林中心土塔
（采自〔德〕卡恩·德雷尔著，陈婷婷译：《丝路探险：1902～1914年德国考察队吐鲁番行记》）

图 22　克孜尔第 38 窟塔中坐佛
（采自新疆龟兹研究院编：《中国石窟艺术·克孜尔》）

图 23　柏林亚洲艺术博物馆藏木塔构件 Ⅲ 7416a、b、Ⅲ 7417
（采自《伽蓝遗痕》）

图 24　柏林亚洲艺术博物馆藏胜金口木塔 Ⅲ 7289
（Birgit Angelika Schmidt 摄）

三、中古中国单层方塔生成的两条脉络

单层方塔是犍陀罗覆钵塔进入汉地后进一步演变的结果，这一点已是前人共识。本文所提出的阐释路径，将"汉式建筑与覆钵、刹结合而成单层方塔"与"犍陀罗方基覆钵塔嬗变而成单层方塔"作为两条脉络，即本文第一期所区分的两组。这两条脉络或许并非同时在汉地产生，也有不同的意义、影响和去向。

（一）塔形脉络一

汉地楼阁式塔的形象材料可追溯至东汉至三国时期[13]，而单层方塔目前可见的早期遗存晚至五世纪晚期，且已有覆钵顶与汉式屋顶两类单层方塔的分化。但需注意，这并不是单层方塔生成的年代，而是发展的下一个阶段。据《魏书·释老志》载：

> 自洛中构白马寺，盛饰佛图，画迹甚妙，为四方式。凡宫塔制度，犹依天竺旧状而重构之，从一级至三、五、七、九。世人相承，谓之"浮图"，或云"佛图"。晋世，洛中佛图有四十二所矣。[14]

佛教初传之后，塔依"天竺旧状"但"重构之"，可理解为依照覆钵塔形、以汉地建筑之习惯重新设计。塔有一至多级，也就说明中古中国单层方塔在汉晋已经生成，且与楼阁塔似乎只有级数的区别，二者的构成单元可能是相近的（北魏的情况可略作参考，图25、26）。

汉晋佛教势力微弱，在思想与信仰上只能依附于黄老、仙术等存在，在造像形象上则深受西

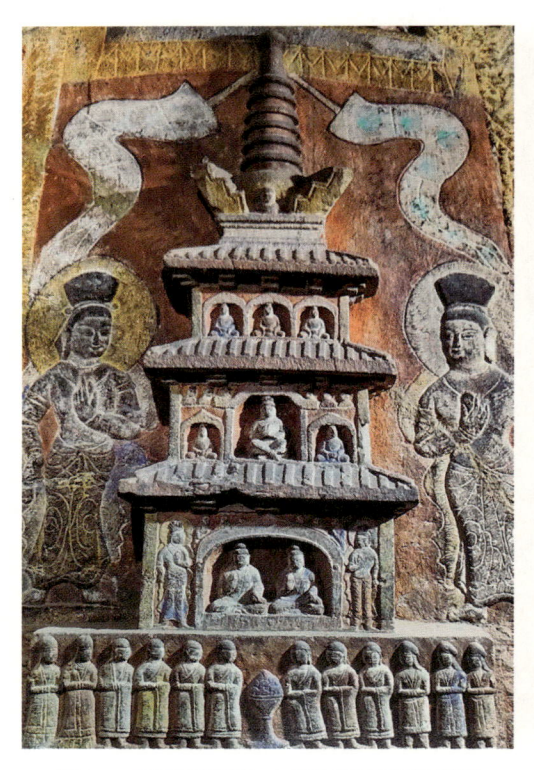

图25　云冈石窟第11窟南壁东段楼阁塔
（采自张焯主编：《云冈石窟全集9》）

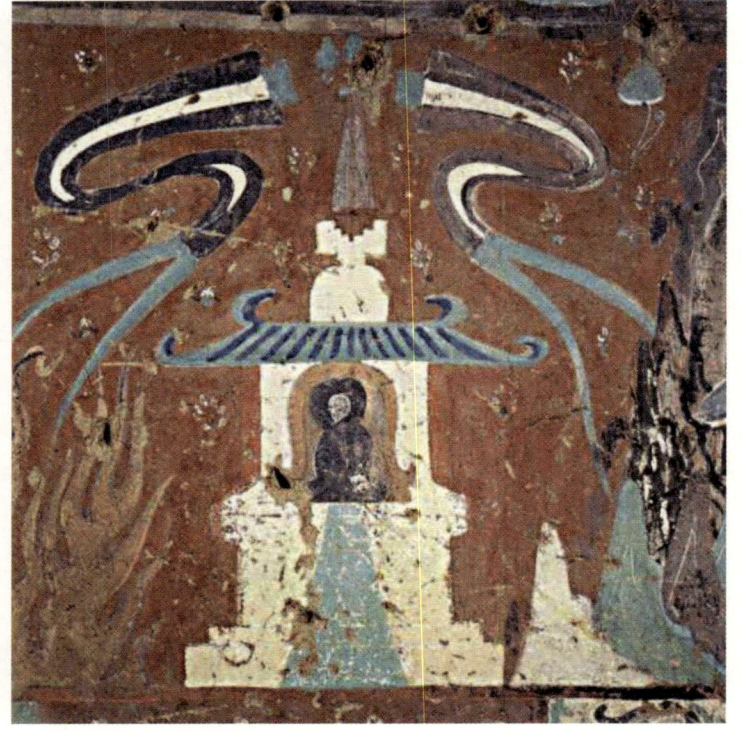

图26　莫高窟北魏第257窟南壁沙弥守戒因缘
（采自敦煌研究院：《敦煌石窟全集21》）

---

[13] 谢志成：《四川汉代画像砖上的佛塔图像》，《四川文物》1987年第4期；刘江生、王强、符德明，等：《湖北襄樊樊城菜越三国墓发掘简报》，《文物》2010年第9期。

[14]（北齐）魏收：《魏书》卷一一四《释老志》，北京：中华书局，1974年，第3029页。

王母等传统神仙之影响，在建筑艺术上也只能以汉式建筑为依托。且覆钵塔之形状与本质均与坟冢相关，要在宅、寺之中央起一大"坟"，于时人而言恐怕是难以接受的。

在此脉络的塔形中，塔的级数应与等级、财力有关。《洛阳伽蓝记》中记录了一些晋代曾经存在的三级塔[42]，《高僧传》《梁书》中记录级数的塔也见三、五级，其中有将一层塔改为三层塔之例[43]。傅熹年指出："东晋立塔，文献中常见先立刹柱、后架立一层、又加至三层的记载，说明是采用木构方式，依财力逐层架塔。"[44] 与本文的观点相合。

但汉晋浮图的系统记载不多，或许北魏洛阳的有关记载能够提供关于早期楼阁塔等级问题的参考。从表3中可知，塔的级数不仅与造塔人的身份相关，还与寺院之规模、性质等相关。大体来说，若非尼寺，七级至九级塔为最高掌权者所立，五级塔由皇室所立，三级塔由官员所立；若是尼寺则稍降等级，具体情况又视寺院大小稍作调整。但《洛阳伽蓝记》中未见"一级塔"记载，可能是已毁于洛阳兵燹、等级低而未被关注等。

如此便可理解为何云冈、龙门石窟中具汉式塔檐的塔均在三层及以上——这是一种在此脉络中等级、财力较高的表现。而本文第一期第1（2）组汉式建筑顶塔形，均为民间所造；该组的莫高窟第257窟，守戒自杀沙弥之塔为一级塔（图26），但同时期的第254窟萨埵太子之塔为三级塔（图27），也能说明一定问题。

图27 莫高窟北魏第254窟南壁萨埵太子本生
（采自敦煌研究院：《敦煌石窟全集21》）

---

[42] "时有隐士赵逸……正光初来至京师，见子休宅，叹息曰：'此宅中朝时太康寺也。'……'龙骧将军王浚平吴之后，立此寺，本有三层浮图，用砖为之。'"见（北魏）杨衒之撰，周祖谟校释：《洛阳伽蓝记校释》卷二《城东》，北京：中华书局，2010年，第64、65页。卷四《城西》之宝光寺亦有疑似晋代的三级塔。

[43] "初（刘宋）景平元年（423年），平陆令许桑，舍宅建刹，因名平陆寺。后道场慧观，以跋摩道行纯备，请住此寺，崇其供养，以表厥德。跋摩共观加塔三层，今之奉诚是也。"（梁）释慧皎撰，汤用彤校注：《高僧传》卷三《译经下·宋京师奉诚寺僧伽跋摩》，北京：中华书局，1992年，第118页。

"大富长者，并加赞助，建塔五层，起房四百。"（梁）释慧皎撰，汤用彤校注：《高僧传》卷五《义解二·晋长安五级寺释道安》，北京：中华书局，1992年，第179页。

"晋宁康中，（慧达）至京师。先是，简文皇帝于长干寺造三层塔，塔成之后，每夕放光。……于旧塔之西，更竖一刹，施安舍利。晋太元十六年（391年），孝武更加为三层。"（梁）释慧皎撰，汤用彤校注：《高僧传》卷十三《兴福·晋并州竺慧达》，北京：中华书局，1992年，第477、478页。此情节《梁书》中记："（慧达）迁舍利近北，对简文所造塔西，造一层塔。十六年，又使沙门僧尚伽为三层。"见（唐）姚思廉：《梁书》卷五四《列传第四十八·诸夷·海南·扶南》，北京：中华书局，1973年，第791页。

[44] 傅熹年：《中国古代建筑史》第二卷，北京：中国建筑工业出版社，2001年，第178页。

表 3 《洛阳伽蓝记》佛塔级数与寺院、建造者的关系

寺院	是否尼寺	建造者	塔级数
永宁寺	否	胡太后	9
景明寺	否	宣武帝立寺，胡太后造塔	7
瑶光寺	是	宣武帝	5
胡统寺	是	胡太后姑	5
秦太上君寺	否	胡太后（刘腾经营修建）	5
秦太上公二寺	否	胡太后与皇姨（刘腾监造）	5
平等寺	否	广平武穆王立寺，平阳王元修造塔	5
冲觉寺与融觉寺	否	清河王元怿	5
明悬尼寺	是	彭城武宣王元勰	3
长秋寺	否	长秋令卿（内侍官）刘腾	3
王典御寺	否	阉官王桃汤	3

（二）塔形脉络二

在犍陀罗方基覆钵塔的基础上直接形成的单层方塔，南北朝时期才在汉地扎根。两晋以降名僧与名士交游渐深，《般若经》流传，自道安以后有"六家七宗"之群响，慧远广传禅法与净土，译经之盛则以鸠摩罗什及其门下为代表，西行求法队伍愈众[45]……南北朝佛教的情况已经发生了重大改变，佛教思想、经典、信仰已能独立存在，造像艺术愈发具有特点，建筑亦应如是。

时西行之人，应多可见覆钵塔形，且将摹本带回。如北魏晚期宋云、惠生西行，至于阗：

> 于阗王不信佛法。有商将一比丘名毗卢旃在城南杏树下，向王伏罪云："今辄将异国沙门来在城南杏树下"。王闻忽怒，即往看毗卢旃。旃语王曰："如来遣我来令王造覆盆浮图一所，使王祚永隆。"[46]

可见其地造塔为"覆盆浮图"，又：

> 雀离浮图南五十步，有一石塔，其形正圆。……惠生遂减割行资，妙简良匠，以铜摹写雀离浮图仪一躯及释迦四塔变。[47]

---

[45] 可参考汤用彤：《汉魏两晋南北朝佛教史》（增订本），北京：北京大学出版社，2011年，第七至十二章。
[46] （北魏）杨衒之撰，周祖谟校释：《洛阳伽蓝记校释》卷五《城北》，北京：中华书局，2010年，第175页。
[47] （北魏）杨衒之撰，周祖谟校释：《洛阳伽蓝记校释》卷五《城北》，北京：中华书局，2010年，第204、205页。

图28　南禅寺旧藏北魏石塔下层
（采自李裕群：《五台山南禅寺旧藏北魏金刚宝座石塔》，《文物》2008年第4期）

图29　北朝艺术研究院藏北魏石塔下层角部小塔
（采自大同北朝艺术研究院：《北朝艺术研究院藏品图录·石雕》）

沙畹曾由此谈及犍陀罗艺术对中国的影响："既有此种摹本与尺度，中国建筑家自不难于国内仿建之。对于造像与绘画，显然亦用相类方法……此种工程模型（即云冈、龙门、永宁寺，笔者按），或经宋云以前巡礼之人输入也。"[21] 其说甚是。山西地区5世纪下叶便有犍陀罗式覆钵塔的形象发现，如五台南禅寺和大同北朝艺术研究院所藏被称为"金刚宝座式塔"的四角小塔（图28、29）[22]。云冈第6窟中心柱上层塔的整体造型与此二塔相似，但小塔已转变为覆钵顶单层方形塔（图18-2）。

新的塔形脉络要在汉地流行，还需要一定的契机。云冈石窟的开凿动用皇家之力，使用大量来自犍陀罗的元素[23]，可能官方的推动正是此类单层方塔进入主流的契机之一。在第一期的覆钵顶材料中，云冈、龙门石窟占据主导，也有民间材料，说明这种塔形被社会各层所使用。且民间造像中的塔与云冈之塔几乎一致；其中纪年最早的侯颢造像（497年），发愿文落款为"安息瑱子如侯/颢妻史和妃侍佛；安息侯丑女、兰姜"[24]，则其来自西土，这或可说明他们比汉人能更快地接受新的塔形——亦是当时"西土新来"与"汉地旧有"两种单层方塔脉络的旁证。

---

[21]〔法〕沙畹撰，冯承钧译：《宋云行纪笺注》，《西域南海史地考证译丛六编》，北京：中华书局，1956年，第7页。

[22] 李裕群：《五台山南禅寺旧藏北魏金刚宝座石塔》，《文物》2008年第4期；大同北朝艺术研究院：《北朝艺术研究院藏品图录·石雕》，北京：文物出版社，2016年，图版12。另外，巩义曾发现一铜器坑，含一件铜塔，塔基塔身均为圆筒状，犍陀罗特征明显，山花蕉叶呈阶梯状，确为较早遗物，但为孤例未能准确断代，简报称同出的其他器物部分属于东汉，而塔类似于魏晋以后（见傅永魁：《河南巩县发现一批汉代铜器》，《考古》1974年第2期）。

[23] 云冈与犍陀罗的关系深受学者关注，较新的讨论可参考韦正：《云冈石窟核心题材探源——云冈与犍陀罗之一》，《云冈研究》2021年第1期。

[24] 金申：《中国历代纪年佛像图典》，北京：文物出版社，1994年，第455页。

可以推测，在南北朝时期佛教本身弘传、独立的背景下，这种单层方塔既是对西土的尊重与模仿，又无级数差异故不存在等级问题，借官方的推广流行，慢慢挤占了旧型单层方塔的位置。至本文第二期，更是"尚胡"的年代，受外来影响更大，几乎已无具汉式屋顶的"一级"塔。单层方塔中汉式塔檐的重兴，已至隋唐佛教中国化之时。

四、单层方塔"山花蕉叶"的演变

以往研究多聚焦在山花蕉叶（受花）的起源[52]。较主流的观点以云冈的柱头雕刻装饰为纽带，认为植物状山花蕉叶来自经犍陀罗传入的希腊科林斯式柱头，而阶梯状受花的根源可以追溯到西亚建筑的城堞[53]。本文不再赘述这两大类纹样，而是针对前人尚少关注、但与"山花蕉叶"一名可能更相关者展开研究——即本文的 C 型山花蕉叶。

"山花蕉叶"一词来自《营造法式》中对佛道帐顶部饰物的描述，也被用来形容佛塔檐上、刹座上的相似装饰。但早期塔上的卷草状饰件实与《法式》中的"山花蕉叶"形象差距较大，故从后往前推演或是一种新的途径。

宋代天圣五年（1027 年），知礼撰《金光明经文句记》卷六云：

> 荼毗后分云："佛塔高十三层，上有相轮；支佛塔十一层；罗汉四层；轮王塔无复层级，以未脱三界故。"《十二因缘经》八种塔并有露盘，佛塔八重、菩萨七重、支佛六重、四果五重、三果四、二果三、初果二、轮王一，凡僧但蕉叶火珠而已。虽两经异说，而凡僧并无层级。迩世所立虽无露盘，既出四檐，犹滥初果。傥循蕉叶火珠之制，则免僭上圣，识者宜效之。[54]

说明在宋代早期，时人认为僧人之塔无层级、其上有"蕉叶火珠"。王敏庆也注意到了此文献中的"蕉叶"二字[55]，但"蕉叶火珠"应该视为一个整体。

---

[52] 如吴庆洲以汉代部分脊饰为对照，主张山花蕉叶由中国屋盖脊饰演变而得（吴庆洲：《佛塔的源流及中国塔刹形制研究》，《华中建筑》1999 年第 4 期、2000 年第 1 期），张睿以魂瓶房屋脊饰对受花的影响发展了此说（张睿：《魂瓶正脊起翘与佛塔平头受花考》，《文物鉴定与鉴赏》2017 年第 3 期）。孙机联系北齐周、隋唐的墓葬材料，指出圆拱顶、平檐、山花蕉叶等原是粟特建筑的特点（孙机：《我国早期单层佛塔建筑中的粟特因素》，《宿白先生八秩华诞纪念文集》，北京：文物出版社，2002 年，第 425～433 页）。

[53] 如〔韩〕朴基宪：《论云冈石窟所见楼阁式佛塔的起源及演变》，《石窟寺研究（第 2 辑）》，北京：文物出版社，2011 年，第 158～166 页；王敏庆：《佛塔受花形制渊源考略——兼谈中国与中、西亚之艺术交流》，《世界宗教研究》2013 年第 5 期。

[54] （宋）知礼：《金光明经文句记》卷六，《大正藏》第 39 册，第 1786 经，第 154 页第 3 栏。

[55] 王敏庆：《佛塔受花形制渊源考略——兼谈中国与中、西亚之艺术交流》，《世界宗教研究》2013 年第 5 期，其于注中指出，更早的相关文献乃后唐景霄《四分律钞简正记》卷十六（卍续藏，第 43 册，第 454 页），但其字有讹误；更早援引《十二因缘经》的相关内容，并无关于蕉叶的说法。

"蕉叶"形象见于《法式》，其图样几经传抄，已经不是宋代原样，但对比几个版本，佛道帐上的山花蕉叶大略呈如意云头形（图32-13）应较能确定[56]。"火珠"作为佛塔构件的证据直接见于敦煌文献 P.3432《龙兴寺卿赵石老脚下依蕃籍所附佛像供养具并经目录等数点检历》："舍利塔相轮上金铜火珠壹。"与此文献年代相近的莫高窟中唐第231窟所绘的塔（图30），相轮顶部既是"火珠"形象，同时其檐部的山花蕉叶位置也全作"火珠"形式；晚唐第8窟所绘的塔（图31），相轮顶部与檐部两角上为"火珠"，另一角则更似云头纹，可见这些形象的关联性。唐代更常见的单层方塔檐上装饰物，是在"蕉叶"外轮廓内刻画一圆珠（图32-9～32-12），结合来看，这或与所谓"蕉叶火珠"相关。唐代的单层方塔多是僧人的墓塔，亦符合记载中"凡僧"之塔的表达。在北响堂第九窟的塔形龛檐上为十分具象的火焰宝珠形制（图32-5），与其塔刹上的火珠一致，博兴龙华寺出土北齐造像残件塔上则有较简拙的火焰宝珠（图32-4），说明相关形式的源流在北齐时已经存在。

然最早的火焰宝珠纹如何进入原本被植物纹饰占据主导的塔檐上部装饰系统？大约东魏时，

图30　莫高窟第231窟南壁单层方塔
（采自敦煌研究院：《敦煌石窟全集21》）

图31　莫高窟第8窟南披单层方塔
（采自敦煌研究院：《敦煌石窟全集21》）

---

[56] 不同版本的图样在具体弧度、饱满程度等细节上有所不同，但基本形制相近。正定天宁寺凌霄塔内一层斗栱上方（于清雅提供材料）、应县净土寺佛殿藻井中可见宋金山花蕉叶实例。另外，涿县普寿寺塔的辽代"悬鱼"装饰（于清雅提供材料），使用与此相类的图案，其形制介于唐宋之间，两侧内卷程度尚不如宋金，可见《刘敦桢全集》第二卷，北京：中国建筑工业出版社，2007年，第281页。

青州龙兴寺已经出现了似火焰纹的檐上装饰，其内并无宝珠（图32-3）；东魏北齐有被本文称为"如意云头状"的，也应来自植物纹饰的装饰物（图32-6、32-7），所指的也是其内无宝珠的情况。所以这些形状并不是一开始就有象征义，而可能只是旧有纹饰的变体。循此路径，还可注意到一些形制比较含糊的装饰，似要表现卷草纹，但角部的两叶卷草纹合在一起却又似火焰纹（图32-1、32-2）。杰西卡·罗森（Jessica Rawson）在讨论背光上的卷草纹与火焰纹关系时曾有一段论述："半棕叶和波浪涡卷纹之所以被长期沿用，大概是因为它们不具有明确的指示性并且易于修改：叶子可以被重新诠释为火焰或花，涡卷纹中可以填上花或云朵。"[57] 上述"含糊"的、始于植物纹饰的装饰，就是这种"可被重新诠释"的形象；在北齐火焰宝珠纹饰盛行的背景下[58]，这种图像的相似性、可诠释性给"火珠"进入装饰系统提供了路径。而后它渐渐抽象为一种较固定的形制，在隋唐渐趋流行；随着历史推演与思潮流变，其原始内涵又慢慢褪去，内部的圆珠被舍弃，两侧渐趋内卷，形成《法式》中的山花蕉叶图案。

另一层面的原因，还可从单层方塔与帷帐在装饰上的关系中窥见。魏晋南北朝以后，受宗教艺术影响的帷帐顶也出现了花叶及与火焰宝珠相似的装饰，如洛阳北魏画像石方形平顶

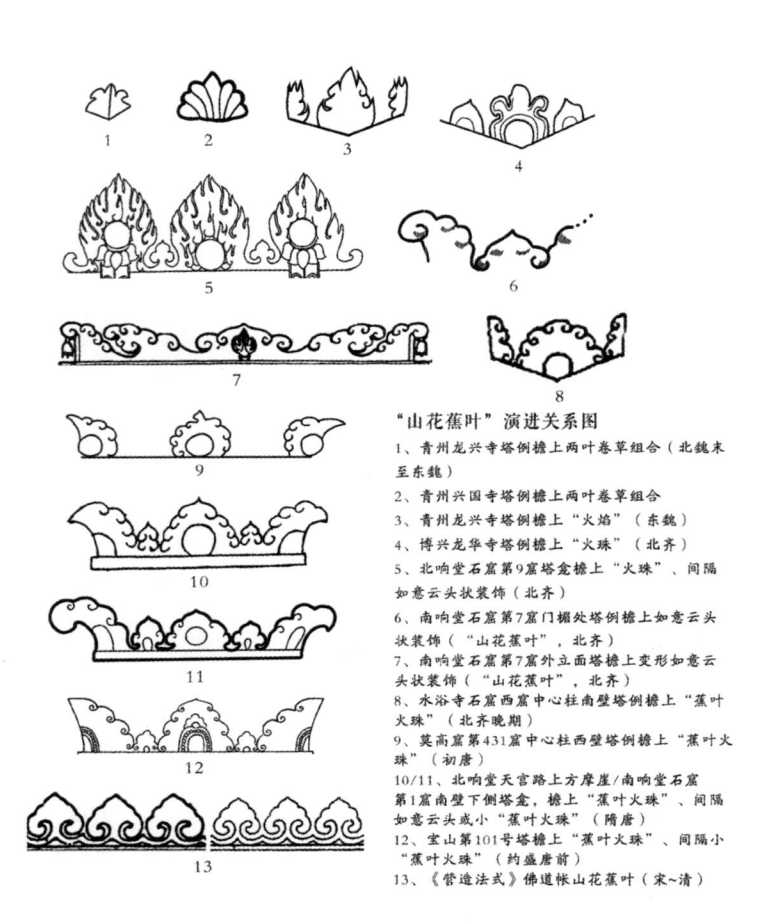

图32 "山花蕉叶"演进关系图[59]

"山花蕉叶"演进关系图
1、青州龙兴寺塔例檐上两叶卷草组合（北魏末至东魏）
2、青州兴国寺塔例檐上两叶卷草组合
3、青州龙兴寺塔例檐上"火焰"（东魏）
4、博兴龙华寺塔例檐上"火珠"（北齐）
5、北响堂石窟第9窟塔龛上"火珠"、间隔如意云头状装饰（北齐）
6、南响堂石窟第7窟门楣处塔例檐上如意云头状装饰（"山花蕉叶"，北齐）
7、南响堂石窟第7窟外立面塔例檐上变形如意云头状装饰（"山花蕉叶"，北齐）
8、水浴寺石窟西窟中心柱南壁塔例檐上"蕉叶火珠"（北齐晚期）
9、莫高窟第431窟中心柱西壁塔例檐上"蕉叶火珠"（初唐）
10/11、北响堂天宫路上方摩崖／南响堂石窟第1窟南壁下侧塔龛，檐上"蕉叶火珠"、间隔如意云头或小"蕉叶火珠"（隋唐）
12、宝山寺第101号塔檐上"蕉叶火珠"、间隔小"蕉叶火珠"（约盛唐前）
13、《营造法式》佛道帐山花蕉叶（宋～清）

---

[57]〔英〕杰西卡·罗森著，张平译：《莲与龙：中国纹饰》，上海：上海书画出版社，2019年，第65页。

[58] 苏铉淑曾以响堂山石窟柱头述及火焰宝珠在北齐的流行，也可供参考。〔韩〕苏铉淑：《响堂石窟火焰宝珠纹研究——以柱头上的火焰宝珠纹为中心》，《艺术与科学》卷五，北京：清华大学出版社，2007年，第24～38页。

[59] 图1、2、3、4、6、9、11系笔者重绘。图1、3据《青州龙兴寺佛教造像艺术》图195、17，图2据《山东青州兴国寺故址出土石造像》图14，图4据《相由心生》第63页，图5截取自水野清一、长广敏雄的《响堂山石窟》第二编图44，图10取自唐仲明的《晋豫及其以东地区北朝晚期石窟寺研究——以响堂山石窟为中心》图30（北京大学博士学位论文，2004年），图13取自《营造法式》卷三二《小木作制度图样》，两图分别来自邹其昌点校的《文渊阁〈钦定四库全书〉〈营造法式〉》（北京：人民出版社，2011年）与陈明达点注本（底本为陶本，杭州：浙江摄影出版社，2020年）。其余材料出处可参考文末附注。

帐（图33）、北齐高润墓壁画平顶帐[33]（图34）。另如孙机所言，粟特床帐上也有"山花蕉叶"状装饰，如北周安伽墓棺床雕刻、日本滋贺美秀美术馆藏石棺床雕刻（图35）等均有体现。佛教语境中，如云冈石窟第32-10窟外维摩诘经浮雕故事（图36）、山西傅公祠藏西魏大统十三年（547年）造像柱（图37），其中佛帐上均可见火焰宝珠与其他纹样的搭配。

帷帐与方塔作为相似的图像，也存在一些"中间地带"。如卢芹斋收藏大统十七年（551年）造像碑，底层龛为一佛帐，但却顶一塔刹，帐上两边为三角形饰（图38）；灵泉寺灰身塔的塔身装饰到晚期亦愈发向佛帐装饰靠近（图18-25～18-28），也是二者关系的例证。

总之，单层方塔此类山花蕉叶形象与帷帐装饰的互动关系不容忽视——帷帐顶饰可能也为佛

图33 洛阳北魏画像石方形平顶帐
（采自卢兆荫：《略论两汉魏晋的帷帐》，《考古》1984年第5期）

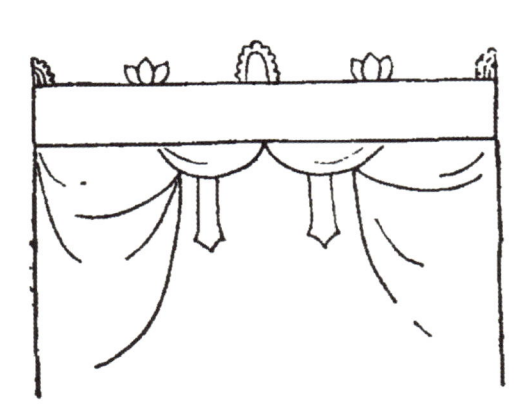

图34 高润墓壁画平顶帐
（采自卢兆荫：《略论两汉魏晋的帷帐》，《考古》1984年第5期）

图35 美秀美术馆藏石棺床
（采自孙机：《我国早期单层佛塔建筑中的粟特因素》）

图36 云冈石窟第32-10窟外浮雕帷帐
（采自张焯主编：《云冈石窟全集19》）

图37 山西傅公祠藏大统十三年造像柱（采自〔瑞典〕喜仁龙著，赵省伟主编，栾晓敏、邱丽媛译：《西洋镜：5～14世纪中国雕塑》）

图38 卢芹斋收藏大统十七年造像碑
（采自〔瑞典〕喜仁龙著，赵省伟主编，栾晓敏、邱丽媛译：《西洋镜：5～14世纪中国雕塑》）

---

[33] 卢兆荫：《略论两汉魏晋的帷帐》，《考古》1984年第5期；汤池：《北齐高润墓壁画简介》，《考古》1979年第3期。

塔山花蕉叶新形式的固定提供了选择与参考。这样看来，将《法式》中的佛道帐装饰名词用于佛塔之上，也有一定的合理性。

五、附论"阿育王塔"的定型与定名

《佛祖统纪》卷四十三记载："吴越王钱俶，天性敬佛，慕阿育王造塔之事，用金铜精钢造八万四千塔。中藏宝箧印心咒经，布散部内，凡十年而讫功。"[61]"阿育王塔"一名因此与吴越王所造塔形相联系，也称为"宝箧印塔"。定型之"阿育王塔"，塔基为须弥座，塔身四面拱门内为本生故事，柱上置金翅鸟；平顶，覆钵较小或无覆钵，刹身多为相轮、露盘；山花蕉叶较长、竖直，各面雕佛传故事（图39）。

德国学者恩斯特·伯施曼（Ernst Boerschmann）在《中国宝塔》中敏锐地察觉到阿育王塔与稍早方塔之间的相似之处，他引用的关于"阿育王塔"的慧达事迹、道宣记载亦被后世许多学者所注意[62]。日本学者村田治郎、松原三郎等也认为单层方塔与吴越的宝箧印塔有关[63]。但他们都是只提出相似，未详考关系。

张驭寰较早将中古单层方塔图像称为"阿育王塔"并系统论述[64]。他也考察了许多名为"阿育王塔"的佛塔，虽然发现很多并不是单层方形，但仍认为两者有着密切的关系、现存形制为后世改造[65]。王敏庆补充称在这一转变过程中，具倒梯形帐檐的唐代佛帐起了重要的作用[66]。蒋人和、苏铉淑等用高齐皇室的"转轮圣王崇拜"来旁证东魏北齐单层方塔与阿育王塔的关系——这在碑铭中有若干线索，如《定国寺塔铭碑》中称"黄河之北，忽出育王之龛"；《唐邕刻经碑》中有："我大齐之君……世祚轮王之贵。"[67]这一阐释路径也是较为主流的。

图39　东阳中兴寺塔出土
吴越阿育王塔
（采自浙江省博物馆：《越中佛传·东南佛教盛事胜迹圣物》）

---

[61]（宋）志磐：《佛祖统纪》卷四三，《大正藏》第49册，第2035经，第394页第3栏。

[62]〔德〕恩斯特·伯施曼，赵省伟主编，张胤哲、李学敏译：《西洋镜：中国宝塔I》，广州：广东人民出版社，2021年，第542～546页。

[63] 村田治郎：《支那の佛塔》，東京：冨山房，1940年，第61页；松原三郎：《增訂中国仏教彫刻史研究——特に金銅仏及び石窟造像以外の石仏についての論考》，東京：吉川弘文館，1966年，第169页。

[64] 张驭寰：《关于我国"阿育王塔"的形象与发展》，《现代佛学》1964年第4期。

[65] 张驭寰：《中国佛塔史》，北京：科学出版社，2006年，第69页。

[66] 王敏庆：《吴越王金涂塔形制来源新探》，《敦煌学辑刊》2020年第2期。

[67] 蒋人和著，王平先译：《阿育王式塔所具有的多种意义》，《敦煌研究》2017年第2期；〔韩〕苏铉淑：《东魏北齐庄严纹样研究——以佛教石造像及墓葬壁画为中心》，北京：文物出版社，2008年，第112～122页。

吴天跃对阿育王塔的来源研究进行了分析和总结，梳理有关阿育王塔的文献，考察各部分图像的内容、来源。其认为单层方塔是阿育王塔的先声，但阿育王塔对以往形制的继承非常复杂，并非单一继承单层方塔；另外，根据似是而非的少量记载和南北朝的阿育王信仰，我们并不能推知南北朝阿育王塔的形制[68]。吴文较系统、谨慎，本文大体认同其中内容，此附论只做些许补充。

（一）文献试析与材料补充

关于早期"阿育王塔"，最常引用的文献是两则唐代关于会稽鄮塔（传为晋代慧达所发现）的记载。一为道宣在《集神州三宝感通录》（664年）中所述：

> 灵塔相状青色似石而非石，高一尺四寸，方七寸，五层露盘。似西域于阗所造。面开窗子四周天铃，中悬铜磬每有钟声，疑此磬也。绕塔身上并是诸佛菩萨金刚圣僧杂类等像，状极微细，瞬目注睛乃有百千像现，面目手足咸具备焉，斯可谓神功圣迹，非人智所及也。今在大木塔内。……地志云，阿育王造八万四千塔，此其一也。[69]

二为真人元开撰《唐大和上东征传》（779年），其叙鉴真访会稽鄮塔，称：

> 其塔非金非玉，非石非土，非铜非铁，紫乌色刻镂非常。一面萨埵王子变，一面舍眼变，一面出脑变，一面救鸽变。上无露盘，中有悬钟。埋没地中，无能知者，唯有方基。[70]

在此前，《高僧传》等对鄮塔的描述并无如此细致。较严谨地判断，他们描述的塔形可能系自身时代可见之物。这两则文献所载的塔上图像，特别是后者所述的四面本生故事，是"阿育王塔"的典型特征，那么这种塔形至少在中唐已存在于人们的观念中。而前者记塔身为"诸佛菩萨金刚圣僧杂类等像"，道宣不识本生故事的可能性很低，或许七世纪中叶此类塔所雕刻的仍是一铺多身像，还未形成定型的故事画。

登封少林寺唐萧光师塔可做补充材料。萧光师塔为一单层六角形塔，据张家泰考证可能为灵运禅师功德塔（天宝九载，750年）[71]。张文还记录了塔身东南面、西南面和西北面的线刻"单层小佛塔"，佛塔上雕刻佛传故事等，实际上那便是"阿育王塔"之形式（图40）。若依照张文的年代判定，萧光师塔与真人元开撰鉴真法师访鄮县塔的记录大约同时，可以互证此时已有相关塔形存在。

---

[68] 吴天跃：《吴越国阿育王塔的图像与形制来源分析》，《艺术史研究（第21辑）》，广州：中山大学出版社，2019年，第1～60页。

[69] （唐）道宣：《集神州三宝感通录》卷一，《大正藏》第52册，第2106经，第404页第2～3栏。

[70] 收录于（唐）慧超、圆照：《游方记抄》，《大正藏》第51册，第2089经，第989页第3栏。

[71] 张家泰，同上揭文。但此年代考证亦只是一种说法。

"阿育王塔"多以金属制，其雕饰之华丽、内涵之丰富，除继承中古单层方塔外，可能还受其他影响。唐代新疆地区开始出现"檀龛像"（图41），金申专文谈论相类的遗物，其源头是犍陀罗小型石雕龛像（图42），旧金山亚洲艺术博物馆散见一可能属隋唐北方汉地的铜质龛像[45]（图43）。这类遗物可分扇开合，每个内面竖长，分段雕刻佛经故事等，与"阿育王塔"的山花蕉叶十分相像（图44）。需注意道宣上引文中，有"似西域于阗所造"一句，所说的有可能是该塔的雕造方式深受新疆地区的影响，但目前在新疆丝路南道的发现并不是很多，仍有待探索。结合文献与考古发现，认为"阿育王塔"大体上参考中古中国单层方塔之形、但在雕造方面与外来的新影响有关，也是可备一说的推测。

图40 萧光师塔西北面线刻
（采自张家泰：《登封少林寺唐萧光师塔考》）

图41 新疆七格星出土龛像残段
（三扇式之一，采自金申：《佛教美术丛考》）

图42 犍陀罗石雕龛像佛传图
（外表及内侧面，白沙瓦博物馆藏，采自金申：《佛教美术丛考》）

图43 旧金山亚洲艺术博物馆铜质龛像内面左扇、右扇
（采自小泉惠英：《西北インドの携带用龛像》[73]）

图44 金华万佛塔地宫出土吴越阿育王塔山花蕉叶
（采自浙江省博物馆编：《越中佛传》）

---

[45] 金申：《从旧藏榆林窟的象牙龛像谈及相关的携带式龛像》，《佛教美术丛考》，北京：科学出版社，2004年，第73~89页。

[73] 见《东京国立博物馆纪要》第三十五号"西北インドの携带用龛像"，转引自金申：《从旧藏榆林窟的象牙龛像谈及相关的携带式龛像》，《佛教美术丛考》，北京：科学出版社，2004年，第88页。

（二）"阿育王塔"非中古单层方塔之定名

关于鄮县阿育王塔的记载，并不能证明中古中国"阿育王塔"一名指的便只是单层方塔。以下部分为避免混乱，将吴越王所推广、定型之塔形称为"宝箧印塔"，而"阿育王塔"之名可能用来形容不同类型的佛塔。

先就唐代而言。蒋人和曾举敦煌莫高窟唐代壁画"阿育王造塔图"为例[74]（图45）。从图来看，这里的阿育王塔是圆形平面、略呈覆钵形的单层塔，可能指示原始的阿育王所造塔为覆钵塔。这种故事画中的塔形，可能并没有固定单一的含义，又比如莫高窟盛唐第323窟国王拜倒尼乾子塔故事画中，尼乾子塔也是相似塔形（图46），而单层方形也出现在各种不同的画面当中（可参考类型学部分的莫高窟壁画材料）。法门寺地宫出土三所单层方塔，其中有报告所谓的"阿育王石塔"，但物账碑所载的仅有"第一重真金小塔子一枚"[75]，此"小塔子"与石塔在大分类上形制相似，并未被称为阿育王塔，地宫中也未见其他关于"阿育王塔"的原始题记。

阿育王起八万四千塔，相传中国大地上有十九座，杨富学、王书庆对此有过系统的整理。这些塔在文献中有记载具体形制的并不多，除鄮县塔外，金陵长干寺塔晋时曾为三级塔，法门寺塔唐末为四级木塔，稍晚的、保存至今的塔更是多样，有喇嘛塔、密檐塔、琉璃塔等[76]。可见，

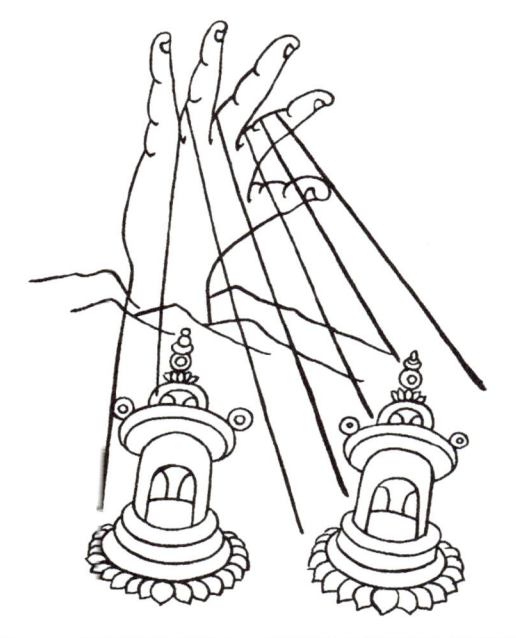

图45　莫高窟唐代第237窟西壁龛顶阿育王造塔图
（采自蒋人和著，王平先译：《阿育王式塔所具有的多种意义》）

图46　莫高窟盛唐第323窟国王拜倒尼乾子塔故事画
（采自张小刚：《敦煌佛教感通画研究》）

---

[74] 蒋人和著，王平先译：《阿育王式塔所具有的多种意义》，《敦煌研究》2017年第2期。

[75] 陕西省考古研究院、法门寺博物馆、宝鸡市文物局，等：《法门寺考古发掘报告》，北京：文物出版社，2007年，第227页。

[76] 杨富学、王书庆：《敦煌文献P.2977所见早期舍利塔考——兼论阿育王塔的原型》，《敦煌学辑刊》2010年第1期。

"阿育王塔"是一种普遍的称呼，并不专指某一种塔的形制，只是更显其神圣与宝贵，就和"宝塔""圣塔"等称呼是同样的道理。研究北齐佛教艺术时常被提及的"转轮王"，往往也与阿育王塔相联系，实际上"转轮王"是针对崇法帝王的普遍称呼，隋文帝、武则天等许多隋唐皇帝同样也自称为转轮王[77]，那么他们治下建的所有塔都是"阿育王塔"吗？答案是否定的，这种称号只能说明宗教与皇权或王权观念的互动。

从前文对文献与材料的梳理来看，吴越王造塔，并不是凭空制造了一种塔形，而只是选择了一种唐代已有的、装饰华丽的小型塔，并将其推广兴盛。且宝箧印塔也并未自铭为"阿育王塔"，如"吴越国王钱弘俶敬造八万四千宝塔乙卯岁记"等[78]，只是称为"宝塔"。但既然是模仿阿育王造塔事，且产生了广泛的影响，之后所俗称的"阿育王塔"便渐渐特指宝箧印塔。

总之，宝箧印塔特殊形制的生成大约始于唐代，以前代带有山花蕉叶、非攒尖顶的单层方塔为基底，但也有新接收的因素。其四面图像内容的定型，可能已经晚至八世纪中叶以后。"阿育王塔"是唐代及以前对多种佛塔的普遍称呼，并不专指某种佛塔，甚至吴越王仿阿育王造塔当下，也没有将"阿育王塔"作为名称刻入塔中，这种形制与塔名的固定已经晚于五代。需要说明的是，诸事物名称与形制的变化并不是完全同步的，"定名问题"讨论的是"名"与"物"之间关联的变化，即此名在当时可以指代何物、它又经历了何种历程才固定于一物上，而不是企图割裂"前物"（中古中国单层方塔）与"后物"（宝箧印塔）之间的关系；之所以分别地讨论两者，只是受限于篇幅安排而已。

六、结　　语

本文在考古类型学梳理的基础上，管窥中古中国单层方塔形象在不同时空中的联系与区别，简论了部分变化与差异产生的原因，并将断代应用于嵩岳寺塔塔形龛上；补充探讨了单层方塔的生成脉络、山花蕉叶的演变发展等问题；最后考证了"阿育王塔"的定型与定名过程。

单层方塔的生成与演变，是佛教中国化浓缩的一个侧面。由汉至唐，有被汉文化所浸染的脉络，也有不同时期新加入的西方因素影响——东汉初传为两种文化碰撞的开始，汉地传统文化占据上风；南北朝时佛教势力壮大，官方崇佛尚胡，又有新样传入，外来影响在形制、装饰等多处体现；大唐更显包容多元，在接纳西来因素的同时，也更进一步完成了佛教中国化，状如汉式攒尖顶亭阁的塔渐渐成为汉地单层方塔的典型。

后记：本文在北京大学学士学位论文的基础上修改而成，撰文及学习过程中承蒙韦正教授的指导，李崇峰教授等答辩委员会老师对本文提点了若干问题，特别是于塔四角立柱的情

---

[77] 孙英刚：《转轮王与皇帝：佛教对中古君主概念的影响》，《社会科学战线》2013年第11期。
[78] 浙江省博物馆：《越中佛传·东南佛教盛事胜迹圣物》，北京：中国书店，2010年，第3页。

况，文物建筑方向的梁源师姐、于清雅同学在本文修改时与笔者多有交流，在此一并谨致以诚挚感谢。

附表1、表2材料来源：

1. 云冈石窟见张焯主编：《云冈石窟全集》，青岛：青岛出版社，2018年，卷一图版86、卷二图版180、卷三图版285、卷九图版139、230、卷十二图版34。

2. 龙门石窟见杨超杰、严辉：《龙门石窟雕刻粹编·佛塔》，图7-19、20、21、25、65、70、92～94。

3. 侯㜲造像、大仓集古馆、藤井有邻馆、大都会博物馆藏造像（铜像）、部分白石像见金申：《中国历代纪年佛像图典》，北京：文物出版社，1994年，图版61、67、114、121、198、202。

4. 西安地区造像见孙福喜：《西安文物精华·佛教造像》，西安：世界图书出版西安公司，2010年，第17、45、100、102页。

5. 药王山造像碑、石塔见陕西省考古研究院、陕西省铜川市药王山管理局：《陕西药王山碑刻艺术总集》，上海：上海辞书出版社，2013年，卷一第311页、卷五第121、126、132、136页。

6. 大都会博物馆藏永熙造像、部分白石像、山中商会、万涅克藏造像碑、神通寺西南千佛崖塔形龛见〔瑞典〕喜仁龙著，赵省伟主编，栾晓敏、邱丽媛译：《西洋镜：5～14世纪中国雕塑》，广州：广东人民出版社，2019年，图144、247B、252B、508、509、511。

7. 莫高窟见敦煌研究院：《敦煌石窟全集21·建筑画卷》，香港：商务印书馆，2001年，第31、51、96、98、149、150、157、209、210、213、218页；敦煌研究院：《敦煌石窟艺术全集》，上海：同济大学出版社，2016年，卷七第78、84、96页；数字敦煌网站；梁思成：《敦煌壁画中所见的中国古代建筑》，《文物参考资料》1951年第5期。

8. 青州地区造像见《保利藏珍》编辑委员会：《保利藏珍·石刻佛教造像精品选》，广州：岭南美术出版社，2000年，第32、66～68页；中华世纪坛、青州市博物馆：《青州北朝佛教造像》，北京：北京出版社，2002年；青州市博物馆：《青州龙兴寺佛教造像艺术》，济南：山东美术出版社，1999年；王瑞霞、刘华国：《山东青州广福寺遗物调查》，《敦煌研究》2009年第4期；孙迪：《中国流失海外佛教造像总合图目》，北京：外文出版社，2005年，卷二第414页；李少南：《山东博兴龙华寺遗址调查简报》，《考古》1986年第9期；夏名采、庄明军：《山东青州兴国寺故址出土石造像》，《文物》1996年第5期；李静杰：《山东北朝佛教造像因素向朝鲜半岛的传播》，《石窟寺研究（第五辑）》，北京：文物出版社，2014年，图23；王春法：《相由心生：山东博兴佛造像展》，济南：山东美术出版社，2020年，第62、63、179页；李森：《青州龙兴寺历史与窖藏佛教造像研究》，济南：山东大学出版社，2012年，图89。

9. 白石系造像见中国社会科学院考古研究所、河北省文物研究所：《邺城北吴庄出土佛教造像》，北京：科学出版社，2019年；朱岩石、何利群、沈丽华，等：《河北邺城遗址赵彭城北朝佛寺与北吴庄佛教造像埋藏坑》,《考古》2013 年第 7 期,图 20;河北省博物馆官网;《中国仏教彫刻史論》图 421;《东魏北齐庄严纹样研究》图 46;邯郸市文物研究所:《邯郸古代雕塑精粹》,北京:文物出版社,2007 年,图 49;黄骅市博物馆:《高城佛光:黄骅市博物馆藏北朝石刻造像菁华》,上海:上海书画出版社,2020 年,第 194 页;张建国、朱学山:《山东惠民出土一批北朝佛教造像》,《文物》1999 年第 6 期;史岩:《中国雕塑史图录》,上海:上海人民美术出版社,1983 年,第 890、900、901、913 页;故宫博物院官网;河北省文物研究所、邢台市文物管理处、南宫市文物保管所:《南宫后底阁》,北京:文物出版社,2019 年,第 222 页,图版二一;震旦文教基金会编辑委员会:《佛教文物选粹 1》,台北:财团法人震旦文教基金会,2003 年,图 45;李玉珉:《中国宗教雕塑概述(上)》,《故宫文物月刊》1997 年总第 168 期,图 24。

10. 大吴村造像、部分白石像、东京书海社收藏造像碑见金申:《海外及港台藏历代佛像珍品纪年图鉴》,太原:山西人民出版社,2007 年,第 81、131、159、196 页。

11. 河清元年三尊佛碑像、东京艺术大学藏造像碑、奈良大和文华馆藏石塔见松原三郎:《增订中国佛教彫刻史研究》,東京:吉川弘文館,1966 年,图版 163a、248a、280。

12. 王待庆造像、部分白石像见李静杰:《石佛选粹》,北京:中国世界语出版社,1995 年,第 101、109、111 页。

13. 宾夕法尼亚大学博物馆藏造像碑、日本浜松、东京、大阪等藏石塔见《中国仏教彫刻史論》图 471、343、346、347、671c。

14. 宝山小南海石窟及灵泉寺相关材料见河南古代建筑保护研究所:《宝山灵泉寺》,郑州:河南人民出版社,1991 年。

15. 南、北响堂山石窟见水野清一、長廣敏雄:《河北磁縣・河南武安:響堂山石窟:河北河南省境における北齊時代の石窟寺院》,京都:東方文化學院京都研究所,1937 年;陈传席:《中国佛教美术全集・雕塑卷・响堂山石窟》,天津:天津人民美术出版社,2014 年,上册第 54、77、160 页,下册第 190～191 页;峰峰矿区文物保管所、芝加哥大学东亚艺术中心:《北响堂石窟刻经洞:南区 1、2、3 号考古报告》,北京:文物出版社,2013 年,第 3 页;钟晓青:《响堂山石窟建筑略析》,《文物》1992 年第 5 期,图 3。

16. 水浴寺石窟见刘东光、陈光唐:《邯郸鼓山水浴寺石窟调查报告》,《文物》1987 年第 4 期。

17. 广元皇泽寺见马彦、丁明夷:《广元皇泽寺石窟调查记》,《文物》1990 年第 6 期。

18. 德基金铜像见贺云翱:《六朝都城佛寺和佛塔的初步研究》,《东南文化》2010 年第 3 期,图 3;四川地区南朝造像见四川博物院、成都文物考古研究所、四川大学博物馆:《四川出土南朝佛教造像》,北京:中华书局,2013 年。

19. 林旺石窟见赵立春:《河北涉县林旺隋代石窟调查》,《石窟寺研究(第 2 辑)》,北京:文物出版社,2011 年,图 19。

20. 夹江千佛岩见四川省文物考古研究院、西安美术学院、乐山市文物局,等编:《夹江千佛岩》,北京:文物出版社,2012 年。

21. 安岳石刻见大足石刻研究院、成都文物考古研究所、四川美术学院大足学研究中心，等编：《安岳卧佛院考古调查与研究》，北京：科学出版社，2014年；张亮、王丽君、张媛媛，等：《四川安岳舍身岩摩崖造像调查报告》，《敦煌研究》2017年第4期。

22. 驼山石窟见贝塚写真No.79（京都大学人文科学研究所整理"华北交通写真"）。

23. 衡阳长沙窑瓷器见周世荣、冯玉辉：《湖南衡阳南朝至元明水井的调查与清理》，《考古》1980年第1期。

24. 捺印版画见翁连溪、李洪波：《中国佛教版画全集》，北京：中国书店，2014年，卷一第89页；国际敦煌项目：http://idp.nlc.cn/。

25. 弗利尔美术馆藏石塔、造像碑、部分白石像见常青：《金石之躯寓慈悲：美国佛利尔美术馆藏囗国佛教雕塑（著录篇）》，北京：文物出版社，2016年，第68、102、123、124页。

26. 神通寺四门塔见郑岩、刘善沂：《山东佛教史迹：神通寺、龙虎塔与小龙虎塔》，台北：法鼓文化，2007年，第56页。

27. 少林寺塔林见杨焕成：《塔林》，郑州：少林书局，2007年，第37～43页。

28. 法王寺唐塔见余晓川、鲍玮：《登封嵩山法王寺塔群现状及保护设计构想》，《古建园林技术》2007年第4期。

29. 水北村唐塔、房山云居寺唐塔见梁思成等摄，林洙编：《中国古建筑图典》，北京：北京出版社，1999年，第536、537页。

30. 炳灵寺见郑炳林主编，张景峰、魏迎春、郑怡楠编：《丝绸之路石窟艺术丛书——炳灵寺石窟》，合肥：安徽美术出版社，2021年，上册第199页。

31. 房山唐塔见〔日〕塚本善隆等著，汪帅东译：《房山云居寺研究》，北京：北京联合出版公司，2016年，图版32。

32. 法门寺地宫见陕西省考古研究院、法门寺博物馆、宝鸡市文物局，等：《法门寺考古发掘报告》，北京：文物出版社，2007年，彩版128、178、209。

33. 灵泉寺玄林塔、灵岩寺法定塔见〔日〕常盘大定著，廖伊庄译：《中国佛教史迹》，北京：中国画报出版社，2017年，图13、73；常盤大定：《支那佛教史蹟踏査記》，東京：龍吟社，1938年，第353页。

34. 灵岩寺慧崇塔见谢燕：《山东长清灵岩寺慧崇塔调查与研究》，中央美术学院硕士学位论文，2013年，图2-11。

35. 大宝光塔见张帅、郝同超：《江西赣县宝华寺大宝光塔考察报告》，《文艺生活》2021年第20期。

36. 修定寺塔见河南文物研究所等：《安阳修定寺塔》，北京：文物出版社，1983年。

37. 平顺明惠大师塔见刘敦桢：《中国古代建筑史》，北京：中国建筑工业出版社，1980年，第141页。

炳灵寺石窟上寺第 4 窟壁画制作材料与工艺研究

王通文　王　辉　郭　宏

内容摘要：炳灵寺石窟位于甘肃省永靖县境内，现保存有大量的造像、壁画、题记等，是研究汉传佛教、藏传佛教在河湟地区发展演变的重要历史遗存。第 4 窟距离石窟管理区 2.5 公里，本研究利用超景深显微镜、扫描电子显微镜及能谱、X 射线衍射、显微激光拉曼光谱、热裂解 – 气相色谱 – 质谱等方法对 4 窟壁画的颜料、地仗层、颜料层、胶结物等进行检测分析。结果显示，壁画采用的颜料均为矿物颜料，白色颜料为石膏和硬石膏，绿色颜料为氯铜矿，红色颜料为铁红和铅丹，地仗层主要由石英、斜长石等组成，胶结材料推测可能为动物胶和淀粉。

关键词：石窟寺　壁画　制作材料与工艺

Research on the Materials and Technology of Mural Paintings in Cave No. 4 of the Upper Temple of Binglingsi Grottoes

Wang Tongwen　Wang Hui　Guo Hong

Abstract: The Binglingsi Grottoes are located in Yongjing County, Gansu Province. They now preserve a large number of statues, murals, and inscriptions, etc. They are important historical relics for studying the development and evolution of Han and Tibetan Buddhism in the Yellow River and Huang River regions. Cave No. 4 is 2.5 kilometers away from the grotto management area. This study uses ultra-depth-of-field microscopy, scanning electron microscopy and energy spectrum, X-ray diffraction, micro-laser Raman spectroscopy, pyrolysis-gas chromatography-mass spectrometry and other methods to detect and analyze the pigments, ground layer, pigment layers, and cementing materials of the murals in Cave No. 4. The results show that the pigments used in the murals are all mineral pigments, the white pigment is gypsum and anhydrite, the green pigment is chlorantacite, the red pigment is iron red and red lead, the ground layer is mainly composed of quartz and plagioclase,

---

作者：王通文，北京，100083，北京科技大学科技史与文化遗产研究院；
　　　王辉，甘肃酒泉，736200，敦煌研究院文物保护修复中心；
　　　郭宏，北京，100083，北京科技大学材料考古与保护教育部重点实验室。

etc., and the cementing material is speculated to be animal glue and starch.

Key words: grottoes, murals, production materials and processes

一、引　言

炳灵寺石窟位于甘肃省永靖县刘家峡库区上游 45 公里，地处黄河北岸的小积石山中，由上寺、下寺和洞沟区三部分组成，始建于十六国西秦时期[1]，经北魏、北周、隋、唐、五代至宋、元、明、清各代的不断开凿与修复，规模不断扩大，现保存窟龛 216 个，壁画 1000 余平方米，造像 815 尊[2]。炳灵寺石窟是古丝绸之路沿线上的重要佛教石窟寺，其造像和壁画均展现出佛教艺术中国化的变迁发展历程，169 窟的"建弘题记"是中国石窟寺中迄今发现最早的纪年题记，具有极高的历史、艺术和科学价值。2014 年，作为"丝绸之路：长安—天山廊道的路网"中的一处遗产点，被列入世界文化遗产名录。

炳灵寺石窟上寺第 4 窟修建于明成化元年[3]，窟高 3.3 米、宽 2.75 米、深 3.3 米，平面方形，正壁无台基，原有五身佛像，正壁有三身，西壁东壁各一身，现已毁，四壁及窟顶壁画已脱落，其余保存完整，墙内绘有明代藏传佛教壁画，正壁绘一佛二菩萨，西壁绘观世音菩萨普门品经变，东壁绘有千手千钵文殊经变画及善财童子五十三参故事画。

目前，关于炳灵寺上寺壁画材料工艺的分析研究不多。李最雄[4]对炳灵寺石窟岩体的物理力学性能和砂岩胶结物成分进行了分析研究，并结合保存环境分析了岩体风化的原因；王亨通[5]认为炳灵寺石窟岩体的风化主要是温差变化引起岩体的胶结物劣化；张明泉等[6]研究发现炳灵寺石窟崖壁渗水、裂隙、危岩、泥砂淤积对石窟文物有着直接或间接的危害；马清林等[7]采用 XRF 和 XRD 对炳灵寺石窟多个洞窟的彩塑壁画颜料进行分析，发现铁黑颜料的使用是炳灵寺石窟的特色，绿色颜料有石绿、绿铜矿型碱式绿化铜、副绿铜矿型碱式绿化铜及水合碱式氯化铜，绿色颜料使用多样；王亨通等[8]对炳灵寺 16 窟地仗层纤维检测确认有麻类纤维、兽毛及麦秸，地仗土平均粒径 28.13～32.93μm；于宗仁等[9]发现因为环境潮湿，炳灵寺石窟白色颜料石膏部分转化为草酸钙；

---

[1] 杜斗城、王亨通：《五十年以来的炳灵寺石窟研究》，《炳灵寺石窟研究论文集》，2003 年。
[2] 曹学文：《炳灵寺石窟现存窟龛究竟有多少》，《丝绸之路》1997 年第 5 期。
[3] 杜斗城、王亨通：《炳灵寺石窟内容总录》，兰州：兰州大学出版社，2006 年，第 123～241 页。
[4] 李最雄：《炳灵寺、麦积山和庆阳北石窟寺石窟风化研究》，《文博》1985 年第 3 期。
[5] 王亨通：《温差变化对炳灵寺石窟的影响》，《敦煌学辑刊》1990 年第 2 期。
[6] 张明泉、张虎元、许敬龙，等：《炳灵寺石窟保护面临的主要环境地质问题》，《干旱区资源与环境》1996 年第 1 期。
[7] 马清林、周国信、程怀文，等：《炳灵寺石窟彩塑、壁画颜料分析研究》，《考古》1996 年第 7 期。
[8] 王亨通、刘阿妮：《炳灵寺北魏卧佛的材质分析及修复》，《敦煌研究》2002 年第 6 期。
[9] 于宗仁、赵林毅、李燕飞，等：《马蹄寺、天梯山和炳灵寺石窟壁画颜料分析》，《敦煌研究》2005 年第 4 期。

赵林毅等[10]研究发现炳灵寺壁画地仗厚薄较为均匀，明代壁画地仗的细泥层中含棉较多，地仗中的含沙量在50%左右。李娜等[11]采用多种无损或微损分析技术对炳灵寺明代重绘壁画的材料工艺进行解析，认为明代重绘壁画采用了传统的干壁画工艺，地仗粉土含量较高，使用矿物颜料混合动植物胶结材料绘制壁画。

上寺彩塑壁画由于年久失修，加上自然环境的影响，颜料层产生起甲、脱落、粉化等病害，地仗层出现空鼓、酥碱、裂隙等病害。石窟寺特殊的保存环境加之壁画制作材料的劣化和工艺的影响，起甲、酥碱等典型病害发展较快，亟需开展壁画彩塑保护修复。因此，本文通过对第4窟壁画制作材料和工艺的分析，为下一步壁画的保护修复提供科学的理论依据。

二、实验样品与分析方法

1. 样品

实验样品均采自上寺第4窟壁画残块，主要构成颜料及地仗样品共11个，样品信息见表1。

表1 壁画取样信息记录表

样品编号	样品信息	样品状态	采样位置
BL-1	白、红、黑颜料和地仗层	块状	西壁靠近外侧（残块）
BL-2	红色颜料和地仗层	块状	西壁靠近外侧（残块）
BL-3	绿、白、黑颜料和地仗层	块状	西壁靠近内侧（残块）
BL-4	绿、白、黑颜料和地仗层	块状	西壁靠近外侧（残块）
BL-5	绿、白颜料和地仗层	块状	西壁靠近外侧（残块）
BL-6	白色颜料和地仗层	块状	西壁靠近外侧（残块）
BL-7	绿色颜料和地仗层	块状	西壁靠近外侧（残块）
BL-8	地仗层	块状	西壁靠近外侧（残块）
BL-9	红、白、黑颜料和地仗层	块状	西壁靠近内侧（残块）
BL-10	地仗层	块状	西壁中部（残块）
BL-11	白色颜料和地仗层	块状	西壁靠近外侧（残块）

---

[10] 赵林毅、李燕飞、于宗仁，等：《丝绸之路石窟壁画地仗制作材料及工艺分析》，《敦煌研究》2005年第8期。

[11] 李娜、崔强、王卓，等：《炳灵寺石窟明代重绘壁画材料的无损与微量样品分析》，《石窟与土遗址保护研究》2022年第3期。

2. 仪器与方法

采用剖面显微分析观察壁画的剖面微观结构；采用扫描电子显微镜及能谱分析对颜料和地仗层进行化学元素分析；采用 X 射线衍射对地仗层物相组成进行定性分析；采用显微激光拉曼光谱分析对颜料物相组成进行定性分析；采用热裂解—气相色谱—质谱分析对颜料胶结物进行分析。

（1）剖面显微分析：将壁画样品采用环氧树脂包埋，待树脂固化后进行打磨、抛光后使用基恩士 VHX-6000 超景深三维视频显微镜观察样品剖面，观察倍数：200～1000 倍。

（2）扫描电子显微镜及能谱分析：使用 TES-CANVAGA3XMU 扫描电镜能谱仪观察样品微观形貌并测试其主要元素含量，加速电压为 20kV。将做完剖面显微分析后的样品，表面喷碳处理后做扫描电镜分析。

（3）显微共聚焦激光拉曼光谱分析：使用 Horiba LabRAM XploRA PLUS 全自动显微共聚焦激光拉曼光谱仪，激光波长为 532nm、638nm、785nm，扫描范围 50～4000cm^{-1}。配有 Olympus 光学显微镜，使用 50 倍和 100 倍物镜。将样品颗粒放于载玻片上，滴加无水乙醇浸润搅拌，直接置于样品仓内检测。

（4）X 射线衍射分析：采用 RigakuD/max2200 型 X 射线衍射仪，工作管压和管流分别为 40kV 和 40mA，Cu 靶。进行地仗层物相分析，了解地仗层主要矿物成分。将样品于研钵中研磨成粉末后转移到载玻片上，用盖玻片把样品粉末平铺固定好后，直接置于样品仓内检测。

（5）热裂解—气相色谱—质谱分析：使用日本前线实验室（Frontier Lab）热裂解仪 PY-3030D 和岛津（Shimadzu）气相色谱质谱仪 GC/MS-QP2010Ultra。裂解温度 600℃，裂解时间为 12s，注射器温度 290℃，注射器和色谱仪的连接接口温度为 315℃。色谱柱的初始温度为 35℃，保持 1.5min，然后以 60℃/min 的速率升至 100℃，再以 14℃/min 的速度升高到 250℃，最后以 6℃/min 的速度升高到 315℃ 保持 5min。GC/MS-QP2010Ultra 的载气气体为高纯氦气，进气压力为 104.2kPa，分流比为 1:30。电子压力控制系统采用恒流模式，质谱仪采用 EI 电离，电离能为 70eV，质荷比的扫面范围 35 至 500，循环时间为 0.3s。鉴定化合物的质谱库为 NIST14、NIST14s。

三、结果与讨论

1. 剖面结构显微观察

利用超景深显微镜分别对样品 BL-2、BL-4、BL-9 剖面结构进行观察。样品 BL-2（图 1）剖面结构显示，颜料为红色矿物颗粒，颜料层厚度 2～20μm 不等，表面有 3～5μm 厚的透明覆盖层；白粉层厚度为 45～60μm，颜料层与白粉层、白粉层与地仗层之间结合紧密；细泥层和粗泥层之间分层明显，细泥层厚度为 1.5～2mm，细泥层相比粗泥层含有较大的砂粒，粗泥层更为致密，且含有较长的植物纤维。样品 BL-4（图 2）剖面结构显示，颜料为黑色物质，厚度 20～50μm；白粉层中含白色矿物结晶，厚度 70～120μm；细泥层和粗泥层之间有分层但不明显，细泥层厚度 1.0～1.5mm，细泥层相比粗泥层含有较大的砂粒，粗泥层含有较多麦秆、麦衣等植物纤维。样品 BL-9（图 3）剖面结构显示，颜料为白色物质，颜料层厚度 40～50μm；无地仗层；岩体含大小不一的砂粒，胶结较为致密，存在微裂隙，微裂隙间填充有黏土矿物。

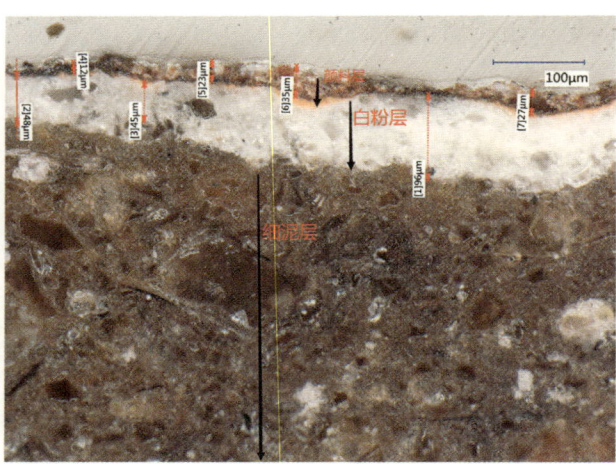

图 1　BL-2 样品剖面结构显微照片

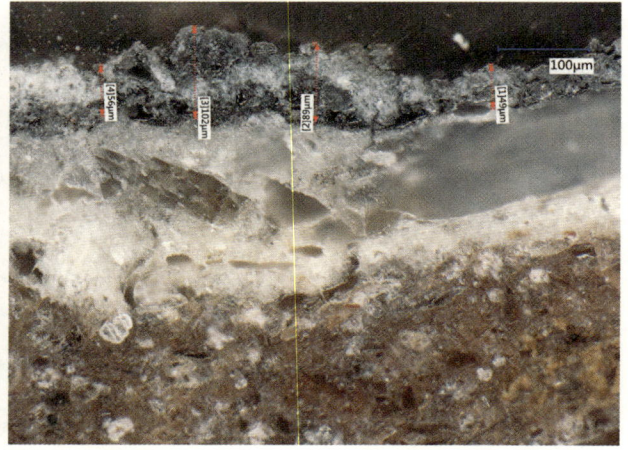

图 2　BL-4 样品剖面结构显微照片

图 3　BL-9 样品剖面结构显微照片

2. 扫描电子显微镜及能谱分析

采用 SEM-EDS 对样品 BL-2、BL-4、BL-7、BL-9 的颜料进行分析，扫描电镜显微照片（图 4～7），能谱分析结果见表 2。BL-2 红色颜料样品的能谱分析结果显示其主要显色元素为 Fe 和 Pb，推测矿物颜料可能是铁红（Fe_2O_3）与铅丹（Pb_3O_4）的混合物；BL-4 和 BL-7 两个绿色颜料样品的能谱分析结果显示其主要元素是 Cu、Ca、Cl 和 S，推测矿物颜料是氯铜矿［$Cu_2(OH)_3Cl$］，可能还掺有少量石膏（$CaSO_4$）；BL-9 白色颜料样品的能谱分析结果显示其主要元素是 Ca、Si、S，推测白色颜料应为石膏（$CaSO_4$），可能还掺有部分石英（SiO_2）。

图 4　壁画样品 (BL-2) SEM-EDS 分析

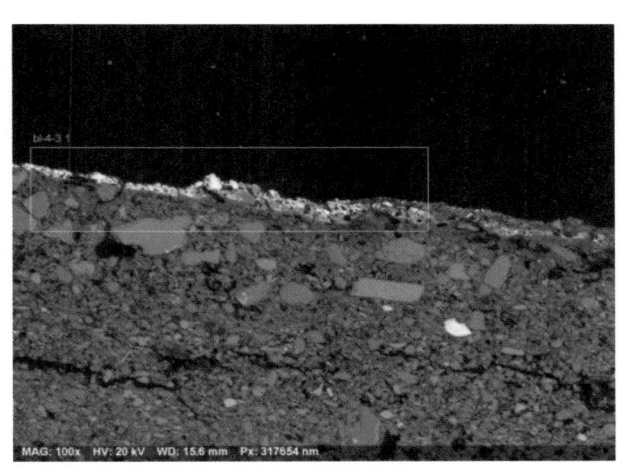

图 5　壁画样品 (BL-4) SEM-EDS 分析

图 5　壁画样品 (BL-7) SEM-EDS 分析

图 7　壁画样品 (BL-9) SEM-EDS 分析

表 2　壁画样品能谱分析结果 （wt%）

编号	O	Na	Mg	Al	Si	S	Cl	K	Ca	Fe	Cu	Pb
BL-2-2 1	45.90	1.40	5.90	3.50	5.20	-	1.50	0.80	15.40	2.50	-	18.0
BL-2-2 2	56.10	0.68	5.60	6.20	4.50	-	2.40	3.90	10.80	1.20	-	3.50

续表

编号	O	Na	Mg	Al	Si	S	Cl	K	Ca	Fe	Cu	Pb
BL-4-3 3	57.90	2.56	4.80	3.50	17.30	-	1.10	1.10	15.10	1.00	-	-
BL-4-3 1	43.30	1.60	2.40	5.20	15.10	-	4.10	1.20	12.60	1.90	1.10	-
BL-4-3 2	11.90	0.90	4.40	4.80	11.80	-	3.70	2.20	9.80	0.90	4.60	0.20
BL-4-3 2	41.10	1.30	3.50	3.90	10.50	-	16.10	2.80	4.20	0.50	1.90	-
BL-7 1	26.42	-	-	-	-	2.82	13.25	-	9.90	-	47.60	-
BL-7 2	22.75	-	-	-	-	1.55	15.59	-	4.79	-	55.32	-
BL-7 3	25.41	-	-	-	1.50	3.94	12.96	-	6.37	-	49.82	-
BL-9 10	54.48	-	-	1.61	13.42	3.66	-	-	26.83	-	-	-
BL-9 11	50.75	-	-	2.67	13.70	3.24	-	-	29.65	-	-	-
BL-9 12	62.71	-	-	1.82	9.26	4.07	-	-	22.14	-	-	-

3. 显微拉曼光谱分析

对样品 BL-2、BL-4、BL-5、BL-9 进行拉曼光谱分析，并验证上述根据能谱分析结果对颜料的推测（图 8 ～ 11）。

红色样品（BL-2）（图 8）在 220cm^{-1}、240cm^{-1}、289cm^{-1}、405cm^{-1} 处有明显的拉曼峰值，与铁红的标准拉曼峰较为接近，故判断壁画红色颜料为铁红，此分析结果也和 SEM-EDS 对样品 BL-2 的元素检测结果相符，此分析结果也和李娜对炳灵寺明代重绘壁画颜料的分析结果相符[11]。铁红是中国古代壁画颜料中常见的矿物颜料，也称为土红、红赭石，主要成分为 α 相的三氧化二铁（α-Fe$_2$O$_3$），作为颜料的铁红主要来自赤铁矿（hematite），由于所含有的杂质不同，其颜色呈现为不同色调的红色。在距今 2 万年的北京周口店山顶洞人使用赤铁矿粉末将装饰品涂成红色[12]；同时，据李最雄先生的研究成果，铅丹和铁红混合时，能够增强铅丹的稳定性，从而抑制其氧化变色的速度[13]。

绿色样品（BL-4）（图 9）在 188cm^{-1}、356cm^{-1}、506cm^{-1}、910cm^{-1}、1473cm^{-1} 处有明显的拉曼峰值，与氯铜矿的标准拉曼峰较为接近，故判断壁画绿色颜料为氯铜矿，此分析结果也和 SEM-EDS 对样品 BL-4 的元素检测结果相符。氯铜矿（atacamite）也称为铜绿，包括多种同分异构体，

---

[12] 周绍绳：《从周口店的红色石珠到河姆渡黑碗》，《涂料工业》1983 年第 3 期。
[13] 李最雄、Stefan Michalski：《光和湿度对土红、朱砂和铅丹变色的影响》，《敦煌研究》1989 年第 3 期。

图 8　样品 BL-2 拉曼图谱

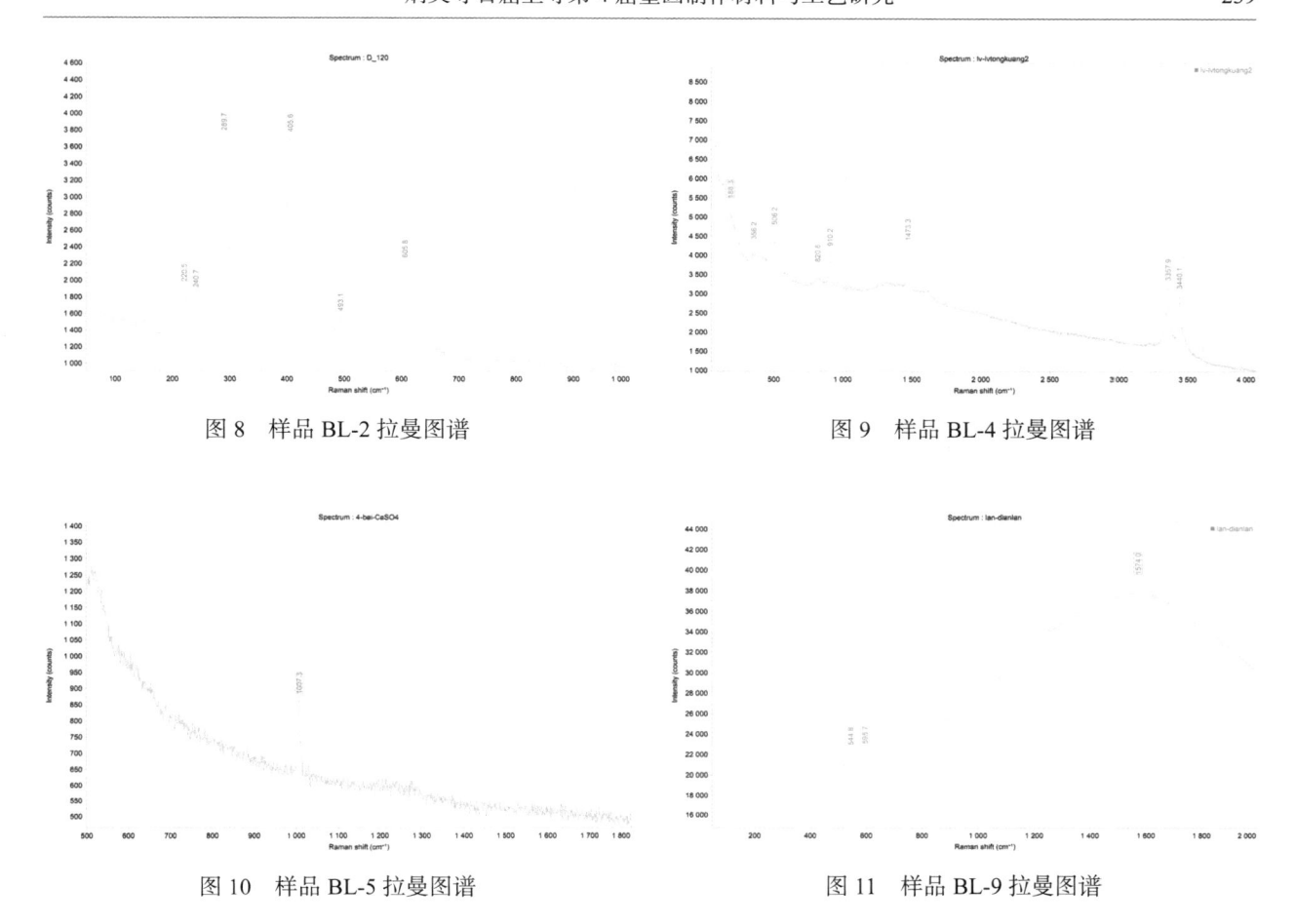

图 9　样品 BL-4 拉曼图谱

图 10　样品 BL-5 拉曼图谱

图 11　样品 BL-9 拉曼图谱

在炳灵寺石窟壁画、敦煌莫高窟壁画[14]和新疆克孜尔石窟壁画[15]中使用了大量氯铜矿作为绿色颜料。

白色样品（BL-5）（图10）拉曼光谱特征是位于980～1000cm^{-1}附近属于硫酸根的特征频率，主要成分为硫酸钙（$CaSO_4$），包括含结晶水的生石膏（$CaSO_4·2H_2O$）和不含结晶水的硬石膏（$CaSO_4$）。同时，在峰值1070cm^{-1}附近属于碳酸钙的特征频率，说明样品中含有碳酸钙（$CaCO_3$），而方解石（calcite）主要成分是碳酸钙（$CaCO_3$），在古代壁画的制作工艺中，颜料层下方的白粉层检测出方解石较为普遍，李娜等[11]在炳灵寺石窟132窟、134窟土样中使用XRD均检测出方解石，可见方解石是炳灵寺石窟地仗土样的主要成分。而硫酸钙（$CaSO_4$）是石窟寺壁画可溶盐的主要种类，也是石窟石雕风化、壁画酥碱的主要破坏物质。

---

[14] 李最雄：《敦煌莫高窟唐代绘画颜料分析研究》，《敦煌研究》2002年第4期；赵金丽、崔强、张文元，等：《莫高窟第55窟壁画制作材料和工艺分析》，《石窟与土遗址保护研究》2023年第2期；张文元、苏伯民、善忠伟，等：《莫高窟第257、259窟北魏壁画彩塑的科学分析》，《文博》2023年第1期。

[15] 周智波：《克孜尔石窟壁画颜料研究》，《浙江大学学报（理学版）》2022年第6期；苏伯民、李最雄、马赞峰，等：《克孜尔石窟壁画颜料研究》，《敦煌研究》2000年第1期。

通过样品（BL-9）（图11）黑色颜料拉曼分析看出，在554cm^{-1}、597cm^{-1}、1574cm^{-1}处有明显的拉曼峰值，与靛蓝的标准拉曼峰值较为接近，故判断黑色颜料为靛蓝。

4. X射线衍射分析

在壁画样品表面刮取3～5mg样品制成粉末，进行X射线衍射分析（图12～15）。通过物相检索，样品BL-7的物相为石英、石膏和氯铜矿，与能谱分析较为吻合；样品BL-9的物相为方解石、石膏、硬石膏、石英、云母、白云石、斜长石和微斜长石，其中石膏和硬石膏为白色颜料的主要成分，方解石应为白粉层混入，其他物相成分可能是地仗层混入。样品BL-6细泥地仗层样品的物相为石英、斜长石、方解石、微斜长石、云母、白云石、绿泥石和石膏，结合能谱数据分析可知，此壁画细泥层的无机物相包括石英、斜长石。样品BL-10粗泥地仗层样品的物相为石英、斜长石、方解石、云母、微斜长石、绿泥石、白云石和石膏。

5. 热裂解气相色谱质谱分析

通过对于炳灵寺石窟上寺4窟西壁的壁画颜料分析结果可知，壁画中大量使用矿物颜料，为了画中色彩更加稳定、牢固，就需要在其中加入胶结物质。因此，在壁画分析中胶结材料的研究是必不可少的，通过对胶结材料的分析，了解到壁画制作过程中很重要的历史信息，故对壁画颜

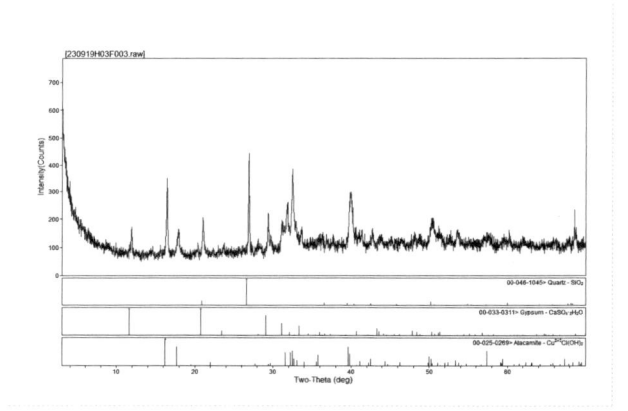

图12　样品BL-7 XRD图谱 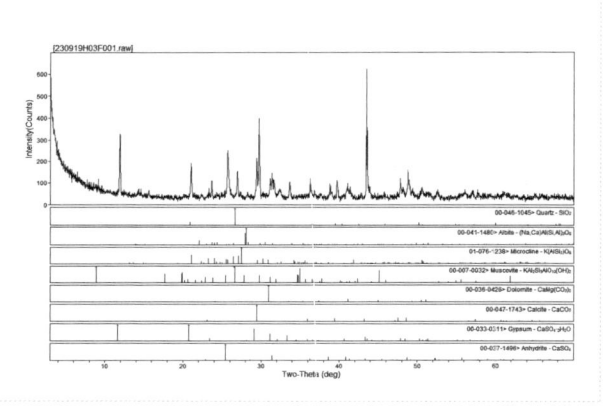　　　　　　　　　图13　样品BL-9 XRD图谱

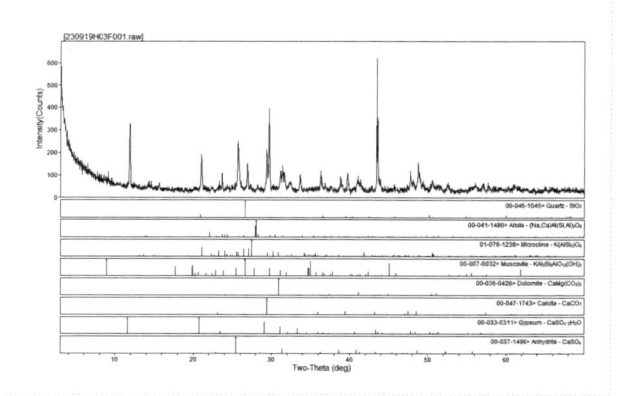

图14　样品BL-6 XRD图谱 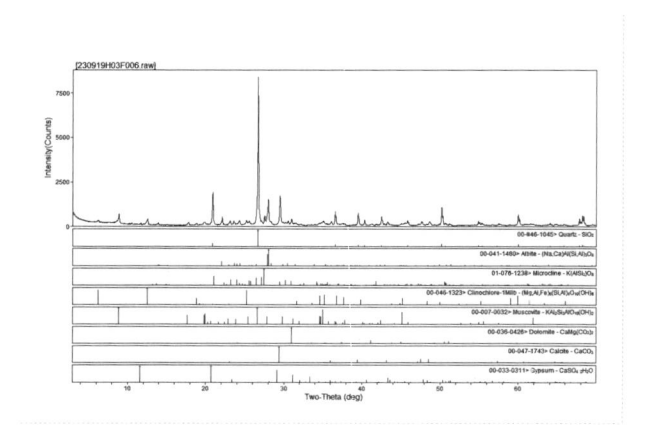　　　　　　　　　图15　样品BL-10 XRD图谱

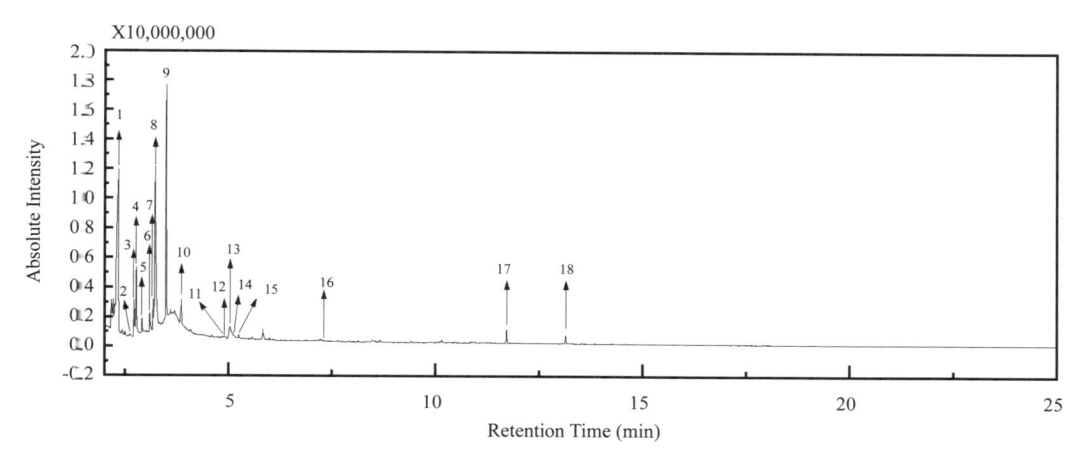

图 16　BL1-9白色的总离子色谱图（THM-Py-GC/MS）

料中的胶结材料进行了热裂解气相色谱质谱分析，结果见图16和表3所示。

样品经过甲基化衍生反应和热裂解—气相色谱—质谱分析，测出样品中包括以下两类：

（1）蛋白质类裂解产物：1-甲基-1H吡咯；

（2）其他裂解产物：磷酸三甲酯、淀粉标记物Schellmannose。

由1-甲基-1H吡咯推测，该样品中含有动物胶；由淀粉标记物Schellmannose可以推测该样品中含有淀粉。因此，推断出胶结材料中含有动物胶和淀粉。

表3　BL1-9白色热裂解气相色谱质谱分析结果

序号	保留时间	峰面积（%）	化合物
1	2.323	32.40	N,N-二甲基甲胺
2	2.602	0.36	1-甲基-1H-吡咯
3	2.714	3.02	二甲氨基乙腈
4	2.764	5.44	甲氧基乙酸甲酯
5	2.908	0.97	2-甲氧基丙酸甲酯
6	3.094	1.84	二甲基氨基甲酸甲酯
7	3.174	2.15	N,N-二甲基甲酰胺
8	3.218	24.32	N,N-二甲基甘氨酸甲酯
9	3.480	18.81	[2-（N,N-二甲基）]-1,2-丙二胺
10	3.852	5.20	磷酸三甲酯
11	4.835	0.22	N-异丙基乙二胺
12	4.892	0.29	[（苯甲酰氨基）氧基]-乙酸
13	5.023	2.81	N,N-二甲基-1-壬胺

续表

序号	保留时间	峰面积（%）	化合物
14	5.120	0.35	N, N, N', N'-四甲基1,2-乙二胺
15	5.232	0.32	异丙基氨基甲酸甲酯
16	7.287	0.08	淀粉标记物 Schellmannose
17	11.705	0.90	棕榈酸甲酯
18	13.136	0.54	硬脂酸甲酯

通过超景深显微镜分别对样品进行观察，炳灵寺石窟上寺4窟西壁的地仗层由粗泥层和细泥层组成，粗泥层较厚，掺加了小沙砾、秸秆、谷壳等加筋材料，而细泥层较薄，掺加了棉、麻加筋材料。炳灵寺石窟有一小部分洞窟没有地仗层直接在崖体作画，因此窟原先为一天然大窟，人为修砌土坯墙形成了4窟和5窟，土坯墙墙体粗糙，不易作画，故为了更好地作画，先做一层粗泥层，在这基础上做比较细腻的细泥层。并且都掺加了不同的加筋材料。结合前人的研究，炳灵寺石窟保存壁画虽然很少，也在明清时期进行了重绘，但是制作工艺基本一致。

上寺第4窟西壁壁画主要运用了红、白、绿、黑四种颜色，通过科学监测技术，分别认为红色显色元素为Fe和Pb，可能是铁红（Fe_2O_3）与铅丹（Pb_3O_4）的混合物，白色颜料为石膏和硬石膏，检测出的方解石可能是白粉层混入，石膏在中国北方地区的石窟中是非常常见的一种白色矿物，绿色为氯铜矿。氯铜矿（atacamite）也称为铜绿，在炳灵寺石窟壁画、敦煌莫高窟壁画和新疆克孜尔石窟壁画中使用了大量氯铜矿作为绿色颜料[16]。

靛蓝是目前人类历史上已知最早且仍在使用的染料，又称"靛青""蓝靛"，是植物青色染料的总称。在我国古代文献《诗经》《齐民要术》《营造法式》《天工开物》等资料中，均记载有其制作方法[17]。在我国西周[18]、汉代[19]、唐代[20]等墓葬出土纺织品上均检测分析出靛蓝染料的存在。作为彩塑、壁画的颜料使用，在我国新疆彩塑、敦煌壁画、唐代墓葬、天梯山石窟、元代墓葬中均有发现，可见靛蓝颜料的使用较为普遍。

壁画中胶结材料的研究是壁画研究中重点关注的对象之一，研究认为在颜料的制作过程中都

---

[16] 王玲秀：《炳灵寺上寺第4窟十一面千臂千钵文殊图像辨析及粉本探源》，《敦煌研究》2022年第10期；李最雄：《敦煌壁画中胶结材料老化初探》，《敦煌研究》1990年第3期。

[17] 韩汝玢、柯俊：《中国科学技术史矿业卷》，北京：科学出版社，2007年。

[18] 贾应逸、陈元生、解玉林，等：《新疆扎滚鲁克、山普拉墓群出土（西周至东汉）毛织品的鉴定》，《文物保护与考古科学》2008年第1期。

[19] 陈元生、解玉林、熊樱菲，等：《山普拉墓群出土毛织品上蓝色染料的分析研究》，《文物保护与考古科学》2000年第1期。

[20] 关明、康晓静、魏乐，等：《新疆尉犁县克亚克库都克烽燧遗址出土的纺织品染料的科学分析》，《西部皮革》2021年第13期。

掺加动植物胶，关于绘画用胶的记载中国古代有很多，唐张彦远在《历代名画记》中说"百年傅致之胶阿胶月陈的千载不剥"，在没有人工合成胶结材料的情况下。绘制壁画时在无机矿物颜料中掺加有机胶结材料分别是动物胶或植物胶。本文通过实验，最终确定在制作壁画时掺加了动物胶和淀粉。

四、结　　论

通过以上炳灵寺上寺壁画制作材料和工艺的调查研究，主要结论如下。

（1）上寺第 4 窟壁画结构分为支撑体、地仗层和颜料层，也存在无地仗层直接在岩体上绘制壁画的情形。颜料层分为颜料层和白分层，颜料层厚度 2～50μm、白粉层厚度 45～120μm；地仗层分细泥层和粗泥层，细泥层厚度 1.0～2.0mm，含有麦草、麦衣等植物纤维。

（2）上寺第 4 窟红色颜料为铁红、铅丹，绿色颜料为绿铜矿，白色颜料为方解石，黑色颜料为靛蓝，地仗层为石英、斜长石、方解石、云母等黏土矿物，壁画胶结材料为动物胶或植物胶。

（3）对于上寺第 4 窟颜料表面的透明物质还需做进一步的研究，以确定其物质成分，从而探究明代壁画的制作工艺。本研究对壁画的样品量、实验分析还不够充分，不能完全代表炳灵寺石窟明代壁画的制作材料和工艺，还需运用无损或微损检测分析技术进一步加大对炳灵寺壁画的研究。

石窟造像重妆现象研究*

韩 明　郭建波

内容摘要：重妆现象在国内外石窟造像和其他类型的宗教类文物中普遍存在。结合文献、石窟寺题刻和实际调查研究综合分析发现：重妆是信众出于宗教信仰的个人或集体自发的"修功德"行为；因地域文化、艺术审美、妆彩材料以及匠人技艺等因素造成重妆前后造像风格样式、色彩效果出现反差；现代"不当妆彩"引起广泛热议的主要原因是重妆使用的材料、采用的工艺和历史妆彩差别过大，造成重妆后造像价值信息损伤或湮灭，现代重妆大多还会诱发造像本体次生病害发育，加速造像破损。应从加强管理、提升保护措施等方面多措并举，引导民众正确保护文化遗产，建立健全石窟保护研究体系，分类逐步开展文物保护项目，确保石窟能够得到及时有效的科学保护。

关键词：石窟造像　历史重妆　不当妆彩

An Analysis on the Issues of Repainted Sculptures in Grottoes

Han Ming　Guo Jianbo

Abstract: The wall paintings and cliff images in China's grottoes could be traced back to the ancient Indian grottoes. It is a common phenomenon that the sculptures and the wall paintings are reconstructed or repainted by the Buddhists, since the sculptures and paintings are deteriorated by environmental factors, anthropogenic factor or plant factor. Some sculptures had been repainted at least twice or more times. Most of the current colors are different from the original one. The materials used in the repainted sculptures are different from the original one by the Buddhists, making sculptures' styles changed largely. This phenomenon happened in the end of the 20th century have been improper painted or reconstructed. It is important for the government to take measures to protect the sculptures and paintings from the improper restorations by modern Buddhists. Meanwhile

---

作者：韩明、郭建波，四川成都，610041，四川省文物考古研究院；
　　　韩明、郭建波，四川成都，610064，四川大学历史文化学院。
* 本课题得到四川省科技厅省级科研院所基本科研业务费资助（项目编号：2023JDKY0024-09）。

some measures must be taken to delay the deterioration of improper restorations in grottoes.

Key words: grottoes and cliff image, repainted pigments, improper repainting

石窟寺是一类重要的不可移动文物，承载着中华文化交融的重要信息，造像是石窟寺中重要的组成元素。因多种因素影响，石窟造像胎体、颜料层和贴金层出现残损破坏，继而信众或僧侣对造像修缮并补绘表面彩绘或重塑金身，现存的石窟造像中多次妆彩或贴金痕迹较为常见，如陕北城台石窟第2窟自第二期造像完成后，因河水泛涨影响经历至少4次重修，重修活动多为重妆造像表面彩绘[1]。近年，川渝地区部分石窟造像近现代"不当妆彩"引发了社会热议[2]，因此有必要结合历史文献资料、现存石窟造像题刻以及调查研究对造像重妆现象进行综合梳理，分析历史重妆、"不当妆彩"对造像的影响，为石窟保护管理提供参考。

一、石窟造像的重妆现状

重妆是对同一造像彩绘层进行两次及以上的补绘或重绘，在造像表层形成彩绘颜料叠压的现象。造像重妆一般涉及补塑残损造像、重妆造像色彩、妆金等修复工序。

（一）石窟造像中的历史重妆

重妆现象在国内外的石窟造像中普遍存在。Gatharina Blänsdorf 等研究发现巴米扬大佛存在至少两次妆彩[3]；敦煌莫高窟[4]、龙门石窟[5]、天梯山石窟第9窟[6]、云冈石窟[7]等大型石窟的造像均存在重妆。川渝地区造像数量大，现存造像大多存在多次重妆现象：广元千佛崖韦抗窟造像现存妆彩

---

[1] 石建刚：《宋金两朝沿边德靖寨汉蕃军民的精神家园（二）——陕西志丹城台第2窟洞窟营建与供养人身份考察》，《西夏学》2022年第1期。

[2] 央视网：四川安岳石窟佛像被"妆彩重塑"已核查13处近年来未再被重绘，http://tv.cctv.com/2018/08/16/VIDEzfZJktiCUKTfn6sfvLO0180816.shtml，2018年08月16日；央广网：看丹观察｜千年摩崖造像是被"穿衣还愿"毁了容，还是被"自生自灭"毁了迹？https://baijiahao.baidu.com/s?id=1782616379930873976&wfr=spider&for=pc，2023年11月15日。

[3] Gathrina Blänsdorf, Stephanie Pfeffer, et al. *The polychromy of the Giant Buddha Statues in Bamiyan*. Wenbo, 2009(06), pp.90-110.

[4] 王进玉：《中国古代石窟寺彩塑的种类、分布及其彩绘研究》，《2005年云冈国际学术研讨会论文集·保护卷》，北京：文物出版社，2005年，第135～145页。

[5] 马朝龙、李随森：《龙门石窟的彩绘装饰》，《文博》2009年第6期。

[6] 陈赓玲：《天梯山石窟第9窟彩塑与壁画地仗矿物及颜料分析》，《文物保护与考古科学》2010年第4期。

[7] 秦艳兰：《云冈石窟泥塑的调查与初步研究》，山西大学硕士学位论文，2010年。

达 5 次[8]，莲花洞造像彩绘颜料有 3 层[9]；重庆地区的钓鱼城悬空卧佛[10]、涞滩二佛寺[11]均存在 2 至 3 层重层彩绘，大足宝顶小佛湾造像存在多次妆彩[12]、大佛湾宋代千手观音造像有记录的明清妆金有 5 次[13]，大足北山第 110 窟题记载有明确纪年的南宋、民国时期妆彩活动[14]。

（二）石窟造像中的近现代"不当妆彩"

关于"不当妆彩"在现有的文物保护规范中没有明确定义，只能划归为"人为损坏""涂写""覆盖"等类型，但通过调查以及对相关问题关注，此类妆彩活动在全国中小石窟中较为常见，"不当妆彩"造成石窟造像外观上和妆彩前出现巨大反差，还会引发严重的次生病害发育。可将"不当妆彩"暂定义为：信众出于信仰，采用近现代化工合成材料对石窟造像进行妆彩，妆彩使用的原料以及妆彩采取的施工工艺与历史妆彩存在巨大差异，导致石窟造像价值损伤的一种人为活动[15]。

民国时期，政府机构已经注意到当时的部分妆彩活动对造像价值产生了很大影响，绵阳梓潼卧龙山第 3 龛外保存有民国时期"中央古物/保管委员会/保护古物/严禁重妆/民国六年十一月二日纪念"[16]的标语。近年四川安岳封门寺、巴中石飞河等造像的现代重妆事件更是引发社会广泛关注。

"不当妆彩""不当修复"在国内和国外文物修复中都存在，国外出现如西班牙《戴荆冠的耶稣》画像失败修复、圣乔治像妆彩[17]。国内如山西石窑会石窟和磨里石窟[18]、北梁侯石佛[19]，杭州天

---

[8] 姜凯云、孙延忠、朱志保，等：《广元千佛崖韦抗窟造像彩绘颜料及胶结材料分析研究》，《中国文化遗产》2021 年第 6 期。

[9] 孙延忠、姜凯云、张宁：《广元千佛崖莲花洞彩绘颜料拉曼光谱分析》，《文物保护与考古科学》2019 年第 2 期。

[10] 姜凯云、孙延忠、张志霞：《重庆钓鱼城遗址悬空卧佛彩绘颜料初步分析》，《文物保护与考古科学》2020 年第 1 期。

[11] 李思凡、郭宏、陈坤龙：《重庆涞滩二佛寺石刻彩绘颜料分析》，《中国文化遗产》2020 年第 6 期。

[12] 王乐乐、李志敏、陈卉丽：《川渝石窟佛教造像彩绘材料分析研究——以大足宝顶山小佛湾造像为例》，《边疆考古研究（第 22 辑）》，2017 年。

[13] 李小强：《大足宝顶山千手观音妆金史探析》，《石窟寺研究（第 2 辑）》，北京：文物出版社，2015 年，第 376～391、449、450 页。

[14] 邓启兵：《大足北山佛湾石窟妆绘遗存的初步认识》，《石窟寺研究（第 5 辑）》，北京：文物出版社，2018 年，第 255～264、434、435 页。

[15] 郭建波等：《四川地区石窟造像近现代妆彩调查与分析研究》，《石窟与土遗址保护研究》2022 年第 3 期。

[16] 四川省文物考古研究院、绵阳市文物局：《绵阳龛窟—四川绵阳古代造像调查研究报告集》，北京：文物出版社，2010 年，第 68、89 页。

[17] 网易：文物修复失败案例大赏析 https://www.163.com/dy/article/DPQANFVP0525RKHJ.html，2018 年 8 月 22 日。

[18] 山西大学考古文博学院、山西大学云冈学研究院、武乡县文物保护与旅游发展中心：《山西武乡石窑会石窟、磨里石窟调查简报》，《文物季刊》2024 年第 2 期。

[19] 李零：《梁侯寺考——兼说涅河两岸的石窟和寺庙》，《中国历史文物》2010 年第 3 期。

图 1　泸州古佛洞造像颜料层剖面　　　　　　　　图 2　安岳净慧岩摩崖造像颜料剖面

龙寺部分造像、将台山南观音洞[20]，桂林西山第65龛、象山第1龛[21]，甘肃天水中小石窟[22]等石窟造像都存在现代妆彩，部分现代妆彩对造像原有样式改变较大。经调查，四川地区石窟造像近现代妆彩点共发现502处，其中国保7处，省保35处，市县保133处，未定级327处，市县级及以下文物点约占总量的92%，这些"不当妆彩"主要发生在20世纪八十至九十年代，这一时期大多重妆活动对原造像改变过大，绝大部分妆彩材料在造像表层成膜，老化后易出现龟裂、起甲、鼓胀等现象，且易诱发造像胎体酥碱、粉化等病害，对造像蕴含的价值造成了重大损伤，如泸州古佛洞、安岳净慧岩近现代重妆，通过颜料剖面可见色彩差异显著、后期妆彩成膜结壳断裂、底层可溶盐富集等现象（图1、2）。

二、造像重妆缘由

（一）满足信众宗教信仰需求

石窟造像的开凿、兴盛和衰落与信众密不可分，浓郁的宗教信仰氛围影响是造像被多次妆彩的一个主要原因。以安岳石窟为例：安岳是川渝地区乃至全国石窟造像分布最为密集的区县，道光十五年（1835年）《安岳县志·卷七·寺观》记载"普人届朔望之期，必敬必诚，顶礼三宝"，浓厚的宗教氛围和频繁的宗教活动不可避免地出现信众对造像进行妆修，在安岳毗卢洞宋代"水月观音窟"留存有明代万历、崇祯和清代乾隆、咸丰等时期补修妆金题刻8则[23]。

---

[20] 常青：《西湖遗迹——杭州石窟造像调查与研究》，北京：中国书店，2020年，第103、180～194页。
[21] 刘勇：《桂林摩崖造像》，上海：上海古籍出版社，2022年，图版第63-1、2、3，195-1。
[22] 敦煌研究院、甘肃省文物局：《甘肃中小石窟调查报告·天水卷》，北京：科学出版社，2022年，第60、90、113～122页。
[23] 四川大学考古文博学院、安岳石窟研究院：《四川安岳县毗卢洞"水月观音窟"考古报告》，《南方民族考古（第27辑）》，北京：科学出版社，2024年。

修缮、重妆题记多表达了重妆捐资人的宗教需求（表1），根据题记可将重妆原因归纳为两个主要方面：一是功德主"供养祈愿"妆修造像，这类活动是主动地去妆修；二是信众或僧尼团体为"修功德"实施修缮，可以认为是造像出现问题而实施的一种被动行为。功德主有文武官员、普通百姓和僧尼，捐资人为祈求自身加官晋爵、逝者早登极乐、子孙平安、远离祸灾等对供养造像修缮、妆彩或妆金，题记中常提及"报修""报装""报修装"。因年久荒废、环境侵蚀（渗水侵蚀、植物破坏、微生物生长等）、人为损坏等原因致使造像出现不同程度残损[24]，信众或僧尼团体按照佛经所述"若有形像，身不具足，当密覆藏，劝人令治，治已具足，然后显示"[25]的观念，对残损石窟造像实施修缮，通过修缮以满足信众对信仰对象形象庄严的要求和"修功德"的目的，如清凉山石窟题记[26]"昭武大将军行延安府治中兼鄜延路兵马副都统帅上将军□□广平县开过伯裴满伏见五华城东山昔有古建石佛洞一所内有大小佛像菩萨千余尊其功德不可度量接次兵火废残鹫峰阁其洞无人主持佛菩萨被污不可观遂发虔心施用己俸雇请工匠补休拯饰大小佛菩萨千万于尊积德之家必有余庆积恶之家必有余殃若能志心敬善补修佛像佛明显灵获福无边无量"。

表1　各时期石窟寺重妆题记

题记出处	年代	题记内容概要	参与人员
巩义石窟第49龛	咸亨三年（672年）	装像一龛	魏师德等三人，未记载他人
安岳圆觉洞[27]	前蜀天汉元年（917年）	"敬镌妆三世佛……镌修前□□/无本是三尊众愿修妆不改三圣丹彩晃耀粉绘辉华旧龛主功德重新□修□□/□毕……"	勾当社首赵义和，社户，军官，镌造都料，主僧等
广元千佛崖第689窟[28]	宋	"……切见柏堂寺/贤劫千佛一堂遍妆金粧一百二十尊显今发心化到白衣社人一众等同法心愿粧周遍……"	糺首、白衣社、民众、僧尼

---

[24] 董华峰：《川渝石窟唐宋时期的妆彩活动》，《敦煌研究》2023年第6期；段修业：《对莫高窟壁画制作材料的认识》，《敦煌研究》1988年第3期；李最雄、汪万福、王旭东，等：《西藏布达拉宫壁画保护修复工程报告》，北京：文物出版社，2008年，第10～37页；徐永明、叶梅、郭宏：《龟兹石窟壁画抢救性保护修复工程研究报告》，北京：文物出版社：2016年，第61～112页；张晓君、冯清平、杨玲，等：《枝孢霉在敦煌壁画颜料变色过程中的作用》，《应用与环境生物学报》1998年第3期。

[25] 高楠顺次郎等：《优婆塞戒经·第三卷·供养三宝品》，《大正藏》第24册，台北：财团法人佛陀教育基金会，1990年，第1052页。

[26] 毛一铭：《延安清凉山万佛洞造像研究》，浙江大学硕士学位论文，2019年。

[27] 四川省文物考古研究院、西北大学文化遗产学院、安岳县文物保护中心：《四川安岳圆觉洞石窟考古调查报告》，北京：文物出版社，2019年，第264～271页。

[28] 四川省文物管理局、北京大学中国考古学研究中心、广元千佛崖石刻艺术博物馆：《广元石窟内容总录千佛崖卷·下卷》，成都：四川出版集团、巴蜀书社，2014年，第263页。

续表

题记出处		年代	题记内容概要	参与人员
巴中南龛[29]	71龛	文德元年（888年）	"敬发心报修装古跡功德如后释迦牟尼佛三龛每龛九身更释迦牟尼佛一龛二十一身更救苦菩萨一龛二身更五如来佛一龛五身更阿弥陀佛一龛八身以上大小六十一身施金铜香炉一合三斤半又更鬼子母佛两座……"	节度十将军事押衙充都巡殿中侍御史李思弘夫妻、绘士布衣张万余、勾押官杨绪书
	73龛	绍兴丙子（1156年）	外龛正下方"绍兴丙子清明日王运使宅重装佛像知事僧绍迁题"	捐资人、知事僧
陕西延安[30]	香林寺石窟第2窟	元至正十五年（1355年）	维大元国陕西延安路安塞县宣化村居／住侯文秀等仅发虔心雪积龙岩石窟内有／金轮圣王像陆尊重装补塑完备……	宣化村居民侯文秀等
	清凉山石窟	金泰和七年（1207年）	"……菩萨被污不可观遂发虔心施用己俸雇请工匠补休拯饰大小佛菩萨……"	捐资人、工匠
安岳华严洞摩崖造像[31]		洪武二十二年（1389年）	整体妆彩修缮	主持僧、各级官员、匠人、乡民
		嘉靖三十五年（1556年）	妆愫文殊普贤	信士易居南及亲属
		隆庆丁卯（1567年）	重装一次，未记述具体重装内容	信人何彰
		万历丙戌（1586年）	装彩圆觉太子	镌僧常旺及徒弟
		明万历年间	万历二十六年（1598年）装彩左右文殊普贤，万历三十一年（1603年）妆中尊	信善雷金德及亲属
		万历三十四年（1606年）	"盖闻清净法身，须云不染。妆严以／佛像，又且何妨不惟像上彩贴，风光更□……"	住院僧人团体
		道光二年（1822年）	"金装塑法身"	主持僧、住僧
安岳庵堂寺10号龛右壁[32]		民国十八年（1929年）	新塑川主神像三尊及装彩诸神圣像	捐资人

（二）契合传统修缮的审美需求

妆彩、贴金是造像的"点睛之笔"，提升了造像的艺术展现力和宗教形象感染力，满足信众宗

---

[29] 成都文物考古研究所、北京大学中国考古学研究中心、巴州区文物管理所：《巴中石窟内容总录》，成都：四川出版集团、巴蜀书社，2006年，第110页。

[30]《陕西石窟内容总录》编纂委员会：《陕西石窟内容总录·延安卷·中》，西安：陕西新华出版传媒集团，陕西人民出版社，2017年，第1139页。

[31] 四川大学考古文博学院、安岳县文物保护中心：《四川省安岳县华严洞石窟考古报告》，《南方民族考古（第23辑）》，北京：科学出版社，2021年，第82～91页。

[32] 成都文物考古研究所、安岳县文物局：《四川安岳县庵堂寺摩崖造像调查简报》，《成都考古发现2007》，北京：科学出版社，2009年，第608～617、635～645页。

教需求的同时更展现了时代审美，现存的部分石窟题记中提供了相关信息：

龙门石窟宾阳洞题记[33]

  皇魏永平四年，岁次辛卯。/十月十六日。假节督华州/诸军事征虏将军华州刺/史安定王，仰为亡祖亲/太妃。亡先太傅静王。亡姚蒋妃。/敬造石窟一躯，依岩/褒宇。刊崇冲室。妙镌灵像。/外相显发。工绘严仪……

潼南大佛《皇宋遂宁县创造石佛记》[34]

  ……告予佛已成阁已就惟缺严饰化予装銮予遂舍俸以金彩装饰装成佛如金山……"

安岳华严洞万历三十四年题刻（1606年）

  盖闻清净法身，须云不染。妆严以/佛像，又且何妨不惟像上彩贴，风光更□……

  传统修缮多将与人类活动有关的宗教造像修缮如新，这种修缮方式在古代中国和国外普遍存在，主要目的一是保障原有物件形态完整并能继续发挥其实用功能，二是满足感官上的审美需求，追求修缮物件的"焕然一新"。从梁思成先生回忆20世纪三十至四十年代修缮的一批古建筑时所说的一段话，可以窥见百姓对于传统修缮的朴素需求和修缮材料的时代局限性："但当时的工作因市民对文整有着金碧辉煌、焕然一新的传统期待，而且油漆的基本功能就是木料之保护，所以当时修葺的建筑，在双重需要之下，大多数施以油漆彩画。"[35]

三、重妆对石窟造像的影响

  石窟造像结构由内至外一般分为胎体、准备层（也称粉层）、颜料层或贴金层。妆彩是造像活动的一道重要工序，造像妆彩首先在制作好的造像胎体表面施粉层，而后在粉层上按照宗教造像规制设定图案并填色，相关的妆彩题记中常出现"妙镌灵像，工绘严仪""镌装""妆彩""金装""妆饰"等词句。对残损造像修缮、补绘色彩，不仅保障造像形象的完整，传承了造像修筑技艺，赋予了造像的时代艺术审美特征，而且修补和妆彩层的存在一定程度上减缓了环境等因素对造像胎体的直接侵蚀破坏，起到了保护造像的作用。但是由于认知、艺术审美等多方面因素影响，部分重妆活动对原有造像样式、风格改变过大，掩盖或改变了原有造像蕴含的历史信息。

---

[33]〔日〕大村西崖著，范建明译：《中国雕塑史·中》，北京：中国画报出版社，2020年，第395页。
[34] 中国文化遗产研究院：《潼南大佛保护修复工程报告》，北京：文物出版社：2015年，第13页。
[35] 中国文物研究所：《中国文物研究所七十年（1935-2005）》，北京：文物出版社，2005年，第218、219页。

（一）历史重妆过程改变造像原有样式

石窟造像妆修中存在改变原有造像样式的现象：

陕西榆林老爷庙石窟碑记[36]

……余辈恻然动念聚众议曰此 / 事安可以不举也于是首捐己财而人之好义者欣然俶助之将佛像 / 进行金桩帝君武像改为文像不数月而仆者起缺者完外规制焕然一 / 新……

结合科技分析研究发现[37]，石窟造像中历史重妆存在按照造像原有色彩样式重妆（图3）和改变原有造像色彩样式的现象（图4）。

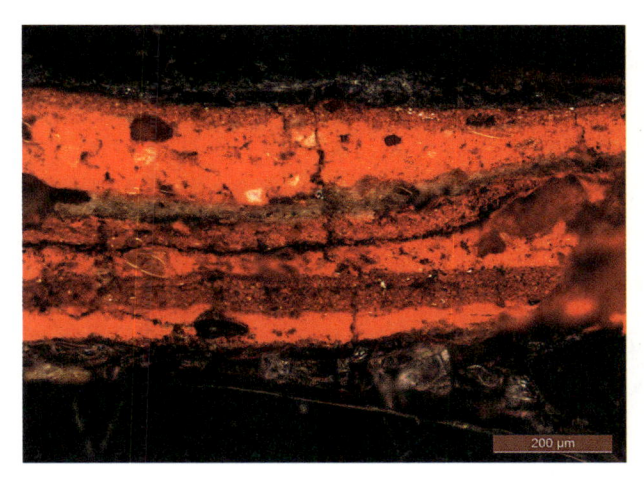

图3　广元千佛崖韦抗窟造像彩绘（姜凯云提供） 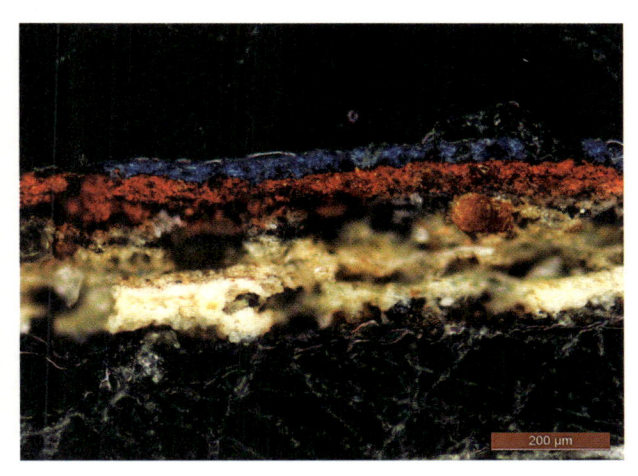　　　　图4　广元千佛崖莲花洞重层彩绘（姜凯云提供）

（二）艺术审美、工匠、材料等因素影响重妆风格

不同时代和区域的艺术审美差异影响造像修缮风格。地域带来的审美差异主要表现在不同区域民众将自身的审美观念融入造像中，中国古代的佛教造像由古代艺术家和工匠经过取舍、添加、替换与过滤等手段，在审美观念和伦理道德观念下，按照中国的特点表现佛教艺术，实现了佛教艺术的中国化[38]。同一地域的不同时期因时代审美的变化，造像的风格样式也存在较大差异，西域

---

[36]《陕西石窟内容总录》编纂委员会：《陕西石窟内容总录·榆林卷·下》，西安：陕西新华出版传媒集团、陕西人民出版社，2017年，第1195页。

[37] 姜凯云、孙延忠、朱志保，等：《广元千佛崖韦抗窟造像彩绘颜料及胶结材料分析研究》，《中国文化遗产》2021年第6期。

[38] 冉万里：《取舍、添加、替换与过滤——佛教造像艺术中国化问题的若干思考》，《石窟与土遗址保护研究》2023年第3期。

地区早期佛教造像具有典型中亚游牧文化特点，中期受到西方古典样式、印度样式及犍陀罗艺术影响显著，后期受中原样式影响极大[39]；河西地区的敦煌石窟北凉至北魏的造像同时受到犍陀罗、秣菟罗、龟兹影响，北魏以后还受到中原造像风格影响[40]；唐宋以后北方造像活动减少，南方地区尤其是川渝地区的造像又掀起一波石窟艺术的高峰，造像兼容儒、释、道三家造像内容，样式也更加具有中国化风格。因此地域差异、时代的变化均会影响造像修缮前后的风格特征。

工匠技艺影响造像外观表现。中国古代的石窟营建以及造像制作、修缮多由家族或师徒传承关系为纽带的匠人团体完成[41]，实施妆彩的工匠可分为两类：第一类是可以独立完成造像制作、修补或重妆的匠人即"镌装匠人"，《益州名画录》[42]记载：杨元真"攻画佛像罗汉，兼善妆銮"；第二类是有明确工序分工的工匠团体，妆彩和修补造像由不同工匠协作完成，修补匠人称为"石匠""镌石匠"，彩绘匠人称为"画匠""丹青"等，《益州名画录》记圣兴寺、大圣慈寺等塑像由许侯、雍中本塑，杨元真妆彩。由于工匠技艺差别，在妆彩中会出现同一造像空间出现不同风格的作品，如莫高窟285窟存在三种绘画技法[43]；即使是师承关系，也会存在技艺差异，《益州名画录》记"房从真笔，后人妆损，师训再修，兼自画两堵"，房从真技艺属妙格中品，蒲师训为妙格下品，蒲师训师从房从真，虽属师承，但在技艺和风格上存在差别。实施妆彩个体或团体的不同会产生对造像样式认知的差异，因此同一造像不同时期妆彩色调和艺术风格会出现差别显著的现象。

妆彩材料影响造像外观效果。中国古代绘画使用的主要材料为胶料和颜料。胶料用于颜料和造像胎体或粉层的粘结，有动物胶（鱼鳔胶、骨胶、蛋清等）、植物胶（桃胶、树脂、大漆等）和脂肪类胶料[44]；动物胶在中国古代绘画中使用较为普遍，《周礼·冬官·考工记》中对动物胶制作和性能就有较为详细的记载[45]。古代国内外使用颜料以无机矿物颜料为主（表2），兼有植物颜料，造像贴金则大多采用大漆粘结金箔。国外古代也是以无机颜料为主，印度《毗湿纽奥义书》附录

---

[39] 阮荣春、李雯雯：《西域佛教造像的源流与发展》，《民族艺术》2014年第5期。

[40] 赵声良：《敦煌早期彩塑的犍陀罗影响》，《中国美术研究》2016年第4期。

[41] 石建刚、袁继民：《延安宋金石窟及其开窟造像题记考察——以题记所见工匠题名为核心》，《丝绸之路辑刊（第二辑）》，北京：商务印书馆，2018年，第250～279、406页；米德昉：《宋代文氏一系工匠与宝顶山石窟寺的营建》，《敦煌研究》2020年第4期；董华锋、李菲：《川渝石窟唐宋摩崖题刻中的古代工匠资料辑考》，《敦煌研究》2021年第3期；谷东方：《陕北明代石窟题记内容分析》，《敦煌研究》2020年第3期；董华锋、李菲：《川渝石窟唐宋摩崖题刻中的古代工匠资料辑考》，《敦煌研究》2021年第3期。

[42] （宋）黄休复撰，王中旭校注：《益州名画录》，太原：山西出版传媒集团、山西教育出版社，2018年，第142页。

[43] 马德：《敦煌古代工匠研究》，北京：文物出版社，2018年，第196～203页。

[44] 闫宏涛、安晶晶、周铁，等：《彩绘文物颜料胶结材料分析与表征研究进展》，《分析科学学报》2012年第5期。

[45] 张尚欣、付倩丽、杨璐：《秦陵K9901坑出土百戏俑彩绘颜料及胶结材料的分析研究》，《文物保护与考古科学》2020年第4期。

《毗湿纽法上·质多罗经》[46]记述最基本的绘画色彩有白、黄、红、黑和蓝五色，并有数百种中间色，书中罗列的颜料有：金、银、铜、云母、青金石、红漆、朱砂、蓝靛等。中国古代颜料使用大概可分为三个阶段[47]，显示在颜料发展使用过程中，人们对于颜料的使用趋向于选择的多样化：第一阶段，先秦至两汉时期，颜料以中国蓝、中国紫[48]为代表，关中地区使用骨白较多；第二阶段，魏晋南北朝至清中期，主要使用天然矿物颜料、人造无机颜料、植物染料，大部分颜料产自本土，也有随贸易传入中国境内的[49]；第三阶段，清代晚期，西方合成颜料传入中国并得到较多使用，如巴黎绿、德国绿、群青等。在遵循基本造像原则的基础上由于妆彩使用原材料出现的差异也直接影响到造像的艺术展现力，主要表现在：一是同一颜色使用不同材料造成感官差异如铁红、朱砂、胭脂之间存在明显的色差，而近现代出现的人工合成颜料在色调上也和早期矿物颜料存在较大反差，如青金石、蓝铜矿和人工群青色调上差异显著；二是耐候性差的颜料易发生变色，导致造像外观变化，如铅丹由红色变为黑色，巴黎绿渐变成墨绿色[50]。

表2　中国古代石窟绘画主要使用颜料统计[51]

颜色	无机颜料		植物颜料
	矿物颜料	人工合成	
白色	滑石、石膏、白云母、高岭土、白垩、蛤粉、方解石、砷铅矿、硫酸铅	锌白、铅白	—
黑色	石墨、黑朱、二氧化锰、铁黑、黑铜矿	墨	—
红色	赭石、雄黄（橘红色）、朱砂、红土类、珊瑚	铅丹、人造朱砂	胭脂、西洋红、红兰花、茜草、虫胶

---

[46] Isabella Nardi. *The theory of Citrasutras in Indian painting: a critical re-evaluation of their uses and interpretations*. New York: Routledge, 2007.

[47] 夏寅：《显微镜探知中国古代颜料史》，《文博》2009年第6期。

[48] 王伟峰、李蔓、夏寅：《中国古代墓葬壁画制作工艺初步研究》，《文博》2014年第5期。

[49] 王进玉：《敦煌石窟艺术应用颜料的产地之谜》，《文物保护与考古科学》2003年第3期。

[50] Zhimin Li, Lele Wang et al. *Degradation of emerald green: scientific studies on multi-polychrome Vairocana Statue in Dazu Rock Carvings, Chongqing, China*. Heritage Science, 2020, 8(64), pp.1-12.

[51] 尹继才：《颜料矿物》，《中国地质》2000年第5期；〔美〕罗瑟福·盖特斯著，江致勤、王进玉译：《中国颜料的初步研究》，《敦煌研究》1987年第1期；李最雄：《丝绸之路石窟壁画彩塑保护》，北京：科学出版社，2005年，第26～58页；Zhou Z, Shen L, Li C et al. *Investigation of gilding materials and techniques in wall paintings of Kizil Grottoes*. Microchemical Journal, 2020, 154, pp.104-118；高愚民、杨真真、王丽琴，等：《新疆和田达玛沟佛寺遗址出土壁画颜料分析》，《文物保护与考古科学》2020年第5期；马清林、周国信、程怀文，等：《炳灵寺石窟彩塑、壁画颜料分析研究》，《考古》1996年第7期；杨涛、赵岗：《大足石刻彩绘颜料检测分析报告》，《大足学刊》（第二辑），重庆：重庆出版社，2018年，第348～380页；Erxin Chen, etc. *Comprehensive Analysis of Polychrome Grotto Relics: A Case Study of the Paint Layers from Anyue, Sichuan, China*. Analytical Letters, Volume 53, Issue 9, 2019, pp.1455-1471。

续表

颜色	无机颜料		植物颜料
	矿物颜料	人工合成	
黄色	雌黄（桔黄色、柠檬色）、土黄、黄铁矾、密陀僧	铅铬黄	藤黄、槐花、栀子
蓝色	石青、青金石、天青石	大青（硅钴蓝）、群青	靛蓝、花青
绿色	石绿、绿铜矿、副绿铜矿、水胆矾	巴黎绿、人造绿铜矿、舍勒绿	—
其他	金箔、金粉、铜箔、铜粉		

（三）"不当妆彩"影响造像价值展现，加剧造像破坏

"不当妆彩"大多工艺粗糙，破坏、改变造像原有样式（图5、6）。虽然随着宗教的传播，出现了众多造像宗派风格，但是历史上的大多造像修缮或壁画绘制都会遵守基本的宗教仪轨，如佛

图 5　石飞河摩崖造像重妆前　　　　　　图 6　石飞河摩崖造像重妆后

图 7　安岳子孙堂石窟早期彩绘（100X）　　　　图 8　石飞河摩崖造像现代妆红色成膜（40X）

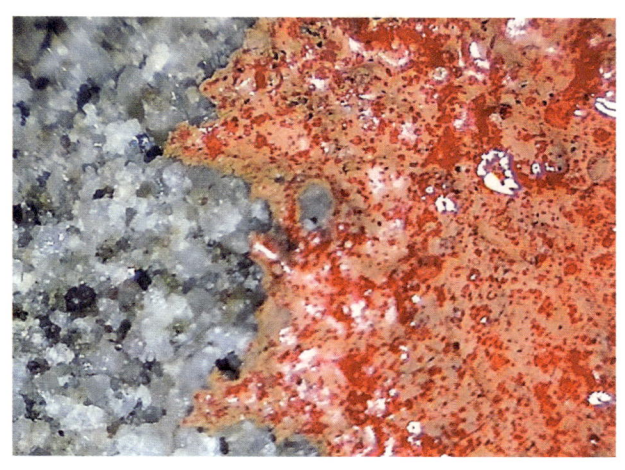

像应有基本特征"三十二种大人相""八十种好""金色相、身毛绀青光净、翠青色螺髻"等[52]，佛陀及僧侣的衣着色彩也有明确的规制[53]。"不当妆彩"的实施人员大多缺乏对造像仪轨的基本认知，仅按照个人想法开展妆彩，部分"不当妆彩"甚至未对造像风化严重区域处理而直接使用现代涂料在造像石质胎体上妆彩，即使有部分进行了修补也表现为工艺极为粗糙，修补重妆后的造像样式不符合大众审美。

"不当妆彩"使用的材料以现代涂料、油漆以及粘结强度高的合成树脂类材料为主，颜料有人工合成铅铬黄、丙烯颜料以及油漆等，胶料也从早期的动物胶、植物胶演变成高分子树脂[54]，这类材料易获得、价格低廉、便于操作，但是妆彩前后感官差异巨大，材料耐候和透气等性能表现和历史妆彩材料差异大。"不当妆彩"使用材料表现的突出问题为：抗老化能力弱，极易出现老化变色，又因此类材料大多粘结强度高，容易在风化的造像表面形成不均匀收缩而出现妆彩层起甲、龟裂、卷曲等病害，此外"不当妆彩"使用的部分材料固化后在造像表面形成致密薄膜（图 7、8），成膜后的妆彩层会阻止或减缓露天石窟造像内部和外环境水汽交换，易诱发造像次生病害发育，导致造像石质胎体发生酥碱、结壳或卷曲等次生病变，加剧造像风化破损。

四、结　　语

重妆现象在国内外的石窟造像中普遍存在，石窟和寺观的壁画也存在重绘、补绘现象，如莫

---

[52] 李翎：《佛教造像量度与仪轨》，北京：宗教文化出版社，1998 年，第 12～68 页。
[53] 余明泾：《敦煌莫高窟北朝时期佛陀造像袈裟色彩分析》，《敦煌研究》2006 年第 1 期。
[54] 郭建波、韩明、关明：《四川地区石窟造像近现代妆彩调查与分析研究》，《石窟与土遗址保护研究》2022 年第 3 期。

高窟重修洞窟 50 多个，重修时一般重绘壁画，从而产生了重层壁画[55]，第 220、245[56]、465[57] 等洞窟存在典型多层壁画，山东长清灵岩寺宋代罗汉造像可见妆彩达 6 次[58]。重妆是信众出于宗教信仰的个人或集体自发"修功德"行为，伴随着造像的建造、兴盛、荒废一直存在。因地域文化、时代审美、彩妆材料以及匠人技艺等因素造成造像重妆前后感官效果出现差异。

现代"不当妆彩"出现的区域大多宗教氛围较为浓厚，地处偏远，日常监管不足，欠缺对公众保护文化遗产的引导，民众仅从宗教信仰角度出发对残损造像修缮，片面追求造像的形象完整和"焕然一新"，未注意留存造像所蕴含的历史、艺术等价值信息，造成原有文物价值信息极大的流失甚至湮灭。为避免"不当妆彩"这类事件再次发生，应从加强监管和文物修缮等方面开展造像的保护工作。首先要强化管理，对缺乏日常监管的偏远点位加强巡查和科技防护的投入，加强宣传增强公众遗产保护意识，规范信众正常的宗教行为，引导民众按照正确的文物保护理念和科学文物保护手段对破损的石窟造像进行修缮，保护管理机构应加强保护管理人员梯队的建立并及时更新保护管理科技设备，逐步形成完整的石窟安全监管体系；其次应建立保护研究体系，加强基础研究和基础资料搜集整理，全面阐释文物价值，通过日常监管和专业研究，形成区域石窟保护项目实施规划，按照保护规划分"轻重缓急"实施保护干预，注重日常维护、减少大修，对核定为文物且存在较为严重残损的石窟造像应制定科学的保护方案并及时修缮，修缮保护中应对民众宗教信仰的需求进行充分论证，在文物保护原则的指导下尽可能地满足信众的宗教需求；最后在保护石窟的同时还应注重传统技艺的保护，挖掘并通过吸收改良，将现代科学技术和传统工艺相融合，通过不断创新工艺、材料，继承好、保护好、弘扬好中华民族优秀的物质文化遗产和非物质文化遗产。

致谢：本文在写作过程中得到四川大学历史文化学院张亮老师的重要建议，文中使用的图片部分由中国文化遗产研究院姜凯云老师提供（已在文中标注），在此一并致谢！

---

[55] 李云鹤口述，孔令梅等整理：《我所经历的敦煌石窟文物修复》，《敦煌研究》2024 年第 4 期。
[56] 牛贺强：《莫高窟第 245 窟保存现状及病害研究》，西北大学硕士学位论文，2017 年。
[57] 李丹丹、水碧纹、冯雅琪：《莫高窟第 465 窟多色层壁画绘制颜料及工艺特征研究》，《石窟与土遗址保护研究》2022 年第 4 期。
[58] 王传昌、李志敏、万鑫：《山东长清灵岩寺宋代罗汉像彩绘分析研究》，《文物保护与考古科学》2018 年第 6 期。

征 稿 启 事

Call for Papers

　　《石窟寺研究》是我国在石窟寺考古、寺院遗址考古、佛教艺术及石窟保护科技领域的第一本全国性专业刊物，由中国古迹遗址保护协会石窟石刻专业委员会和龙门石窟研究院合办，以以书代刊的形式出版。2010年至2020年，每年发行一辑，共出版十辑；自2021年起，改为每年发行两辑。我们本着"百花齐放、百家争鸣"方针，以刊发研究石窟石刻领域的最新学术成果为己任，为全国石窟石刻单位、相关科研院所和高等院校、国内外专家学者的全面沟通与交流搭建良好平台，以期推动石窟石刻学术研究工作，促进全国石质文物保护事业的繁荣和发展。

　　现特向广大专家学者和学界精英征求佳作，望不吝赐稿。

　　为保证编辑工作的顺利进行，将有关事项作如下说明。

一、稿 件 范 围

　　石窟寺考古、寺院遗址考古、佛教艺术和石窟文物保护与科学技术。

二、来稿要求和注意事项

　　1. 来稿务必论点明确，文字精练，数据可靠。

　　2. 文章须包括（按顺序）：题目、作者姓名、作者单位及邮政编码、中文摘要、关键词（3～6个）、英文信息（题目、作者姓名、摘要和关键词）、正文、注释。

　　3. 中、英文摘要须用第三人称撰写，英文摘要应和中文摘要对应，并符合英语语法规范。

　　4. 正文排版请使用宋体、小四号字、单倍行距的格式；碑刻铭文及古献引文请使用仿宋、小四号字、单倍行距的格式，碑刻铭文及古献引文与前后段落之间请使用2倍行距。各个段落首行缩进2字符。

　　5. 分层标题应简短明确，题末不用标点符号。

　　6. 文章中提及帝王年号须加公元纪年，公元前的纪年使用（公元前xx年），公元后的纪年使用（xx年）。例如：甘露二年（公元前52年）、上元二年（675年）。

　　7. 文章图示、插图请插入正文中，并附说明文字。来稿时请提供原始图片，以便于出版的需要。另外，应提供图片出处，如涉及版权问题，请附上版权所有者授权使用的文件。

　　8. 文章注释请使用脚注来标注，使用"[小写阿拉伯数字]"表示。注释的格式如下：

　　①期刊：注号、作者、篇名、刊名、出版年、卷次或期次。

②著作：注号、作者、书名、出版单位、出版年、页码。

③收录在论文集或著作中的文章：注号、作者、篇名、书名、卷次、出版单位、出版年、页码。

④外文文献所列项目及次序与中文文献相同，英文书名、杂志名请采用斜体。

例如：

[1] 刘建华：《河北曲阳八会寺隋代刻经龛》，《文物》1995 年第 5 期。

[2] 陈垣：《中国佛教史籍概论》，北京：中华书局，1962 年，第 106 页。

[3] 宿白：《平城实力的集聚和"云冈模式"的形成与发展》，《中国石窟寺研究》，北京：文物出版社，1996 年，第 143 页。

[4]Garma C.C Chang. *The Buddhist Teaching of Hwa Yen Buddhism*. Pennsylvania State Press, 1974, P.43.

三、截稿日期

每年 3 月和 9 月底。3 月底前投稿的文章通过审核后将安排在下半年刊发表；9 月底前投稿的文章通过审核后将安排在次年上半年刊发表（如遇特殊情况，发表时间顺延）。投稿需通过 Email 提交电子文本。

四、寄赠书籍

《石窟寺研究》一经出版，即向作者寄赠书籍。文章单个作者的每人 2 本，多个作者的每人 1 本。

五、特别约定

《石窟寺研究》编辑部对来稿有权作技术性和文字性修改。

为适应我国信息化建设，扩大本刊及作者知识信息交流渠道，本刊已被《中国学术期刊网络出版总库》及 CNKI 系列数据库收录，其作者文章著作权使用费与本刊稿酬一次性给付。免费提供作者文章引用统计分析资料。如作者不同意文章被收录，请在来稿时向本刊声明，本刊将做适当处理。

如有不尽事宜，请随时与我们联系，并热诚欢迎您的建议和批评。

联 系 人：高俊苹　张元红

地　　址：河南省洛阳市龙门石窟文保中心　邮编：471023

电　　话：0379-65980158

投稿邮箱：sksyjbjb@126.com

《石窟寺研究》编辑部